中华文脉
SINIC CONTEXT

从中原到中国

王战营/主编

中华文脉
SINIC
CONTEXT

从 中 原 到 中 国

王战营 / 主编

重塑中华

近代中国"中华民族"观念研究

黄兴涛　著

中原出版传媒集团
中原传媒股份公司
大象出版社
· 郑州 ·

图书在版编目（CIP）数据

重塑中华：近代中国“中华民族”观念研究 / 黄兴涛著.—郑州：大象出版社，2023.6
ISBN 978-7-5711-1795-5

Ⅰ.①重… Ⅱ.①黄… Ⅲ.①中华民族-民族历史-研究-近代 Ⅳ.①K280.05

中国国家版本馆CIP数据核字(2023)第076178号

重塑中华
——近代中国“中华民族”观念研究
黄兴涛 著

出版人：汪林中
选题策划：张前进 管 昕
责任编辑：郑强胜
书籍设计：张 胜 王 敏
责任校对：张韶纳 牛志远 万冬辉

出版发行：大象出版社（郑州市郑东新区祥盛街27号 邮政编码 450016）
发行科 0371-63863551 总编室 0371-65597936
网址：www.daxiang.cn

经销：各地新华书店经销
印刷：北京汇林印务有限公司
开本：720mm×1020mm 1/16
印张：30.75
字数：422千字
版次：2023年6月第1版 2023年6月第1次印刷
定价：168.00元

梁启超

1902年，梁启超在《新民丛报》上连载《论中国学术思想变迁之大势》一文，最早使用了“中华民族”一词，指代汉族（《新民丛报》第5号，第62页）。1905年，他又在该报第65—66号发表《历史上中国民族之观察》一文，以汉族之义7次使用“中华民族”一词，成为自觉书写“中华民族”之史的先驱。

《大同报》创刊号刊影

1907年6月，清宗室恒钧、满族人乌泽声等在东京创办《大同报》（东京编辑，北京发行），主张君主立宪、开国会，致力于“满汉人民平等，统合满、汉、蒙、回、藏为一大国民”，揭开了中国国内各民族现代意义上的一体化运动之先声。

孙中山

从 1919 年起，孙中山明确倡导应以“大熔炉”为特色的美利坚民族为榜样，对于中国现存各民族，“努力于文化及精神之调洽”，积极建设以他所理解的“国族”为政治基础的“一大中华民族”，产生了复杂而深远的影响。

杨度

中國新報

第一年第二號

每月一回發行

《中国新报》刊影

1907 年，杨度在立宪派喉舌《中国新报》上发表《金铁主义说》一文，较早倡导“五族大同”，并开始大体在国内各民族整体意义上尝试使用现代中华民族概念。

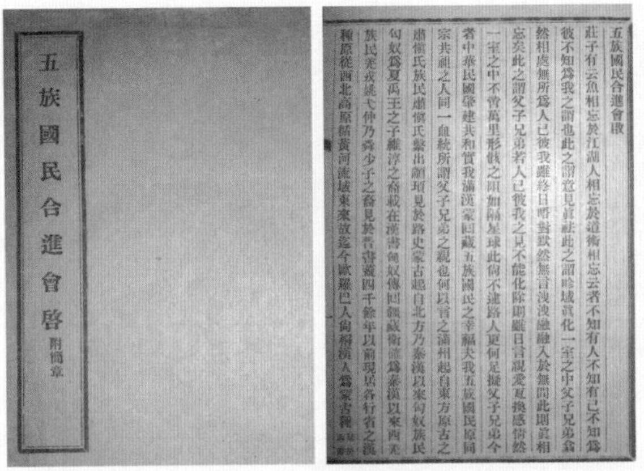

五族國民合進會啓
附簡章

五族國民合進會啟

莊子有云魚相忘於江湖人相忘於道術相忘云者不知有人不知有己不知爲彼不知爲我之謂也此之謂意見盡祛此之謂畛域冥化一室之中父子兄弟翕然相處無所爲人已彼我雖終日嘻對默然無言淺淺融融人於無間此則眞相忘矣此之謂父子兄弟者人已彼我之見不能化除則雖日言親愛互換感情然一室之中不啻萬里形骸之隔如隔星球此倘不逮路人更何足擬父子兄弟今者中華民國肇建共和實我滿漢蒙回藏五族國民之幸福夫我五族國民原同宗共祖之人同一血統所謂父子兄弟之親也何以言之滿州起自東方原古之肅愼氏族民肅愼氏繫出顓頊見於路史蒙古起自北方乃秦漢以來匈奴族民匈奴爲夏禹王之子維淳之裔載在漢書匈奴傳回疆藏衛前爲秦漢以來西羌族民羌戎姚弋仲乃舜少子之裔見於晉書藏四千餘年以前現居各行省之漢種原從西北高原循黃河流域東來故迄今歐羅巴人尙稱漢人爲蒙古種

1912年5月，袁世凯授意姚锡光等成立的五族国民合进会的“会启”封面及首页（中国人民大学图书馆藏有线装小册）

辛亥革命爆发后，基于“五族共和”理念建立起来的中华民国的领导者们，很快意识到国内各民族实现一体化，即“大同”与“合进”的必要与紧迫。临时大总统孙中山迅速批准黄兴等发起组建“中华民族大同会”，可谓前驱先路；随后，总统袁世凯也很快授意成立声势浩大的“五族国民合进会”，强调各族本来“同源共祖”，当取长补短，“举满、蒙、回、藏、汉五族国民合一炉以冶之，成为一大民族”，具有标志意义。可以说民国建立后，现代中华民族观念才得以真正确立，但其真正广泛传播开来，则是在20世纪20年代初期之后。

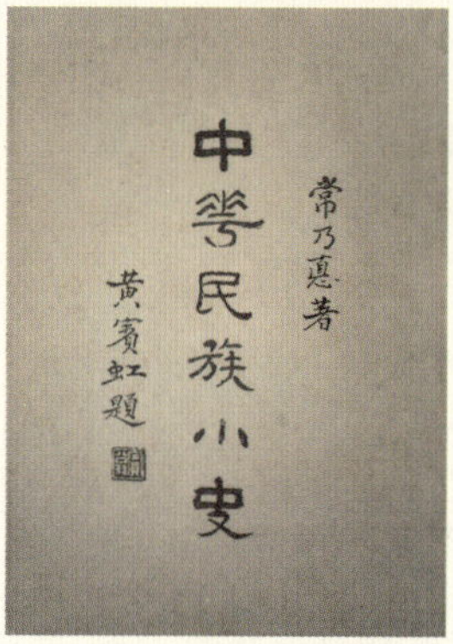

1928 年由上海爱文书局出版的《中华民族小史》书影

常乃悳（字燕生）是青年党核心人物之一，是最早基于现代中华民族观念撰写并出版中华民族史专著、系统阐发有关认知的学者。《中华民族小史》是在其著作《中国史鸟瞰：中华民族之构成及发展》（第一册）基础上修改而成的，对传播现代中华民族观念发挥了积极作用。

1943 年由正中书局出版的《中国之命运》书影

从 1942 年起，蒋介石开始明确阐发其以“宗族论”为基础的单一性“中华民族”观，公开否认国内各民族为“民族”，而称之为“宗族”。《中国之命运》一书将此一观点系统发挥，一时影响很广，但也遭到多方批判。此论公开传播时间仅 4 年，1946 年“制宪国大”期间，蒋氏即已被迫将其搁置，大会通过的《中华民国宪法》明确承认各少数民族的“民族”地位。因此，若以此论概括整个民国时期国民党的民族政策及其主导的“中华民族”观念，似均有未妥之处。

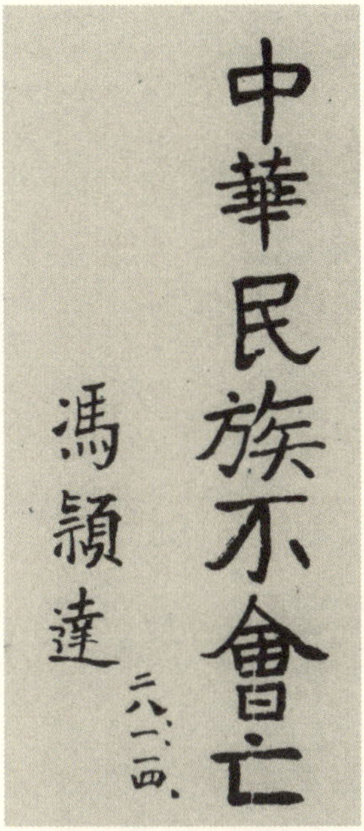

儿童冯颖达书法“中华民族不会亡”（《儿童世界》1939 年第 42 卷第 5 期）

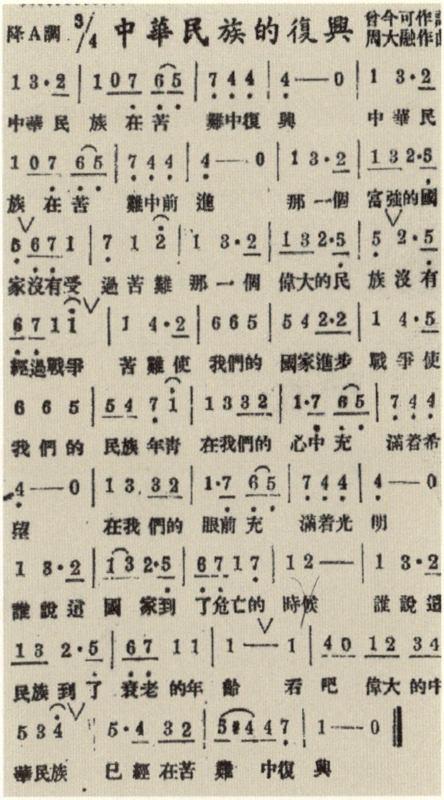

抗战时期广为传唱的歌曲《中华民族的复兴》（《江西地方教育》1939 年第 159—160 期合刊）

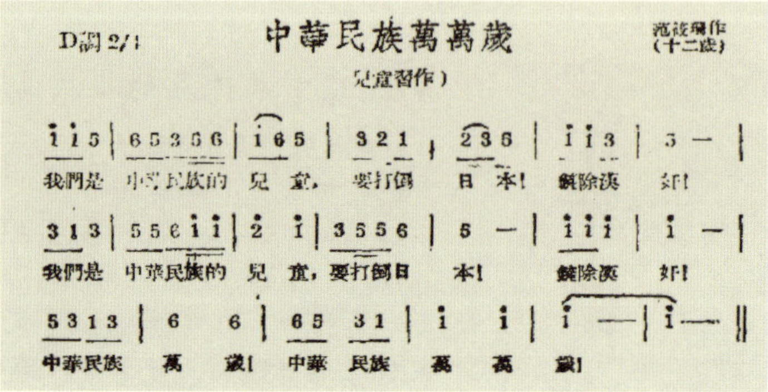

年仅 12 岁的儿童范筱珊所作歌曲《中华民族万万岁》(《新音乐》1941 年第 3 卷第 5 期“新人曲选”栏)

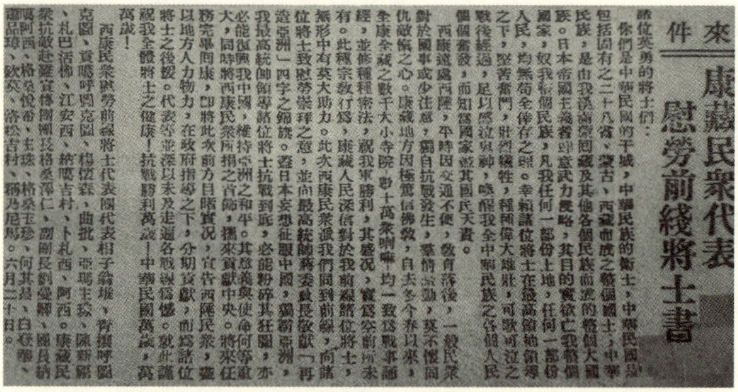
來件

康藏民衆代表慰勞前綫將士書

諸位英勇的將士們：

你們是中華民國的干城，中華民國的衛士，中華民國是包括固有之二十八省、蒙古、西藏而成之整個國土；中華民族，是由漢滿蒙回藏及其他各個民族而成的整個大國族。日本帝國主義者肆意武力侵略，其目的實欲亡我整個國家，奴我整個民族，凡我任何一部份土地，任何一部份人民，均無苟全倖存之望。幸賴諸位將士在最高領袖領導之下，堅苦奮鬥，壯烈犧牲，種種偉大雄壯，可歌可泣之戰役經過，足以驚天地泣鬼神，喚醒我全中華民族之各個人民個個奮發，而知為國家盡其國民天責。

西康遠處西陲，平時因交通不便，教育落後，一般民衆對於國事或少注意，獨自抗戰發生，莫不慨同仇敵愾之心。康藏地方因極篤信佛教，自去冬今春以來，全康全藏之數千大小寺院，數十萬喇嘛，均一致為戰事誦經，並修種種密法，祝我軍勝利，其盛況，實為空前所未有。此種宗教行為，康藏人民深信對於我前綫諸位將士，無形中有莫大助力。此次西康民衆派我們同到前綫，向諸位將士致慰勞崇拜之意，並向最高統帥蔣委員長敬獻「再造亞洲」四字之錦旗。蓋日本妄想征服中國，獨霸亞洲，我最高統帥領導諸位將士抗戰到底，必能粉碎其狂圖，亦必能復興我中國，維持亞洲之和平。其意義與使命何等重大，同時將西康民衆所捐之首飾，携來貢獻中央。將來任務完畢回康，即將此次前方目睹實況，宣告西陲民衆，盡以地方人力物力，在政府指導之下，分期貢獻，而為諸位將士之後援。代表等並深以未及走遍各戰綫為憾。兹此謹祝我全體將士之健康！抗戰勝利萬歲！中華民國萬歲，萬萬歲！

西康民衆慰勞前綫將士代表團代表相子翁堆、青攘呼圖克圖、貢嘎呼圖克圖、楊仲森、曲批、亞瑪主珍、陳新鼎、扎巴活佛、江安西、納噶吉村、卜扎西、阿西。康藏民衆抗敵赴難宣傳團團長格桑澤仁、副團長劉曼卿、團長納噶阿西、格桑悅希、生珠、格桑玉珍、何其昌、白登郎、鄧品瓊、歐英、洛松吉村、稱乃尼瑪。六月二十日。

1938 年《康藏民众代表慰劳前线将士书》

1938年夏，爱国藏族人士青攘呼图克图、贡嘎呼图克图、格桑泽仁、相子翁堆等发起组织“康藏民众抗敌赴难宣传团”和“西康民众慰劳前线将士代表团”，赶赴重庆和各大战区慰劳前线抗日将士。在《康藏民众代表慰劳前线将士书》中，也表达了共同抗击日寇，认同并保卫中华民族共同体的同胞深情。(《新华日报》1938 年 7 月 12 日)

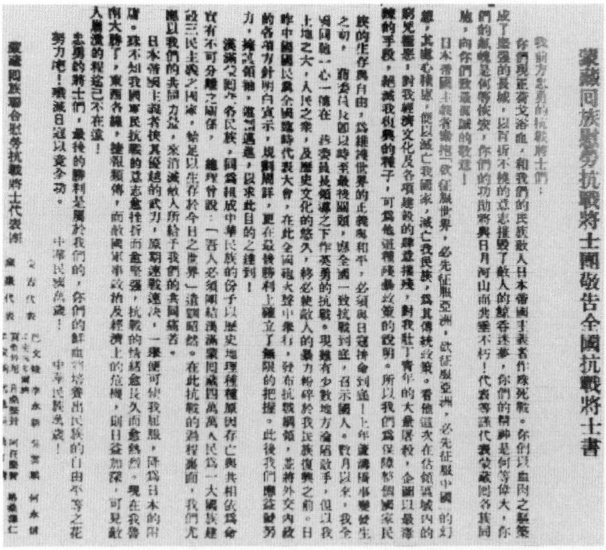

蒙藏回族慰勞抗戰將士團敬告全國抗戰將士書

我前方忠勇的抗戰將士們：

你們現正荷戈浴血，和我們的民族敵人日本帝國主義者作殊死戰。你們以血肉之軀築成了堅強的長城，以百折不撓的意志摧毀了敵人的鯨吞迷夢，你們的精神是何等偉大，你們的氣魄是何等恢宏，你們的功勛將與日月河山而共垂不朽！代表等謹代表蒙藏回各族同胞，向你們致最真誠的敬意！

日本帝國主義者懷抱「欲征服世界，必先征服亞洲，欲征服亞洲，必先征服中國」的幻想，其處心積慮，便以滅亡我國家，滅亡我民族，爲其傳統政策。看他這次在佔領區域內的窮兇極惡，對我經濟文化及各項建設的肆意摧殘，對我壯丁青年的大量屠殺，企圖以最毒辣的手段，絕滅我復興的種子，可爲他這種殘暴政策的說明。所以我們爲保障整個國家民族的生存與自由，爲維護世界的正義與和平，必須與日寇拚命到底！去年蘆溝橋事變發生之初，蔣委員長即以時至最後關頭，率全國一致抗戰到底，召示國人。數月以來，我全國同胞一心一德在　蔣委員長領導之下作英勇的抗戰。現雖有少數地方淪陷敵手，但以我土地之大，人民之衆，及歷史文化的悠久，終必使敵人的暴力粉碎於我民族復興之前。日昨中國國民黨全國臨時代表大會，在此全國砲火聲中舉行，發布抗戰綱領，並將外交內政的各項方針明白宣示，規劃周詳，更在最後勝利上確立了無限的把握。此後我們應益當努力，擁護領袖，邁步邁進，以求此目的之達到！

漢滿蒙回藏各民族，同爲組成中華民族的份子，以歷史地理種種原因，存亡與共，相依爲命，實有不可分離之關係。總理曾說：「吾人必須團結漢滿蒙回藏四萬萬人民爲一大國族，建設三民主義之國家，始足以生存於今日之世界」。遺訓昭然。在此抗戰的過程裏面，我們尤應以我們的共同力量，來消滅敵人所給予我們的共同痛苦。

日本帝國主義者挾其優越的武力，原期速戰速決，一舉便可使我屈服，降爲日本的附庸。殊不知我國軍民抗戰的意志愈挫折而愈堅強，抗戰的情緒愈長久而愈熱烈。現在我魯南大勝了，東西各線，捷報頻傳，而敵國軍事政治及經濟上的危機，則日益加深，可見敵人崩潰的程途已不在遠！

忠勇的將士們，最後的勝利是屬於我們的，你們的鮮血將培養出民族的自由平等之花，努力吧！殲滅日寇以竟全功。

中華民國萬歲！　中華民族萬歲！

蒙藏回族聯合慰勞抗戰將士代表團

蒙古代表　巴文峻　李永新　吳雲鵬

藏族代表　貢覺仲尼　羅桑堅贊

1938 年《蒙藏回族慰劳抗战将士团敬告全国抗战将士书》

1938 年 4 月，蒙古族代表巴文峻、达密琳多尔济等，藏族代表贡觉仲尼、罗桑坚赞等，新疆回族代表尧乐博士、麦斯武德、艾沙等组成“蒙藏回族慰劳抗战将士团”，并发布《告全国同胞书》和《敬告全国抗战将士书》，宣称国内各族“同为组成中华民族的份子”，“存亡与共，相依为命”，并高呼“中华民族万岁!”此图为《敬告全国抗战将士书》。(《蒙藏月报》1938 年第 2 期)

回回民族英雄、中華民族英雄

馬本齋同志

出身行伍

《解放日报》所载《回回民族英雄、中华民族英雄马本斋同志》片段

1944 年 2 月，回民支队司令马本斋去世，《解放日报》在 1944 年 3 月 13 日发表长文《回回民族英雄、中华民族英雄马本斋同志》，叙述了他的生平事迹，强调了他属于“中华民族”和“回族”这两种大小民族身份，也表明了当时中共对“中华民族”观念结构的理解。

毛泽东手书“起来，为中华民族的独立自由而奋斗到底”

1940 年 7 月，毛泽东为《美洲华侨日报》创刊题词：“起来，为中华民族的独立自由而奋斗到底。”这是对中华民族独立和解放的期盼与呼唤。可见当年毛泽东对“中华民族”的书写及其内在激情。

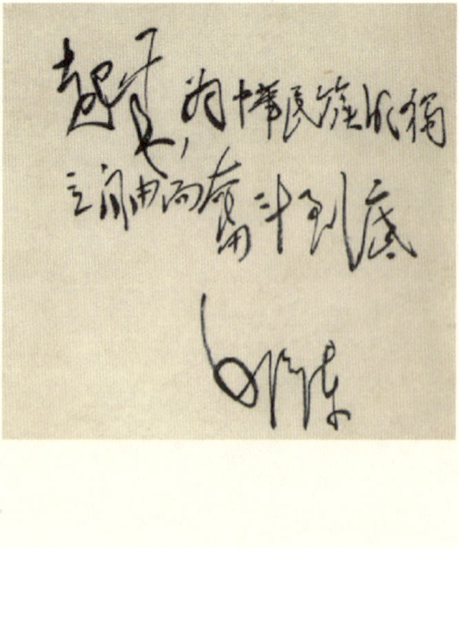

目录

第二章 现代中华民族观念的确立与传播

第三章 “中华民族”符号认同的强化与深化

第四章　全面抗战前后现代中华民族观念的大普及

结语 现代中华民族观念及其认同特征的再认识

Contents

Chapter Two: The Republic and the Nation

Chapter Three: Symbolic Intensification and Deepening of the Consciousness of "the Chinese Nation"

Conclusion: Rethinking the Characteristics of the Modern Nation

“中华民族”：近代国人民族自觉的新概念与新符号

“中华民族”是近代中国才出现的新名词和新概念。它是20世纪初现代民族意识和国家意识生成之后，特别是清王朝临近崩溃之际和最终覆亡之后，在中国逐渐产生发展起来的具有政治、社会文化符号意义的民族观念凝结物。起初，“中华民族”一度被用来指称“汉族”，进入民国后，这一用法在一部分人那里也仍然有所延续。但与此同时或稍后，指称中国国内包括汉族和其他各族人民在内的大民族共同体之“中华民族”概念，也逐渐传播开来并日益强势，最终于20世纪20年代之后，特别是“九一八”之后，成为主导国内政治舆论的“中华民族”概念之流行用法。这后一种主导型、符号化的“中华民族”概念，明确强调中国境内各族人民作为国民或公民的平等身份，他们由历史延续下来的政治、经济、文化乃至泛血缘联系的特殊性及其强化趋势，以及依托在新的现代共和国家形式上的民族共同体之整体性和统一性，包括各族人民摆脱帝国主义列强的侵略，实现全民族独立和现代化发展的共同命运。笔者将这一主导型“中华民族”概念所直接传导和涵括的族类认同意识，及其运用展开的民族一体化理念和信念等，称为现代中华民族观念。①

现代中华民族观念，主要由复合性中华民族和单一性中华民族这两种观念形态，以及处于两者之间的各种含混观念形态所构成——这些具体的观念形态间彼此缠绕，相互渗透和作用。就其生成和发展机制而言，现代中华民族观念一直伴随着中西思想的遇合与古今因素的交汇，体现着民族和国家的纠结与互动；就其主体的自我感知与认同来说，则又始终包含着情感和理智的冲突与融合，见证着理想和现实的矛盾与调适。作为一种思想史现象和社会文化史现象，此一重要而复杂的观念，不能不对中国近代史的研究者产生强烈的吸引力。

现代中华民族观念的形成与演变，思想论证和社会接受，凝聚着作为现代国民的中国人之整体认同的政治文化底蕴与时代精神走向，它不仅强烈影响了20世纪以来中国的历史进程，还将继续影响其未来的发展。考察该观念在20世纪前半期中国的萌生、内涵的演变以及它广泛传播开来的符号化过程，揭示和分析其社会认同的历史情形、特点及其功能，也即探讨清末民国现代中华民族认同的观念变迁史之核心部分，笔者以为，当属于中国近代政治思想史和社会文化史研究所不容忽视的重要课题。②

早在20世纪80年代，费孝通先生就曾从民族学角度提出“从‘自在’到‘自觉’”的中华民族认识论，强调“中华民族作为一个自觉的民族实体，是近百年来中国和西方列强对抗中出现的，但作为一个自在的民族实体，则

---

① 此种主导型“现代中华民族观念”，与那种只把汉族视为“中华民族”的非主导型中华民族观念可以区别开来。而笔者将主导型和非主导型两者都包括在内的那种观念形态，一般称为“‘中华民族’观念”。这里，称“观念”而不使用概念史方法中常用的“概念”，则是鉴于汉语中的“概念”一词内涵较为狭窄，似无法充分涵括运用主导型“中华民族”概念所直接传达的理念、信念与命运感知等认同性观念的广阔内容之故。

② 笔者甚至以为，对一个具有强烈复兴意识的民族来说，轻忽对其自身现代认同历史的深入研究，不啻是缺乏历史感的表现，也终将被证明是真正缺乏远见的。

是几千年的历史过程所形成的”①。这一具有创发性的著名论断，对我们认知清末民国时期现代中华民族观念的形成、演变及其社会认同的意涵，具有直接的启发性和反思价值。无疑地，这一“自觉”的实现，不仅包含着民族因素得以延续的意义，也内蕴着某种现代性的政治转换之义。从某种意义上说，“自觉”同时也意味着一种“重塑”、一种“再造”，因为现代“民族”一词所指代的，就是一个带有强烈政治意蕴的新概念。正是经由现代政治启蒙和国家意识所引发的现代民族自觉，古老的中国人，才最终得以自立于现代世界民族之林。因此也可以说，从长期历史积淀而成的“自在”的中国人②到清末民国“自觉”的中华民族的演化过程，同时也是一个从“传统”到“现代”的发展过程。当然，这里所谓传统和现代，又都包含着中国自身有别于西方的历史文化特征。

那么清朝到民国，“自在”的中国人与“自觉”的中华民族之间，或者说人们通常所言的传统中华民族和现代中华民族之间，究竟有何区别呢？

笔者以为，其中最为重要的区别就在于，除了两者的构成成分仍有历史演变之外，其成员一则为“臣民”或“藩民”，一则为“国民”或“公民”，也是根本的不同。即便是在清朝鼎盛的康乾盛世时期，现在通常所说的中华民族之主要民族构成成分和领土范围已基本奠定的阶段，也仍然存在着这种与现代“自觉体”民族之间的明显差别。那时，国人对于其彼此之间已然不同程度存在并不断得到发展和加强的各种联系和一体性趋势，还缺乏自觉认识的各种条件（包括西方外来民族入侵的打击与强烈主权刺激，自身现代国家体制的建立，以及逐渐发达的交通、通信和出版印刷等现代媒体条件）；

① 费孝通：《中华民族多元一体格局》，北京：中央民族学院出版社，1989 年，第 1 页。

② 虽然不少中国国内学者像费孝通先生那样强调“自在”的或传统的中华民族形成是几千年历史发展的结果，但究竟何时其得以最终形成，目前学界仍有分歧，其中至清朝鼎盛期即康乾盛世时期最终奠定说，似有较多的支持者。

对于共同的利益安危，在感情上还缺乏强烈体认的可能，更不用说具备内外“主权”等现代权利意识了。在交往上，也存在着语言沟通等方面的更多隔阂，等等。而在清末与民国时期，上述诸情形都基本得到了程度不同的改变，即便在语言沟通、现代媒体和通信条件上，也有了相当的改善。尤其值得注意的是，此期基于各民族间新的全方位“一体性”的强烈体认，还形成了一个共同拥有、广泛认同的大民族共同体的总符号或总名称——“中华民族”。

这样一个大民族共同体“自觉化”的过程，自然是一种全方位、多层次，内涵极其丰富复杂的现代民族认同运动。但如果只从思想观念史的角度来看，它则首先表现为一种现代中华民族观念或意识生成、演化和不断强化、深化的历史行程。就社会接受角度而言，这也就是现代中华民族观念从少数人的精英思想，到最终得到社会上广泛认同的过程。这是一个谁也无法漠视和否认的重要历史行程。但在过去很长时间里，由于种种原因，这一过程曾为中国近现代思想史界所忽略，也是民族学、人类学等其他领域学者重视不够、探索不足的领域和课题。①

关于现代“民族意识或观念”，民族学界的认识虽还存在一定分歧，但一般认为，它大体包括两个方面的内容：（1）人民对于自己归属于某个民族实体的意识；（2）在不同民族交往的关系中，人们对本民族生存、发展、权利、

① 2001年笔者开始发表这方面的有关成果时，国内前期的专题研究，主要有陈连开先生的《中国·华夷·蕃汉·中华·中华民族》一文（1988年12月完成，收入其论文集《中华民族研究初探》，知识出版社，1994年）、徐迅的《民族主义》一书中的第六章“中国民族主义问题”、刘正寅的《试论中华民族整体观念的形成》（《民族研究》2000年第6期）一文等。费孝通、史式、马戎等主编的有关著作的相关章节，也涉及这一问题。很长时间里，学术界对近代中国“民族主义”思潮的研究较多，对它最为典型的具体形态之一的“中华民族”独立与发展的现代观念，却较为忽略。这些年，国内情况发生了一些变化，有了新的相关成果问世，后文笔者将会提到。

荣辱、得失、安危、利害等的认识、关切和维护。① 如果以此为依据，那么现代中华民族意识或观念，也就主要由认同“中华民族”这个一体化的大民族共同体，关切其共同的安危荣辱，维护其权利尊严，以摆脱外来欺压，实现独立解放和现代发展两方面的内容构成。而其中，又显然以实现独立解放作为前提和基础。

这里，笔者想强调或补充的是，在“人民对于自己归属于某个民族实体的意识”中，不仅包括对于同一个民族符号或命名称谓的标举和认同，而且这一点在其中还理应居于十分特殊的地位。甚至可以说，它乃是现代民族自觉最为突出的标志之一。因此，作为华人现代族群认同的标举符号或核心称谓，“中华民族”一词究竟何时出现，何时开始具有现在的主导型内涵，又何时成为人们口耳相邮、共知共鉴和共享共爱的常用名词和概念，其内涵的异同、互动融合及其背后的民族观依据又如何等问题，也就成为认知现代中华民族观念或意识不容忽视的重要内容。对于上述问题，学界的各个学科均已有过程度不同、视角各异的研究，但对于“中华民族”概念及运用这一概念来直接表达认同观念之整个近代历史，其孕育、萌芽和形成，内涵的演化与变异，历史因缘以及民国时期国人的认同情形等，总体说来，长期缺乏既精细深入又全面系统的历史探讨，在笔者刚开始探索该问题之时，就更是如此。这些年，此种情况应当说已经得到一定程度的改变，又出现了

① 参见马戎、周星主编：《中华民族凝聚力形成与发展》，北京：北京大学出版社，1999 年，第 58 页。此种观点可以熊锡元先生为代表。

一些相关成果①，有的还相当出色，但仍然存在着可以进一步拓展深化的学术空间。

本着朴实梳理、求真探索的精神，笔者拟对近代中国的“中华民族”观念问题，作一整体的历时性考察，并给予那些为这一观念的形成、传播、演化发挥过作用的人们及其相关“文本”，以一种历史的彰显和揭示。在我看来，对一种广泛流传的思想观念或思潮发展史真正富有历史感的研究，是应该同该思想或思潮的主要概念群，特别是其核心主题词、标志性符号的内涵演变、社会传播与认同结合起来进行考察认知，才能得以实现的，尤其是像“中华民族”这样具有政治符号意义，影响深远，并带有葛兆光先生所谓“一般思想史”特征的思想概念及以之为核心的一体认同观念，就更是如此。② 笔者的探讨，因此也就特别重视围绕“中华民族”概念符号这一线索来展开，也重视对各个时期体现或影响现代中华民族观念的关键因素，如体制、政策、重要人物和重大政治事件的意义分析，相信这有助于人们深入了解20世纪上半叶中华民族的现代塑造和自我认同的历史进程。

---

① 代表性的论著，如高翠莲的《清末民国时期中华民族自觉进程研究》（中央民族大学出版社，2007年），刘超的《现代中华民族观念的形成——以清末民国时期中学中国历史教科书为中心》（《安徽史学》2007年第5期），中山大学文明超2009年的博士学位论文《中华民族建构中的政治斗争：以中国共产党为中心》（肖滨教授指导），杨思机2010年的博士学位论文《指称与实体：中国“少数民族”的生成与演变（1905—1949）》（桑兵教授指导），郑信哲、周竞红主编的《民族主义思潮与国族建构》（社会科学文献出版社，2014年），以及土家族学者郑大华关于“中华民族”观念的系列新论文，等等。特别是杨思机的学位论文从“少数民族”概念史的角度，较多地涉及该课题的内容，资料丰富、研究深入。此外，松本真澄、沈艾娣、费约翰、杜赞奇、雷博德等国外学者以及刘小源、王柯等海外华裔学者的相关研究，也值得关注。在本书中，笔者将会适度地参照和吸收这些成果，同时补充一些新发现的资料和论述，以使自己的研究内容能更趋系统、丰富和深化。

② 2003年时笔者曾强调：对近代中国来说，“同‘民族主义’的理论形态相比，现代中华民族观念显然更具有‘一般思想史’意义”。参见黄兴涛：《近代中国新名词的思想史意义发微——兼谈对于“一般思想史”之认识》，《开放时代》2003年第4期。

在本书正式出版之前，还需要做出说明的是，笔者从事这一问题的研究断断续续已有十六个年头。2001 年 10 月，在武汉召开的纪念辛亥革命 90 周年的国际学术讨论会上，本人宣读了《“中华民族”观念萌生与形成的历史考察——兼论辛亥革命与中华民族认同之关系》一文（后发表在《浙江社会科学》2002 年第 1 期），受到海内外不少同道的鼓励，可以说正式“上道”。① 2002 年 2 月，笔者又在此基础上扩充完成了近 5 万字的《民族自觉与符号认同——“中华民族”观念萌生与确立的历史考察》的长文，发表于香港《中国社会科学评论》创刊号上。该刊主编邓正来在“编者按语”中特别强调：此文“改变了中华民族形成和发展研究中重‘自在的民族实体’而轻‘自觉的民族实体’的偏向，这一研究对于中华民族的独立、统一和复兴具有重要的意义”。这一评论当然过誉了，记得当年笔者一见之下，曾很觉不安，但不能不承认，这一鼓励无疑增添了自己继续深究该问题的动力。2003 年年底至 2004 年年初，本人应邀参加程歗先生主持的一个关于 20 世纪思想文化研究的课题，在他的敦促下，围绕着原来的问题，笔者利用在美国访学的机会，继续挖掘资料，最终完成了题为《20 世纪上叶“中华民族”的现代认同——一个观念史的考察》约 10 万字的文稿，并将其中的一部分以《清末民国时期“中华民族”观念认同性质论》为题，发表在《北京档案史料》2004 年第 2 期上。两年之后，笔者还与王峰合作发表了《民国时期“中华民族复兴”观念之历史考察》一文（载《中国人民大学学报》2006 年第 3 期），这应当是学界最早讨论这一问题的学术专论之一，从而大体构成了本书的雏形。另外，2006 年《民族自觉与符号认同——“中华民族”观念萌生与确立的历史考察》一文收入郭双林等主编的《中国近代史读本》时，征得主编同意，本人

① 此文后收入中国史学会编的《辛亥革命与 20 世纪的中国》（中央文献出版社，2002 年）和陈理、彭武麟主编的《中国近代民族史研究文选》（社会科学文献出版社，2013 年）。金冲及先生选编的纪念辛亥革命 100 周年的《辛亥革命研究论文集》（生活·读书·新知三联书店，2011 年），也收录了此文。这是笔者近年来最受关注的论文之一，或可见这一主题本身的重要性。

又对该文内容有所增补。①

遗憾的是，2006年以后，由于其他课题和工作的牵扯，笔者无法继续深入进行这一课题的研究，不得不整体上将其暂时放下。但搜集资料的工作一直没有停止，有关的思考时断时续，且又发表了几篇相关论文。时间过得真快，转眼又过去了十年，这次在友人的一再鼓动和催促下，笔者终于集中精力，沿着最初的命题、思路和认知框架，发掘充实了新的思想资料，整体上修改和深化了以往的有关研究，并继续增补了对一些问题新的探讨，总算差强人意地完成了全书的写作任务。

不过，长期拖延结题也有一个好处，那就是自己在不断吸收新知识的过程中，对这一问题的认知水平也会逐步有所提高。这些年，通过涉猎“新文化史”，笔者丰富和深化了对现代中华民族观念及有关认同的认识。在研究方法上，自己也越来越强烈地意识到，应将传统精英思想史同“新文化史”的某些长处结合起来，不仅要注意对上层精英重要思想文本进行解读，还应当重视呈现其有关思想观念通过各种政党意识形态、政治符号和文化媒介，以实现上下互动的那些历史面向。② 具体到近代中国“中华民族”观念及其接受史的研究来说，就是希望在较为清晰地揭示该一般思想观念演变过程的同时，还能够尽量多地去把握和反映其不同阶段的传播途径、社会化认同等方面的内容。实际上，笔者有关现代中华民族观念及其社会化的研究本身，不过是以传统的精英思想史为其骨骼，同时又借助了“新文化史”的某些做法，

① 2010年，马戎教授将此文选入《民族社会学研究通讯》第67期，2014年许纪霖教授将其选入《现代中国思想史论》（上海人民出版社，2014年），都是采用的这一增补本。

② 2007年，笔者谈到文化史研究方法时，曾强调：“即使从策略上讲，现在更为迫切地，或者说更具有方法论意义的，也应该是那些直接以上下层文化沟通为目标的研究实践。以我自己正在进行的‘现代中华民族观念认同’研究为例，它究竟是怎样由典型的精英观念转化为普通民众的社会文化意识的？这个问题就极其重要，而我至今仍没有能力很好地完成它。”黄兴涛：《文化史研究的省思》，《史学史研究》2007年第3期。

如概念史、话语符号的实例分析等形式，以力图丰满其论述血肉，彰显其思想呈现的语境并活其经络而已。

但愿这本书，对于人们具体深入地了解和理解中国近代史上的“中华民族”观念及其社会化过程，丰富和深化对于这一时期的民族问题、民族主义、民族关系以及其他一些相关思想观念的认知，能够有所助益。

第一章 清代中国『中华民族』观念的酝酿

“中华民族”由“中华”与“民族”两词组合而成，作为一种思想观念，它的形成既同古老的“中国”“中华”和“中国人”概念之内涵及其认同在清代的延续与演变密不可分，也与外来的现代“民族”概念于此期被吸纳与运用，存在着直接的关联。这就决定了本书的探讨必须首先要着眼于清代满族的“中国认同”、中西的有关认知与认同的互动，以及现代“民族”概念在中国的最早形成和传播运用等诸如此类的问题。

清代是中国历史上各主要民族大规模碰撞与空前融合的时期，也是中国与主导“现代世界体系”的西方列强直接接触、冲突并深受其影响的时代，这些都为现代中华民族观念的孕育，创造了必要的历史条件。

一、延续与转换：从清朝满人的“中国认同”说起

1.“中国”“中华”及其历史上的认同

作为古老的名词与概念，“中国人”乃至更为基础的“中国”“中华”等，都无法只从清朝讲起，它们的范围、内涵经历了漫长的延续与演化过程。据目前所知，最早的“中国”一词，出现在周成王时青铜器何尊铭文上。其言曰：“唯武王既克大邑商，则廷告于天曰，余其宅兹中国，自之乂民。”① 这里的“中国”，一般认为指的是京师成周洛邑，也代指天命拥有王权的“天下”之核心。类似含义的“中国”，在《尚书》《诗经》等经书中常可见到。

历史上的“中国”，最初之义为“中央之城”，即周天子所居之王畿；后来又用来指称“中原”，引申为中原王朝。其近义词有“中土”“中州”“中夏”等，经常与“四夷”相对使用，指称“诸夏”即华夏族及其活动的地域。

① 马承源：《何尊铭文初释》，《文物》1976年第1期。

晚周以降，“中国”一词还从地理中心、政治中心派生出文化中心的内涵。①到两汉前后，不仅作为覆盖全国的专称之“中国”用法已经出现，作为历史上王朝国家通称的“中国”用法，也开始形成。在这一过程中，杰出的历史著作《史记》和《汉书》，发挥了不容忽视的巨大作用，尤其是司马迁那部“究天人之际，通古今之变，成一家之言”的《史记》，不仅把“中国”用作与当时的“匈奴”等相对待的当下汉王朝国名的代称，而且开始将“中国”作为“自古至汉”历朝历代共有的历时性名称，因为在他看来，此前生活在中国这块土地上的各民族都是“黄帝子孙”，而尧、舜、禹、夏、商、周、秦、汉，乃是一系相连的王朝国家传承序列，概括此一历史，需要有一个能够超越各具体朝代的贯通称谓，而“中国”也就成了他的自然之选。与此同时，“中国人”一词也在《史记》中多次出现。正如有的学者所指出的：“在《建元以来侯者年表》中他歌颂汉使‘中国一统’，在《天官书》中却言‘秦遂以兵灭六王，并中国’……把‘中国’作为历朝历代的通用国名，始于司马迁，这对以后的历史产生了重大影响。另外，司马迁虽不把匈奴、西域看作‘中国’，但却也把其看作黄帝后裔，这对此后各族加入‘中国’大家庭起了推动作用。”②

“中华”一词，大体起源于魏晋时期，最初用于天文方面，乃是从“中国”和“华夏”两个名称中各取一字组成。从现有的文献来看，“中华”一词较早见于《晋书·天文志》。该志载《天文经星·中宫》之言曰：“东蕃四星，南第一星曰上相，其北，东阳门也；第二星曰次相，其北，中华东门也……西蕃四星，南第一星曰上将，其北，西太阳门也；第二星曰次将，其北，中华西门也……”以“中华”来命名宫城的中间之门，两旁之门分别以太阳、

① 最近，考古学者韩建业对商代晚期以前的考古资料进行梳理，系统论证指出史前时期存在一个“文化上的早期中国”，或者叫“早期中国文化圈”，认为这是中国“成为世界上唯一一个连续发展而从未中断的文明古国”的重要基础。这一观点颇值得注意。参见韩建业：《早期中国：中国文化圈的形成和发展》，严文明“序”，上海：上海古籍出版社，2015年。

② 何志虎：《中国得名与中国观的历史嬗变》，西安：三秦出版社，2002年，第97—98页。

太阴名之，这在中国是很古老的习惯。正如有学者清楚说明的：“阴和阳，古人常用以表示天和地，而天地之间，中国为大，所谓‘中于天地者为中国’（扬雄《法言·问道》）。然中国之名又不便用于宫门，于是从中国和华夏两个名字中各取一字，复合而成中华，以配合太阳、太阴之名。”①

“中华”一词产生后，又逐渐具有了“中国”、中原文化和汉族、文明族群等内涵（汉族和少数民族统治者都曾选择其中的部分含义加以使用）。② 虽然，其在具体使用中往往更偏于文明族群之义，但当它被用来指代历朝历代的一种国家通称，或对外自称国名之时，则与“中国”一名并无大的不同，也就是说，“中华”也逐渐成了中国古老国家的又一个持久习惯的贯通性名号。

秦汉以后的中国，传统的国家认同不仅表现为对某一君主的认同，对某个具体朝代的认同，还开始表现为对超越朝代的具有历史文化延续性的通称——“中国”或“中华”之认同（同时甚至伴随着某种自称“黄帝子孙”或“炎黄子孙”的泛血缘认同）。自称“中国”“中华”，或被后一朝代认同为“中国”“中华”者，不仅是那些汉人主导的政权，也包括众多少数民族建立的政权。认同自己为炎黄子孙的，也不仅是汉人，还有众多少数民族的统治者。如鲜卑人建立的北魏，契丹人建立的辽，女真人建立的金，蒙古人建立的元，满人建立的清，等等，莫不如此。

以建立辽的契丹人为例。受其先祖鲜卑人的影响，他们建国之后即因袭鲜卑人附会自己为“炎黄子孙”自称“中国”的观念，开始以“中国”自居。但辽人在自称“中国”的同时，仍然称宋朝为“中国”，正如有学者所指出的，“辽人的‘中国观’具有辽宋同为中国、华夷懂礼即同为中国以及‘正统’与‘非正统’都是‘中国’等特点。辽人的这种‘中国观’，实际上是

① 胡阿祥：《伟哉斯名：“中国”古今称谓研究》，武汉：湖北教育出版社，2000 年，第 283 页。

② 王树民：《中华名号溯源》，《中国历史地理论丛》1985 年第 1 期。

一种‘多元一体’的‘中国观’，对后来的金、元等王朝产生了十分重要的影响”①。不仅如此，有通晓契丹文的学者甚至认为，1930年出土的《辽道宗哀册》篆盖上的契丹小字“契丹”二字之义即为“大中”，“契丹国”本身就是“大中国”的意思。② 金人的中国观也与此相似。他们自称“中国”的同时，同样不把辽、宋排除在“中国”之外，实际上萌生了多统意识，也即比较宽泛的“中国”意识，或称“大中国”意识。③

这种王朝相连、不断赓续的以“中国”或“中华”为对象和标志的自觉认同，既具有历史文化认同的性质，也带有传统政权治理模式长期得到继承发展，各个大一统王朝统治的核心思想得以延续，统治的中心地域大体不变，疆域或缩或扩、交迭更替，作为臣民的各族群却因之不断融合壮大、反复结为一体和联通一气的治理圈之政治趋同与认同特征。那种仅将“中国”或“中华”纯粹视为一种地域或文明指称概念，而完全漠视其用来指称传统王朝国家时即内具一种独特政治性也即同时为某种传统政治实体的观点，是偏颇和片面的。作为一种数千年延续不断的独具特色的传统王朝国家认同，“中国”或“中华”认同在世界史上都是相当少见的现象。特别是时至清朝，此一认同在延续中又恰好面临了《威斯特伐利亚和约》生效后新的国际环境，并在被迫与当时代表“现代世界体系”的西方列强打交道的过程中，逐渐发生了新的带有现代性的政治变化，尤其是晚清时期，通过预设彼此承认主权的现代条约国关系的建立，“中国”更成为被列强承认的主权国家之名称。因此了解清朝满人特别是其统治者的“中国”和“中国人”认同之内涵与演变，包括其所认同的“中国”从王朝国家的通称与大清朝名的合一，到向现代国家名称的转化本身，对于认知现代意义的“中华民族”观念的形成，无疑具

① 赵永春：《试论辽人的“中国”观》，《文史哲》2010年第3期。

② 即实：《契丹小字字源举隅》，《民族语文》1982年第3期。

③ 赵永春：《试论金人的“中国”观》，《中国边疆史地研究》2009年第4期。

有直接而重要的意义。下面，我们就专门探讨这一问题。

2. 清朝满人的“中国认同”及其现代转换
——兼谈作为现代国名的“中国”究竟始于何时

众所周知，在入关之前，大清的最初奠基者努尔哈赤等曾对当时称为“中国”的明王朝表示臣服和尊崇，被封为明朝的“建州卫指挥”。他们尊大明为“天朝上国”，自认其为华夏边缘之“夷”。不过，他们虽承认在当时，作为华夷天下秩序之中心的“中国”，天命仍暂系于明朝，却已开始认定，“中国之主”并非明朝皇帝和汉人可以永久独占，他们也有能力和机会参与竞争。事实上，正因为如此，在入主中原之后，满人皇帝正式以“中国”称其全部统治区而绝非仅汉人居住区的王朝国家认同便加快形成了。①

顺治时期，清朝的政治文书中，已经出现了将整个清朝统治区域称为中国的“中国”用法。到康熙朝中期以后，这种“中国”用法已随处可见，并因其体现国家的意志而迅速成为“中国”用法的绝对主流。至此，可以说满人高层认同“中国”、自称“中国人”的情形，已成为一种自觉的常态。特别是在与外来西洋人，尤其是已逐渐成为近代或现代国家体系成员国的人民打交道的过程中，人们总是将“中国”与“西洋”、“中国人”与“西洋人”对称。皇帝、满人大臣、汉人大臣乃至在华西方传教士，均是如此。

康乾盛世时，表示原明代汉人统治区含义的“中国”一词虽仍有某种遗留，但这种范围较狭的“中国”概念已无法使用在表示王朝国家身份认同的正式场合。在《清圣祖实录》对第一个正式的国际条约《尼布楚条约》划定

---

① 参见郭成康：《清朝皇帝的中国观》，《清史研究》2005 年第 4 期。此文对相关问题的认识很有见解，笔者多有参考受益之处。同样在这个问题上有高明见解的，还有赵刚的英文文章，可惜笔者读到较晚。参见 Zhao Gang，“Reinventing China：Imperial Ideology and the Rise of Modern Chinese National Identity in the Early Twentieth Century”，*Modern China*，32.1（2006），pp.3–30。

中俄边界之碑文的记述里，作为包括整个大清国国土在内的国家名称之“中国”和作为全部大清臣民的中国人称呼之“华民”已被多次使用，满族的发祥地，也被明确认定为“中国”的组成部分。在《尼布楚条约》满文本里，“中国”称之为“Dulimbai Gurun”（条约“一开始即用 Dulimbai Gurun-i enduringge xôwangdi［中国的至圣皇帝］一词，拉丁文本作 Sinarum Imperatoris”）①。1711 年，康熙为测绘东北地区，特详谕大学士哪些系“中国地方”，哪些系“朝鲜地方”，以什么为界线，在他那里，“满洲”② 已被明确称为“中国”的“东北一带”。其谕文如下：

自古以来，绘舆图者俱不依照天上之度数以推算地里之远近，故差误者多。朕前特差能算善画之人，将东北一带山川地理俱照天上度数推算，详加绘图。视之，混同江自长白山流出，由船厂打牲乌拉向东北流，会于黑龙江入海，此皆系中国地方。鸭绿江自长白山东南流出，向西南而往，由凤凰城、朝鲜国义州两间流入于海。鸭绿江之西北系中国地方，江之东南系朝鲜地方，以江为界。土门江自长白山东边流出，向东南流入于海。土门江西南系朝鲜地方，江之东北系中国地方，亦以江为界，此处俱已明白。但鸭绿江土门江二江之间地方知之不明，即遣部员二人往凤凰城会审朝鲜人李万枝事。又派打牲乌拉总管穆克登同往，伊等请训旨时，朕曾秘谕云：“尔等此去并可查看地方，同朝鲜官沿江而上，如中国所属地方可行，即同朝鲜官在中国所属地行；或中国所属地方有阻隔不通处，尔等俱在朝鲜所属地方行。乘此便至极尽处详加阅视，务将

① 甘德星：《康熙遗诏中所见大清皇帝的中国观》，汪荣祖主编：《清帝国性质的再商榷——响应新清史》，“中央大学”出版中心、远流出版事业股份有限公司，2014 年，第 113 页。赵刚在他的“Reinventing China”一文中更早地指出这一点。满文本出现的使用“中国”的语句还包括 Dulimbai Gurun-i niyalma（中国之人）、Dulimbai Gurun-i bithe（中国的文字）、Dulimbai Gurun-i harangga（中国的所属地）等。

② 满洲为清代满人自称，作者在此用作地域名称，即满人的发祥之地。

边界查明来奏。”①

由此可见，“中国”此时不仅已明确成为康熙帝大清国家认同的政治符号，而且这一符号还与带有现代意义的国家观念特别是国界意识紧密联系在一起。

晚年的康熙还敏锐地感受到自己的国家“中国”来自西方殖民国家的现实威胁，声称：“海外如西洋等国，千百年后，中国恐受其累。此朕逆料之言。”② 到乾隆之时，此种表明其整个国家认同含义的“中国”概念之使用已然制度化，特别是对外自称之时。1767 年，乾隆本人便明确规定：“夫对远人颂述朝廷，或称天朝，或称中国，乃一定之理。”③ 因为只有在不断面对外来“他者”时，国人才会有此种表明自我国家身份认同的需要和动机。自称“天朝”或“中国”，虽然体现出某种虚骄自大，但同时也是实指自己王朝国家的政治实体。当时，康雍乾等清朝皇帝，对于世界上存在众多国家的事实，其实相当了解。值得注意的是，乾隆强调对外应称“中国”时，恰恰针对的是永昌府檄缅甸文中“有数应归汉一语”，他明谕“归汉”的说法为“不经”，这很典型地表明了乾隆皇帝对其所认同的“中国”包括其统治的全部地域和各族人民在内的总体理解。④ 毫无疑问，可以用来对外自称且与“大清”能够互换的王朝国家之通称——中国，朝廷决不会允许它只指代汉人和汉人聚居区。这是当时最大的公开意识形态。

最近，青年学者钟焓发表《非汉文史料中所见“中国”一名及“中国意识”辑考》一文，不仅指出满文中“中国”（Dulimbai Gurun）一词在入关前就已存在的事实，而且举出了中俄《尼布楚条约》之外其他一些关于满人认

---

①《清圣祖圣训》卷 52。参见孙喆：《康雍乾时期舆图绘制与疆域形成研究》，北京：中国人民大学出版社，2003 年，第 40—41 页。

②《清圣祖实录》卷 270，康熙五十五年十月壬子，北京：中华书局，1985 年影印版。

③《清高宗实录》卷 784，乾隆三十二年五月上，北京：中华书局，1986 年影印版。

④ 同上。

同“中国”的有力的满文证据。比如，明末清初长期生活在中国的葡萄牙传教士安文思（Gabriel de Magalhães），1668年用葡萄牙文写作了《中国的十二特性》一书，1688年被译成法文以《中国新史》为名出版，接着又转译成英文，成为对西方人认知清前期的中国产生较大影响的汉学名著。该书的第一章里，安文思的记述即可反映出，康熙前期，入主中国的清朝统治者便已不再避讳使用“中国”这一名称，书中所谓Tulimpa Corum，就是满语Dulimbai Gurun的转写形式。又如，雍正元年（1723），曾被康熙派遣出访土尔扈特的清朝使臣图理琛刊行《异域录》满文本（后又出汉文本），其中以“中国”（Dulimbai Gurun）自称的情形更是屡屡出现，而且一般多用在与俄国官员和土尔扈特阿玉其汗的当面交谈中，可见其“中国意识”之自觉。尤其是图理琛还习惯使用“我（们）中国”（meni Dulimbai Gurun）这样的说法（赵刚此前的英文论文已指出此点），更能突出体现其对“中国”国家的认同态度。①

钟焓同时强调，不仅如此，清朝皇帝还较早就用蒙古文、藏文，在蒙、藏地区以“中国君主”的形象和身份，自觉传导一种新的“中国意识”。如1763年在《首楞严经》的蒙古文序言中，乾隆帝就特别以Dumdadu Ulus（中国）代替明朝时蒙古人习用的Kitad（-un）或Nanggiyad（-un）的旧称，在藏文序言中，则以Yul Dbus（中国）取代对明朝中国的称呼Rgya Nag。这种新的“中国意识”的传导，对蒙古贵族产生了切实的影响。针对日本学者中见立夫教授始终认为民国以前的蒙古人缺乏所谓的“中国”意识，以致蒙古语的“中国”（Dumdadu Ulus）一词是在清朝灭亡后才创制出来的观点，钟焓

① 钟焓：《非汉文史料中所见“中国”一名及“中国意识”辑考》，中国人民大学历史学院编：《“写历史：实践中的反思”系列会议之二：“差异与当下历史写作”国际学术研讨会论文集》，2016年10月14—16日，第446—459页。钟焓指出，meni的字面含义虽是“我们的”，但此处却属于代名词，后面可以不跟名词而直接做主语或宾语，故与“我们”无异。绝不能将其机械地作为所有格对待，造成误解。有关问题，亦可参见赵刚：《新清史可以无视史学规范吗？——评柯娇燕对清代皇帝中国观的新说》，《中国社会科学报》2016年10月13日。

则提出了众多的反证，给予有力的纠正和澄清。他指出，中俄《恰克图条约》中就使用了 Dumdadu Gürün-ü qaraγul（中国卡伦）、Dumdadu Gürün-ü mongγol qaraγul（中国之蒙古卡伦）等语，代表清朝谈判的蒙古王公策凌的署衔上，也以满文、蒙古文同时标明是“中国副将军扎萨克多罗郡王和硕额驸”。乾嘉时期，清廷郑重颁发给蒙古王公贵族的《理藩院则例》蒙古文本里，更是将从满文里移植改易过来的 Gürün，转化为更符合蒙古语习惯的 Ulus，多处使用 Dumdadu Ulus un obo（中国的卡伦鄂博，与满文 Dulimbai Gurun-i karun 对应）、Dumdadu Ulus un mongγol qaraγul（中国的蒙古卡伦，与满文 Dulimbai Gurun-i monggo karun 对应）。其他诸如“中国办理俄罗斯事务的大臣们”“中国的理藩院”和“中国边境的……汗王”等，也都有相应的满文、蒙古文对应语，可见清朝的“中国认同”及其相关之意识。此外，罗密、拉西明素克、衮布旺济勒等许多蒙古王公在其蒙古文著作中，也都使用过 Dumdadu Ulus 一词，不一而足。正因为如此，1849 年出版的科瓦列夫斯基所编的《蒙俄法语辞典》将 Dumdadu Ulus（中国）一词正式收录，也就自然而然、理所当然。①

晚清时期，在与欧美等国所签署的各种中外条约中，作为整个国家名称的“中国或中华”与“大清国”同时交替使用、在相同意义上使用的情形更是极为普遍，甚且很少有例外。如果说此前“中国”或“中华”的使用，在大清君臣一方还与“天朝上国”的不可一世的虚骄联系在一起，那么到晚清时，无论中西双方，尤其是对西方国家而言，“中国”或“中华”实际上已“沦”为一种与 China 对等的、被迫与西方各国“平等”的国家名号，换言之，“中国”作为主权国家的国名，此时已实际得到以西方为代表的国际社会的认可。如 1842 年中英第一个不平等条约《江宁（南京）条约》的汉文文本

① 参见前引钟焓《非汉文史料中所见“中国”一名及“中国意识”辑考》一文。早在 1984 年，中见立夫教授就提出蒙古语中所出现的“中国”（Dumdadu Ulus）一词直到清朝解体后才从汉语“直译”到蒙古语的看法，至今其观点似仍未见有何改变。可参见其著作《“满蒙问题”的历史构图》（『「滿蒙問題」の歴史的構図』）一书，东京大学出版会，2013 年，第 7 页。

中，就是“中国”和“大清”混用不分的；中法《黄埔条约》亦然。而中美第一个不平等条约《望厦条约》的汉文文本开头更称清朝为“中华大清国”，结尾签字处则注明“大合众国钦差全权大臣驻中华顾盛”。十余年后的中美《天津条约》里，也称清朝为“中华大清国”，称大清皇帝为“中华大皇帝”。1861 年，美国驻华公使蒲安臣（Anson Burlingame，1820—1870）入驻北京，递交汉文、英文国书各一份。其汉文国书也称中国为“大清中华国”，称自己为“住［驻］扎中华便宜行事全权大臣”①。凡此不仅表明了以满人贵族为核心的清朝统治者对“中国”或“中华”这一国家名称自我认同的延续，也意味着它实际上已得到了当时国际社会较为广泛的承认。

尤其值得注意的是，当时最主要的西方强国在与中国签署条约的本国文字条约文本中，有时干脆就直接将“大清”二字译成 China。如前面提到的中英《南京条约》的英文本里，大清皇帝的对应词就写作 Emperor of China；大清国也直接写作 Chinese Empire（明末西方传教士来华之后，在中西交往的文书里，以 Chine、Cina、China 等来对译“中国”或“大清”，已成为习惯）。可见在当时的英国人看来，“大清”和“中国”根本上就是对等的、可以互换的。美国和法国等的使用，也是如此。这就像一个中国传统士大夫，除了有“名”，往往还有“字”和“号”，可以用在不同场合一样。谁说一个国家就只能有一个名字？在那个特定时代，在与西方近代民族国家打交道的过程中，具体的王朝国家名称与历代的通称“中国或中华”两者并用，是极其自然的。不仅中国如此自称，当时的欧美政府对这两个名称的“对等性”及其并列使用，也非常了解和理解，运用起来已然相当自觉和熟练。

为了更加明确地论定这一问题，我们不妨再以 1868 年《中美天津条约续增条款》（又称《蒲安臣条约》）中首次涉及中外“国籍”问题的条款文字，

---

①《美国国书》，中华书局编辑部、李书源整理：《筹办夷务始末》（同治朝）第 1 册，卷 8，第 355 页。

来进一步加以说明，因为现代“国籍”问题通常都与“国名”称谓紧密相关。该条约汉文版的第五款和第六款规定：“大清国与大美国切念民人前往各国，或愿常住入籍，或随时来往，总听其自便，不得禁阻……除彼此自愿往来外，如有美国及中国人将中国人带往美国，或运于别国，若中国及美国人将美国人勉强带往中国，或运于别国，均照例治罪”；“美国人民前往中国，或经历各处，或常行居住，中国总须按照相待最优之国所得经历、常住之利益，俾美国人一体均沾；中国人至美国……俾中国人一体均沾。惟美国人在中国者，不得因有此条，即特作为中国人民；中国人在美国者，亦不得因有此条，即特作为美国人民”。表面上，该条约还将中国视为现代独立主权国看待，反复强调“中国辖境”的主权地位，以及彼此尊重宗教信仰自由和互与留学优待等权利。别有意味的是，为了显示其有别于其他西方列强，美国一方还在条约第八条中特别表示：“凡无故干预代谋别国内治之事，美国向不以为然。至于中国之内治，美国声明并无干预之权及催问之意……总由中国皇帝自主，酌度办理。”① 该条约的英文版，无论是“大清大皇帝”还是“中国大皇帝”，一律都译成 Emperor of China，完全不加区分。

1869 年，特别看重《中美天津条约续增条款》在中美关系史上之重要地位的美国传教士倪维斯（John Livingston Nevius），特将该条约作为附录收进其英文名著《中国与中国人》一书中。同时，该书关于中国的国名部分明确告诉其国内的美国人：“中国人讲起自己的国名，最常用的是‘中国’（Chung Kwoh）Middle Kingdom；另一个名字是‘中华国’（Chung Hua-Kwoh）Middle Flowery Kingdom……此外，统治王朝的各朝代名称也经常被用，比如目前就又

① 该条约中英文的原初形式，参见沈吕巡、冯明珠主编：《百年传承，走出活路》，台北故宫博物院，2011 年，第 30—33 页。感谢陈维新先生赠送此书复印件。另见王铁崖编：《中外旧约章汇编》第 1 册，北京：生活·读书·新知三联书店，1957 年，第 261—262 页。该汇编中称此条约为“中美续增条约”。

称作‘大清国’（TaTsing-Kwoh）。”① 可见，当年美国人对于中国的王朝名和历朝通称国名的混用一点，就已然十分清楚。不仅如此，他们在与中国打交道的过程中，相应地或称中国为 empire（帝国），或称中国为 nation（民族国家或国民国家），也并不统一，且不特别在意分辨其彼此国家的政治体制之性质，尽管在英文条约中，他们有时会将“中国人”译为 Chinese subjects（中国臣民），将“美国人”译为 Citizens of the United States（美国公民），以示区别。②

在中国历史上，一旦掌控中原的大一统王朝统治稳定下来之后，国人的王朝认同与“中国”国家认同就趋于一致，特别是当遇到“华夷天下”之外的外国或外国人时，该王朝就理所当然地代表“中国”，并自称中国和中国人，两者实际上就变成一回事。而同时“中国”也就当然成为自在的、中外双方均自然习惯使用的通用国名。明清时代，尤其是《威斯特伐利亚和约》生效后的清朝时期，就更是如此。与此相一致，从 19 世纪初开始，由西方来华传教士编撰并在中外公开出版的各种英汉、汉英辞典，一般也都是将 China 与“中国”“中华”对应、互译。这一中西文化交流史上的常识，以往却很少被人用来讨论清朝时期“中国”国名的中西互动问题。

美国部分“新清史”学者不愿直接称大清为中国，倒乐于简单直接地称入关后 260 多年的大清国为“满洲帝国”，这从入关后满人的国家自我认同角度来看，严格说来才真正不妥。以往，学者们曾长期认为“满洲”一名为皇太极所臆造，后来据中外学者特别是日本学者的有关研究，“满洲”也可能曾是努尔哈赤所统旧部（或国，满语为 gurun）的原名，或曾作为一种以族名名国的泛称而非正式国号存在过（类似于所谓“诸申国”）。但从现有的具有说服力的材料来看，其正式的国号，至少从 1616 年之后的两三年开始至 1636 年

① John Livingston Nevius, *China and the Chinese*, New York: Harper and Brothers, 1869, p.22.

② John Livingston Nevius, *China and the Chinese*, New York: Harper and Brothers, 1869, pp.455–466.

改国号之前，就一直是“金国”（Aisin Gurun），“金”的满语译音为“爱新”①。1635 年，皇太极为了斩断与“诸申”（Jushen 或 Juchen，即此前辽东女真语各部之总名）的关联，严禁用“诸申”称谓，而令恢复使用所谓“满洲”旧名。次年他又正式改国号“金”为“清”。不过此后的大清国虽“首崇满洲”，却已绝非满洲一族之国，而是其主导之下的满、汉、蒙古等族人民共享的国家。“满洲”与“大清”也并非含义等同的概念，它主要作为族称使用，或被用来指称大清的发祥之地。清朝皇帝入关后所发布的对内的重要国家公文中，都不曾正式以“满洲”名其国，这与其认定大清是满族祖先建立的国家这样一种意识并不矛盾。可以断言，入关之后的“满洲”基本上是满人的族群认同符号，总体说来，它与其自称“中国”或“大清”的国家认同之间，存在着根本差别。

（1）满人统治者“中国认同”的内涵、特点及有关问题辨析

就入关之后而言，清朝满人的“中国认同”，不外包括以下两个方面的主要内容：一是如前所述的国家名称层面的自认“中国”和自称“中国”。至少从康熙时代起，这种做法在满人高层，已经逐渐成为日常习惯。包括满人在内的清朝皇帝之所有臣民都属于“中国人”，包括满人发祥地的“满洲”地区

---

① 可参见姚大力、孙静：《“满洲”如何演变为民族——论清中叶前“满洲”认同的历史变迁》，《社会科学》2006 年第 7 期。有关这一问题，日本学者三田村泰助在《清朝前史研究》（京都同朋舍，1965 年）一书中的看法很有代表性。他利用《满文老档》，认定满洲国（固伦）作为努尔哈赤统一建州女真所建之国确实存在过。不过万历末年降叶赫、完成统一女真民族大业后，对外便称后金国，对内则称诸申国，满洲国的国号于是取消。1972 年，神田信夫又在三田村泰助的基础上将《满文老档》与《满文原档》相对照，撰《满洲国号考》一文，进一步提出满洲国名并未因采用“诸申”或“后金”国名而中断的看法，认为此后它仍是其满语国名，并与后起的“爱新”之满语国名并行不悖（参见神田信夫：《满洲国号考》，收入其由山川出版社 2005 年出版的《清朝史论考》一书中）。但这一说法目前尚难令人信服。即便其说成立，也不影响笔者的结论。因为其国号改为“大清”后，尤其是清朝入关之后，“满洲”为族称而非国名的意义确然无疑。感谢张永江教授在这方面所提供的资料信息帮助。

在内的所有大清国土都是“中国”的一部分，这种认识起码在康乾盛世的清代，已经成为包括满人官员在内的清朝之官方常识，并得到了当时及此后国际社会的承认。二是与国名认同相关，清朝皇帝及满族上层对此前传统中国的历史和文化的主体（以汉文化为核心代表），明确加以认同，尤其是明确将儒家思想作为治国的根本理念，对传统的帝系、帝统自觉接续，并以中华儒学正统（所谓道统和治统的结合）自居，确然自认清朝是自古及今中国的一个朝代（如称明朝为中国前朝）。这从清朝的帝王祭祀的内容中不仅有远古以来的汉人皇帝，也包括入主中原的蒙古和满洲等族的帝王，可以概见一斑。①

关于清朝皇帝及满人上层对传统中国历史文化的认同现象，以往学界常常称之为“汉化”，其实正如何炳棣先生在反驳罗友枝（Evelyn Sakakida Rawski）有关“新清史”观点时曾表明过的那样，或许称之为“中国化”或“华化”，要更为准确。② 这不仅因为清代以前的传统中国文化已非汉人文化所能囊括，更重要的是，清代在“中国”或“中华”的名义整合下，其文化也是各民族彼此互动的结果。就康雍乾三帝所代表的满人上层而言，他们在认同儒家文化的同时，实际上也对之加以了选择性改造，有学者强调这一时期朝廷的官方儒学是带有满人统治特点的专制性极强的“清代皇家新儒学”，认为它乃是“熔华夷观、君臣观、正统观、礼乐观、灾祥观以及有关养民、察吏、明刑、封建、井田、科举、乡约、教化等各方面认识于一炉”的独特的新儒学思想体系。③ 这的确很有道理，对认识相关问题甚有启发。

---

① 可参见2010年中国人民大学清史研究所发起和主办的“清代政治与国家认同”国际学术研讨会上黄爱平提交的《清代的帝王庙祭与国家政治文化认同》、常建华提交的《国家认同：清史研究的新视角》，以及张寿安提交的《清儒凌廷堪的正统观》一文。

② Ho, ping-ti, In Defense of Sinicization: A Rebuttal of Evelyn Rawski's "Reenvision the Qing", *Journal of Asian Studies*, Vol.57, No.1, February 1998, pp.123-155.

③ 参见2010年“清代政治与国家认同”国际学术研讨会上夏明方提交的《多重变奏中的灾异论与清代王朝认同——以〈大义觉迷录〉为中心》一文的修改稿。

就政治制度而言，虽说是“清承明制”，但满人皇帝却建立起了独特的军机处和秘密立储制度，改革了中国传统的君相体制和皇位继承制，从而表现出自己的个性。与此相一致，在统治少数民族、拓展和有效管辖辽阔疆土的策略上，至少就清前中期而言，他们也已显示出别具一格的满人特性和传统，如尚武重骑射、实行满蒙联盟、重视喇嘛教、允许一定程度的多元文化并存，乃至自觉抵制好虚文之“汉习”，等等，其超越前朝的统辖成效不仅为今人所熟知，也早已为清朝满人皇帝自身所自觉。不过清朝皇帝的此类自觉，往往又与认同“中国”和希望被汉人士大夫真心接受的心理有直接关系。如雍正皇帝在《大义觉迷录》中，就针对视满人为夷狄、不愿接受其为“中国之主”的汉人士大夫代表曾静等人，理直气壮地自赞清为中国扩展疆域的汗马功劳，其言曰：“自古中国一统之世，幅员不能广远，其中有不向化者，则斥之为夷狄……是以有此疆彼界之分。自我朝入主中土，君临天下，并蒙古极边诸部落俱归版图，是中国之疆土开拓广远，乃中国臣民之大幸，何得尚有华夷中外之分论哉!”在《大义觉迷录》中，为了说服那些仍然反清的汉人士大夫，雍正有时不得已也偶尔使用明代时狭义的“中国”概念，但更多的时候则是以“中国”自称的，或者说其对“中国”一词的绝对主要用法，乃是将满人等族群自身也包括在内的、扩大了范围且古今贯通的“中国”含义（绝非自外于中国）。至少康熙中期以后，就是如此。因为其所谓“本朝”或“我朝”乃至“天朝”，都是“中国”朝代的自承之称。所以雍正在谕旨中又特别指出：“夫满汉名色，犹直省之各有籍贯，并非中外之分别也。”① 只要反复阅读《大义觉迷录》，总体上把握其完整内涵，并参照其他官方文书，就不会对其所使用的“中国”一词的主要含义发生误解。② 不仅如此，雍正还强调清朝结束战乱，实现新的大一统是“大有造于”中国，所谓：“我朝统一万方，削平

①《清世宗实录》卷130，雍正十一年四月己卯，北京：中华书局，1985年影印版。

② 有关这一问题讨论的不同观点，可参见岸本美绪：《“中国”和“外国”——明清两代历史文献中涉及国家与对外关系的用语》，载《覆案的历史：档案考掘与清史研究》，台湾“中央研究院”，2013年，第381—385页。

群寇，出薄海内外之人于汤火之中而登之衽席之上，是我朝之有造于中国大矣、至矣！”① 可见他不仅认同于“中国”，还以满人能够建立“中国”新朝代并得以再造“中国”，实现其开疆拓土的发展为之自豪。

实际上，清朝满人统治者的“中国认同”，就是在与各民族特别是与汉人复杂的矛盾合作关系中，逐渐发展并得到深化的。这一认同，既以满、蒙古、汉等民族政治合作为基础的“大一统”之实现为其条件，又以文化上的多元并存、不断融合和对外维护其整体尊严为鲜明表征之一。1727 年，在召见西方传教士、驳斥罗马教廷关于信仰天主教就不能祭孔祭祖的规定时，雍正就曾以“满洲人”身为中国人的一支而自豪，并因此坚定地以中国文化的“护法”自任。他郑重表示：“作为一个满洲人……朕岂能帮助尔等引入那种谴责中国教义之教义？岂能像他人一样让此种教义得以推广？喇嘛教最接近尔等的教，而儒教则与尔等之教相距甚远。尔等错了。尔等人众不过二十，却要攻击其他一切教义。须知尔等所具有的好东西，中国人的身上也都具有，然尔等也有和中国各种教派一样的荒唐可笑之处。”② 他甚至还更为明确地声言：“中国有中国之教，西洋有西洋之教；彼西洋之教，不必行于中国，亦如中国之教，岂能行于西洋?!”③ 最终，禁止天主教在华传教的政策在他那里得到进一步强化。这其中自然含有国家政治考量的因素在内，但“中国认同”的历史文化背景也是十分明显且重要的。

其实，早在康熙时代，对西国传教士而以“中国”或“中国人”自称，自觉捍卫中国文明和国家的尊严，就已经成为一般士大夫、清朝官员乃至大清皇帝的习惯。西方来华传教士、外交人员在翻译有关西国文书为汉文时，都已习惯直接称大清国为“中国”，其臣民为“中国人”。现存康熙皇帝亲笔删改

① 以上所引《大义觉迷录》中的文字，均见中国社会科学院历史研究所清史研究室编：《清史资料》第 4 辑，北京：中华书局，1983 年，第 5—6 页。

② 宋君荣：《有关雍正与天主教的几封信》，杜文凯编：《清代西人见闻录》，北京：中国人民大学出版社，1985 年，第 145—146 页。

③《世宗宪皇帝上谕内阁》卷 56，《影印文渊阁四库全书》第 414 册，台北：台湾商务印书馆，1986 年，第 597 页。

的有关康熙与罗马教皇来华使节关系问题的14通汉文文书里，凡是提到清朝所指涉的国家时，全就使用“中国”二字，且触目皆是，无一例外。当时，正值所谓“中西礼仪之争”时期，罗马教皇第十一世颁布禁令，规定不许在中国的天主教徒称造物主为“上帝”，不许他们祭孔祭祖、“不许依中国规矩留牌位在家”等，还强调“从今以后，凡西洋人在中国传教或再有往中国去传教者，必然于未传教之先在天主台前发誓，谨守此禁止条约之礼”。为此，教皇使者嘉乐亲到中国传布谕令，由传教士将此禁令译成汉文，上呈给康熙皇帝，请求“中国大皇帝俯赐允准”①。康熙看过之后，不禁大怒，立下朱批：

> 览此告示，只可说得西洋人等小人，如何言得中国之大理。况西洋人等，无一同［通］汉书者，说言议论，令人可笑者多。今见来臣告示，竟是和尚道士，异端小教相同。此乱言者莫过如此。以后不必西洋人在中国行教，禁止可也，免得多事。②

康熙皇帝本来轻视天主教，以为其讲求“祈福求安”，与“佛道之理”并无大的差别，无法与孔儒的敬天之道相提并论。故他只愿意留下身怀特殊技能的西人在宫廷服务，至于其传教与否，实在觉得可有可无。因此当罗马教廷使节嘉乐来华时，他便痛斥教皇谕令“与中国道理大相悖戾”，逼得中国非禁止传教不可。③ 他还就此面谕在京的西洋人说：“朕因轸念远人，俯垂矜恤，以示中华帝王，不分内外，使尔等各献其长，出入禁庭［廷］、曲赐优容致［至］意。尔等所行之教，与中国毫无损益，即尔等去留，亦无关涉。”④ 由此，可以得见这位以“中华帝王”自居自傲的皇帝对待天主教的真实态度如何。

在这些现存的文书里，康熙反复告诫罗马教皇的使者和在华传教士，“辩论道理，语言必重。尔西洋人自己流入异端之处，自己不知，反指中国道理为异

---

① 陈垣整理，李天纲点校：《康熙与罗马使节关系文书》，马国贤著，李天纲译：《清廷十三年——马国贤在华回忆录》附录，上海：上海古籍出版社，2004年，第169—170、160页。

② 同上书，第171页。

③ 同上书，第160页。

④ 同上书，第157页。

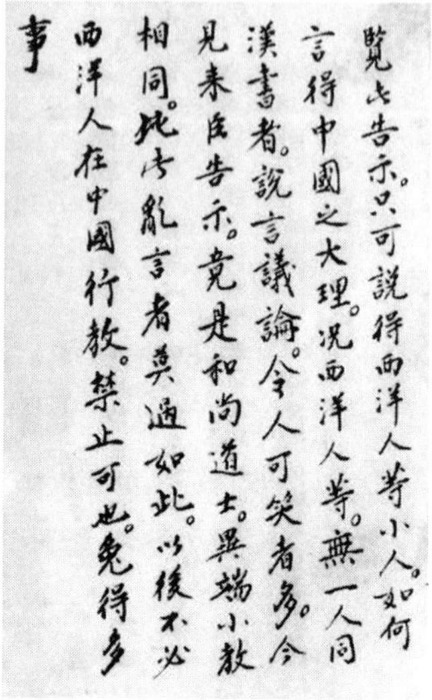

覽此告示。只可說得西洋人等小人。如何言得中國之大理。況西洋人等。無一人同漢書者。說言議論。令人可笑者多。今見來臣告示。竟是和尚道士。異端小教相同。彼此亂言者莫過如此。以後不必西洋人在中國行教。禁止可也。免得多事

1727 年，康熙皇帝关于罗马使节来华告示的谕批①

端，及至辩论之处，一字又不能回答”，实在轻狂可恶；要想在中国传道，必先学会中国语言、尊重中国的文教义理，采取利玛窦的传教方式即所谓“随利玛窦规矩”，“依中国的律例”方可，否则“断不许在中国居住，必逐回去”。② 他不断谴责教皇来华使者“不通中国诗书、不解中国文义”，却“妄辨中国道理”，“轻论中国理义之是非”的荒唐，声言“中国人不解西洋字义，故不便辨尔西洋事理，尔西洋人不解中国字义，如何妄论中国道理之是非？”而且“中国道理无穷，文义深奥，非尔西洋人所可妄论”③ 云云。不仅如此，他还表示：“尔教王条约只可禁止尔西洋人，中国人非尔教王所可禁止。”④ 以此，康熙表明了他作为一个“中华帝王”维护国家法度和文化尊严的严正立场。

由上述 14 通文书可知，康熙四十五年至五十九年（1706 至 1720 年），在日常政务活动中使用汉语汉文，并在与来自西方的外国人打交道时，已习惯以作为国家名号的“中国”和“中国人”自称，且坚守儒教敬天法祖之道并视其为“中国之大理”，这实在可谓不争的事实。它与赵刚教授所指出的 1712 年康熙上谕里自称“我中国”以及《清圣祖实录》里所载关于尼布楚界碑文里与俄罗斯国对等划界的“中国”国名使用，还有笔者前文提到的《清圣祖圣训》里在与朝鲜国并列、平等勘定疆界意义上使用“中国”国名的其他材料相互印证，均可说明“中国”已被康熙帝用作为应当有明确疆土范围、实与其他邻国

---

① 转录自北平故宫博物院编，民国 21 年（1932）制：《康熙与罗马使节关系文书影印本》。

② 陈垣整理，李天纲点校：《康熙与罗马使节关系文书》，马国贤著，李天纲译：《清廷十三年——马国贤在华回忆录》附录，上海：上海古籍出版社，2004 年，第 167、152、148 页。

③ 同上书，第 157、161—163 页。

④ 同上书，第 160 页。

并存的国家名号（尽管内心深处难免仍存“天朝”的虚骄）。目前，海内外学者谈论有关清朝的“中国”认同问题时，均很少使用康熙朝有关“中西礼仪之争”的这些材料，甚为遗憾。至于康熙帝那份以满汉双语拟定的著名遗诏里自称“中国至圣皇帝”，更是为研究清前期政治史者所熟知的史实。

此种满人认同“中国”所表现出来的满人主体性，同样是体现清朝特性的满人主体性之重要内容，自然也是关心满人族群认同的美国一些“新清史”学者所不当忽略和回避的问题。① 至于后者中有人把满人的某种族群主体性地位与所谓“族群主权”（ethnic sovereignty）相混同，将族群认同与传统王朝国家认同对立起来，就更值得商榷了。事实上，入关后，“满洲”始终是满人的族群认同符号，与“大清”或“中国”的王朝国家认同符号，具有不同的性质。

美国的部分“新清史”学者总爱强调清朝皇帝的多重形象或身份，可入

① 笔者在《清代满人的“中国认同”》（《清史研究》2011 年第 1 期）一文中批评“新清史”时，一方面明确认可其“强调满人在清朝的某种主体性地位，注重从满人主体性的角度研究清史”的做法，以为“对于丰富清史研究的意义不言自明”，只是提醒其“在正视清朝历史这一独特性的同时，也不应走到另一个极端：有意无意地轻忽乃至淡化其大一统国家的‘中国性’，更不能将两者简单化地对立起来”，而美国“新清史”代表欧立德（Mark C. Elliot）在回应中却认定，笔者对于“满人主体性”的视角“仍然坚持其不肯接受的态度”；另一方面，笔者指出，既然“新清史”从满人主体性出发，乐于强调满人自身的族群认同，那就不应该同时忽略和回避满人的“中国认同”问题，因为清朝入关后，满人认同“中国”与否，如何认同“中国”，其所认同的“中国”究竟只是大清国的一部分，还是其全部，这是个非常严肃的问题，不仅同样体现其满人的主体性，而且直接关涉部分“新清史”骨干所谓的“清朝非中国”的论调是否符合事实，“新清史”学者应该对此予以重视，做出认真切实的回答。遗憾的是，他们却没有。更令人吃惊的是，到了欧立德对包括笔者在内的有关批评所做的回应里，这种满人“中国认同”问题的明确提出，竟还莫名其妙地成了美国“新清史”学者的积极作为与贡献，他甚至揶揄地说，“新清史”学者将这“一个‘非常严肃的问题’提出来，这看来就带有某种‘挑衅’意味了”（定宜庄、欧立德：《21 世纪如何书写中国历史：“新清史”研究的影响与回应》，载彭卫主编：《历史学评论》（第一卷），北京：社会科学文献出版社，2013 年，第 129、137 页）。实际上他们所提出的，乃是“大清非中国”、两者间大有界限、实为两回事的问题，而不是清朝满人是否认同“中国”或他们所认同的“中国”范围如何等类问题。

主中原之后的清朝皇帝，特别是康熙中叶以后其最主要的身份或最高身份仍当是“中华皇帝”或“中国大皇帝”，其他的身份均笼罩在“中华皇帝”的光环之下，实与之无法分离并且因之获得更大的权威。① 与此相应，在文化上，此后清朝总的来说虽是多元文化并存，但儒家正统却是其建设政治文化合法性的最大价值来源，它是清朝专制皇权得以整体维系的根本所在，可以说在多元文化中，实处于核心地位。

笔者赞成“新清史”诸人强调在清朝，多种民族文化之间彼此“涵化”（acculturation）的提法。可问题在于，参与涵化的各族文化对于清代中国发展之实际影响、地位和作用，并非完全对等。总的说来，入关以后，汉文化的影响无疑是最大并不断加大的。统治广大汉人的现实需要，以及对清代以前中国传统历史文化认同的强化和深化，必然导致汉文化在清朝政治生活和社会生活中的地位日益提高，而相应地，满文、满语的实际地位却在逐渐下降中。到清代中叶时，已有不少满人官员不会使用满语草拟奏折，这成为稍后乾隆多方面采取措施、强化满人自身认同的一个直接契机。但根本趋势已无法扭转。以清朝最重要的政书《清实录》的纂修为例，最初，实录是先修满文本，然后译成汉文本，再由汉文本转译成蒙古文本。康熙时代起，因各种史料大都来自汉档和汉籍，所以从雍正朝修《清圣祖实录》开始，实录满汉文本之间的修纂顺序不得不颠倒了过来，是先修成汉文本，再分别据之译成满文本和蒙古文本（康熙遗诏里只用满汉两种文字，也是先写汉文、后写满文）。有的学者认为，这一改变不仅体现了“清朝汉化进程的加深”，甚至还表明了汉文作为大清国“共同语言地位”之确立。② 这一看法是否切当，当然

① 郭成康教授在《清朝皇帝的中国观》一文中，曾广为引证材料。如准噶尔博硕克图汗噶尔丹向康熙一再表白“中华与我一道同轨”，“我并无自外于中华皇帝、达赖喇嘛礼法之意”；蒙古僧俗人众相信“中华皇帝，乃活佛也”；土尔扈特以“大圣皇帝（指乾隆）甚为仁慈，广兴黄教”，遂决策从俄罗斯毅然回归中国；等等。笔者以为，它们均能直接或间接地说明本文的这一观点。

② 参见谢贵安：《〈清实录〉稿底正副本及满汉蒙文本形成考论》，《史学集刊》2008 年第 2 期。

还可讨论，但它至少表明康熙时代起汉文化对满人的影响程度已然相当深化，却是毋庸置疑的。

进入晚清后，在应对西方列强和日本的侵略以及广大汉人地区大规模的反抗过程中，这种汉文化影响强化和深化的趋势又得以进一步加剧。笔者发现，在晚清，西方列强与中国签订不平等条约时，除俄罗斯还偶尔使用满文本之外，其他西方国家乃至东方的日本，都只使用汉文本与其本国文字本。以致 1875 年，光绪在谈到中国和秘鲁换约等事宜时竟明确谕称：“惟换约事宜，中国总以汉文为凭。”① 可见在这一文化权势转移的过程中，外国殖民者特别是欧美列强，也曾起到某种推波助澜的作用。最能生动地体现这种文化地位转化的，或许还是汉文中“国语”一词含义最终的满、汉倒置。晚清以前，“国语骑射”是清朝皇帝所自豪的满人特性，“国语”自然是指满语，而到了清末最后十年，流行的“国语”一词却已逐渐明确地指称汉语“官话”。事实上，这一过程是与清末新政特别是立宪运动相伴随的，是朝廷构建国家通用语的产物。它以 1904 年年初癸卯学制的颁布和实施为正式起点，以预备立宪的开启为加速机制，通过制定《蒙藏回地方兴学章程》和《学部中央教育会议议决统一国语办法案》开始其早期实践。这一过程始终由朝廷主导，得到朝野人士和满蒙汉等族趋新官员的共同推动，当然也是朝廷长期推行官话和汉语在国家内政外交中实际作用不断加大的结果。② 而这种以“官话”作为各族人民相互沟通工具的现代“国语”地位之最终形成，对于现代意义的“中华民族”观念的孕育和生成，其基础意义显而易见。

在清朝尤其是清末以前，满人的“中国认同”基本由专制皇权和满人上层贵族所主导，一般满人基本没有什么选择的余地。此乃那个时代满人“中

---

①《清德宗实录》卷 13，光绪元年七月上，北京：中华书局，1986 年影印版。

② 可参见黄兴涛、黄娟：《清末“国语”的概念转换与国家通用语的最初构建》，载《近代史研究》2022 年第 6 期。

国认同”的突出特征。而实现大一统格局之后的清朝皇帝及满人上层之“中国认同”，又可谓坚定不移、毫不含糊。不难想象，要是盛清尤其是晚清时，哪个满人和其他族群的中国人敢像欧立德那样声言“不应直接把清朝称为中国或是把大清皇帝称为‘中国’的皇帝”①，大清皇帝非但绝不会允许，肯定还要对其严加治罪。这是今人讨论这一问题时所应该具有的起码历史感。

此外，值得注意的还有，清朝满人的“中国认同”，曾经历前后演变的过程。不仅入关前后有区别，通常所谓的清朝前期、中期和晚清也有不同。时至清末，为了抵御激进的“排满”运动，一部分主导政局、参与新政的满人官员和留日学生的“中国认同”得到升华，在他们身上，初步实现了从认同传统的“专制中国”到自觉批判八旗制度、认同各民族平等融合的“立宪中国”之近代转变。从中我们可以很清楚地看到新型的满人官员和知识人具有时代特点的民族认同和政治选择。

在整个清朝满人的“中国认同”中，其所依据的思想资源前后虽不无变化，但儒家的“大同”理念却是其始终贯穿如一的思想基盘。“大同”概念出自儒家经典《礼记》，它所追求的是破除一切彼此界限，平等融合、追求共性的人生和国家至上境界。所谓“求大同，存小异”，也是从这里延伸出来的为人与行事原则。这在中国既是一种重要的人生观和世界观，也是一种与其他族类交往的族群观和政治观。乾隆在《西域同文志序》中谈到“天”的各种语言说法有别但无不“敬之”之时，就曾使用过“大同”概念。其言曰：“汉人以为天而敬之，回人以为阿思满而敬之，是即其大同也，实既同名亦无不同焉。”②“大同”的前提是“同文”，同文并不意味着以其中一种代替其他，而是互释、共认、同存，相互沟通。晚清洋务派所奏办的“同文馆”，也是此义。不过清末

① 欧立德：《关于“新清史”的几个问题》，中国人民大学清史研究所编：《“清代政治与国家认同”国际学术研讨会论文集》（上），2010年8月，第14页。

②《清高宗（乾隆）御制诗文全集》第10册，北京：中国人民大学出版社，1993年，第416页。

端方等满人所频繁使用的"大同"观念，与《礼记》泛论的普世性和康有为《大同书》中的"大同"主张之超越国界仍有区别，其所使用的范围还只限于国内。但很显然，他们对"大同"观念与"中国"国家整体认同之间关系的把握，已经更加自觉、清晰和深入了。这一点，我们在后文还会详细谈到。

在笔者看来，研究"中国历史"及其有关问题的时候，不能一方面极端强调"中国"含义的模糊、断裂和变化，而同时又偏颇僵硬地执定一个狭隘不变的"中国"定义来评断有关历史——也即把"中国人就是汉人，中国就是汉人统治的国家或地区"这一某些特定朝代的"中国"之历史含义固定化，并始终不变地以这个固定化的"标准"来判断此后变化着的或变化了的那些"非汉人"的中国人身份及其所属王朝国家之属性。① 如今，许多受"后现

① 如欧立德就一方面强调"中国"内涵的不断变化，另一方面又无视清朝入关后朝廷认同的"中国"范围已扩大到包括清朝全境的事实，而仍坚持认为在整个清朝，"中国"仅是"满洲帝国"的"一部分"。他说："也许'新清史'要提出来的最大问题是，我们可否不经质疑地直接将清朝等同于中国？难道我们不该将其视为一个'满洲'帝国，而中国仅是其中一部分？部分'新清史'的史家因此倾向在'清朝'与'中国'间划下一条界线，避免仅仅称呼清朝为'中国'，也不仅仅称呼清朝皇帝为'中国皇帝'。"（参见欧立德：《满文档案与"新清史"》，《故宫学术季刊》2006 年冬第 24 卷第 2 期）实际上，类似看法，很容易让中国人联想起 20 世纪 20—30 年代的日本以矢野仁一为代表的支持日本"大陆政策"的御用学者们曾提出的所谓"支那非国论""满蒙藏非支那本来领土论"，意谓"支那≠清""支那＝支那本部""支那＝汉民族之领域"等论调［参见矢野仁一当时发表在日本《外交时报》《东亚》《东亚经济研究》等上面的系列论文，如《满蒙藏非支那本来领土论》（「滿蒙藏は支那本来の領土に非る論」，『外交時報』35 巻 1 號，1922 年）等］。至于当时中国国内学者的有关反驳，则可参见叶碧苓：《九一八事变后中国史学界对日本"满蒙论"之驳斥——以〈东北史纲〉第一卷为中心的讨论》（《"国史馆"学术集刊》2006 年第 11 期）。因此有学者批评欧立德等没能明确地与后者的一些说法划清界限，显得不严谨和慎重，尽管两者间存在本质的不同。后来，欧立德也多次声明其研究没有政治目的，但客观地说，其所受到西方有关意识形态潜移默化的长期影响，是毋庸讳言的。姚大力教授虽提请国内学者多关注"新清史"的长处，切忌政治化批判，但他也明确批评其所谓"大清非中国论"之错误，不过他似乎并不看重"认同"视角本身。参见姚大力：《不再说"汉化"的旧故事——可以从"新清史"学习什么》（《东方早报・上海书评》，2015 年 4 月 12 日）等文。

代”思潮影响的思路或论断，常坐此病。因其并不能将自己的论述立场贯彻到底，往往陷入此类思维矛盾之中而不自知。

说到这种思维方式的毛病，有一个在东西方都流传甚广的“中国本部”一词，不能不在此专门谈及。该词曾长期被西方列强特别是日本侵略者在“明朝时期汉人统治地域才是真正的和原本的中国”之义上恶意利用，曾带给中国人以历史的警示。1939年元旦，顾颉刚就在《益世报·星期论评》上发表《“中国本部”一名亟应废弃》一文，认定该词乃日本人“杜造”出来以“分化”和“欺骗”中国人，专为攘夺我国边疆领土的阴谋服务的。他感慨我国的“知识分子”们却被蒙骗，竟然不加反省地盲从跟用，“中了敌人的诡计，危害了国家的前途而尚不觉察”，实在糊涂之至，令人痛心疾首。他还指出，在近代英文中，也有与“中国本部”具相同意味的词China Proper，当是由日本的“中国本部”翻译过去的。不过，这后一结论却并不正确。

据最新研究，China Proper的产生其实比日文中的“中国本部”一词要早很多。还在明末的1585年，门多萨就曾在他那部著名的一般译作为《中华大帝国史》的西班牙文著作里，提出过“中国本部”（la propia China）的概念。当时，欧洲人基于葡萄牙对澳门的特殊关系而产生一种认识：澳门虽属于中国，但却有别于“中国本部”——也就是把澳门以外的中国部分称之为“中国本部”。清朝统治时期，在欧洲，“中国本部”的概念又逐渐用来指称原明代中国的统治范围，即主要指代汉人统治区，实际上已深深打上了欧洲基于民族国家观念影响的族性地理观的烙印。① 日本人后来对“中国本部”一词的使用，显然也是从西方翻译过去的。

① 陈波：《“中国本部”概念的起源和建构：1550年代至1795年》，《学术月刊》2017年第4期。

19世纪之初，China Proper在来华西方人中使用渐多①，在长期的使用中，使西方人留下了“中国”原本就是或应该是明代汉族统治区的刻板印象和认知陈见，并不时被不当使用甚或恶意使用，往往自觉不自觉地受制于西方那种乐意将内蒙古、新疆和西藏等少数民族地区排除在“中国”之外的独特意识形态。② 不过，顾颉刚认为汉文中的“中国本部”一词直接来自日本，却是符合事实的。如1899年，日人桑原骘藏所著《东洋史要》一书被译成汉文出版，此后该书又出现多种汉译本或改编本，其中即反复使用“支那本部”或“中国本部”概念。梁启超等人在20世纪初使用“中国本部”概念，即因循此类日文著作或略微转换而来。

不过即便是在清末，笔者也未曾见到过清朝政府和皇帝在完全China Proper意义上或日文汉字相同词意义上正式使用过“中国本部”概念，因为

---

① 关于China Proper在19世纪英语中的使用情况，笔者曾查阅ProQuest Historical Newspapers: Chinese Newspapers Collection, 1832-1953，该数据库包括了《中国丛报》(*The Chinese Repository*)、《教务杂志》(*The Chinese Recorder*) 等晚清民国时期在中国创办和发行的12种英文报刊，从中得见19世纪30年代该词即被使用28次，较早的一次是1832年《中国丛报》中的使用。20世纪30年代达到最高峰，达934次之多，这与伪满洲国建立后有关的西文宣传有关。尽管以英美等国为主导的国联在政治上并不承认作为日本傀儡的伪满洲国，坚持认为其所在地为中国的国土，但对英美语言中China Proper一词的使用却长期缺乏反思。在现代英语中，China Proper的使用已越来越少，但当今的有些美国学者，如欧立德等，有时仍然喜欢使用该词。如其英文著作《乾隆皇帝传》里有幅1780年的大清帝国图，就将中国内地十八省特别总标为China Proper，与Manchuria、Mongolia、Xinjiang和Tibet并列，见Mark C. Elliott, *Emperor Qianlong: Son of Heaven, Man of the World*, Longman, 2009, p. 15, 89。

② 早在顾颉刚之前的1935年，著名史家郑鹤声对帝国主义利用“中国本部”概念行别有用心之谋，已有明确揭露，指出：“外人为割裂我国计，于地图上‘中国’二字，只书于十八省之上，余均以满、蒙、藏及土耳其斯坦标之。外人叙述我国国内之事，则以‘中国人’与‘满人’、‘蒙人’、‘藏人’等对称，其用心昭然。我国上下，反受其愚，而中其计，竟已有‘中藏’等类大错特错之对称名词，何异自裂我国为若干单位?”郑鹤声：《应如何从历史教学上发扬中华民族之精神》，《教与学》第1卷第4期，1935年10月1日。

入关后的大清既认同于中国，且以继承中国王朝体系的正统自居，又怎么会愿意将满人故园和大清龙兴之地的“满洲”也自外于“中国本部”?！相关的称呼通常都是“内地”，所以有“内地十八省”之称，与边疆地区相对而已；内地和边疆则通称中国，统属中国。尽管今天的国人在英译汉时，往往愿意将China Proper译成“内地”或“中原”，实则两者之间在含义上却存在区别。

众所周知，康雍乾时代及其以后的中国已非昔日的明代中国，而是被清帝、满人和汉人等其他族群共同认同又加以再造过的中国。对于这样一个变化了的和正变化着的中国，以“中国”自称并成为一个中国朝代的清朝及其最高代表皇帝何曾有过美国部分“新清史”学者所谓的“超越”?又何从“超越”?它有所超越的不过是明代及其以前的中国而已（你可以说清朝超越明朝，也可以说“大清中国”超越“大明中国”，却不能笼统说入关后自称“中国”、成为一个中国朝代的“大清”超越“中国”，否则难免有语病）。

其实，作为传统国家的“中国”，它的地域范围、居住人民、主导族群在不同时代固然不断有所变化，但其每个占有中原的王朝国家却都无一例外地、连续不断地认同于“中国”或“中华”，以“中国”或“中华”自名、自称、自表、自得、自尊乃至自大，坚定地遵从于儒家政治文化，并表明自己是中国的一个正统朝代。这种朝代可以更替兴亡，作为传统政治与文化共同体的“中国”国家却永续永在的独特的历史延续性认同，并非今人以现代民族国家意识加以主观反推的结果。它长期形成并不断强化了一种“中国天下”的共识，其内涵绝非狭隘的“汉人国家”所能概括。撇开政治文化不谈，仅就疆土而言，可以说它就集中体现为一以贯之的、中心不变而边界模糊但认同相当明确的“中国”传统国家特征。这一点与其独特的儒家政治文化相结合，毋宁说正是构成历史悠久的前近代传统中国有别于西方古今主要国家特别是近现代民族国家的重要特色所在之一。①

20 世纪初的清末十年间，作为启蒙思想家的梁启超等人震慑于西方现代民族国家的强盛，迫切需要激发国人现代民族国家式的爱国心，因而痛责传统中国有“朝廷”而无“国家”，并对中国缺乏西方式的宪法规定的、确然无疑的统一国名一事而忧心如焚。熟悉万分且历史悠久的“中国”之国名明明自在心中，却仍在无意间把国家归结为纯粹的现代民族国家或国民国家之专属，这正是当年强势的西方政治文化霸权的典型表现之一。

如今，一些坚持认为入关后的“大清”和“中国”仍为两回事的学者，总爱拿梁启超 1900—1901 年间在《少年中国说》《中国史叙论》等文中批判中国“无国名、非国家”的过激之言说事，为自己的偏颇观点服务。且不提其忽略了梁氏所言之具体语境与背景，未能完整准确把握其内涵，至少是对当时的思想缺乏再反思的结果。君不见梁启超一面批判中国无国家无国名的同时，一面又满口“我国”“我中国”“老大中国”和“少年中国”乎！君不知梁启超重新书写本国之史的开篇《中国史叙论》中，同样偏激地声称“虽谓中国前者无史，殆非为过”——难道我们竟也要真的相信他“中国前者无史”之说乎?！事实上，不是此前的中国没有国名，而是存在两种众所周知的传统国名，一是以朝代命名的国名，二是超越各朝代的通称“中国或中华”之名，而它们当时又有其国外的习惯对译名。在西方主导的现代国际关系体系之内，对外部世界陌生的中国人，一时竟不知如何标称自己的国名，这才是人们经常提到早期国人出洋留学日本早稻田大学时将祖国之名填得五花八门的原因。

但学者们应当注意的是，梁启超激言中国无国名，实际上指的是当时中

---

① 在这方面，汪晖对帝国和民族国家二元对立模式的反思，有助于今人的认识。参见汪晖：《现代中国思想的兴起》上卷第一部“导论”部分，北京：生活·读书·新知三联书店，2004 年，第 23—47 页。

国无确定唯一的、对内既能体现国民的主权者地位，对外又不妄自尊大，还能将古今贯通起来的合用的现代国名而已，并且最终，他也并未能找到“中国”以外的其他选择，还是认定，相对说来仍只有“中国”或“中华”作为国名既具有历史延续性，也符合“名从主人”的现代主权原则，故其文仍保留“中国”名称，名之曰《中国史叙论》。论者往往征引梁启超所论之前半段，而删掉其后半段，实不免造成不必要的误解。①

民国时期，已有中国学者专从政治学的国家类型的角度，相当敏锐地见及清末民国之前的传统中国有别于西方“帝国”（empire）、“族国”（民族国家，nation）的国家特性所在，在无法精准归类的情况下，十分自觉地将其作为一种独特的国家类型来概括，并称之为“中国之国”“中国天下”或“中国天下国”②，以此来特别强调其传统的王朝国家特性、政治品格和独具的政治文化，从而表现出一种可贵的自知之明。这种王朝国家，既带有一种超越现代民族主义狭隘性的“天下”追求，又具有自己独特的政府机构，且其后期的管辖范围日益明确（特别是清中叶以后，在与欧洲近代国家打交道的过程中，中国的国家特性自身也在不断发生变化），因此绝不能将其简单视为区别

---

① 为方便认知，特将梁启超那段关于这一问题的典型论述完整摘录如下：“吾人所最惭愧者，莫如我国无国名之一事。寻常通称，或曰诸夏，或曰汉人，或曰唐人，皆朝名也。外人所称，或曰震旦，或曰支那，皆非我所自命之名也。以夏、汉、唐等名吾史，则戾尊重国民之宗旨；以震旦、支那等名吾史，则失名从主人之公理；曰中国、曰中华，又未免自尊自大，贻讥旁观。虽然，以一姓之朝代而污我国民，不可也；以外人之假定而诬我国民，犹之不可也。于三者俱失之中，万无得已，仍用吾人口头所习惯者，称之曰中国史。虽稍骄泰，然民族之各自尊其国，今世界之通义耳。我同胞苟深察名实，亦未始非唤起精神之一法门也。”梁启超：《中国史叙论》，张品兴主编：《梁启超全集》第 1 册，北京：北京出版社，1999 年，第 449 页。定宜庄、欧立德《21 世纪如何书写中国历史：“新清史”研究的影响与回应》一文只引录了此段文字的前半部分来说明自己的观点，且将其出处弄错了，误为《少年中国说》。参见彭卫主编：《历史学评论》第一卷，北京：社会科学文献出版社，2013 年，第 138 页注释一。

② 可参见罗梦册：《中国论》，商务印书馆，1943 年。笔者得见此书，恰巧在 2010 年“清代政治与国家认同”国际学术会议召开前夕，感谢夏明方教授的及时提示和资料赠予。

于“政治体”（state）的所谓纯粹“文明体”。① 而与此同时，中国王朝国家自身又仿佛带有某些“帝国”和“民族国家”的部分特征。

现今美国的一些“新清史”学者，似乎也重视清朝国家的政治文化特质，每好以“帝国”称清朝，但他们要么同时乐于将清朝前期对准噶尔政权等的征服行为与某些西方近代殖民主义帝国的海外侵略扩张相提并论，甚且等而观之，要么根本不理会 20 世纪初年清朝开始自称“大清帝国”时，其所谓“帝国”不过是模仿已经立宪的“日本帝国”或“大英帝国”的称谓，仅表明一种存有帝王或君主的“大国”含义而已，且其所表达的国家理想追求，恰恰是日、德、英等国那种“君主立宪”制的国家形态，而并非有别于现代国家的那种所谓包容“多元政治体制及其文化”含义上的 empire。因此，美国部分“新清史”学者对“帝国”概念的有关认知和学术使用，实多有未妥

① 在这方面，美国学者白鲁恂（Lucian W. Pye）所谓“中国（迄今）是佯装成国家的文明”之论（其英文原文表述为：China is not just another nation-state in the family of nations.China is a civilization pretending to be a state.参见 Lucian W.Pye，China：Erratic State，Frustrated Society，*Foreign Affairs*，Fall，1990），曾导致许多政治学者和历史学者对中国的现代国家性质发生误解。有学者批评白鲁恂是以欧洲经验来评判中国，属欧洲中心主义的典型。其实即便是作为一种学术观点，此种论说也并不新鲜。早在 1927 年，出生于印度尼西亚的华人、国民党党员汤良礼的英文著作《反叛中的中国：一个文明怎样成为一个民族国家》一书中，就称传统中国乃有别于 nation 的 civilization。不过他认为中国经过西方侵略、民国建立，特别是经过五四运动至五卅运动等民族主义思潮的洗礼，已然成为现代 nations 中的一员。在他看来，当时中国成为现代民族国家的主要障碍不在自身，恰恰在于列强侵夺了中国的国家主权和完全独立的地位（可见 T'ang Leang-Li，*China in Revolt：How a Civilization Became a Nation*，London：Noel Douglas，1927，p.149；“Introduction”，p.xvi）。这与义和团运动时期辜鸿铭在其英文著作《尊王篇》一书（Ku Hung-Ming，*Papers from a Viceroy's Yamen*，Shanghai Mercury Ltd.，1901）中为中国辩护，呼吁列强尊重中国文明，保持中国作为一个君主国的独立、享有治理主权的思路，一脉相承。

之处或彼此冲突之点①，也没能准确把握清前期征服准噶尔政权等行为的内在动因与政治特质，以及清末时清廷自称“帝国”的历史语境。

另外，就认同本身而言，多元认同同时并存而各自居于不同层次，乃是再正常不过的人类现象。在清朝入关，政权统治逐渐稳定之后，满人的“中国认同”和“大清认同”就迅速趋于同一，并与其自身的“满洲认同”以一种交织的方式同时并存着，它们之间在特殊情况下特别是满汉矛盾激化的特定时期，也会以有些汉人不认同其为“中国”或“中华”的方式，表现出某种紧张，但更多的时候则是并行不悖，而且入关以后的“中国认同”，作为一种兼顾对内对外、历史与现实的超越族群利益之上的国家认同（前期为传统王朝国家认同，后期特别是清末开始向近代或现代国家认同转化），总体说来要处于更高层次。从某种意义上说，将更为广阔地区的“非汉人”族群彻底有效地陶铸成“中国人”，使他们以主人翁的姿态公开认同并满足于“中国”身份，且在晚清特别是清末最终实现现代性转换，这不仅是清王朝超越以往中国各王朝主导族群的“满人特性”独特作用的结晶，也恰恰正是体现其统治时期最为鲜明的“中国特性”所在。②

美国“新清史”代表欧立德强调说，“中国”是“一种超越历史的，比较笼统而容易改变的信念和概念”，没有什么不变的“中国性”。③ 诚然没有什么绝对不变的“中国性”，但谁又能否认，在一直以“中国”自称的“中国人”长期生存、以朝代相续的国度里，存在着一些“在变化中传承与延续的

① 关于“帝国”问题，还可参见曹新宇、黄兴涛：《欧洲称中国为“帝国”的早期历史考察》，《史学月刊》2015 年第 5 期。文中指出，西方称中国为帝国并非如欧立德所认为的那样是从清朝才开始，早在明朝时期就较为流行了。

② 以上部分，更细致的论述，参见黄兴涛：《清代满人的“中国认同”》，《清史研究》2011 年第 1 期。

③ 定宜庄、欧立德：《21 世纪如何书写中国历史：“新清史”研究的影响与回应》，彭卫主编：《历史学评论》第一卷，北京：社会科学文献出版社，2013 年，第 135 页。

中国特性”呢？比如，满人的“中国认同”及前文所提及的与之相应的政治和文化上的各种“中国化”事实，难道不正是这种特性的体现吗？① 人文、政治和社会的延续不同于纯自然的过程，它恰恰包含了像清朝满人“中国认同”这样的自觉努力在内。实际上，“中国”和“中国人”的概念及其认同中，有些内容并非是那么容易改变的。延续抑或断裂同样都体现历史的真实。谁说只有一味强调“中国”的断裂和变异，才是“历史的”，而强调和确认“中国”和“中国人”的延续，就是“超越历史”？

（2）“中国”作为现代国名之时间确认及其意义

这里，还有必要再次明确提出“中国”究竟何时成为代表我们这个国家的现代国名之问题。它与中国何时成为一个现代民族国家的问题有关系，② 但却也存在区别，同时，它与现代中华民族意识和观念的形成，同样具有密切的关联。

如今，学术界在谈到“中国”成为现代意义的国家名称的时候，流行的说法通常认定是在中华民国建立之后。国内如此，国外亦然。人们普遍认为，

① 关于“中国”在变迁中延续的独特性和整体性，以及成为历史书写对象的必要性，可参见葛兆光《宅兹中国——重建有关“中国”的历史论述》一书（中华书局，2011 年），亦可参见许倬云《说中国——一个不断变化的复杂共同体》一书（广西师范大学出版社，2015 年）。

② 关于晚清中国的国家性质问题，学界的看法并不统一。一方面，西方国家要求中国履行一个“现代国家”的义务，当然中国同时也就被承认了作为一个“现代国家”应享的主权等权利。实际上，在与近代西方列强打交道的过程中，中国已逐渐发生从传统王朝国家向现代主权国家的演变（尽管同时也丧失了部分国土和主权），特别是清末新政阶段。如于逢春就认为，1820 年《嘉庆重修大清一统志》及其所附《皇舆全图》的编绘，就标志着大清国“已具备了近代意义上的民族国家基本要素——领土、主权与国民（臣民）意识”，“已存在着近代意义上的疆域、边界与边境制度”，“对其疆域、边界已能有意识地自我认定、法理确定”，其疆域、边界“已取得了国际法意义上的国家承认”。参见于逢春：《时空坐标、形成路径与奠定：构筑中国疆域的文明板块研究》，哈尔滨：黑龙江教育出版社，2012 年，第 63—64 页。此见值得今人思考。

此时的“中国”正式成了“中华民国”的“简称”①，所以也就成了正式的现代国名。几乎是众口一词。笔者过去亦曾人云亦云。但现在看来，这一结论却未必靠得住。据笔者考察，民国以来，并没有哪个正式颁发过的宪法乃至草案型的宪法，有过类似的“简称”规定。它毋宁说乃是数千年王朝国家通称“中国”的某种历史延续：大明称“中国”，大清称“中国”，中华民国称“中国”，中华人民共和国还是称“中国”，它就是一种中国人延续下来的国家称谓习惯而已。这一点，从1911年11月11日武昌起义的革命党人成立谋略处后，公开声明的五项决定中“称中国为中华民国”的第二项决定，② 可以得到集中体现。很显然，“中国”作为国名是在“中华民国”之前早就存在的，而不是相反，故所谓“‘中国’乃‘中华民国’简称”之类说法不过是想当然，恐怕很难成立。

由于辛亥革命时王朝国家因“中华民国”的建立而根本转型，“中国”或“中华”也就从王朝通称转而变成与新生的共和国——“中华民国”可对等互换的另一个习惯性国名。当然，在“中国”或“中华”与“中华民国”之

---

① 如澳大利亚学者费约翰就强调指出：“近代以前，‘中国’一词既不指民族，也不指领土意义上的国家，而是指皇帝在世界中心的位置。作为一个国家的正式指代，它在1912年首次以‘中华民国’这一词汇缩略而成，尽管民国时期它既指国家也指民族。然而即使在那时，这一用法也不普遍。”（费约翰著，李恭忠、李里峰等译，刘平校：《唤醒中国：国民革命中的政治、文化与阶级》，北京：生活·读书·新知三联书店，2004年，第174页原注释2。英文本见John Fitzgerald, *Awakening China: Politics, Culture, and Class in the Nationalist Revolution*, Stanford University Press, 1996, p.366。）果真如此吗？非也。海外汉学家的类似观点并不奇怪。在国内，此类看法也是随处可见。可参见对此问题研究有素的胡阿祥先生早年论著《伟哉斯名：“中国”古今称谓研究》（湖北教育出版社，2000年，第274页）。胡先生此书中的有关观点前后似乎并不完全一致，他有时强调“直到1912年中华民国建立前，‘中国’都只是地域的或文化的概念”（见该书第253页），有时则又指出，秦汉以后“作为政治概念使用的中国走向定型”，到明清时期的国际交往中，“政治的中国，无论是空间抑或时间，其指称都相当明确”（见该书第264、273页）。

② 张难先：《湖北革命知之录》，武汉大学中国近代史教研室编：《辛亥革命在湖北史料选辑》，武汉：湖北人民出版社，1981年，第149页。

间，此时已经有了直接的语词重合部分，因而能够更为鲜明地凸显其彼此之间的对等关系，也毋庸讳言地反映了在现代民族平等建国原则下汉族作为中国最大民族之地位的提升，这正乃其有别于昔日同具体王朝之名对等互通之外的新特点。换言之，此时的“中国”作为具有现代意义的国家名称，同她正式宣布成为“共和国”这一新的现代国家形态，两者更为鲜明地统一起来了。因此，笔者以为，与其说“中国”是“中华民国”的简称，不如说“中华民国”是以否定帝制为标志的王朝国家之新的“共和国”形式，再次确认了“中国”这个历代王朝曾经共享的通用国名，从而实现了一种独特的历史延续。

实际上，作为各朝代通称的传统国名之“中国”，正如前文已经部分提及的事实能够显示的，不仅被入关后的清朝统治者和一般臣民用之为与“大清”对等的习惯性国名，明末清初以降还开始得到西方列强的了解、接受和强化。这与西方资本主义列强在进入现代民族国家的国际关系体系之后，也就是在1648年《威斯特伐利亚和约》正式生效后，逐渐明确地称清朝中国为China（或其他相应的西文词如Chine、Cina等）并一直延续至今的历史进程，大体相一致，尽管China及相关西文词中所涵带的某些带歧视性的历史内容，在今天的中国人看来，可能会感到不快。同时，西方人在具体使用China、Chinese等一类词时，是否包含其中某个地区或族群，有时会有主观取舍和矛盾使用，甚至Chinese至今仍遗有汉人之意已是众所周知。

应该指出，China、Chine和Cina等成为欧美流传至今的对应汉字“中国”国名的相对固定之称谓，有一个历史过程。早在明末清初，这一过程实际上就已逐渐开始。明末时，法国传教士金尼阁将《利玛窦中国札记》一书整理后在欧洲出版，风行一时。书中明确告知欧洲人：这个古老的帝国曾以各种名称为欧人所知悉，最古老的名称是Sina，马可·波罗称之为Cathay，“最为人所知的名称China则是葡萄牙人起的”，而葡萄牙人之所以称之为China，则是由交趾人和暹罗人称这个帝国为Cin而来。“China这个名称被意大利人和其他几个欧洲国家稍加改变，因为他们不熟悉和拉丁语略有不同的西班牙语的发音。所有西班牙人读 China 的发音都和意大利人发 Cina 这个音相同。”利玛窦还告诉欧洲人，“除了新王朝一来就取一个名字以外，这个国家还有一个各个时代一直沿用的称号，有时候别的名字就和这个称号连用。今天我们通常称呼这个国家为中国（Ciumquo）或中华（Ciumhoa），第一个词表示王国，另一个词表示花园。两个字放在一起就被翻译为‘位于中央’。我听说之所以叫这个名称是因为中国人认为天圆地方，而中国则位于这块平原的中央”。① 这种 China（包括 Chinese Empire 等词）与“中国”对应关系的实现和日益明确化，也使得“中国”作为国家名称，开始逐渐带有了西方人基于现代国际关系体系原则所要求、赋予和认可的某种潜在并将持续下去的现代特性。

在当时通行的汉语词汇中，作为人们熟知的国名，唯有“中国”或“中华”具有可与 China（或 Chinese Empire）、Chine、Cina 等古今相续之内容相互对应的历史纵深。各具体王朝之名如汉、唐、明、清等，均无一能胜其任。事实上，明清以降，由于西方近代政治和文明强势地位的持续保持，在此后的中西历史上，可以说 China、Chine、Cina 等与“中国”或“中华”的国名之间，实具有某种相互对应、规约、彼此互动的特性，这一历史事实，今人绝不应忽视。20 世纪初年时，出自佛教典籍、后又作为“China”等西文音译词从日本返回的“支那”之称，在中国新兴知识分子那里曾同“中国”国名一道并行使用，还曾一度相当时髦，也可以说与前述那种彼此相互规约作用不无关系。但“支那”毕竟不如国人熟悉的“中国”称谓来得更为习惯自然，且事关“名从主人”的国家尊严问题，故“支那”之称很快被梁启超、黄遵宪等人所放弃。后来，此称更因甲午战争之后日本国内“支那”一词的使用逐渐带有了对华歧视意味，开始为中国人所嫌恶。1930 年，民国政府已公开拒绝接受来自日本政府的“支那”之称。第二次世界大战胜利后，日本政府

① 利玛窦、金尼阁著，何高济等译：《利玛窦中国札记》，北京：中华书局，1983 年，第 3—6 页。

并在国内也要求其国人，不再公开称中国为“支那”。①

质言之，西方世界贯通中国古今历史的China、Chine、Cina等国家名称词的逐渐固定化使用，对于清代特别是晚清民初“中国”或“中华”国名的延续和现代含义的转化，实发挥过值得一提的实际影响，起到过某种强化作用。尽管它们首先是受到“中国”或“中华”这一持续性自称国名及其所反映的王朝国家长期延续性事实影响的结果。这与西方列强主导近代世界格局的强势历史分不开。无论中国是改朝换代还是建立民国，西方都仍习惯保持不变地称她为China、Chine、Cina，而与此同时，“中国”或“中华”的贯通性国名，也得以在西方世界的“承认”下继续使用并实现其一定程度的意义转换，最终成为具有较为明确的国界、主权、内部族群法律上趋于平等的关系、与世界各国在国际法上平等存在的现代国家名称。

如前所述，从康熙时代开始，“中国”作为与“大清”同义且更为西方人所熟悉的延续性国名开始进入近代国际条约。尤其是清中叶以后的晚清时期，“中国”或“中华”作为与“大清国”含义相同并可互换的另一个主权国家的国名，更是直接与China等词对应，与西方列国在表面对等的主权条约国意义上使用，并得到各种国际条约的中外对照本之习惯性运用与“承认”。这一点，前文已多有论述，此不赘言。稍有点特殊的是日本。由于日本不满“中国”国名的自大含义且对中国的藩属国别有用心，在近代中日之间的条约文本里，日文本往往称清朝中国为“清国”，总称中国历朝为“支那”；但中文本却仍然不受其制约，经常保留清朝大臣习惯的“中国”国家之称。即便是屈辱至极的《马关条约》中文本里，也是“大清帝国”与“中国”两相混称、并行使用的。这是一个体现清廷意志、应该正视的历史事实。

不过，也应指出，在晚清现代国际关系体系支配世界的时代背景下，在

---

① 参见黄兴涛：《话“支那”》，《文史知识》1999年第5期。该文后扩充为《“支那”一词的近代史》，在网络上得到更为广泛的传播。

“中国”“中华”逐渐脱去传统“华夷观念”的内涵、逐渐转化为现代意义的国家称谓的过程中，日本的确曾经成为一个相当棘手的阻碍因素。作为汉字文化圈内雄心勃勃的东亚国家，日本对作为国名的汉字词“中国”和“中华”字面上留有的“自大”内涵十分敏感和反感，这与西方世界称中国的China、Chine、Cina等国名在字面上不含带此种意义之联想迥然有别。1871年，中日两国在商讨立约标题时，日方就认为题头与日本并称的“中国”称谓有失妥当，“中国系对己邦边疆荒服而言，约内两国相称，明书国号为正”①。对此，中方强硬地回应道：“我中华之称中国，自上古迄今，由来已久。即与各国立约，首书写大清国字样，其条款内皆称中国，从无写改国号之例。来笺谓己邦边疆荒服而言，似属误会，未便照改。”② 显然，中方认为“中国”乃是与“大清”对等、对外亦可使用的另一国号，不能改变（这对前文提及的中西条约内“大清”与“中国”对等并存的事实，也是一种总结性认定）。但处心积虑的日方却并未就此罢休，而是态度极为坚决。在条约付署之际，又再度重申了不可用“中国”作为条约起首处国家之称的理由：“中国，东起满洲、朝鲜，西至西藏、后藏、昆仑山，若将其域内称作中国，那么其域外之地岂不是要被视作外夷？说到底就是要以‘中国’自居。”③ 最后，主持中方修约的李鸿章放弃“未便照改”的立场，做出让步，接受了日方要求，商定条约起首处以“大清（国）”和“大日本（国）”并称，而中文本内是否与“大清”同等使用“中国”之称，则随中国之便，正像稍前所议定的，日方在条

①《清国ト丿條約談判経過報告丿件》，《日本外交文書》（明治期）第4卷，《清国ト丿修好条規通商章程締結ニ関スル件》，第246页。可参见韩东育：《日本拆解“宗藩体系”的整体设计与虚实进路——对〈中日修好条规〉的再认识》，《近代史研究》2016年第6期。

②《清国ト丿條約談判経過報告丿件》，《日本外交文書》（明治期）第4卷，《清国ト丿修好条規通商章程締結ニ関スル件》，第247页。

③《清国ト丿條約談判経過報告丿件》，《日本外交文書》（明治期）第4卷，《清国ト丿修好条規通商章程締結ニ関スル件》，第247页。

约的日文本内亦可自便使用“天皇”称谓一样。其依据是：“从大清与西方诸国定约之例。”①

顺便提及，在1871年前后中日条约谈判的过程中，中国也曾明确反对日本在中日签约或交涉中使用“天皇”字样，以为未免尊大。其在回日本来函时表示：“天皇氏为首出神圣。后世皆推崇，莫敢与并。今查贵国与西国所立各约，称谓不一，而中国自同治元年以来，定约者十余国，皆称君主，即布国亦然。应请另拟尊称，以避上古神圣名号。否则唯好仅书两国国号，以免物议。天地开辟以来，往古记载之初，有天皇氏、地皇氏、人皇氏之称，谓之三皇，其次则有五帝，至帝降而王，则夏商周三朝俱称王，亦谓之三王。及周之末造，各国争雄，虽诸侯也称王称帝，甚至有所谓东帝西帝者。至秦始王自以为功盖三皇、德过五帝，遂并称为皇帝。此乃历代帝王尊称之始。若天皇之称，考古之圣帝名王亦未敢与之并称，是以皇帝二字，虽易代犹同此称。而天皇，则往古未闻沿袭。在身为帝王，尚不敢以此自居，而凡在臣民之尊其君者，更可知矣。我朝敬天法祖，于郊禘之礼祝版尚须抬写天字，则不敢以天皇待邻邦之君，更可想见。则天皇二字之不通行于天下者如此。”②对于中国不愿接受“天皇”二字，日本曾多方辩护，但最终为了不耽误立约目的，没有纠缠下去，很快表示：“今两国立约，仅书两国国号亦可也。至于来往国书及公文，则我国自称曰天皇，贵国回称曰天皇或曰皇帝，两从其便。”③ 不过在接下来的谈判中，日本又明确提出了上述“中国”作为国家称谓的问题，而中方谈判代表李鸿章最终不仅放弃了对“中国”之称“未便照改”的立场，接受了日本要求，在向朝廷奏报有关谈判情形时，竟然还自以

---

①《清国トノ條約談判経過報告ノ件》，《日本外交文書》（明治期）第4卷，《清国トノ修好条規通商章程締結ニ関スル件》，第247页。

②《清国トノ條約談判経過報告ノ件》，《日本外交文書》（明治期）第4卷，《清国トノ修好条規通商章程締結ニ関スル件》，第245页。

③ 同上书，第246页。

为得计地声称：“所有条规开首，浑含其词，及章程内分写两国，仍称中国及日本字样，均尚得体。”① 这其中固不乏昏聩自欺之处，但由此也可以得见：朝廷和大臣们曾坚执“中国”这一国名的明确态度。

揆诸1870年至1871年间有关中日签约的汉文文书，清朝都是自称“中国”，无论是恭亲王奕䜣，还是李鸿章及其下属，全都如此。而条约汉文本里“中国”国名屡现，也证实了李鸿章所言不虚。如《修好条规十八条》的第六条就规定“嗣后两国往来公文，中国用汉文，日本国用日本文，须副以译汉文，或止用汉文，亦从其便”，第十五条中有规定“其平时日本人在中国指定口岸及附近洋面，中国人在日本指定口岸及附近洋面，均不准与不和之国，互相争斗抢劫”,② 等等，由此可见一斑。

实际上，“中国”或“中华”转化成现代意义的国家名称的过程，也是其字面原来带有的那种华夷观念内涵不断消解、日益中性化使用的过程。中法战争和甲午中日战争之后，中国已不再拥有朝贡体制意义上的藩属国，作为国名的“中国”或“中华”，即便对亚洲而言，也基本失去了华夷观念的歧视含义，而主要成为一个延续性的、单纯的现代国家称谓而已，更不用说对西方列强而言了。

晚清时期，不仅在平日的对外照会等外交文书中，“中国”作为国名使用早已成为常态，在各国对华照会、来华使节呈递国书等大量汉文本中，以“中国”“中华”的国名来称“大清”的，也已经成为常态。③ 同时，在中外人士所创办的各类新兴的中文报纸杂志上，以“中国”指称大清王朝所代表

---

①《筹办夷务始末》（同治朝）第9册，北京：中华书局，2008年，第3308页。

②《筹办夷务始末》（同治朝）第9册，北京：中华书局，2008年，第3311、3313页。

③ 如1871年德国来华使节所递交的国书中，就有“中国大皇帝”之称；中国使节访问欧洲各国，瑞典、荷兰等国在“答书”中，一开始也都分别是该国国君“问中国皇帝好”或“问中国至高有权之皇帝好”等。见《筹办夷务始末》（同治朝）第8册，北京：中华书局，2008年，第3249页；第9册，中华书局，2008年，第3267页。

的历史悠久的国家，更是司空见惯的事情，而且总体说来呈越来越多之势。一些著名史书如《海国图志》等，在提到本国时，也一般都是称之为“中国”。① 较早传入中国或由传教士撰写的有影响的早期汉文世界通史著作，如日本学者冈本监辅用汉文书写、1880 年由申报馆出版的《万国史记》，其讲到中国的第二卷，就名之为“中国记、中国记附录（主要是西籍中所记中国近世历史）”。1882 年，美国传教士谢卫楼所编著、美华书馆出版的《万国纲鉴》第一卷为“东方国度”，其中第一章即名为“论中国事略”，此外还有“论日本事略”等。凡此，均是将“中国”理所当然视为包括大清王朝在内的固定国家名称。

值得特别指出的是，清末新政时期，不仅日常习惯，而且清朝官方颁布的正式条例、国家章程和重大法规上，以“中国”作为国名自称的做法，更为流行并且相当正式。这一现象，或可视为清末新政时期国家再造过程中的一个重要表征，但迄今似尚未引起学界应有的重视。

随手举一例。如 1903 年年底和 1904 年年初清朝学部颁布、标志教育近代化转型的重大法规《奏定学堂章程》里，就随处可见以“中国”作为现代国名的自觉称谓，反而较少使用“大清”字样，有时需要“大清”时，也往往称之为“本朝”。在这部极为重要的教育法规里，诸如“中国文学”“中国历史”和“中国地理”等不仅成为各级学校正规的课程名称，“中国文学门”和“中国史学门”等还成为文科大学的学科门类名称，“中国历史”（或直接称为“中国史”）课程要求讲授的内容，均包含有史以来中国各民族建立的全部朝代的历史。如其中的《高等小学堂章程》就规定，“中国历史”课“其要义在陈述黄帝尧舜以来历朝治乱兴衰大略，俾知古今世界之变迁”。至于有关“大

---

①《海国图志》中偶尔也出现表示中原汉地之义的“中国”一词，但那是个别，完全不是该书的主流用法，且此种用法，也与魏源当时已经接触西方外来史地书籍中有关的“中国”概念并消化不良有关。

清”的历史课，则名之为“中国本朝史”。①

顺便提及，清末时，作为教科书用的各种以“中国历史”命名的著作已纷纷涌现，这也是同“中国”作为现代国名的习惯使用相伴随的前所少见的历史现象。像得到清朝学部审定推广、供中学堂和师范学堂正式使用的汪荣宝著《中国历史教科书》（原初名为“本朝史讲义”），以及陈庆年编、同样得到学部审定通行的《中学中国历史教科书》等，都是如此，它们体现了清末王朝国家的意志。如前者一开篇即写道：

> 本朝史者，中国史之一部，即全史中之最近世史也。中国之建邦远在五千年以前，有世界最长之历史，又其文化为古来东洋诸国之冠。其疆域奄有东方亚细亚之什九，其兴衰隆替，足以牵动亚细亚列国之大势。故中国史之范围，实占东洋史全体之太半。②

陈庆年编、商务印书馆出版的《中学中国历史教科书》，最初为1906年武昌刊刻的《中国历史》6卷，写到明末为止，内容包括汉、满、蒙、藏等各民族主导中国各不同时期的历史，分为“汉族增势时代”“汉族盛势时代”“蒙古族最盛时代”等章节。这类以“中国”为名，包括各民族主导中国历史内容的纵观性通史书写，意义重大。目前的中国近代史学史研究，似乎尚未重视并自觉揭示清末这些官方认可的历史教科书的现代性政治文化内涵及其意义。实际上，它们是伴随国家现代政治自觉和文化自觉的史学运动之有机组成部分，是史学参与清末新政和“中国”国家再造运动的自觉行为。

与新的“中国历史”书写相伴随的，则是以汉语作为“共通语”的“国语”运动之发轫。《高等小学堂章程》“中国文学”课程就规定小学生“并使

---

① 上海商务印书馆编译所编纂：《大清新法令（1901—1911）》第3卷，北京：商务印书馆，2011年，第208页。

② 汪荣宝编纂、张元济校订：《中国历史教科书》（本朝史）（中学堂、师范学堂用），商务印书馆出版，宣统元年（1909）六月初版，宣统三年（1911）四版，“绪论”第1页。

习通行之官话，期于全国语言统一，民志因以团结”。① 1909 年，东三省蒙务局协领荣德以商务印书馆出版的《最新国文教科书》为底本，译成《满蒙汉三文合璧教科书》，供蒙人学习汉语之用，并由东三省总督锡良奏请朝廷批准发行。其第 23 课概说“中国”时，就以三种文字呼吁：“吾既为中国人，安可不爱中国乎？”②

同样值得注意的是，1906 年，沈家本和伍廷芳等奉令修订刑法和诉讼法草案，其中凡涉及中外国际交涉部分，均称本国为“中国”，本国人为“中国人”“中国人民”和“中国臣民”等。③ 更值得关注的是，1909 年，正在尝试“预备立宪”的大清朝廷，还通过了一个有史以来关系重大的、体现“大清”与“中国”之间具有国名符号对等性标志意义的国籍法——《大清国籍条例》。该法除了标题里有“大清”二字之外，整个正文中都没有一个“大清”，而全被“中国”和“中国人”所取代。如它的第一章“固有籍”就规定：“第一条凡左列人者不论是否生于中国地方均属中国国籍：一、生而父为中国人者；二、生于父死以后，而父死时为中国人者；三、母为中国人，而父无可考或无国籍者。”④ 无怪乎有学者宣称：“在法律上，1909 年清廷更以一部国籍法定义了‘中国人’。这部法律没有定义‘大清国人’的国籍，而是定义了‘中国人’的国籍。换言之，第一次用国际规范的法令定义中国人国籍

① 上海商务印书馆编译所编纂：《大清新法令（1901—1911）》第 3 卷，北京：商务印书馆，2011 年，第 208 页。

② 蒋维乔、庄俞等编，荣德译：《满蒙汉三文合璧教科书》卷 4，内府抄本，1909 年，第 39—40 页。

③ 可见《修订法律大臣沈家本等奏进呈刑律草案折》《修订法律大臣沈家本等奏进呈刑律分则草案折并清单》等，上海商务印书馆编译所编纂：《大清新法令（1901—1911）》第 1 卷，北京：商务印书馆，2011 年，第 466—471、531—537 页等。

④《宪政编查馆奏为遵旨议复大清国籍条例折》附《大清国籍条例》原文，撷华书局编：《宣统己酉大政纪》第 16 册，卷 13，沈云龙主编：《近代中国史料丛刊续编》第 25 辑，台北：文海出版社，1976 年，第 1265—1274 页。

(nationality)的政权并非中华民国，而是被早期革命者视为‘鞑虏’的清廷。”① 这样说，显然是仅就正文而言，而没有把《大清国籍条例》的标题也放进去。若放进去，则“大清国人”即是“中国人”，两者之间并无区别。

值得一提的还有，《大清国籍条例》颁发之前，由修订法律馆编订的有关草案曾被《东方杂志》刊载，直接就题为《中国国籍法草案》②，其主要内容与后来正式颁布的《大清国籍条例》基本一致。据查，修订法律馆的大臣们原使用的标题是“国籍条例”，既不是“中国国籍法”，也没有“大清”二字，“大清”恐怕是外务部审定、特别是最后关头为奉命审核复议的宪政编查馆大臣奕劻等人所加。

另有学者强调，在这部国籍法中，清政府以“血统主义”而不以“居住地主义”来确立根本原则，“显然是受到当时‘大民族’主义的影响……具有把中国各个民族，不分满、汉、回、蒙等诸族，统辖于中国中华大‘血脉’之中之意……从这个意义上说，《大清国籍条例》可以理解为清政府在大一统近代转型中对于‘中国’观念的重塑”。③ 这种重塑，当然是在延续的基础上得以实现的。

宣统二年（1910），清政府为筹备预备立宪，要求学部完成编写任务并审定发行了《国民必读课本》，其中也以“中国”作为国名，声称“中国居于亚细亚之东部，土地最广（约占亚洲三分之一），人口最多（约四万万五千万），气候适中（……），物产丰富（……），开化甚早（……），交通方便……”强调包括内外蒙古、青海、西藏、新疆和东三省等边地人民在内的所有中国人都是“国民”，所在地区为“国权”所有、神圣不可侵犯的领土，“皆我国

---

① 邵丹：《故土与边疆：满洲民族与国家认同里的东北》，《清史研究》2011年第1期。

②《中国国籍法草案》，《东方杂志》第6卷第2号，1909年。

③ 缪昌武、陆勇：《〈大清国籍条例〉与近代“中国”观念的重塑》，《南京社会科学》2012年第4期。

民所当联众志、合群力，以为保持者也”。①

在笔者看来，像《大清国籍条例》这样的近代新式法律之颁布和清末新政中其他一系列国家法令、政令、国颁教材中对“中国”国名正式而普遍的使用，再加上国际条约中的广泛使用和承认，可以说已基本奠定了“中国”作为现代国家名称的合法性，也奠定了包含汉、满、蒙、回、藏等各族人民在内的“中国人”作为现代国民身份认同的政治基础。顺便提及，晚清时期，包括汉、满、蒙、回、藏等各族人民在内的“大清”国人或中国人之另一些称谓如“华人”“华民”“华工”“华商”乃至“华侨”等，都已在海内外华文媒体中逐渐流行开来②，这种意义上的“中国人”或“华人”，实际上也就为现代中华民族观念的形成，创造了直接的社会历史条件。

亦有鉴于此，笔者以为，谈现代意义的中国国家再造或“旧邦新造”，并不能只从民国初年讲起。那是清末时就已自觉开启的宏伟事业，其中清王朝所发挥的重要作用，绝不应被史家所忽略。而在“旧邦新造”的过程中，“中国”作为具有现代意义的国家名称在晚清的重塑，尤其是在清末的奠定，或可视之为其中极为重要的组成部分。

---

①《国民必读课本》（甲编）下，学部图书局宣统二年正月印行，第2—3页。感谢沈国威兄在资料上的帮助。

② 可参见庄国土《“华侨”一词名称考》（《南洋问题研究》1984年第1期）等文。相对于“华民”“华人”和“华商”等词很早就在海内外流行，“华侨”一词的出现和流行要稍晚些，但至少在1883年至1884年间，民间的郑观应在有关呈文里，以及官书《清实录》中，现代意义的“华侨”一词就已开始使用，清末逐渐流行开来。

二、新的思想资源：现代“民族”概念在中国的形成

现代意义的“民族”概念在中国的出现与早期运用，是认知晚清以降民族自觉的由来和“中华民族”观念形成和发展的重要内容之一。这一现代概念连同与之相伴随的现代民族意识在中国的兴起，可以说都是中、西、日文化交流互动的结晶。以往学界曾长期认为，中国古代并无“民族”一词，清末民初中文里流行开来的现代“民族”一词和概念，乃完全从日本传入，它是日本人率先使用“和制”汉词“民族”来对译西文 nation 等词和相应概念的直接结果。这一结论，无疑存在着真实，但也包含着某种简单化和武断之处。其实际的情形较为复杂，值得学界同人加以历史的辨析和深入的研讨。

1. 郭士立与传统汉文里“民族”一词用法的早期转化

近年来，国内学者不断发现，在古代汉语里，“民族”一词虽不常见，却也并非无有。其所举出的最早例证，现已上溯至《南齐书》之《高逸传·顾

欢传》和唐人李荃《太白阴经》中的有关使用。[①] 2004年，民族学者郝时远先生更是一气举出十个例证，强调这些用例"足以证明'民族'一词确属中国古代汉语的名词"。[②] 不过，细心研究迄今为止已发现的古代中国各"民族"用例，还是不难察知，其内涵不仅十分不确定，混杂多义，而且很多时候也多是表示"民之族属"和"民之族类"的一般分类含义，与"族类"一词相当，词语固定化程度远不如"宗族""家族"。实际上，古人在表达相关含义时，更习惯使用的词语，还是单音节词"族"。

总的说来，"民族"一词在古代中国使用不多，多系不确指的分类泛称，并不能与某个具体民族联结起来组成"某某民族"之说。甚至连"某某族"这一类的构词，在中国古代也似乎不很流行。这当是其固定化和概念化程度严重不足的证据。情况开始出现某种值得注意的变化，还是在晚清初期。笔者发现，其最早的变化，可能与19世纪重新到来的西方民族的接触和文化碰撞，具有一定的历史关联。因为正是在德国早期来华传教士郭士立19世纪30年代所编撰的中文杂志和著作里，我们较早见到了"某某民族"这样的"民族"双音节词之固定化、概念化程度较高的用法，以及"某某族类"和"某某族"这类构词的大量出现。前者的例子，笔者多年前曾举出一个，并得到学界同行的关注，它是：

昔以色列民族如行陆路渡约耳旦河也，正渡之际，皇上帝尔主宰令

① 参见邸永君：《"民族"一词非舶来品》，《中国民族报》2004年2月20日；茹莹：《汉语"民族"一词在我国的最早出现》，《世界民族》2001年第6期。

② 郝时远：《中文"民族"一词源流考辨》，《民族研究》2004年第6期。郝文对此前的有关研究具有某种总结的性质。

水涸，犹干江海（亦）然，则普天下之民认皇上帝之全能，且尔恒敬畏之也。①

近年来在查阅郭士立的其他中文书籍时，笔者又曾见到另外的用例，比如：

每年英吉利民所捐之财，共计数十万金，遂设他会，撰著劝世文，敷教与愚民。亦排联名签题会，加增圣经之本，译圣录异话，传之普天下之诸民族也。如此不独利己而利他也。②

郭士立（K. F. Gutzlaff，1803—1851），又译郭实猎或郭实腊，出生于普鲁士，1826年神学院毕业后到东方传教。19世纪30年代曾帮助西方列强收集中国沿海情报，并在鸦片战争中扮演不光彩的角色。郭除通晓英、德、荷等西方语文外，还掌握了中文、马来文、日文和泰文。他一生著述80余种，并以英文和中文著作为主。其中文笔名为“爱汉者”。1833年，郭士立创办于广州并任主编的《东西洋考每月统记传》，为中国境内最早用中文出版的近代期刊。1838年，他出版《古今万国纲鉴录》一书，这是传教士所编译的最早中文世界史著作之一。1850年，该书曾由宁波华花圣经书房再版。郭士立使用“民族”的上述两个例子，就分别出现在《东西洋考每月统记传》和《古今万国纲鉴录》之中。

数年之前，笔者收到新加坡华人学者庄钦永、周清海二位先生出版的大著《基督教传教士与近现代汉语新词》一书，其中作者又有新的发现，他们指出，早在1834年，郭士立在《救世主耶稣基督行论之要略传》一书的“煞语”中，就率先以现代形式使用了“民族”一词，该书写道：

① 《论约书亚降迦南国》，爱汉者等编，黄时鉴整理：《东西洋考每月统记传》，北京：中华书局，1997年影印本，第271页。参见黄兴涛：《“民族”一词究竟何时在中文里出现》，《浙江学刊》2002年第1期；也可见方维规：《论近代思想史上的“民族”、“nation”与中国》，《二十一世纪》2002年4月号。

② 郭士立：《古今万国纲鉴录》卷16，道光十八年（1838）戊戌仲秋镌，新嘉坡坚夏书院藏板，第66页。笔者所见为哈佛燕京学社图书馆藏本。

盖皇上帝符玺证据耶稣之教训为天之谕，言言实实，略无粉饰，故申谕中外诸民族悔罪，伏奉耶稣救世者之教也。①

虽然我们现在已无法考证出郭士立所使用的“民族”究竟对应的是哪个西文词，但从当时早已失去故国的“以色列”，被其称之为“民族”等信息来看，它对应的更像是13—16世纪英文里流行的nation之古代含义，即“指的是一个‘族群’，而非‘政治组织的群体’”。② 在近代德文中，nation的这一具有种族和历史文化共性的人类群体之传统内涵，得到了更多的保留。此种nation的古义，与中文里传统的“族类”“族民”等词，恰有相通之处，故它同时也被具有英、德双重语言背景的郭士立译为“族类”或“族”③。在《东西洋考每月统记传》和《古今万国纲鉴录》中，双音节词“族类”，甚至比“民族”一词的使用还要正式和多些。如“回回族类”这样的称法，在其中就相当常见；“蒙古族”“大西洋族”等这类词，则更多。但在传统的中文里，将一个泛称归类词，与一个它所包含的具体所指合在一起构成新词，如像“回回族类”这样构词，往往是很别扭的，这就仿佛今人要称“男性别”或“女性别”，让人感觉怪异一样。相比之下，“某某民族”这一构词，反倒较“某某族类”要顺当。不过，郭士立本人似乎并没有自觉意识到这一点，他只是在努力进行转译活动而已。由此也可见中西名词概念对应之初，传教士们所做出的某些独特努力，以及他们最初所面临的用词困难。

---

① 郭士立：《救世主耶稣基督行论之要略传》，1834年新嘉坡坚夏书院藏板，第74页下。转引自庄钦永、周清海：《基督教传教士与近现代汉语新词》，新加坡青年书局，2010年，第56—57页。

② 雷蒙·威廉斯著，刘建基译：《关键词：文化与社会的词汇》，北京：生活·读书·新知三联书店，2005年，第316页。

③ 如《东西洋考每月统记传》所载的《玛塔喇省》《论欧罗巴事情》和《光阴易度》等文中，就分别有这样使用的例子：“回回族类本不侵玛塔喇省，待至大清年间，回王弄权，今朝始兴”；“（欧罗巴）自古以来，民各族类居之”（道光乙未年五月）；“且阿细阿大地陆之族类好学重文，连印度土人都阅《东西洋考》，即汉人阿细阿诸族之魁，何可延滞乎！”等。

不过，有一点应该强调，即正是在与西方相关词汇相互对应的过程中，传统中文里的“民族”一词在双音节固定化、表达概念的稳定和确定程度等方面，已着实向前迈进了一步。也就是说，作为一种概念的词型符号本身，“民族”在晚清已较早开始了某种现代化的适应与调整过程。这无疑是其走向完全现代意义的“民族”概念的重要条件之一，它同时还表明，传统的民族概念，实具有转化为现代民族概念较强的内在潜能。还应指出的是，在《东西洋考每月统记传》等传教士所办中文刊物和所编撰的汉文著作中，现代意义的“国民”一词，也已较多出现。

《东西洋考每月统记传》和《古今万国纲鉴录》等都曾传到日本，① 郭士立“民族”一词的创造性用法是否对日本学者翻译西方相关概念产生某种影响，尚有待研究。但它对晚清国人有关的使用，迄今为止尚未发现直接影响的更多证据。从笔者所见到的资料来看，甲午战争以前国内有关“民族”一词的汉文用例，多没能突破传统泛指“民之族类”用法的局限。② 这是今人在考察现代“民族”概念在中国出现时，不能不予以正视和思考的问题。

① 如《古今万国纲鉴录》一书，就至少曾于1874年（明治七年）在日本出现过两种刻本：大槻诚之、渡边约郎解的《万国纲鉴录和解》；大槻诚之训点、柳泽信大校正的《古今万国纲鉴录》三卷本。参见邹振环：《西方传教士与晚清西史东渐》，上海：上海古籍出版社，2007年，第329—330页。

② 如人们常提到的王韬《洋务在用其所长》一文中所谓“民族殷繁”和笔者发现的《申报》1872年8月24日《论治上海事宜》一文中所谓“上海民族繁多”，其中“民族”一词就仍为“民之族类”的意思。另据金观涛和刘青峰最新统计研究，晚清至1895年以前，他们见到13次“民族”一词的用例，其中就有6次用于“某民族类”的片语中，亦可证明其固定化程度不足一点。参见金观涛、刘青峰：《观念史研究——中国现代重要政治术语的形成》，香港：香港中文大学出版社，2008年，第531页。

2. 清末现代“民族”概念的形成及其主要来源

在清末，现代汉语中“民族”一词和概念流行开来，应当说主要还是得益于日本汉字新词对译西文的用法。该词从日本正式传入中国，开始于戊戌维新时期的《时务报》，更大规模的传播，则是在20世纪初年。笔者以为，1896年11月15日，《时务报》的“东文报译”栏登载《土耳其论》一文，其中对“民族”一词的使用，似可以看作日本现代“民族”概念在中国正式传播的嚆矢，以后这样的传播接续不断。该栏目的主持人和翻译者，乃是从日本请来的汉学家古城贞吉。文中写道：

彼（指当时的土耳其人——引者）独知战斗，而不解政治，长于武断，而疏于文事。故能征服各国，同兹宗教。然古国民族，不知统御之道，只赖同种族同宗教为倚信，且所奉教旨，峻猛严厉，绝少变通，不留余地，故西欧文物之进，不能容焉。然其所治诸民族，已为西欧文物感化，而不受其羁縻。近今世纪间，倡自主之论，不胜枚举，而国民亦欲助成之。乃土人懵焉无知，拘泥故辙，于是乎有希腊国独立焉，有罗马尼塞尔维为自主之邦焉……

土耳其帝国所治民族，一曰土耳其人，二曰阿拉比亚人，三曰希腊人，四曰亚儿米尼亚人，五曰是拉母人，六曰亚儿把尼亚人。此六民族，其最要者也……①

从上述引文可知，这里的“民族”既是“历史文化共同体”，也是具有独立建国的自主权利之政治共同体。作者并由此提醒读者，那种单靠传统的种族和宗教同一性力量，也即历史文化意义上的传统民族治理方法，实在是不懂（现代）政治统御之道的表现，它根本无法阻止境内各民族的独立建国之

① 古城贞吉：《土耳其论》，《时务报》光绪二十二年十月十一日，第11册。

势，因而也就最终难逃自身分崩离析的厄运。这个被当时欧洲人称为“病夫之国”的土耳其，其民族在近代的悲惨命运之历史警示，连同现代意义的“民族”概念本身，就这样被带给了以梁启超、章太炎等为代表的那批中国高度敏感、危机意识极强的维新思想家和革命启蒙者们，从而迅速地被他们所了解、所熟悉，并自觉运用到救亡图存、变法革命的民族运动洪流之中。

在清末中国和明治日本，现代意义的“民族”概念，公认主要来源于对西方 nation 一词和概念的汉字对译与有关政治动员，同时与传统中文里的“民族”用法和族类观念也不无某种互动。而在西方，nation 一词又源于拉丁文 nationem，原意是“出生”。最初，出生在同一个地方的人群，自然总是既分享同一语言文化，又受到同一政治制度和法律的管治，故有学者强调，西方的 nation 早已孕育着政治和文化的双重含义，但“这种双重含义由于西欧（特别是英法）和中东欧（特别是德国）发展不平衡而得到强化”。现代化起步较早的英法两国，宪政民主发展较为成熟，尤其是经过法国大革命的洗礼，nation 一词中的政治（法律）共同体的含义被突出；而后进的德国面对英法的政治、经济和军事压力，基于一种心理反弹，更多地强调其中的文化（种族、历史）共同体的传统意涵。此种含义在浪漫主义等运动的推动下得到强化，赫尔德的文化（型）民族主义，可以视作这类诉求的理论形态。而政治（型）民族主义，则以体现卢梭“主权在民”精神的民族思想为代表。① 不过，在近代西方，特别是英法文的 nation 概念里，总的说来，作为政治共同体和文化共同体的双重内涵，通常又是难以决然分割的，前者也即政治共同体，甚至还

---

① 参见林同奇：《“民族”、“民族国家”、“民族主义”的双重含义——从葛兆光的〈重建“中国”的历史论述〉谈起》，《二十一世纪》2006 年 4 月号（总第 94 期）。林文中关于民族具有政治和文化双重含义的说法，旅日学者王柯也有过阐发，见王柯：《“民族”：一个来自日本的误会》，《二十一世纪》2003 年 6 月号（总第 77 期）。笔者多年前强调现实中的民族认同往往是政治和文化双重认同的观点，与此不谋而合。可见拙文：《清末民国时期“中华民族”观念认同性质论》，《北京档案史料》2004 年第 2 期。

是凸显传统民族与现代民族分野的必要前提。

在日本，原本没有可以同时表达上述双重含义的词汇，近代日本人对nation概念的理解，实际上大体经历了由自由民权运动着重从政治角度认知，将其理解为“国民”，和从国粹运动角度再强调其文化含义的发展过程。但即便是日本国粹主义者所传播的“民族”（みんぞく）概念，也并未排除其现代政治共同体的内涵，实际是作为政治共同体的“日本国民”之“民”与作为文化、血缘共同体的“大和族”之“族”两相结合的结果。在这点上，旅日学者王柯所言不无道理：“他们之所以提起‘民族’，就是为了从文化和血缘的侧面更加强调日本 nation 的一体性。”① 这种民族概念，虽是杂交的产物，但显然比较接近于德国取向，或更准确地说，它认同的乃是一种包含了以“国民”身份作为平等政治基础的现代历史文化共同体。

戊戌时期及20世纪初年，主要从日本导入中国的现代“民族”概念是复杂的，既有英法取向，也有德国取向，更多的时候则混杂不清。但无论是何种情况，它们都程度不同地包含了以现代“国民”作为其平等政治基础的内涵部分。而中国新知识人真正得以对这一现代概念有别于传统的内涵有所把握，特别是对其中的现代政治意涵——享有主权及其主体当为“国民”的成

---

① 王柯：《“民族”：一个来自日本的误会》，《二十一世纪》2003年6月号。关于日文里汉字词“民族”（みんぞく）一词的由来和早期使用，国内学者研究不多，郝时远等有简单讨论。在郝先生看来，日本学界对此问题的探讨其实也有限。据现有研究，1878年久米邦武在《美欧回览实记》里较早使用“民族”一词；1872—1888年，加藤弘之、平田东助等人翻译的德国学者伯伦知理所著《国法泛论》（后定名为《国家论》），其中包括了以“民族”一词对译 nation 并区别于国民（volk）的论述。1888年，哲学家井上园了创办《日本人》杂志，“民族”这一术语在其中被广泛使用，从而影响到整个新闻媒体（见小森阳一著，陈多友译：《日本近代国语批判》，长春：吉林人民出版社，2003年，第149—150页）。转见郝时远：《中文“民族”一词源流考辨》。文中郝先生还认为，“民族”一词很可能从中国传到日本。该文收入其著作《类族辨物：“民族”与“族群”概念之中西对话》一书，北京：中国社会科学出版社，2013年，第26—28页。

员身份有切实了解，又与“民族主义”和现代“国民”“主权”等概念的传入，有着直接的关联。因此对20世纪初年中国现代“民族”概念兴起的考察，实不能与“民族主义”以及现代“国民”等政治概念的传入历史分开来讨论。

以“民族主义”为例，1901年，梁启超等人就已引进了这一概念，在《国家思想变迁异同论》一文里，他就公开表示：“民族主义者，世界最光明正大公平之主义也。不使他族侵我之自由，我亦毋侵他族之自由。其在于本国也，人之独立，其在于世界也，国之独立。”① 1902年，在著名的《新民说》中，梁又指出：“自十六世纪以来（约四百年前），欧洲所以发达，世界所以进步，皆由民族主义（Nationalism）所磅礴冲激而成。民族主义者何？各地同种族、同言语、同宗教、同习俗之人，相视如同胞，务独立自治，组织完备之政府，以谋公益而御他族是也。”② 这里所谓个人独立，即谓养成国民的主体性；对外独立，即要建设自主的民族国家。实际上说的就是对内对外两方面的主权问题。

当时，从内外两方面认识主权的议论是很多的，如《二十世纪之支那》杂志上就曾有文指出：“国法上之主权乃政治上加被治者以权力，故生服从之义务。国际法上之主权则反是，不服从他国亦不能致他国之服从。要之，国家主权，其体虽一，其用不同。在于自国，曰国法上之主权；对于外国，曰

---

① 张品兴主编：《梁启超全集》第1册，北京：北京出版社，1999年，第459页。

② 张品兴主编：《梁启超全集》第2册，北京：北京出版社，1999年，第656页。梁启超关于“民族”概念的认知，具有复杂的来源，最早来自从日本转运德国的概念，偏重文化习俗；后又受到来自英美概念的影响，更为看重主权国民的身份。对此，戚学民曾用心揭示，他最近将笔者引用的上述《新民说》有关内容与美国政治学家芮恩施的《世界政治：十九世纪末的世界局势》一书英文原文加以对照，证实《新民说》中的“民族”概念即受到该书的影响，可以参看。见戚学民：《严复〈政治讲义〉研究》，北京：人民出版社，2014年，第161—163页。

国际法上之主权。世所用对外主权一语，即国际法主权之变文也。”①

正因为民族国家的主权建设包括对内对外两方面的内涵，所以，它在政治上就必然是超越专制政体的近代性或现代性国家。对此，当时就有人曾予强调：“民族之政治能力常有优劣焉，能由专制政体而进化于民族国家者，则能优胜；不能由专制政体而进于民族国家者，则常劣败。”② 也正因为如此，梁启超当时一面呼吁“欲救中国，无他术焉，亦先建设一民族主义之国家而已”，而同时却主张造就拥有主权即主人翁意识的“新国民”。这种打破天下观念，建立以现代国民为主体的民族国家的思想，乃是民族主义最重要的内容。在这个意义上，有学者认定“将‘民族’与‘国民’的概念联系在一起，正是中国近代民族主义兴起的重要标志”③，的确是别有慧识。

当然，现代“民族”观念和意识在中国的形成，不能仅以现代意义的“民族”等词和概念的出现以及初步使用为唯一依据。它的最初兴起，也可由其他相关词汇与概念来部分地加以表达和传达。但是，比较完整意义上的现代民族意识和观念的形成，却是无论如何也无法完全漠视现代意义的“民族”“国民”“民族主义”“主权”“种族”等词和概念的传播及其彼此互动之历史功能的。在近代中国，正如许多学者已指出的，比较完整意义上的民族主义，乃形成于戊戌维新时期及稍后，标志性事件之一，就是康有为等发起“保国会”并提出“保国、保种、保教”三位一体的明确诉求。而这与现代意义的“民族”概念，以及“种族”“国民”和“主权”等相关名词概念开始在中国逐渐较多使用起来的时间，正好一致，这当然绝非偶然。

众所周知，20世纪初年革命派所使用的“民族”一词往往与“种族”混淆，甚至立宪派和其他方面人士也未能完全避免这种混淆（尽管他们中也有

---

① 黔首：《国际法上之国家》，《二十世纪之支那》第1期，1905年6月。

②《国家学上之支那民族观》，《游学译编》第11期，1903年10月5日，第12—13页。

③ 王柯：《“民族”：一个来自日本的误会》，《二十一世纪》2003年6月号。

人有时对此加以分辨)，① 这与中文里有关“族”的传统用法当不无关系。但同时我们也必须指出，即便是革命派，其最初所理解和使用的“民族”和“种族”等词和概念的具体内涵，也远远无法为“血缘”共同体的内蕴所限定，而实际上往往同时也包含了独立的政治主权共同体以及历史文化共同体等多方面的现代意涵。这就是这些词汇和概念能够不同程度地参与和影响当时中国的民族认同与民族解放运动的原因。只不过其所运用之人关心与强调的重点、范围会因人而异、有所不同罢了。

在19世纪末和20世纪的最初几年里，中国新式知识分子正是激于现实的民族危机，通过使用“民族”“种族”“国民”“主权”，以及“民族主义”“帝国主义”和“殖民主义”等新概念，从而最终确立了其现代民族观念和思想意识。其中，一部分汉族知识分子因之开始鼓动“排满”民族革命；另有一些新知识人，特别是反对“排满”、主张立宪者则由此看到了国内各民族分裂内乱的危险，并自然激发出一种中国境内各民族一体融合、共同立宪发展和一致对外的“大民族”情思。有人将这两种思想取向称之为两套“民族国家建国方案”。其持有者虽都高喊“中国者，中国人之中国”，但对“中国人”的理解实有不同，故锋芒所向一则针对外部列强，一则针对满族统治者。② 而在构建“大民族”观念方面，梁启超则无疑堪称时代的先觉。③

---

① 当时对民族内涵较多了解的梁启超也一度分不清民族与种族或人种的差别，如1902年在《新民说》中，他就把民族按肤色明确分为黑色民族、红色民族、棕色民族、黄色民族和白色民族五种。

② 可参见许小青：《1903年前后新式知识分子的主权意识与民族国家认同》，《天津社会科学》2002年第4期。感谢许小青教授寄赠多篇相关主题论文。

③ 以上内容参见黄兴涛：《清末现代“民族”概念形成小考》，《人文杂志》2011年第4期。

三、“大民族”观念的创发及最初的指代词

1. 梁启超与“大民族”观念的创发和“中国民族”说

据笔者所见，最早具有较为明确的中国各民族一体融合的“大民族”现代观念，且率先在这一意义上使用“中国民族”和“中华民族”一词者，可能均为梁启超。

早在戊戌时期，梁氏已初步形成对外抵制外族侵略、对内实现族类团结的民族意识。在为满族人寿富创办的“知耻学会”所写的“叙论”中，他曾极言，中国四万万“轩辕之胤”（包括满族、蒙古族等）应耻于“为奴为隶为牛为马于他族”①，同时告诫“海内外同胞”要合群自强，以“振兴中国，保全种族”。② 他还强调“变法必自平满汉之界始”，“非合种不能与他种敌”，

① 梁启超：《知耻学会叙》，《梁启超全集》第 1 册，北京：北京出版社，1999 年，第 140 页。

② 梁启超：《致伍秩庸星使书》，《梁启超全集》第 1 册，北京：北京出版社，1999 年，第 147 页。

主张国内各个种族，尤其是满汉两族，甚至是整个“黄种”都应该“合种”，以便去同外族竞争。① 可见当时在他那里，“种族”和“民族”依然是不加分别的。

进入20世纪后，梁启超进一步接受了西方近代民族主义思想的影响。在与革命党人的接触与论战中，他那种横向联合的“同种合体”意识又得到强化，并与纵向的历史认同感相互结合，逐渐发展成了较为明确的中国各民族必须一体化的观念。② 1903年，在《政治学大家伯伦知理之学说》一文中，梁启超公开表示：“吾中国言民族者，当于小民族主义之外，更提倡大民族主义。小民族主义者何？汉族对于国内他族是也。大民族主义者何？合国内本部属部之诸族以对于国外之诸族是也。”基于此，他还明确提出了“合汉、合满、合回、合苗、合藏，组成一大民族，提全球三分有一之人类，以高掌远跖于五大陆之上”的主张，并指出这是所有“有志之士所同心醉”的共同理想。

虽然，此时的梁启超还并未完全摆脱大汉族主义的观念，认为“此大民族必以汉人为中心点，且其组织之者，必成于汉人之手，又事势之不可争者也”，但他已能够率先意识到实现民族双重自觉的必要，认定必须抛弃“狭隘的民族复仇主义”，以建设一个以“小民族”有机联合为基础的“大民族”的宏伟目标，并“欲向于此大目的而进行”。这种观念的创发，无疑显示出了其

① 梁启超：《论变法必自平满汉之界始》，《梁启超全集》第1册，北京：北京出版社，1999年，第52—54页。

② 梁启超本人其实也经历过一个从“排满”到将满人纳入大民族共同体的变化过程。1902年，他就认为，以民族主义精神立国，“势不得不攻满洲。日本以讨幕为最适宜之主义，中国以讨满为最适宜之主义”（可见丁文江、赵丰田：《梁启超年谱长编》，上海：上海人民出版社，1983年，第286页）。1903年他才改变这一看法。除了伯伦知理的思想影响外，与他1903年游历美国的观感和康有为当时的有关督导也有关系。可参见许小青：《1903年前后新式知识分子的主权意识与民族国家认同》，《天津社会科学》2002年第4期。

过人的智慧和远见。在清末后来的改良派和立宪派党人之中，此种观念也具有前瞻性和代表性。

从现实政治契机来看，梁启超形成“大民族”观念，显然是意识到在帝国主义势力猖獗的时代里，中国的整体生存为压倒一切的首要问题，而“排满建国”则无疑面临分裂的灾难性危险。而从理论上说，他形成“大民族”观念，则是基于对西方有关“民族国家”思想进行选择的结果。由于正视“排满”的现实困境，他开始反省当时西方盛行的“一民族建一国家”的民族主义理论，转而对德国学者伯伦知理关于民族与国家关系存在多样性的观点情有独钟。1903 年，他在《政治学大家伯伦知理之学说》中曾引伯氏所谓“同地、同血统、文字、风俗为最要焉”的“民族”界说，来作为自己“大民族”观念直接的理论依据。在有关注文里，他特别注明指出：“地与血统二者，就初时言之。如美国民族，不同地，不同血统，而不得不谓之一族也。伯氏原审，论之颇详。”同时，他还绍介伯氏理论强调说，对于那些“国境大而民族小，境内含有数民族者”，大约存在四种发展趋势，而其中第一种即为：“谋联合国内多数之民族而陶铸之，始成一新民族。在昔罗马帝国，及今之北美合众国，是其例也。”① 这种轻地域血统，而更注重历史文化和现实整合因素的“大民族”认同观，不仅是当时梁启超的主动选择，它对后来杨度等立宪派人物，也产生过较大的影响。

有其实、有其意，就需要有其名以副之。共同体性质的所谓“大民族”，将用何种名称来表述呢？它与过去中国历史上长期发展延续下来的各民族又是何种关系？对此，梁启超等人起初并不十分自觉。在梁启超流亡日本之后主持创办的《清议报》中，合成词“中国民族”已不难见到，往往译自日本

① 以上所引梁启超：《政治学大家伯伦知理之学说》，《梁启超全集》第 2 册，北京：北京出版社，1999 年，第 1067—1070 页。有关内容可参见巴斯蒂：《中国近代国家观念溯源——关于伯伦知理〈国家论〉的翻译》，《近代史研究》1997 年第 4 期。

的“支那民族”。1901年，梁启超作《中国史叙论》一文，又多次固定地使用了“中国民族”一词，有时用来指称汉族（古为华夏族），有时则是将其作为对有史以来中国各民族的总称，而在后一种情况中，同时实已初步具有了各民族从古至今所凝成的某种一体性和整体性的含义。该文对中国历史的时代划分，就是以此种意义的“中国民族”活动来作为主体依据的。所谓“中国民族自发达、自竞争、自团结之时代”，“中国民族与亚洲各民族交涉繁赜、竞争最烈之时代”，“中国民族合同全亚洲民族，与西人交涉竞争之时代”，可以为证。① 1905年，在《祖国大航海家郑和传》一文中，梁启超对该词的使用也是此义：“亚洲东南一部分，即所谓印度支那及南洋群岛者，实中国民族唯一之尾闾也，又将来我中国民族唯一之势力圈也。”同年，在《历史上中国民族之观察》一文中，他还同时并列使用了“中华民族”与“中国民族”两词。后者在范围上明显比前者要大，它包括了梁氏认为当时尚未完全融进“中华民族”的其他少数民族，如苗族、百濮族等。

20世纪初，在中国各民族总体意义上使用“中国民族”一词的，并不限于梁启超一人，甚至也不局限于改良派和立宪派。作为一个具有时代标志性和历史意义的新名词，可以说它的出现和初步使用，正是现代中华民族意识萌生时在语言词汇上的最初反映。不仅清末如此，即便在民国时期“中华民族”一词已相当流行之后，仍然有不少人愿意继续使用“中国民族”一词，来表达相同的含义。不过，也应当指出，在清末一般知识界尤其是在革命党人那里，“中国民族”或“支那民族”一词更多时候，还是被用来指代融汇了众多民族的广义汉族。在这方面，1903年《湖北学生界》刊登的无作者署名的《中国民族论》一文，可称代表。该文声称：

---

① 有学者认为，梁启超等人于此时已把“合汉、合满、合蒙、合藏”等组成的那个“大民族”称为“中华民族”，我以为是误解了其《中国史叙说》一文中有关内容的原意之故，不合事实。参见陶绪：《晚清民族主义思潮》，北京：人民出版社，1995年，第200页。

> 中国者，中国民族之中国，非中国民族不得干与……中国民族者，黄帝一统太古民族以来之通称也。虽地偏亚东，不得谓之中；权移外人，不得谓之国，子子孙孙，继继承承，四千余年之血族，聚族于此。中国民族者，仍祖国之名号也。据古昔载籍，呼曰百姓民族；求外国译书，称曰支那曰震旦民族，皆不合中国之定义。中国者，无一定国号之国也。朝三暮四，革命易朝，独中国二字，嵌入吾民族脑筋中如压字机器印入……西哲有言曰，国民者，脑筋中有本族事业之民也。有民族思想之民其国强，无民族思想之民其国亡。吾将起吾国民而告之曰，中国民族四字，或坐或饮，或居或游，由小脑入大脑，渡哇落里斯桥，镌刻澄记而不忘，而吾种族始得雄飞于二十世纪。①

这种指称汉族的“中国民族”（当时也称“中国种族”或“中国人种”），② 有时也被用来泛指中国境内现存的各个民族或种族之总和。如前述梁启超在著名的《中国史叙论》里，就常有此种含义的“中国民族”之使用［其文中“中国民族”就包括汉、苗、蒙古、图伯特（藏）、匈奴、通古斯六“人种”］。可见，在清末时，两者之间就是容易相互转换的。这是与清朝时期“中国”逐渐明确地成为现代国家名称的历史进程相一致的。进入民国后，就更是如此了。

在西方“民族国家”（或译称“国民国家”）观念传入中国和发生影响之初，由于对当时中国各民族之间已然存在和将要深化的内在联系，也即政治、经济和文化等多方面的一体性认知不足，加之以“地域”和“国家”之名来称谓“民族”——也就是使用“中国民族”一词，一方面可指代以国民

---

① 阙名：《中国民族论》，《湖北学生界》1903 年第 4 期。作者在题记里称“是篇大致以英人狄罗氏《中国民族盛衰灭亡史》为粉本”，参考了其他几种日本关于中国民族的著作而成。名为“译述”，实则畅达己意。

② 如夏曾佑著名的《最新中学教科书·中国历史》，就以“中国种族”指称汉族；刘师培 1905 年出版的《中国历史教科书》则称：“中国人民，近世称为汉族。”

统合为政治基础的“中国各民族”，另一方面也可指代一个以汉族为主体的、包含其他较小民族在内的一体化融合的大民族共同体，这自然是既便利又能避免认识矛盾的权宜之策。不过，随着人们对西方民族国家主义思想了解的深化，对作为主体的汉族发展史特别是中国历史上的民族关系史和融合史认知的深入，“中国民族”一词，最终还是被既能体现汉族与少数民族之间的现实政治关系，也能表明其历史文化的内外在关联和一体化发展趋势，并且与现代国家认同之间存在微妙差异的“中华民族”一词所取代了。当然，这只是就汉语和汉文中的表述而言，而且是民国时代的后话，其间还曾经历过一些重大的政治变化和值得注意的认知历程。需要指出的是，不仅在近代西方语言中，而且在近代中国的蒙古文和藏文里，如果不对之加以音译的话，“中国”或“中华”两词几乎没有什么区别，甚至至今仍然如此。

2.“中华民族”一词的诞生及其早期观念内涵
——两种“中华民族”概念问世记

从目前笔者所掌握的资料来看，由历史悠久的“中华”一词和近世被赋予新含义的“民族”一词合构而成的“中华民族”一词，其正式出现要比“中国民族”一词稍晚。它大约诞生于 1902 年。最初人们使用它时，指代的主要是“汉族”，后来才逐渐表示今天的含义。这一内涵的演变，很有意思。它从一个侧面说明，在最初具有现代民族意识的汉族知识分子中，大体都经过了一个梁启超所谓的从“小民族”到“大民族”，即从“汉族”到“中华民族”的双重觉悟过程，不过程度有所不同，时间先后有异罢了。与此相一致，它还伴随着一个从现实到历史、然后再回到现实的民族认知历程。

梁启超、章太炎和杨度等人，是较早使用“中华民族”一词的先驱者。他们也因此成为指代汉族的“中华民族”概念和指代包括汉族和其他少数民族在内的大民族共同体的“中华民族”概念这两种“中华民族”概念的思想启导人。

1902年4月，在《新民丛报》第5号上连载的《中国学术思想变迁之大势》一文中，梁启超写道：“上古时代，我中华民族之有海思想者厥惟齐。故于其间产出两种观念焉：一曰国家观，二曰世界观。”这是笔者所见到的“中华民族”一词的最早出现。从上下文来看，它所指的当是汉族，确切地说，指的是从古华夏族发展至今、不断壮大的汉民族。因为在该文中，他在“黄帝子孙”一词下，特别注文指出：“下文省称黄族。向用汉种二字。今以汉乃后起之朝代，不足冒我全族之名，故改用此。”又说：“中华建国，实始夏后。古代称黄族为华夏，为诸夏，皆纪念禹之功德，而用其名以代表国民也。”以后几年，在其他文章中，他又多次使用“华族”一词，或称其为“中国民族”或“吾民族”“中国种族”等，可见其当时仍未将“种族”和“民族”严格划清。此种情形，即“民族”和“种族”混用的情形，一直延续到了民国以后。

1905年年初，梁启超在《新民丛报》发表《历史上中国民族之观察》一文，① 文中使用了“中华民族”一词（同时简称为“华族”）7次以上，并比较清楚地说明了此词的含义，表明他已不再是偶尔的使用。梁氏明确指出，“今之中华民族，即普通俗称所谓汉族者”，它是“我中国主族，即所谓炎黄遗胄”。同时，他还分析叙述了先秦时中国除了华夏族之外的其他8个民族，以及它们最后大多都融化进华夏族的史实，以论证“中华民族”的混合特性。在文中，他“悍然下一断案曰：中华民族自始本非一族，实由多数民族混合而成”。这里“悍然”一词的自我使用，说明梁氏对此一“断案”的作出，已

---

① 不少学者皆谓梁氏此文发表于1906年，辗转援引者极广（可能与费孝通主编《中华民族多元一体格局》一书1999年修订本传播了这一说法有关），其实误也。该文发表的准确时间当为1905年，见《新民丛报》第65—66号，1905年3—4月连载。此误源自《饮冰室合集》里的“专集”目录，它标明该文发表时间为光绪三十二年（1906）。值得提醒的是，《饮冰室合集》里关于梁启超文章发表时间的核定多有不准确之处，需要引用者加以注意。

然有着相当的价值自觉。而既然中华民族“自始”就是由各民族混合而成，那又遑论以后呢？

这一“多元混合”的民族总体特点的认知和揭示，最先是在“中华民族”一词而不是“汉族”一词的使用和理解中完成的。它不仅符合历史的真实，对于其后的“中华民族”的现代认同，也具有重要的启示意义。虽然它指称的还是汉族，但却从主体民族融化力之伟大和各民族不断交融化合的历史角度，明确地昭示了其演化的当下趋势：将继续与其他目前尚未彻底融入的少数民族进行融合。也就是说，在梁启超那里，“中华民族”实际上也意味着最终还将是中国未来现代大民族共同体的名称。

如果从今天的立场反观过去，梁启超当时以“中华民族”一词仅表示汉族，似乎是太不恰当了。但如果历史地看，他这样做既有其历史的某种必然性，也曾发挥过一定的积极作用。因为他以“中华民族”一词取代或超越“汉族”一词，并不只是一个民族称谓的改变问题，同时也意味着一种观念的转变：那就是历史地、连续地、融合地、开放地看待中国主体民族形成和发展的历史。这不仅增强了中国主体民族的认同感，还蕴含着并显示出一种开放性和包容力。在反对革命派“排满”主张的过程中，他反复强调满族早已融化于中华民族的观点，也与此种认识有关。由这种意义上的“中华民族”认同，到实现民初中国各民族共同体意义上的现代中华民族认同，其中存在着某种顺理成章的逻辑。

正是在这个意义上，可以说梁启超对“中华民族”一词的创造和使用，虽带有大汉族主义的情思，但实际上也体现了现代中华民族意识觉醒的最初阶段性，因而具有不容忽视的历史地位。这一点，从他之后人们对“中华民族”一词的继续使用和内容发展中，我们也能够有所体察。

1907 年，继梁启超之后，著名立宪派代表杨度也成了“中华民族”一词早期的自觉使用者。是年 1 月至 5 月，杨度在其所创办的《中国新报》连载的《金铁主义说》一文中，在与梁启超基本相同的意义上，多次使用了“中华民族”一词，并且还较为清楚地说明了“中华”作为民族名称的由来、特点，以及他自己对于民族识别和认同的理解。其文写道：

> 中国向来虽无民族二字之名词，实有何等民族之称号。今人必目中国最旧之民族曰汉民族，其实汉为刘家天子时代之朝号，而非其民族之名也。中国自古有一文化较高、人数较多之民族在其国中，自命其国曰中国，自命其民族曰中华。即此义以求之，则一国家与一国家之别，别于地域，中国云者，以中外别地域远近也。一民族与一民族之别，别于文化，中华云者，以华夷别文化之高下也。即此以言，则中华之名词，不仅非一地域之国名，亦且非一血统之种名，乃为一文化之族名。故《春秋》之义，无论同姓之鲁、卫，异姓之齐、宋，非种之楚、越，中国可以退为夷狄，夷狄可以进为中国，专以礼教为标准，而无亲疏之别。其后经数千年混杂数千百人种，而称中华如故。以此推之，华之所以为华，以文化言，不以血统言，可决知也。故欲知中华民族为何等民族，则于其民族命名之顷，而已含定义于其中。与西人学说拟之，实采合于文化说，而背于血统说。①

根据这一标准，杨度认为蒙、回、藏三族，虽有部分人已与汉人关系密切，文化接近，但整体说来却因文化落后，语言有异，尚未完全融入“中华民族”之中。而满族则可以说早已“同化”于“中华民族”之中了。其他如梁启超所谓苗族、百濮族等，在他似更不在话下。因此，他主张实行“满汉平等，同化蒙、回、藏”的所谓“国民统一之策”。认为这样以平等为目的、以暂时不平等为手段，进行融化之后，就会看到将来“不仅国中久已无满、汉对待之名，亦已无蒙、回、藏之名词，但见数千年混合万种之中华民族，

---

① 刘晴波编：《杨度集》，长沙：湖南人民出版社，1986 年，第 373—374 页。也可见《大同报》1907 年第 1—5 号。

至彼时而更加伟大，益加发达而已矣”的必然结局。①

在同一篇文章中，杨度还反复强调，“中国之在今日世界，汉、满、蒙、回、藏之土地，不可失其一部，汉、满、蒙、回、藏之人民，不可失其一种，……人民既不可变，则国民之汉、满、蒙、回、藏五族，但可合五为一，而不可分一为五。分一为五之不可，既详论之矣。至于合五为一，则此后中国，亦为至要之政”②。在他看来，由于蒙、回、藏与满、汉处于不同的社会发展阶段，进化程度有别，所以只有先实行君主立宪制，暂借君主的权威，才能为各族共举国会议员、通用汉语以共担国责创造必要的条件，“其始也，姑以去其（指蒙、回、藏等族人——引者）种族即国家之观念；其继也，乃能去其君主即国家之观念，而后能为完全之国民，庶乎中国全体之人混化为一，尽成为中华民族，而无有痕迹、界限之可言”。但他同时也认为，“此其事虽非甚难，然亦不可期于目前”。③

显然，在梁启超观点的基础上，杨度对“中华民族”的一体化融合趋势和发展方向，又作了更加透彻的发挥和阐述。其所谓“中华民族”所包含的范围，似乎也比梁启超此前更广一些（“五族”并提，也以杨度为较早，不过他同时视其为“种族”）。在他那里，融化五族的“中华民族”作为一个整体概念，是与作为现代国民国家即立宪后的“新中国”相对应的，且它同时也是中国民族融合发展史的自然延续。由此也可见，杨度对西方现代“民族”（nation）概念的了解相当成熟：他不仅看到了“民族”作为历史文化共同体的社会特征，更正视了其以现代平等国民“主权”拥有者为政治前提的现代政治共同体之特性。这在当时应当说是相当敏锐和深刻的。与此同时，杨度弃用“汉族”一词而使用“中华民族”一词，也比当时的梁启超更为自觉。

---

① 刘晴波编：《杨度集》，长沙：湖南人民出版社，1986 年，第 369 页。

② 同上书，第 304 页。

③ 同上书，第 371—372 页。

他所谓的“中华民族”，就概念本身而言，实已基本具有了中国国内各民族总体的现代含义之雏形，只不过尚不完全具备现存各民族平等融合的实现理念而已。此外，他所称包含五族的“中华民族”，也纯粹是就未来而言，而非就其当下现实立论。

杨度此文发表后，革命派的重要代表之一章太炎随即作《中华民国解》一文，对之进行驳论。他在文中也使用了“中华民族”一词，仍指汉族。但他批评杨度（当时未提其真名，而称“金铁主义论者”）对“华”字本义的理解有误（以“华”初本地域名、国名，非族名），反对仅以文化同一认同民族的观点，而强调血统的重要性。同时，他也期望汉族对其他民族的最终“醇化”，并承认满族在语言文化方面已有同化于中华的事实，不过他强调在这当中，还存在一个必先恢复汉民族政权的先决条件问题。①

较之以往革命派更为狭隘的民族复仇主义，章氏此文的观点无疑已经有所改进。从章太炎对民族血统问题的单向强调中，我们固然可以看到他思想的偏狭面，但同时也能见及在杨度等人的民族认同意识中，只是关注文化认同一点的不足。事实上，中国各民族之间客观存在、长期延续的内外在联系是极为广泛和深刻的，除文化之外，还包括地域、政治、经济和血统联系的密切性等丰富内容。

以“华族”“支那民族”“中国民族”“中华民族”等来称谓汉族，在此后的立宪派和革命派那里，都不是个别现象。如 1907 年 5 月 12 日，革命派马君武曾发表《华族祖国歌》，歌颂黄帝、夏禹在“华族”发展史上的功绩，号

---

① 参见张枬、王忍之编：《辛亥革命前十年间时论选集》第 2 卷下，北京：生活·读书·新知三联书店，1963 年，第 734—743 页。笔者 2001 年探讨此问题之前，民族学界谈“中华民族”一词引章太炎《中华民国解》一文时，多未深究章氏所批评的“金铁主义论”者即为杨度，故一般不曾论及杨度对现代中华民族观念形成的贡献。

召民族成员奋起挽救民族和祖国危亡,① 诗中所谓“华族”，指的就是汉族。

另外，也应指出，即使是用来指称“汉族”的“中华民族”一词，在清末也还并不算常见词，甚至比“中国民族”或“支那民族”一词的使用还要少见得多。当时，日本人一般称汉族或中国人总体为“支那民族”。中国留日学生多或照搬使用，或直接译为“中国民族”②。这一类“中国民族”称呼，有时也包括满、蒙、藏等民族的人民在内。

依笔者所见，在汉语中，“中华民族”一词真正具有中国现存各民族全面融合，其全体成员均以“国民”或“公民”身份平等构成现代政治和文化共同体的确定含义，也即现代意义的中华民族观念在中国得以最终确立和流行，当是辛亥革命爆发和中华民国建立以后。对此，我们在下文中还会详细谈到。

---

① 诗中有云：“华族华族，祖国沦亡尔罪不能偿”，“华族华族，肩枪腰剑奋勇赴战场”。《复报》第9期，转引自杨天石、王学庄编著：《南社史长编》，北京：中国人民大学出版社，1995年，第79页。

② 如1904年陶成章著《中国民族权利消长史》一书，即指汉族，可见中华书局1986年版《陶成章集》。该书印刷于日本东京。署名为“会稽先生”著述。该书为我国专门研究汉族兴衰史的首部专著。书中关于汉族起源，受蒋智由《中国人种考》绍述“西来说”影响。但强调黄帝为汉族祖先。书前有蒋智由序并“木本水源”四字。哈佛燕京学社有藏。书中认为：“中国民族者，一名汉族，其自称曰中华人，又曰中国人。”

四、寻归“大同”：立宪运动与各民族平等融合的新自觉——以满人官员和留日旗人的民族观念为中心

在现代中华民族意识和观念的酝酿和形成过程中，清末立宪运动曾产生过不容忽视的影响。这一点，似值得引起研究者们应有的关注。为了有效地抵制以“排满”为重要特征的革命浪潮，立宪派对于消除国内各民族间不平等的界限，尤其是满汉畛域，是十分重视的。在这方面，他们既继承了戊戌时期康、梁等维新派“平满汉之界”的思想，也吸收了致力于“新政”的大员张之洞、袁世凯、端方等人的“化除满汉畛域”① 的思想，并将其发展到新的高度，最终得到了朝廷的认可。在这一过程中，主张立宪的满族官员，特

① 有关新政和宪政运动期间清廷化除满汉畛域的背景、详细的过程和效果，可参见迟云飞：《清末最后十年的平满汉畛域问题》，《辛亥革命与 20 世纪的中国》（上），北京：中央文献出版社，2002 年，第 96—120 页。实际上，清朝统治者强调各民族为一体的多民族统一国家观念，早在顺治、康熙时代就已存在。民国时期已有人特别加以研究，可见郑鹤声：《近三百年来中华民族融合之趋向》，《边政公论》1944 年第 3 卷第 2 期。

别是一些留日旗人发挥了不同寻常的重要作用，而革命派“排满”运动的刺激，则成为其直接的动因。①

1.“五族大同”：立宪运动期间的民族一体融合论

1905年，也就是清廷派五大臣出国考察宪政的那一年，清末的重要刊物《东方杂志》上发表了《论中国种族》一文，强调包括满、汉在内的中国各族人民融合为一体（也称为“中国民族”）既是现实需要，也是古来的民族传统。文章指出，“太古人民，实分多族矣。然统一既久，血统混合，虽欲不谓之同族，不可得也。古今事势变迁，何可胜道，岂独人种一端哉?!”文章还详细论述了中国历史上各族不断融合的事实，声言“今人动言中国民族皆黄帝子孙，此殊不确。黄帝以前，中国已有人类……民族之融合，固自然而然也。……夏也，汉也，唐也，皆无数民族统合之总称。大国固应如是也。夫惟大国，故能容纳各族”。作者因此批评当时“斤斤持满汉分界之谬见”的人为“无识者流”，是“外视同国之人以自弱”。② 此文作者胡炳熊，广东高要人，为清末我国研究边疆民族问题的先驱人物。宣统年间，他曾著《藏事举要》一书，民国时期还出版过《南洋华侨殖民伟人传》。胡炳熊在20世纪初年关于中国各民族一体融合关系的见解，实在并不下于当时及日后抵制革命的改良派首领康有为和梁启超等人，或有过之。

1906年，出国考察宪政归来的满族大员端方，向朝廷奏上一份《请平满汉畛域密折》，强调欧美各国因国内种族、民族关系不同而强弱有别，“苟合两民族以上而成一国者，非先靖内讧，其国万不足以图强；而欲绝内讧之根

① 立宪运动期间，革命派与立宪党人之间有关民族问题的争论，前人已有很多探讨，这里不再赘述。其较近成果，可见孙宏云：《汪精卫、梁启超“革命”论战的政治学背景》，《历史研究》2004年第5期。

② 胡炳熊：《论中国种族》，《东方杂志》第2卷第8号，1905年。

株，惟有使诸族相忘，混成一体”①。次年7月31日，他又向朝廷代奏李鸿才“条陈化满汉畛域办法八条折”，认为“宪政之基在弭隐患，满汉之界宜归大同”。所谓“隐患”，即指“藉辞满汉”问题而鼓动的革命。奏折强调，“欲弭此患，莫若令满汉大同，消弭名称，浑融畛域。明示天下无重满轻汉之心，见诸事实，而不托诸空言”。其具体办法则有“切实推行满汉通婚”“删除满汉分缺”等②。此折上达之后，清廷于8月10日特谕“内外各衙门妥议化除满汉畛域切实办法”。仅据《清末筹备立宪档案史料》一书所收录，到1908年4月，就有各种专题奏折20余通上达朝廷，这还不包括涉及这一问题的其他奏折在内。上折者中，满族4人，蒙古族1人，汉族12人。满人端方和志锐对此问题格外关注，各上奏二折。这些奏折，或对前述折子中的内容进行补充，将其具体化，或提出“撤旗”、立法等新建议。如主张立法者就认为，不能只从形式上，更应从精神上消除种族界限，实行宪政立法，而且认为这正是其根本所在：“夫法也者，所以齐不一而使之一也，必令一国人民，无论何族，均受治于同等法制之下，权利义务悉合其宜，自无内讧之患。”③

在这些奏折中，人们不仅谈到了如何消除满汉界限的问题，对于满汉乃至蒙古族之间内在的一体性联系，也有所揭示和强调。如满人御史贵秀就曾指出：“时至今日，竞言合群保种矣，中国之利害满与汉共焉者也。夫同舟共济，吴越尚且一家，况满汉共戴一君主，共为此国民，衣服同制，文字同形，

---

① 中国史学会主编：《中国近代史资料丛刊·辛亥革命》（四），上海：上海人民出版社，1957年，第39—47页。同样奉命出国考察宪政的满族大臣载泽于1906年上“奏请宣布立宪密折”，也表示：“方今列强逼迫，合中国全体之力，尚不足以御之，岂有四海一家，自分畛域之理？”见龚书铎主编：《中国通史参考资料·近代部分》（下册），北京：中华书局，1980年，第303页。

② 故宫博物院明清档案部编：《清末筹备立宪档案史料》（下册），北京：中华书局，1979年，第915—917页。

③《四川补用道熊希龄陈撤驻防改京旗并请从精神上化除满汉之利害呈》，故宫博物院明清档案部编：《清末筹备立宪档案史料》（下册），北京：中华书局，1979年，第945页。

言语同声，所异者不过满人有旗分无省分，汉人有省分无旗分耳。”①

举人董芳三在其“和种”之策中更强调，满汉不过是同山诸峰、同水异流的关系：“盖亚洲之有黄种，若满洲，若蒙古，若汉人，洪荒虽难记载，族类殖等本支。如山之一系列峰也，水之同源异派也，禾之连根歧穗也，本之合株散枝也。一而数，数而一，既由分而合，讵能合而为分也!”② 这种既看到差别，更见及一体化联系的观点，实在是很有理智的认识。

与此相一致，以恒钧③、乌泽声④、穆都哩⑤、裕端⑥等一批留日学生中的满族旗人为主，还于1907年6月29日在日本东京创办了《大同报》（编辑部在东京，发行在北京）。停刊后，又于1908年在北京创办了性质相同和相

---

①《御史贵秀奏化除满汉畛域办法六条折》，故宫博物院明清档案部编：《清末筹备立宪档案史料》（下册），北京：中华书局，1979年，第922页。

②《举人董芳三条陈为辟排满说并陈和种三策以弭离间呈》，故宫博物院明清档案部编：《清末筹备立宪档案史料》（下册），北京：中华书局，1979年，第931页。

③ 恒钧，字十丰，清宗室。早年官派留学日本，就读于早稻田大学教育及历史地理科。1907年，他曾与熊范舆、沈钧儒、雷光宇领衔给清廷上了第一份要求速开国会的请愿书。民国建立后，曾任国会议员，办首善工厂等。他还是著名的京剧爱好者和研究者。

④ 乌泽声（1883—?），字谪生，直隶人。清末时曾参与国会请愿运动，为直隶省代表，见尚小明：《留日学生与清末新政》，南昌：江西教育出版社，2002年，第36页。一说为吉林人。早年留学日本早稻田大学，民国初曾任众议院议员，以拒贿著称。后曾在伪满任职。

⑤ 穆都哩（1884—1961），原名穆六田，后改名宁裕之。满族，出生于北京。日本早稻田大学政治经济系毕业。后成为民国著名的满族小说家，笔名儒丐。其1923年问世的小说《北京》，是中国现代文坛上最早的长篇小说之一，该小说真切地反映了满族人在辛亥后的生活状况与心理特征。1953年被聘为北京文史馆馆员。

⑥ 裕端，满族人，生平不详。

近的《北京大同日报》和《大同白话报》①，专门以提倡“满汉人民平等，统合满、汉、蒙、回、藏为一大国民”，尤其注重“满汉融和”为宗旨，并将民族问题与立宪政治紧密结合起来。他们认为，满汉问题之所以出现，是由于“满汉不平等而已”，即政治、经济、军事、法律上都不平等之故，而这归根结底又是君主专制独裁造成的恶果。因此，要想根本解决民族问题，就必须改革旧的政治，实行君主立宪政体，开设国会。② 如乌泽声就明确指出：“满汉问题何由而发生也，则一言以蔽之曰，满汉不平等而已。满汉何为而不平等耶？则可一言以蔽以决，专制政体之产生物也。夫专制政体延留于我中国既数千年，自秦以还，至于本朝，虽更朝迭姓，而专制之毒未尝稍蔑。国民栖息于此政体之下，民权之不得伸，身家性命之不安全，不能间接受政府之保护，且直接为政府所摧残，固已水深火热，一日而不相安，而其流毒，最不可思议，轶出累代专制范围外者，则莫若我中国之满汉不平等也。考其所以不平等之原因，则以本朝入关之始，种族思想未能尽灭，种族阶级因此而生，遂产出一种特别制度，为我国民蠹焉。”③ 由此认识出发，他们所开出的民族“大同”之方，当然也只能是以立宪与开国会为主要内容的政治改革。

---

①《北京大同日报》不多见，北京大学图书馆所藏该报，笔者仅查到1908年6月和11月两个月的。但该报创办于1908年3月27日（光绪三十四年二月二十五日），为日刊，每日出两大张。馆设北京琉璃厂土地祠内。也是在1908年，同一批人即恒钧和乌泽声等还创办了《大同白话报》，致力于传播国民思想。中国社会科学院近代史所图书馆有藏，但不全（感谢赵晓阳的帮助，笔者得阅此报）。1908年3月，梁启超在给康有为的信中表明，《大同报》创办者为康梁立宪派的旗人同道。其信写道：“都中出一《大同报》，为旗人所设，办事皆吾社人。社中亦荐人（旗人以外之社员）为之主笔，然其经济亦甚乏，后此尚当思所以济之。不然，将失此势力。”见张品兴主编：《梁启超全集》第10册，北京：北京出版社，1999年，第5969页。其信中所言“大同报”，不知是否包括《北京大同日报》和《大同白话报》在内。另，据说《大同报》后改名为《中央大同报》，详情待考。

② 参见《大同报》1907年第1号乌泽声的《大同报序》、恒钧的《中国之前途》，该报1907年第4号乌泽声的《论开国会之利》等文。

③ 乌泽声：《论开国会之利》，《大同报》1907年第4号。

当时，这些留日旗人提倡“五族大同”，不仅要面对朝廷，而且还要直接面对在日本的中国各族留学生和知识分子。在《大同报》第 3 号上，他们曾登载 64 个“本社名誉赞成员姓名”，其中各族旗人约占 80%，也有汉族、回族、土尔扈特蒙古之中的非旗人参加（如杨度、汪康年等）。这表明其“融合满汉”的主张，已赢得了一定范围的支持者，尤其得到了满族旗人中有识人士较为广泛的支持。

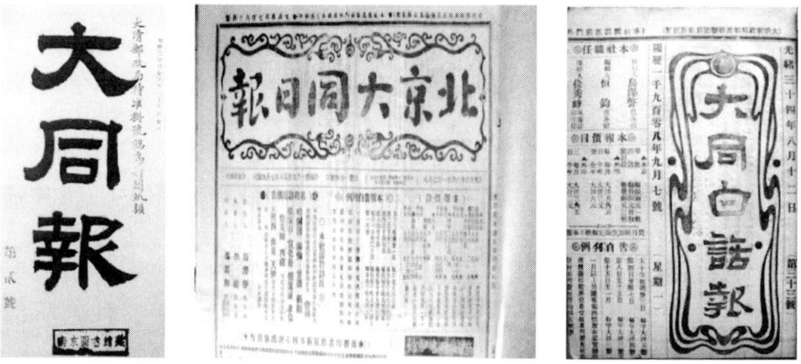
大同報
北京大同日報
大同白話報

《大同报》《北京大同日报》《大同白话报》刊影

同时，这些旗人还认识到并强调，中国各民族具有共同的利害关系、命运和责任，特别是满、汉两族关系更为密切，责任更为重大：“国兴则同受其福，国亡则俱蒙其祸，利害相共，祸福相倚，断无利于此而害于彼之理。……又岂独满汉为然也。凡居于我中国之土地，为我中国之国民者，无论蒙、藏、回、苗，亦莫不然。我有同一之利害，即亦不可放弃救国之责任也。惟独满汉风俗相浸染，文化相熏浴，言语相揉合，人种相混合，程度较各族为高，关系较各族为切，则负救国之责任，尽国之义务，亦不得不较各族为重。”① 从这里，我们也可见现代政治学意义上的 nation 中所包含的“国民”

① 乌泽声：《论开国会之利》，《大同报》1907 年第 4 号。

观念之出现和宪政理念对于整合现代中华民族的理论和实践意义。实际上，《大同报》“主张统合满汉蒙回藏为一大国民”的宗旨，已很典型地说明了这一点。①

2.“同民族异种族之国民”说的发轫及其民族观依据

在大同报社的同人中，不仅一般性地倡导“五族大同”，其核心人物满族人乌泽声、穆都哩等还根据日本学者高田早苗的民族要素观（即分民族要素为同一的言语；同一土地住所、生活职业及共同政治之下；同一宗教；人种之混同），甚而分析指出，满汉并非为两个民族，实际上为一个民族。因为民族与种族不同，它是“历史的产物也，随时而变化，因世而进化……故民族以文明同一而团结，而种族则以统一之血系为根据，此民族与种族又不可不分也”。由此出发，他们认定“满汉至今日则成同民族异种族之国民矣”②；或言：“满汉处于中国，久为精神上之混合，文化之陶铸，风俗上之浸染，政治上之团结，已成一民族，而不可分为两民族。且随社会之演进，已由民族进为国民，只有兄弟同胞之亲爱，绝无民族离贰之恶情。所谓排满排汉，不过无意识者浮言邪说，不足以为我满汉同胞之代表。”③ 与此同时，他们还强调，不只满汉如此，实际上整个“中国之人民，皆同民族异种族之国民也”，“准之历史之实例，则为同一之民族，准之列强之大势，则受同一之迫害，以

① 该报宗旨，创刊号上乌泽声的《大同报序》和恒钧的《中国之前途》有揭示。如《大同报序》中明确谈到其宗旨为四：“一、主张建立君主立宪政体；二、主张开国会以建立责任政府；三、主张满汉人民平等；四、主张统合满汉蒙回藏为一大国民。”尽管他们也认识到“至于统合各族为一大国民，则尤非一日所能行”，但仍理性地将其列为主要宗旨。

② 乌泽声：《满汉问题》，《大同报》1907年第1号。

③ 乌泽声：《论开国会之利》，《大同报》1907年第4号。

此二端，则已足系定其国民的关系矣”。① 也就是说，在他们看来，“民族”乃是区别于“种族”，建立在统一而平等的现代“国民”政治身份基础上的文明融合体和命运共同体。正是以此一“民族”认知为理论基础，他们才得出全体中国人为“一个民族”的结论。可以说，这一认识实际上成为现代中华民族观念的重要来源之一，具有特别重要的思想史意义。

这种既强调共同的历史文化联系，又强调平等的现代“国民”政治身份以及受列强压迫之共同的现实命运，并以此来论证当时中国各族人民已为同一现代“民族”的观点，已开 30 多年后顾颉刚、蒋介石有关“论断”之先河，但却比他们似乎更了解英法美现代“民族”（nation）概念的政治内涵（此点我们在后文还会进一步谈到）。正是基于这一认识的缘故，《大同报》第 4 号附登《中国宪政讲习会意见书》中，竟多次径称“我汉、满、蒙、回、藏四万万同胞”。②

不过，在立宪运动期间的留日学生当中，有的旗人在强调中国境内各族人民已融合为一个大“民族”的同时，也看到并且指出，其中有的部分之文化融合程度仍是不足的，还需要继续加以“建设”，努力发挥“互相同化”的积极作用，尽管其“同一”的趋势已无法改变，并不以人的意志为转移。如穆都哩在《蒙回藏与国会问题》一文中就写道：

盖民族之成国民之合，其绝大之原因，全由于外部之压迫及利害之均等，而他种之原因则一缘于居于同一之土地，一缘于相安于一政治之

---

① 穆都哩：《蒙回藏与国会问题》，《大同报》1907 年第 5 号。

② 如“愿与我回、苗、藏四万万同胞同声一哭”，“则吾汉、满、蒙、苗、藏四万万同胞幸甚”等语，见《大同报》1907 年第 4 号附录 1。《大同报》上类似的文章还有《论经营蒙藏与开国会之关系》等，强调“蒙藏之存亡，即关中国之存亡”，“经营蒙藏问题一日不解决，中国立宪一日无效”。主张应“除却种族观念”，使蒙古、西藏由“宗法社会”进于“国民社会”。同时主张在当时拟订的国会中增加蒙古、西藏议员的数目等。该文还被 1908 年《预备立宪公会报》转载。参见丁守和主编：《辛亥革命时期期刊介绍》第 3 集，北京：人民出版社，1983 年，第 440 页。

> 下。至于言语、风俗习惯虽为成立民族及国民之要素，然有时不以此而亦能判定其为某国之国民。若专以风俗、言语等而定民族之异同，则英人与美人之问题，必难解决矣。虽然，中国之人民皆同民族而异种族之国民也，言语、风俗间有不同之点，有时而同化也。故同化者，亦造就新民族之一要素。以满汉两方面而言，则已混同而不可复分，推之及于蒙回藏，则其大多数虽未收同化之效，而其近于内地之人民，则其言语风俗已一于内地之人民。虽欲使其不同，已不可得矣。再加之以经营，施之以教育，则数年以后可用者将不遑计。不然，委之于不显，或奴隶视之，则三年之后，其地必非我有。①

在这里，民族认同的现代政治性原则，以及文化融合才能使之深化和巩固的认知，可以说都得到了前所未有的自觉强调。这是对西方特别是英、法和美国现代“民族”（nation）概念的理解和运用走向深化的重要环节。

此种通过立宪运动得到加强的各民族一体融合的深刻认识，由于特殊的历史原因，在作为少数民族代表之一的旗人那里能够有突出的表现，其意义自然不同寻常，它体现出部分少数民族人士在这一历史进程中所具有的主动性和积极性。历史应该记住的是，率先从现代“民族”（nation）概念含义角度，特别是凸显其同一国民身份的政治性角度，来论证中国各族人民为同一现代“民族”共同体的，正是清末留日的少数民族人士，甚至最先明确地以区分现代意义的“种族”和“民族”概念为基础，由此认定中国各族人民为“同民族异种族”关系的，也是他们。这一点，笔者 2001 年最初探研该问题之前，似尚不曾被历史研究者所揭示和重视。

需要指出的是，立宪运动期间，部分留日少数民族有识之士的现代民族共同体之认知与宣传，在民族观的根据上，也曾受到梁启超主持的《新民丛

---

① 穆都哩：《蒙回藏与国会问题》，《大同报》1907 年第 5 号。

报》和杨度主编的《中国新报》两大报纸的影响，① 或至少其彼此之间有过一定程度的互动。如 1907 年，《中国新报》上发表陈敬第②《满汉问题之解决》一文，文中对“民族”理论的集中介绍和满汉关系的辨析，就相当周详和深入，堪称清末国内有关认知的较高水平。而他强调“民族”与“种族”之区别，并在此基础上讨论满族与汉族具有民族“同一性”关系，便与前述乌泽声的观点有明显的相似之点和相通之处。在该文中，作者指出：

> 民族即 Nation，为人种学上之语，本于腊丁语之 Nascor，所以示生产血族等之关系也。至于近世，普通皆以之为政治学上之用语。英法美之公法学者，滥用尤甚。惟德意志学者，特从而区别之。凡近于人种学上之语义，则用 Nation；其于政治学上，则用他语。吾中国则更以民族种族混用，而益为棼乱。夫民族之意义，果以如何之标准定之乎？言人人殊。③

为此，作者特介绍了关于“民族”的四种理解：一是以同一人种为民族之特征；二是以同一言语为民族之特征；三是以住同一地域为民族之特征。对于以上三种理解，作者均指出了其不足，而比较认同第四种理解：“即人类社会于人种、言语、宗教、历史、政治、法律、经济、习惯、思想等，有多少

---

① 如 1902 年，《新民丛报》上载华侨叶恩《上振贝子书》就认为满汉为同一民族。所谓：“今满汉也，皆黄种也，同一民族也。同一民族则宜团为一体，不宜歧视。”张枬、王忍之编：《辛亥革命前十年间时论选集》第 1 卷，北京：生活·读书·新知三联书店，1960 年，1978 年第二次印刷，第 209 页。

② 陈敬第，浙江仁和人，早年留学日本东京法政大学，回国后被赐为进士、翰林院编修。曾译《法学通论》（丙午社 1907 年版），《政治学》（这是对日本近代政治学开拓者之一小野冢喜平次《政治学大纲》一书的中译本，初版本不详，曾见丙午社 1912 年第 3 版）。清末为资政院民选议员。民初时，曾任清史馆协修，“国民公会”领导人。文中所引拉丁文 Nascor 为动词，其名词形式为 Natio。

③ 参见陈敬第：《满汉问题之解决》，《中国新报》1907 年第 1 卷第 5 号。以下所引此文内容，出处同。

之共同基础，而自觉为一体者也。”作者强调，此一理解中“其民族之要件，则为复数，故亦曰复数要素说”，它的特色有三：（1）主观之要素与客观之要素均包含在内；（2）不限定客观之要素；（3）它实际上将其看作是一种“社会之观念”。作者进一步解释说，由此观之，“民族”比人们常与之混用的“种族”，意义范围要更为宽广，种族“必出于同一之祖先而有血统之关系者也”，而“民族”则不一定。在最初的时候，或者说“溯其语源，则民族与种类，诚不免于混淆耳”，但随着社会的进步，“血族因移住、征服、婚姻等而渐次混同”，其重要性也相应日益衰减，故种族问题逐渐被民族问题所取代。不过，作者虽然趋向于从一种“文化和社会”共同体的意义角度来把握“民族”的本质，认为“民族”与“国家”的关系有多种，但同时却也强调多民族国家要想维持政治上有力的统一，“不可不依于同化之作用，否则即反乎国家之同一的性质，况当国际竞争激烈之时，必易暴露其弱点，此诚政治家不可不讨论之问题也”。这就把民族与国家认同的政治维度不自觉地彰显出来。

“民族同化”，在作者陈敬第看来主要有三种形式：一是“势力同等之诸民族同化为一新民族”；二是“少数征服者为非常优势而使其他同化”；三是“少数征服者被同化于其他”。而具体到中国满汉关系而言，则“汉民族为同化者，满民族为被同化者，此无他，以自来汉民族之同化力强大（故）。若必使汉民族被同化于满民族，此为反乎历史之自然，必不可得者也”。不仅如此，陈敬第还论证指出，其实满族和汉族究竟是否为同血缘的“种族”虽难以判断，但就历史文化而言，它们差不多已接近是同一“民族”。从历史上看，“满族之有记录，始自前明，已可认纳入汉族之历史。入关以来，从满族之一方观之，不能离汉族而自为历史；从汉之一方观之，亦不能离满族而自为历史，至于语言、习惯、思想，虽未尝无一部分之保存，而就大量的观察，则已有与汉族同化之势”。那么，何以当时社会上竟出现满汉互相排斥的民族问题呢？作者以为，那完全是“政治上不平等”所造成的恶果，“因政治上之不平而于是回想其人种，而于是回想其历史，而于是回想其习惯、思想，曰此非吾之族也，曰此非吾之同族而不可不悉力以排斥之也”。既然满汉问题是由“政治上不平等”而引起，那么在政治上“平其不平者，虽渐次而引为同民族可焉”。实际上，这与前述留日旗人的有关见解，已经相当接近。

不过，前述留日旗人的民族观，也有不同于陈敬第等汉族知识分子的地方。他们一则不愿直接认同汉族基于文化优越感而导出的“同化”态度；二则更看重和强调民族的同一政治基础——即处于“同一政治之下”的平等“国民”之因素的重要性。这后一点，在乌泽声同年发表的《满汉问题》一文中对 nation 译法的主张里，可谓得到集中体现。乌氏反对将英法文 nation 译为“民族”，认为这是日人不察英法此词与德文有别而又“慕德风之流弊”的缘故，“而我国民族二字本非一定名词，粗识日文之辈，亦慕民族名词，不知已失本意，且盲从号呼民族主义，岂知民族主义惟行之于宗法社会，及演进国家社会，是为国民主义”。他因此讥笑此种译法为“新学浅虑不知言语学者”的“遗羞天下、见笑士林”之举，并表示“吾论政治的民族主义，即改为国民主义，以示区别而避混淆也”。① 他们还因此高呼：“今之中国，为满汉蒙回藏人合成之中国，而非一族一方之中国也明矣！”②

与此同时，留日旗人也不喜欢或者说不愿直接认同和使用“同化”一词，而宁愿代之以儒家传统的“大同”概念，以表达一种彼此文化相互涵化之义。

---

① 乌泽声：《满汉问题》，《大同报》1907 年第 1 号。关于“民族”译自德文 nation 而不是英法文 nation，前引陈敬第《满汉问题之解决》一文也曾谈到。另可见《游学译编》所载的《民族主义之教育》一文。其文曰：“德意志语所谓‘夫俄尔克’（人民）者，谓干摄于同一政府之下之国民，专指政治之集合者言之；所谓‘那取勇’（民族）者，谓具有同一之言语、同一之习惯，而以特殊之性质区别于殊种别姓之民族，专指人类之集合者言之。英语之所谓‘那修温’（国民）者，即德语之所谓‘人民’，英语之所谓‘俾布尔’（人民）者，即德语之所谓‘民族’。民族之所由生，生于心理上道德与感情之集合。”出自《民族主义之教育——此篇据日本高材世雄所论而增益之》，《游学译编》第 10 期，1903 年。张枬、王忍之编：《辛亥革命前十年间时论选集》第 1 卷，北京：生活·读书·新知三联书店，1978 年，第 404—405 页。

② 恒钧：《中国之前途》，《大同报》1907 年第 1 号。

在这一点上，他们实际上继承和发展了儒家的“大同”理念。正如我们在前文所指出的那样，“大同”思想也是清朝满人“中国认同”中贯穿始终的思想基盘。这一点，在其创办的《大同报》的刊名中已有集中体现。

1907年，满人裕端在《大同报》上发表《大同义解》一文，可以说典型地表达了其同人的中国“大同”追求，也集中展示了此种思想的自觉程度和认知高度。该文强调：“大同云者，非自视为异而欲同于人也；亦非视人为异，而使人同也……大同之本意有二：一曰欢迎其不以为异者而同之，一曰利导其自以为异者而同之，二者缺一不可为大同。”这种“大同”当然不仅是一种态度而已，它既意味着中国政治上不断扩大的“一统”，也意味着社会文化上不断融合的“一体”。从历史来看，它是中国“由小而大，由分而合”即“由异而同”的历史发展之必然结果——“同之至于今日也，已数千余年，合为一国，团为一体，教化礼俗无不同，服食语言无不同，且近有满汉通婚之诏，改革官制之论”；① 就现在和未来而言，“满汉蒙回藏同处于一政府之下，尤与今日世界之趋势相合，此可庆可贺之事”，“夫世界今日之趋势，为兼容并包，合散为总，由分而合之趋势”。② 顺之则符合进化论所标示的世界潮流，反之则为“退化”，可能招致亡国灭种的结局。他们因此称全国各族人为“黄帝之孝子顺孙”，号召其“共保吾种，共存吾国”。③ 由此可见清末满族人认同“立宪中国”时那种鲜明的自主进化观、民族一体化的强烈自觉和毫不含糊的主体意识。

在清末，少数民族人士的上述民族观，反过来也对汉族人士省思民族融合的历史趋势，曾产生积极影响。这种影响，我们在辛亥革命爆发及其胜利后初期的有关“五族共和”的民族思潮中，能够有一脉相承的体认。

---

① 裕端：《大同义解》，《大同报》1907年第2号。

② 恒钧：《中国之前途》，《大同报》1907年第1号。

③ 裕端：《大同义解》，《大同报》1907年第2号。

3. 现代“国族”一词的出现、概念内涵及其他

值得一提的是，在清末立宪运动的浪潮中，体现中国各民族一体化整体观念的“国族”一词，也已经出现。如1911年7月15日，《申报》主笔希夷在《本馆新屋落成几纪言》一文里，就与“国民”和“民族”两词并列，多次使用了“国族”这一概念。文中称全中国之民为“一族人”，表白报馆同人“聚全国同族于一纸之中”，与之共同喜怒哀乐已经40年，并立志今后要继续“与国族永聚于斯”，“相提相挈而同升于立宪舞台之上”，以“自植其立宪国民之资格……勉为高尚清洁之民族，而养成神圣尊严之社会”。① 其中，近代西方“民族国家”（nation-state）和“（国民）民族”（nation）的思想影响，于此可见一斑。从这里，我们还可看到，像《申报》这样在全国范围内发行的、最具影响力的民间现代媒体在近代中国的出现和运作本身，实具有并发挥过多方面有益于打破狭隘区域局限、实现中国民族一体化的政治文化功能，而不仅仅是成为传播这种大民族一体化观念的工具而已。

今人如欲感知辛亥革命前夕清末国人的民族一体化整体意识的勃发，及其与立宪运动的开展和现代媒体启蒙者之间的历史关联，不妨细细品读一下《申报》主笔希夷包括上述内容在内的那段相对完整的“纪言”：

> 我本馆同人之歌哭与聚国族而日夕相见者已四十年矣……夫报纸为全国上下之缩影。政府歌则我报纸亦歌，国民哭则我报纸亦哭。聚全国同族于一纸之中，族人之悲欢忧乐即我报纸之悲欢忧乐也。此后报纸之或歌或哭，无一非我族人笑啼之真相。然则我报纸与族人关系之密切，不啻形影之不相离。虽至数千年而后，我报纸当永永与族人同聚于一室

①《申报》宣统三年辛亥六月二十日（1911年7月15日）。此条材料系十多年前朱浒教授细查《申报》时代为收集，特此致谢。

而歌哭相闻者也……

虽然，今日之中国一族人，哭多歌少之日也。国势孱弱至此，则我族人哭；外患侵凌，则我族人哭；内乱迭兴，则我族人哭；水旱盗贼之相乘，商民财力之交瘁，则我族人哭；而在上者犹假立宪之名，以隐行其专制之实，凡国民应享之权利，无不出其敏捷强硬之手段以攫之而去，则我族人欲哭无泪矣。然而此非我族人坐以待毙之日，乃我族人卧薪尝胆时也。宣统五年之立宪，转瞬即届，政府虽未必实心举办，而我族人无不可乘此时机以自植其立宪国民之资格。学则兴教育，商则讲贸迁，工则重制造，绅则办地方公益。凡一切平民，皆当务专其业，勉为高尚清洁之民族，而养成神圣尊严之社会。我同人虽不敏，亦当勉任提倡指导之天职，鼓吹宣扬之义务，以与我族人相提相挈而同升于立宪舞台之上。于斯时也，我族人其破涕为欢，而始有相与歌哭之日乎？此则我同人愿与国民共勉之微意也……

他日者，国家之命运由困而亨，神圣之国民由弱而强，则庶几我报纸与国族永聚于斯，闻歌声而不闻哭声，是即我同胞无量之幸福也。同人敢以此为他日之左券。

上述引文中的“中国一族人”，既是“国族”，也称“民族”，显然是就参与立宪国家建设的各族“同胞”的整体而言。申报馆此种全民族一体化的强烈“国族”自觉及其责任意识，无疑得益于立宪运动的国民启蒙事业，不免令今人感慨万端。当是时，离清廷预定的立宪期限只剩下两年，离辛亥革命爆发之日，也已经不到三个月。

《申报》对“国族”一词的现代使用，同时也是对传统“国族”的词语含义加以转化的结果。《礼记·檀弓下》里曾有“歌于斯、哭于斯、聚国族于斯”之句，孔颖达疏曰：“‘聚国族于斯者’，又言此室可以燕聚国宾及会宗族也。”也就是说，《礼记》里的“国族”实际上是“国宾及宗族”的合称而已，这与该词的现代含义明显有别。类似含义的“国族”，明人夏完淳著名的

《大哀赋》中也有使用（“式亏国族，深轸宸情，祭通族于太牢束帛，戍王人于扬水流薪”）。不过，初步实现这种现代转换的“国族”一词化用的例子，恐怕还并不始自《申报》，以笔者之见，早在1838年，德国传教士郭士立在《古今万国纲鉴录》一书里即有过使用。其关于“英吉利国史”部分写道：“圣书曰：此后我看大群人不胜数，由诸国族民类而来，立于神座神羔之前……”① 如果说郭士立对“国族”一词的转译使用还少为人知，那么1903年，邹容那影响巨大的《革命军》一书中的有关使用则流传很广，且系明显从《礼记》中的“国族”一词转化而来。请看《革命军》第四章：

吾正告我同胞曰：昔之禹贡九州，今日之十八行省，是非我皇汉民族嫡亲同胞生于斯、长于斯、聚国族于斯之地乎？②

这里，邹容对《礼记》里那段文字的借用，其中的“国族”一词，已是与“家族”“乡族”“部族”相对而言的更大的族体单位。对此，《革命军》中另一处使用“国族”的文字可以为证：

夫人之爱其种也，其内必有所结，然后外有所排。故始焉自结其家族以排他家族，继焉自结其乡族以排他乡族，继焉自结其部族以排他部族，终焉自结其国族以排他国族，此世界人种之公理，抑亦人种产历史之大原因也。③

很有意思的是，据笔者考证，邹容《革命军》中使用“国族”的第二句，实际上系由前一年即1902年梁启超发表在《新民丛报》上的《新史学》一文中“历史与人种之关系”一节有关文字直接“加工”而成。也就是说，梁启

---

① 郭士立：《古今万国纲鉴录》卷16，道光十八年（1838）戊戌仲秋镌，新嘉坡坚夏书院藏板，第56页。该书还在现代意义上率先使用过“国父”一词：“一千七百九十九年，窒性吞（华盛顿的译音——引者注）卒，通国悲哀，如丧其父，至今美民犹称之为国父也。”见该书卷4。

② 郅志选注：《猛回头——陈天华邹容集》（中国启蒙思想文库），沈阳：辽宁人民出版社，1994年，第209—210页。

③ 同上书，第205—206页。

超化用传统“国族”一词较邹容还要略早一年。在《新史学》一文中梁氏写道：“历史生于人群，而人之所以能群，必其于内焉有所结，于外焉有所排，是即种界之所由起也。故始焉自结其家族以排他家族，继焉自结其乡族以排他乡族，继焉自结其部族以排他部族，终焉自结其国族以排他国族。此其数千年世界历史经过之阶级，而今日则国族相结相排之时代也。”① 由此也可见，当时的改良派与革命派之间在思想上相互影响之一斑。众所周知，梁启超的《新史学》以揭示“人群进化”规律、塑造“新国民”为目标，它强调“史也者，非纪一人一姓之事也，将以述一民族之运动、变迁、进化、堕落，而明其原因结果也”。② 可知梁氏对“国族”的理解，具有某种将族类、人种意识与国民的政治含义结合在一起，或者说把“民族”建立在“国民”基础之上的内涵，这与现代 nation 的意思已经相当接近。

在清末，明确以“国族”来对译 nation 或 nationality 的情形也已经出现了。张君劢可算一个自觉的先行者。这位崇拜梁启超、经常阅看《新民丛报》的青年人到日本早稻田大学留学的第一年，编译了一篇《穆勒约翰议院政治论》一文，发表在 1906 年的《新民丛报》上。在此文中，他借助西方宪政民主思想家约翰·密尔（又译约翰·穆勒，John Stuart Mill）的学说，来阐释对“国族”的理解：

> 国族者何物耶？凡人类之一部，相互间以共同之感情而同受制于自主的政府之下者也。……凡可以成为一国族者，其根本不一，而其要不出四者：同人种，同血统，同言语，同宗教。虽然，有其最要者，则政治上之沿革，即共戴一国民的历史，同其怀旧之思、同其荣辱之感、同其苦乐之情，而以往之盛衰起伏无不同之是也。虽然，凡此数者不必事事

① 梁启超：《新史学》，张品兴主编：《梁启超全集》第 2 册，北京：北京出版社，1999 年，第 741 页。

② 同上书，第 750 页。

皆居必要，亦有即具之而无补于事者。有人种异、言语异、宗教异，而不害为一国族者，瑞士是也；有宗教同、言语同、历史同，而不克成为一国族者，西雪里岛之于拿坡黎是也。①

张君劢此文系编译自约翰·密尔的名著《代议制政府》，也是他初登思想舞台的首篇文字。张氏显然很好地理解了密尔关于现代 nation 建立在公民或国民政治身份（citizenship）之上并享有“同国族感情”的那种现代含义。因此文中强调：“凡苟有国族之感情者，应结合其人民以立于同一政府之下，然必云自主的者，则以专制之国，固有合数民族而为一国者，然出于君主之箝制，故不得谓为同一国族，且一旦统一者亡，则其民必随而分崩。惟其自主，乃得谓为真同化也。”同时强调：“国族二字，原文名曰 nationality，其意可以成为一国之族也。故译曰国（族）而不译民（族）。”② 实际上，正是这种力图“化臣民为国民”以造“中国之新民”的宪政追求，使得清末的立宪派如梁启超等反对革命党人开展族裔（或种群）民族主义运动，而倡导一种国民（或国家）民族主义。也正是在这个意义上，宪政思想家严复才批评族裔性“民族主义”，视其为“宗法社会”之产物，认为其不适应所谓“军国社会”即近代国家的需要。与此相应，严复也把现代英文词 nation 译为“同种国民”或者“国民之国家”。③ 杨度其实深受严复在《社会通诠》中所传达的此种思想的影响。在阐述其“中华民族”观念的《金铁主义说》一文中，他就认定：

---

① 立斋（张君劢）：《穆勒约翰议院政治论》，《新民丛报》1906 年第 18 号，总第 90 号。

② 立斋（张君劢）：《穆勒约翰议院政治论》，《新民丛报》1906 年第 18 号，总第 90 号。参见方维规：《近代思想史上的“民族”及相关核心概念通考》，孙江、陈力卫主编：《亚洲概念史研究》第 2 辑，北京：生活·读书·新知三联书店，2014 年，第 36—37 页。

③ 参见严复 1906 年编译的《政治讲义》中所谓“今日所谓同种国民，西语所谓 nation 者”，见《严复集》第 5 册，北京：中华书局，1986 年，第 1272 页。“国民之国家”的译法，见甄克思著，严复译：《社会通诠》，北京：商务印书馆，1981 年，第 141 页。参见戚学民：《严复〈政治讲义〉研究》，北京：人民出版社，2014 年，第 169—170 页。另可参见王宪明：《语言、翻译与政治：严复译〈社会通诠〉研究》，北京：北京大学出版社，2005 年，第 231—232 页。

“今日之中国已由宗法社会进化入于军国社会，然尚未为发达之军国社会，但去此些须之家族制度斯发达矣。变词言之，则今日中国之主义已由民族主义进化入于国家主义，然尚为未发达之国家主义，但去此些须之家族思想斯发达矣。”他由此批评满人整体上尚缺乏“与汉人同居中国土地、同为中国之人民，即同有中国之国家”这样的“国民国家”观念之遗憾，与梁启超批评革命党人的思路大体一致。① 若了然于此，则部分学人纠结不清的所谓清末严复与近代民族主义的关系问题，便涣然冰释了。

在《穆勒约翰议院政治论》一文中，张君劢还传译了密尔关于“民族同化”的思想，并对满、汉两个民族的“同化”前景抱有期待。这与梁启超的有关思想实也有相通之处。张氏此文刊登于《新民丛报》之后，得到梁启超赏识，次年即与梁启超一道发起成立政闻社，加入立宪派阵营，开始了其一生追随梁启超、探索中国宪政道路的历程。②

不过，若具体到当时“国族”一词的运用语境来看，邹容《革命军》中所使用的“国族”显然是就汉族建国而言，并非《申报》所指的超越汉族的中国各民族的一体化称谓，这与立宪派对“国族”概念的运用有所不同。实际上，作为中国各民族一体化代称的“国族”概念之使用，在清末时总体说来还极为少见。③ 其较多使用，是在孙中山 1924 年《民族主义》演讲中正式使用“国族”一词和概念之后。我们在后文还会谈到这一问题。

---

① 杨度：《金铁主义说》，《中国新报》1907 年第 1 号，第 19、41 页，与梁启超批评革命党人的思路大体一致。

② 可参见翁贺凯：《张君劢宪政民主思想的起源——以〈穆勒约翰议院政治论〉为中心的考察》，《清华大学学报》（哲学社会科学版）2008 年第 5 期。

③ “国族主义”一词，清末也已出现，如学部副大臣、京师大学堂总监督刘廷琛便有过使用。这位清末修律过程中的“礼制派”代表人物之一，在有关奏折中，曾有所谓“或谓今日修法律为图强之要策，须破除家属［族］主义而为国族主义”云云。参见《刘廷琛维持礼教之片奏》，《申报》1911 年 4 月 4 日。

概言之，在清末，“中华民族”一词和国内各民族以国民身份平等融合为一大现代民族共同体的观念虽然都已出现，甚至仅从后一因素来看，有的看法由于对西方现代 nation 概念内涵的准确把握和创造性运用，还达到了较高的水平，但这两者之间却还并没有很好地有机地结合在一起——也就是说“中华民族”这个符号，与中国境内各民族平等融合而成一大现代政治和文化共同体的意义，当时还并未能完全彻底统一起来。这两者之间合一过程的完成，也即完整意义上的现代中华民族观念的形成和确立，乃是在辛亥革命爆发之后才得以最终实现的。

第二章 现代中华民族观念的确立与传播

较诸清末立宪运动，辛亥革命的胜利和民国建立对于现代中华民族观念，也即国内各民族融合为一大民族共同体的观念形成所发挥的作用，应当说更大也更值得重视。因为“皇族内阁”丑剧的上演表明，清朝最高统治者在预备立宪期间虽然已经对民族平等的要求有所了解，并有所努力，但终究没有、也不可能轻易放弃自己的满洲贵族特权，彻底地抛弃民族歧视和不平等政策。只有辛亥革命彻底推翻清政权的王朝统治，建立了现代性质（至少在形式上是如此）的中华民国之后，使每个成员在法律上成为“平等”的公民，才有可能为国内各民族的有机融合与发展，为现代一大民族共同体的实现相对全方位地创造必要的政治和文化条件，特别是为其将共同拥有的民族符号——“中华民族”这一现代概念的明确提出和全民认同，创造必要的前提。

一、民国建立与现代中华民族观念的基本形成

民国元年，新成立的中华书局和1897年问世的中国现代出版机构的象征——商务印书馆，都在其所出版的中小学历史教科书中，郑重使用了“中华民族”一词，表达了一种包含中华民国各民族在内的民族政治新概念，值得今人关注。

1912年9月，潘武编辑的《中华中学历史教科书·本国之部》由中华书局正式出版。该书在第二章第二节“民族”部分明确写道：

> 中华民族以汉族为主位，其他各族更起迭仆，与汉族互有关系者，曰苗族，曰通古斯族，曰蒙古族，曰土耳其族，曰西藏族。

1913年1月，商务印书馆也出版了高等小学用的历史课教材《共和国教科书新历史》，其中第4册第20课“民国统一”的有关内容，虽未使用“中华民族”一词，但却明确传达了中国各民族为平等一体的现代中华民族概念，并清楚地说明了民国的建立对于现代中华民族观念形成的重要意义。其言曰：

> 我中华民国本部多汉人，苗瑶各土司杂居其间。西北各地，则为满蒙回藏诸民族所居，同在一国之中，休戚相通，谊属兄弟。前此为一姓

专制时代，各私其种人，故多不平等之制度。今民国建立，凡我民族，不问何种何教，权利义务皆属平等，无所轩轾。利害与共，痛痒相关，同心协力，以肩国家之重任。①

这里，“中华民族”一词和民族共同体概念在完全现代意义上的较早使用，具有一种鲜明突出的政治文化标志性。它同“专制时代”的各民族“不平等制度”的废除和信教自由、人民权利义务平等的政治体制之内涵紧密联系在一起，实在绝非偶然。下面，我们拟从几个方面入手，就辛亥革命成功推翻大清王朝对于现代中华民族观念最终形成和认同所起到的作用，展开具体讨论。

1.“五族共和”论及其引发的“中华民族”观念

辛亥革命的爆发，与清政府的斗争之初步胜利及其对国家领土主权完整的忧虑，促使革命党人特别是领袖人物迅速实现从“造反者”到建设者和执政者的角色转变，他们很快抛弃了“排满”的种族革命方略，而全力贯注于实现民族平等与融合的事业。而具有现代“民族国家”形式的中华民国之建立，特别是“五族共和”政治原则的公然宣布和毅然实行，又使各族人民在政治上开始成为平等的“国民”，实现了法律上平等的联合，尤其是占人口绝大多数的汉族人，一下子摆脱了受民族歧视和压迫的地位，心态也趋于平衡。凡此种种，都有助于增强汉族与各民族人民同呼吸共命运的意识，从而有力

① 参见傅运森编纂，高凤谦、张元济校订：《共和国教科书新历史》（高等小学用）第4册，第20课“民国统一”部分。书中《（秋季始业）新历史编辑大意》之四、五两条明确表示：“本书编辑之要旨，在使儿童知国家文化之悠久，民族之繁多，以养成尊重国粹、亲和各族之观念，植中华民国国民之基”；“民国肇建，合五大族为一家，故本书尤注重于国土之统一、种族之调和，而于五大族之豪杰，择其最有关系者，一律编入本书，以资儿童观感，务使此书为民国五大族共同适用之书”。可见其实行新式教化自觉之一斑。其中，所谓“中华民国本部”，仍遗留了“中国本部”说的消极影响。感谢毕苑帮助查找此条材料。

地激发出人们追求国家更加强大，民族进一步凝聚融合为一大紧密共同体的强烈愿望。

实际上，早在辛亥革命爆发前夕，革命党人内部就已经开始酝酿一种“五族共和”思想，至少此种思想成为一种潜流较早就已经存在，尽管一开始并不十分明晰。如1908年，《民报》第19号上刊登一篇《仇一姓不仇一族论》的文章，就较为详细地说明了这一观念。该文认为，倾覆“阶级甚严”的“满洲旧制”，推倒搞民族压迫的爱新觉罗皇室的君主专制统治，建立共和民国，是“破列强之势力范围”的必然需要。而“新政府既成立，方当首为谋生聚教训之方，俾无一夫之不获。夫战争之起，皆由两不平所致，今既无不平之事，又何至酿为种族之战耶？俟其渐濡文化，取污染而胥涤除之，则其智识必视此日为发达，而知屈伏于一姓为辱已甚，而与我汉族同生息于共和政体之下为致足乐矣”，强调：“今日之言调和主义者，日日言大同，日日言满汉平等，自吾观之，则此恶政府一日不去，其所谓大同平等者，姑置不言可也。”① 这实际上等于预测了革命之后各族“共和”的必然结局，只不过与杨度等立宪派主张“五族大同”的路径有异，认定推翻搞民族压迫的清王朝，才能实现真正的民族平等，也就是认为革命乃实现“五族共和”的前提条件罢了。另外，该文也尚未明确提及“五族”的概念。

笔者以为，在“五族共和”思想形成的过程中，革命派所发挥的作用不仅不容忽视，恐怕还相当关键。特别是黄兴、刘揆一等一系革命党人在辛亥革命爆发前后的表现，可以说就相当主动和积极。革命爆发前夕的1911年3月，在日本的同盟会实际总负责人刘揆一，还曾在日本散发《提倡汉满蒙回藏民党会意见书》，堪称辛亥革命前武装倒清“五族共和”论已然形成的典型文本，具有重要的思想史意义，可惜长期被“五族共和”思想的研究者们所

---

① 阙名：《仇一姓不仇一族论》，《民报》1908年第19号。此种论述，实际上也是对《大同报》上立宪派观点的回应。

忽略了。①

刘揆一（1878—1950），湖南衡山县人，清末著名革命烈士刘道一之兄。1903 年留学日本，与黄兴结识。同年 9 月，他与黄兴、宋教仁、陈天华、谭人凤和刘道一等一道组织华兴会。1907 年加入同盟会，代理东京本部执行部庶务干事，后又代行同盟会总理职务。武昌起义爆发后，刘揆一亲临汉口前线任督战员。南京临时政府成立，复任参议院议员。1912 年 7 月，他又被袁世凯任命为陆征祥内阁的工商总长。后因反对袁氏复辟帝制，与之决裂。1911 年刘揆一散发《提倡汉满蒙回藏民党会意见书》时，正在代理同盟会的总理职务，是当时革命党组织的实际总负责人之一。此意见书在散发过程中被日本的搜捕人员查获，落入日本外务省。在《提倡汉满蒙回藏民党会意见书》中，刘揆一明确表达了以下几个观点。其一，国家危亡形势逼人，只有联合五族人士，实行革命，推翻满族皇室的专制政府，建立“共和”，才能达成真正的民族团结，共同“挽救今日中国瓜分之局”，与列强并立于世界。他强调说，“现今之君主政治，无论其为专制，为立宪，无论其为满人，为汉人，皆当排去之者也。且使满人而知断送满洲桑梓地者为满洲皇族也，知汉族不强满族亦随而亡也，知非建立共和政府，满汉种族之意见终不能融洽也，吾恐汉人虽不革命，满人犹当首先排去其皇族而倾倒其政府矣”。不仅如此，他还认为，即便中国想要真正实行君主立宪，现在的清政府也完全做不到。不说

① 刘揆一的《提倡汉满蒙回藏民党会意见书》原件，现藏于日本外务省档案馆。早在 20 世纪 80 年代末，杨天石先生就曾查到刘揆一此文。1988 年 2 月 9 日他在《团结报》上发表《从“排满革命”到“联满革命”》一文，曾率先简要介绍该文内容。饶怀民教授早年编辑《刘揆一集》时并未收入此文，但他后来托朋友复印到此文，并在其新著《刘揆一与辛亥革命》（岳麓书社，2010 年）中，将其全文引录，而且还发现此文之前曾以《汉满蒙回藏民党联络意见书》为题，发表在 1911 年 3 月 11—12 日的《民立报》上。不过，杨、饶二位虽然都肯定了此文在革命党民族观问题上的进步，并将其视为同盟会斗争策略改变的重要证据，但却都没有明确将其放在“五族共和”的思想脉络里加以论析。

别的，就连像样的“君主”清廷眼下也不具备，“若强而行之，则十年二十年之内，必犹是无知孺子为之君”。其二，中国各族人民必须团结一致，共同保护所生存的整个国家领土。只要各族团结一致，列强即便有乘革命之机行瓜分之举也难以得逞。他指出：“蒙、回、藏者与满洲同为吾国之屏藩也。满蒙失，则东北各省不易保全；回藏失，则西北各省亦难措捂。是吾人欲保守汉人土地，尤当以保守满蒙回藏之土地为先务。”如不进行共和革命，对蒙、回、藏人“晓以国家之观念”，使其人人感到“稍有平等之权利义务”，即便实现君主立宪制度，“恐蒙回藏人或日受外人之愚弄而终贰于我矣”。其三，要想实现前两个目标，必须首先组织由各族人士共同组成并采取联合行动的革命政党类的团体——“汉满蒙回藏民党会”，自觉为之共同奋斗不可。“为今之计，刻不容缓，先择蒙回藏人之有知识者，与吾汉人及满人通其气谊，通其学业，然后多殖汉人、满人于蒙回藏地，以改良其政俗；多移蒙回藏人于腹地，以联络其声援，庶内可倾倒政府而建设共和国家，外可巩固边疆而抵抗东西强敌，此予提倡汉满蒙回藏民党会之大意也。”①

何为“五族共和”？如若归纳当时人言说的主要内容，可以说推翻以满族皇室民族压迫为标志的君主专制政权，建立以五族为代表的国内各民族平等相处的“民主共和”国家而不是“君主立宪”国家，就是“五族共和”论的基本特质。揆诸这一标准，刘揆一的“五族共和”论显然已经相当成熟。

尤其值得注意的是，刘揆一此文甚至还初步设想了革命后组成的“共和政府”之人员构成问题：其中不仅有立宪派人士和革命派人士，还试图包括少数民族人士如良弼那样的满人在内。针对有人认为推倒清廷统治后，“奈未有组织共和政府之人才何”的疑问，刘揆一竟然胸有成竹地告知：“予以为此不足虑也。试以袁世凯、孙文、黄兴、汪精卫、杨度、梁启超、良弼辈组织一

① 刘揆一：《提倡汉满蒙回藏民党会意见书》，章开沅、罗福惠、严昌洪主编：《辛亥革命史资料新编》第 6 册，武汉：湖北人民出版社，2006 年，第 237—239 页。

共和政府，即可优胜今日之清廷，而况乎无名之真英雄正崛起未艾耶？”① 最不可思议的是，这位同盟会的领袖在设想共和政府的组成人员时，竟然会将袁世凯置于孙中山之前，由此也可见辛亥革命前夕，黄兴和刘揆一一系的革命党人不仅已然具有“五族共和”的理念，恐怕还早已酝酿过借助袁世凯以实现此一理念的操作方案或现实期待。这就不难理解，何以武昌起义爆发的第二天，其起义领导人就在“议事决定第三条”中，提出了要实行“五族共和”②（这也是目前所知“五族共和”一词的最早使用）；也不难理解黄兴等革命党领袖在起义爆发后，能够如此迅速地便与赞同革命的江浙立宪派就此达成一致，随即与袁世凯方面进行沟通，展开“南北议和”的政治活动了。

直言之，早在辛亥革命爆发前夜，同盟会实际负责的黄兴、刘揆一等一系革命党人，已经初步形成了“五族共和”的指导思想。刘揆一的《提倡汉满蒙回藏民党会意见书》，可谓其思想形成的标志。

近些年来，有学者在研究“五族共和论”的时候，乐于强调杨度 1907 年在《金铁主义说》一文中所主张的“五族同一”说发挥影响的重要“系谱”意义，③ 并受到了较多关注。但这一意义其实也不能过于夸大。正如有的年轻学者所指出的，杨度当时毕竟只是个“君主立宪”主义者，他主张的是“五族君宪”，明确反对的正是五族“共和”，强调的乃是“共和”革命必将导致列强瓜分、五族分裂的可怕后果。④ 这与“五族共和”论取向是恰相违反的。

---

① 刘揆一：《提倡汉满蒙回藏民党会意见书》，章开沅、罗福惠、严昌洪主编：《辛亥革命史资料新编》第 6 册，武汉：湖北人民出版社，2006 年，第 237—239 页。

② 曹亚伯：《武昌起义》，《中国近代史资料丛刊 · 辛亥革命》（五），上海：上海人民出版社，1957 年，第 130 页。

③ 可参见村田雄二郎：《孙中山与辛亥革命时期的“五族共和”论》，《广东社会科学》2004 年第 5 期。

④ 参见杨昂：《清帝〈逊位诏书〉在中华民族统一上的法律意义》，《环球法律评论》2011 年第 5 期。

而且辛亥革命前乃至更早，“五族”的说法就已存在了。这一质疑提示我们，找“五族共和”论在辛亥革命之前的直接源头，必须考虑革命派的有关思想渊源，同时更应该考虑革命派在武昌起义后与立宪派的思想互动因素。以往，学界谈论辛亥革命前革命党人的有关思想的时候，一般只是提到孙中山等人那几句“我们并不是恨满洲人，是恨害汉人的满洲人。假如我们实行革命的时候，那满洲人不来阻害，我们决无寻仇之理”，“即便是汉人当君主，我们也一样要排斥”等常引的例子，似并未能举出更具说服力的资料证据。笔者的上述之论，或可略补以往讨论之不足。

实际上，辛亥革命前后，在革命党内部，“五族共和”论经历过一个由主张“武装倒清”，到希望通过逼清帝退位达到“和平转换”的实现方式之演变过程。它同时伴随着一种实际的多方政治沟通与谈判的探索实践。在这一和平转变过程中，“南北议和”起到关键作用，最终达成清帝退位，改国家政体为共和民国的协议。其中，优待清帝和部分少数民族王公贵族，保留他们的部分特权，乃是“五族共和”得以达成的前提条件。正是在这一过程中，转向共和的伍廷芳、张謇、汤寿潜、杨度等昔日的立宪派人士，与黄兴、刘揆一等革命派内的“五族共和”派，彼此积极互动，加之怀有野心的袁世凯也发挥了独特作用，最终实现了清—民转换的重大历史变革。因此笔者以为，今人不能够完全脱离“南北议和”这一政治实现方式来谈“五族共和”，否则将难以准确把握那一特定时期“五族共和”论的历史特质。①

“五族共和”，是辛亥革命爆发后“南北议和”得以展开的基本政治信条，也是中华民国正式建立时开始公开标举、为各方政治势力所普遍认同的政治

---

① 这一看法，笔者曾以《辛亥革命时期“五族共和”论形成问题再探讨》（提纲）为题，提交给2012年中国人民大学清史研究所主办的“清帝逊位与民国肇建一百周年”国际学术研讨会。2013年笔者参加华东师范大学主办、许纪霖教授主持的“中华民族的国族形成与认同”学术研讨会，又提交了“‘五族共和’说的形成、传播与近代‘中华民族’论”的主题发言提纲。感谢会上会下多位同道曾予指教。

口号，带有某种民国建国史标识的政治符号性质，可谓中华民国得以建立的政治思想基础，也是现代中华民族观念得以形成的政治前提。当时，社会上公开流行的不同主体的“五族共和”说虽有差别，但其主流，无疑是渴望各族人民在建立和建设“共和政治”的过程中，作为平等自由的国民，全方位进一步更加巩固地融为一体的思想主张。民国建立后，“五族共和”说长期流行，被渴望和致力于民族团结的各族人民所习惯使用，带有很难公开挑战和否认的政治正当性，而且它与复合性的现代“中华民族”整体观念的主流思想，也构成一种正面的顺应关系。

武昌起义爆发后一个多月（1911年11月21日），原革命派的一翼，偏重于“排满”的国粹派代表人物邓实、黄节、胡朴庵等即在上海创办《民国报》，宣布报刊宗旨为所谓六大主义。其中，头两条主义便为“一、建立共和政府；二、以汉族主治，同化满、蒙、回、藏，合五大民族而为一大国民”①，虽然仍保留有很明显的大汉族主义，然已切实吸收了立宪派的部分主张，开始转为实行民族“同化”，自觉于大民族一体化的努力了。

不仅革命党人如此，立宪党人和当时一般社会上的有识之士也发出了类似呼吁，形成了一种时代的共鸣。如一向反对革命的立宪保皇党人之精神领袖康有为，在武昌起义爆发后不久，就不断致函革命军前线的黎元洪和黄兴等人，强烈建议和敦促其放弃狭隘民族主义政策，继续重申民族团结、一体发展的观点，以避免国家发生令人痛心的分裂局面。他一方面从利害角度立论，强调在西方各大国，“盖民族义，皆专为合诸弱小为强大国者也……故无发民族义以自裂之理。若必专明民族，则其始排满矣，继必排蒙古、西藏、新疆之蒙、回族矣。中国四千七百四十万里，若必排满、蒙、回而去之，则中国内只一千三百三十万里，即自割三千四百十万里之地，去国土四分之三。而谓智者为之乎？夫德意志以发民族义而致强大，吾国人乃以民族义而自削

① 丁守和主编：《辛亥革命时期期刊介绍》第3集，北京：人民出版社，1983年，第711页。

小，何其反也”。另一方面，他又从是非角度立论，指出所谓种族之别，也很难说清，本来就是一笔糊涂账，没有必要强作分别：“若持民族之说，谓满族不同汉族，必宜排之，则今未知真汉族者为谁，而满族亦未始非出汉族也。近者多谓中国人全为黄帝子孙，有欲以黄帝纪年者。无论羲农遗裔，已非黄帝之后，其实大地万国，无有能纯为一族者也。”何况历朝历代，少数民族改汉姓者难以数计，如果都加排斥，又怎么能做得到呢？不仅如此，在中国，连少数民族自己，也往往“自以为黄帝子孙也”，如晚清国子监祭酒宗室盛昱有诗即称：“小哉洪南安，强分满蒙汉，起我黄帝胄，大破旗民界。”而我们硬要强作分别，那又何必！①

当时，康有为还并不只是给革命党进言，他同时也给清廷有关人士上书，建议“亟下懿旨，改国号为‘中国’，用孔子纪年。细思国号必当有‘中华’二字，不必回避，以为统一之基，令南方难自分异，又可得民心。全国皆为中国人，禁不得称满、汉字”。他甚至还建议朝廷下令，满族人全部改赐汉姓，“令国民攻满者无所措辞”，并自作多情地为宣统皇帝代拟了一份罪己诏。② 这显然属于当时中国政治界另一路向的努力。

1911 年 11 月 19 日，也就是邓实等创办《民国报》，发布“六大主义”的前后，《大公报》上也发表《中国存亡问题系于民族之离合》一文，提醒革命党人万万不能排斥其他民族，只建立一个抛弃其他国内民族及其广阔的领土主权的狭隘的汉族政权。文章指出：

> 且夫中国之所以为中国，中国之所以为大国者，以其兼容并包合满

① 可参见康有为的内容互有出入的三份《与黎元洪、黄兴、汤化龙书》的第 2 份，手稿藏台湾“中央研究院”近代史研究所。见《康有为全集》第 9 集，北京：中国人民大学出版社，2007 年，第 205、207 页。作于 1911 年 11 月，1913 年连载于《不忍》第 7 册的《救亡论》，也谈到类似内容。其标题为“民族难定、汉族中亦多异族，而满族亦主黄帝考”。

② 康有为：《致某君书》（1911 年年底）和《拟宣统皇帝罪己诏》（1911 年），《康有为全集》第 9 集，北京：中国人民大学出版社，2007 年，第 251、253 页。

汉蒙回藏各种民族以立国，而非彼单纯一民族之小国所得比其气派也。故我中国虽屡遭蹉跌，国势之积微至于斯极，尚有转弱为强之望，而不至如安南、缅甸、琉球、朝鲜诸国之一蹶即亡者，亦未始非国民庞大多之赐也。是则中国者，全体国民肩头之中国，非一民族所能独立补救之中国也……盖民族与土地宜合而不宜离，合则互相联助，兴也勃焉；离则罅隙四呈，亡也忽焉。①

由此也可见当时革命党和参与鼎革行动的人们所面临和体察的民族与国家形势。

有鉴于此，1912年元旦，更加明确了国家统一和民族统一重要性的孙中山，在《中华民国临时大总统宣言书》中郑重宣告：“国家之本，在于人民。合汉、满、蒙、回、藏诸地为一国，即合汉、满、蒙、回、藏诸族为一人……是曰民族之统一。”在《中华民国临时约法》中，又用法律形式将民族平等规定下来：“中华民国人民一律平等，无种族、阶级、宗教之区别。”这就是“五族共和”思想。这一思想毋宁说是时代推动的结果，也是各种新旧政治势力相互角逐的产物。其实当时，人们对“五族共和”的理解和五色国旗的认识并不完全一致，这就为后来孙中山等的有关思想变化，埋下了伏笔。

在考察民初“五族共和”论与现代中华民族观念形成之间历史关系的过程中，不能忽视经由南北议和而达成的“清帝逊位”事件及其所发布的清帝逊位诏书的意义。1912年2月12日，宣统皇帝溥仪奉隆裕太后懿旨，发布诏书，正式宣布退位。其诏书曰：

今全国人民心理，多倾向共和。南中各省，既倡义于前，北方诸将，亦主张于后。人心所向，天命可知。予亦何忍因一姓之尊荣，拂兆民之好恶。是用外观大势，内审舆情，特率皇帝将统治权公诸全国，定为共和立宪政体。近慰海内厌乱望治之心，远协古圣天下为公之义。袁世凯前经资

① 无妄：《中国存亡问题系于民族之离合》，《大公报》1911年11月19日。

> 政院选举为总理大臣，当兹新旧代谢之际，宜有南北统一之方。即由袁世凯以全权组织临时共和政府，与民军协商统一办法。总期人民安堵，海宇乂安，仍合满、汉、蒙、回、藏五族完全领土为一大中华民国。①

这一诏书的有关内容和精神，后来又得到袁世凯1914年颁布的《中华民国约法》等的认可。如果将其与宣统二年学部发行的《国民必读课本》中关于“中国”界定的有关内容相互参看，清晰可见清代形成的“五族”关系在民国初年的历史延续和前后法理的一贯性方面。②

1912年3月19日，革命党领袖人物黄兴、刘揆一等领衔发起成立了影响很大的“中华民国民族大同会”，后改称“中华民族大同会”，这一改动不仅更加简洁，而且显然已具有超越汉族之上的全民族共同体的符号象征意义。满族人恒钧等少数民族人士也参加了此会，并成为重要的发起人。从此会的宗旨、名称和发起人等方面来看，不仅可见辛亥革命前夕刘揆一“五族共和”思想的自觉延续，昔日立宪运动特别是恒钧等人从事“大同报”社思想活动的直接影响，也相当明显。辛亥革命后，百废待兴，革命党人竟如此重视“民族大同”问题，原因何在？对此，其发起电文有着如下陈述：

> 各都督、议会、报馆、政团鉴，民国初建，五族涣散，联络感情，化除畛域，共谋统一，同护国权，当务之急，无逾于此。且互相提挈，人道宜然。凡我同胞，何必歧视。用特发起中华民族大同会，现已成立。拟从调查入手，以教育促进步之齐一，以实业浚文化之源泉，更以日报为缔合之媒介，以杂志为常识之灌输。章程即付邮呈，敬希协力提倡，

---

①《宣统政纪》，沈云龙主编：《近代中国史料丛刊》第3编第18辑，台北：文海出版社，1986年，第1251页。

② 有关清帝逊位诏书的政治法律意义问题，法学界的高全喜、杨昂、章永乐、常安和史学界的杨天宏等曾有过一系列文章讨论，颇值得关注。具体可参见章永乐：《旧邦新造（1911—1917）》，北京：北京大学出版社，2016年，第68—87页。

随时赐教。酌拨公款，助成斯举，实纫公谊。①

黄兴等在发起“中华民族大同会”的有关“会启”中，还透彻地阐述了五族人民在政治平等的基础上，通过齐一教育、开发实业，依靠报纸杂志之类现代传媒等手段，来进一步加强五族之间的文化融合、“意识之感通”的紧迫性，以及这一举措对于巩固共和政体的重要意义。他们明确表示：

> 今既合五大民族为一国矣，微特藩属之称，自是铲除，即种类之界，亦将渐归融化，洵吾华轶代之鸿轨，而环球各国所同钦也。顾五族语文互异，忱悃或有难孚；居处殊方，接洽未免多阻。如无集合之机关，安望感情之联络？况乎强邻逼处，虎视眈眈，唇齿互有相依之势，肥瘠敢存秦越之心……藉岁时之团聚，谋意识之感通，智德以交换而愈完，志气以鼓舞而益奋。相挈相提，手足庶无偏枯之患；同胞同泽，痛痒更有相关之情。其始以言论造事实，其究以通力赴成功，共荷民国之仔肩，众擎易举；永奠共和于磐石，转弱为强。此仆等立会微意也。②

1912年4月3日，孙中山批准该会立案的指令得以在《临时政府公报》公布，他称赞“该会以人道主义提携五族共路文明之域，使先贤大同世界之想象，实现于20世纪，用意实属可钦”，认为其所拟各种具体办法也切实可行，同意拨给经费。③ 在临时政府财政极其严峻的情况下，孙、黄能有此举，可见其对于这一问题的重视达到了何种程度。

“中华民族大同会”的成立及其有关宗旨阐说，标志着现代中华民族观念在革命党人中的基本形成，并得到了民国临时政府的明确认可。它也表明了此一观念最初与“五族共和”论几乎同时发生的某种直接连带关系。

---

①《临时政府公报》第56号，1912年4月3日。

②《与刘揆一等发起组织中华民国民族大同会启》，湖南省社会科学院编：《黄兴集》，北京：中华书局，1981年，第147页。

③《临时政府公报》第56号，1912年4月3日。可另参见《黄兴集》。

1912 年 5 月 26 日，中华民族大同会成立上海支部，推举徐绍桢为支部长，邵元冲等为干事。① 6 月，该会刘揆一、张继、恒钧等人上书临时大总统袁世凯，“恳请颁发保护旗产令”，声言“民国成立，五族一家，同隶共和政治之下，即应同享共和政治幸福，所有京外各旗公有财产，前经被人侵占者，应由所在地方官及公正绅士清查，分别经理，即以作为筹划旗民生计之用”。刘揆一等甚至还因此特别表示，“窃以为此次改革，本系政治问题，与种族毫无关系，惟武昌起义之初，宗旨未经宣布，兵民不尽晓然”，方才造成侵夺旗人公私财产的不当行为。② 这位武昌起义爆发之前的同盟会负责人，对于辛亥革命的性质竟然能有如此见解，似尚为学界所忽略，值得今日的研究者们格外关注。

同年年初，在上海等地，一些地方官员还发布《化除种族见解之文告》，禁止商人、报纸广告、公私函牍使用“大汉”字样，以示民国“大同主义”。沪军都督革命党陈其美等人更倡议发起“融洽汉满禁书会”，对于鼓吹“排满”、有违五族共和宗旨的书籍，主张一律禁止，“已出版者，则由本会筹资收毁”。类似的组织还有雷震等发起，得到岑春煊等赞助的“五族少年同志保国会”，③ 新疆伊犁组织的“汉、满、蒙、回、藏五族共进会”④，1912 年 4 月 10 日在北京成立的“五大民族共和联合会”，等等。如“五大民族共和联合会”的宗旨就是：“扶助共和政体，化除汉满蒙回藏畛域，谋一致之进行。”主张“融化五族，成一坚固之国家”，“实行移民事业”和“统一文言”等，因而典型地体现了民初要求五族平等融合的社会心理。该会以内务总长赵秉钧为总理，陆建章为协理。次年 6 月 29 日，他们还在此会的基础上进而发起

①《中华民族大同会支部成立纪事》，《申报》1912 年 6 月 9 日。

②《满洲人权之保护者》，《申报》1912 年 6 月 14 日。

③ 分别参见《申报》1912 年 4 月 13 日、5 月 27 日、5 月 26 日有关报道。

④ 杨筱农：《伊犁革命回忆录》，《天山》1934 年第 1 卷第 1 期。

成立了“平民党”。其党纲的第一条标明为：“促进种族同化。”① 也就是以五族一体化为发展目标。

在当时众多以民族平等融和为宗旨的社会政治组织中，特别值得一提的，乃是“五族国民合进会”。该组织由已正式就任民国临时大总统的袁世凯授意组成，并得到内务部批准，于1912年5月12日在北京成立。② 它不仅声势较大，而且真正称得上是名副其实的五族联合组织，明确体现了袁世凯政府的现代中华民族整体意识，显示出中华民国早期的国家意志。

“五族国民合进会”的会长为总统府边事顾问姚锡光。汉人赵秉钧、满人志钧、蒙人熙凌阿、回人王宽、藏人萨伦被选为副会长。黄兴、蔡元培等革命党元老，黎元洪、梁士诒、段祺瑞等民国要员，袁世凯的长子袁克定，以及各民族数十位名人，或参与发起，或列名表示赞成。是年6月，该会曾在《申报》上连载“会启”，从血统、宗教和地域分析入手，明确论证五族“同源共祖”的历史，指出：“满、蒙、回、藏、汉五族国民，固同一血脉，同一枝派，同是父子兄弟之俦，无可疑者。”会启认为，以往各族间之所以有互相仇视和攘夺之事，忘记了各自本为“同宗共祖之父子兄弟”，而彼此“同室操戈”，“互视为外族而争夺无已时”，实为封建专制的结果。因为“有一人一家之专制，则不得不划自疆域、自成部分”。民国建立后，扫除专制，“万民齐等”，五族国民恰如“迷途乍返、骨肉重逢”，正好“各以其所有余，交补其所不足，举满、蒙、回、藏、汉五族国民合一炉以冶之，成为一大民族”。现在聚集五族智慧组织政党，就是为了“谋起点之方，同化之术”。将来“合进”收效之日，也就是“满、蒙、回、藏、汉”之名词“消弭而浑化”之时，

① 北京市档案馆藏有有关档案，可参见刘苏选编：《五大民族共和联合会章程》《平民党宣言书暨暂行章程》，《北京档案史料》1992年第1期和第3期。

② 袁世凯乃清末立宪派大官僚，他的“民族大同”思想显然表现出对立宪运动期间有关思想的直接继承。

故“今日所称为‘五族国民’者，犹不免为赘语”云云。

从上述“会启”内容可见，“五族国民合进会”实际上融合了昔日刘揆一《提倡汉满蒙回藏民党会意见书》和杨度等“五族大同”的有关思想，在某种程度上也可以说是综合了革命党人与立宪派人士相关意见的产物。

在“五族国民合进会”的“简章”中，还提到了“我五族国民以外，西北尚有哈萨克一族，西南尚有苗瑶各族，俟求得其重要人员，随时延入本会”①，可见其所谓“大民族”所包含的子民族也并不局限于五族，“五族”不过是一种泛称而已。该简章对中国国内各民族“同源共祖”的论证，或不免简单牵强，但却已显示出明确的思想自觉，可谓后来“一元多流、终归返本归一”的中华民族观之嚆矢。

从“五族国民合进会”的多民族构成、它的会启和简章等的内容来看，其对“一大民族”联合体的认识，既包含了血缘联系的内容（所谓“五族同源共祖”，“同一血脉、同一枝派”），更强调了民族成员间不同于传统中国帝王专制时代“臣民”身份的平等“国民”之新型关系，以及“共和”新形势下各族互相补充、全面融合之内在需要，实代表了民国初年各民族一体化认同的较高水准，并预示了这一认同的实质与结局。遗憾的是，对于融合而成的“大民族”共同体究竟如何称谓，这些“会启”和“简章”却都仍未给予明示，尽管袁世凯此时已开始使用现代意义的“中华民族”概念。要想完整把握民国初年袁世凯的“中华民族”理念，还应当将他这一时期对“中华民族”一词和概念的使用情形及其有关政策措施结合起来分析。这一点，后文还会有所努力。

1912 年 7 至 8 月，刚刚结束秘密状态的中国同盟会，其广东支部主办的

① 参见《申报》1912 年 6 月 11—12 日《姚锡光等发起五族国民合进会启》。另见刘苏选编：《五族国民合进会史料》，《北京档案史料》1992 年第 2 期。其中除了“会启”和“简章”外，还有“支会章程”，呈请立案呈文、组织构成条款及内务部批文等内容。内务部批文曰：“查所呈各节系为五族国民谋同化起见，尚无不合，本部应准备案，仰即知照。”中国人民大学图书馆藏有《五族国民合进会启》小册。

《中国同盟会杂志》创刊，也登文积极宣传民族和种族“同化”论，并将其视作该会的政纲之一。该刊著文强调：“今日共和成立，五族联合，昔日之恶感已泯，至程度不齐之故，苟普及教育实行之后，此问题当亦解决矣。”认定“合汉、满、蒙、回、藏五族而同化之，今日之唯一政策也”，“亦大同必经之阶级也”。① 而为了实现“民族同化或融化”的目标，又必须在共和体制下，统一语言、实行通婚、“划一制度”和“普及教育”等。该刊还连载陈仲山的《民族同化史》，冀望于对“励行民族同化之政策，不无小补”。同年 8 月 13 日，新成立的国民党也发表宣言，公布党纲。其党纲中“概列五事”，其三即曰：“励行种族同化，将以发达国内平等文明，收道一同风之效也。”② 实际上，民国初年，主张民族或种族“同化”或“融合”或“化合”，已经成了当时许多政党的共识。

如果用今天的眼光来看，“同化”一词的使用显得很刺眼，不恰当，表明其认识仍存在大汉族主义倾向的局限性。但也应指出，当时人们使用“同化”一词，很多时候也是在一种平等融化、相互同化之意上使用，并不都着意存有汉族自大独尊之思。此种“同化”实际上就是“大同”之化的同义语（“大同”一词的使用者显然要更为理性和智慧），它既是对于清末“五族大同”思想的一种继承，也体现了民初革命党和民国要人对于民族问题新的认识水平。由于这些活动和政策宣传反映了当时社会上要求民族融合的时代愿望，因而也就有力地激励着人们去继续深化认识，进一步推动着国人形成对于大中华民族共同体的期待与认同。

在中国各民族融合成一大民族共同体的思想建设方面，民初进步党人曾做出过独特的贡献。比如，追随梁启超的进步党人、《庸言》杂志的主要编辑

① 熙斌：《种族同化论》，《中国同盟会杂志》第 3 期。

②《国民党宣言》，《民立报》1912 年 8 月 18 日。转见陈旭麓主编：《宋教仁集》（下），北京：中华书局，1981 年，第 749 页。

吴贯因①，就有过特别值得一提的思想努力。1913年年初，他在《庸言》上连载了洋洋数万言的《五族同化论》一文，逐个论析了五族的混合性质，进而说明了各族之间血统等互相渗透融合的历史。此文表明了作者相当了解西方混合“民族”与“国家”的现代政治性“（国民）民族”概念之内涵，对于当时和以后“中华民族”融合史的研究，都曾产生了较大的学术影响。② 在该文中，吴贯因有力地指出：

> 汉、满、蒙、回、藏五民族，其初固非单纯之种族，而实由混合而成之民族也。夫人种相接近，由种种之事故，而融合交通，世界历史上实数见不鲜，固非独中国而已。而我中国先民，既能融合汉土诸小族，而成一汉族；融合满洲诸小族，而成一满族；融合蒙疆诸小族，而成一蒙古族；融合回部诸小族，而成一回族；融合藏地诸小族，而成一西藏族，况今日国体改为共和，五族人民负担平等之义务，亦享受平等之权利，既已无所偏重，以启种族之猜嫌，自可消灭鸿沟，以使种族之同化。则合五民族而成一更大之民族，当非不可能之事。③

因此吴贯因以为：“今后全国之人民，不应有五族之称，而当通称为中国民族Chinese nation，而nation之义既有二：一曰民族，一曰国民，然则今后我四万万同胞，称为中国民族也可，称为中国国民也亦可。”④ 此种认识，体现了西方现

---

① 吴贯因（1879—1936），广东澄海人。1907年赴日留学，就读于早稻田大学史学系，获政治学学士学位，并结识梁启超。1912年归国，与梁一起创办《庸言》杂志。1913年，梁启超任北洋政府司法总长时，他任卫生司司长。1927年后弃政从学。著有《史之梯》《中国文字之原始及其变迁》等。

② 这从稍后谈论此一问题的论文和后来编写的各种中华民族史著作中许多都参引此文可知。如1917年《东方杂志》第14卷12号转录《地学杂志》的《中国民族同化之研究》一文就声称：“作者本历史事实，以研究中华之民族，所依据者，为吴贯因氏之《五族同化论》，章绛氏之《种姓篇》。”该文探讨“中华民族同化”问题，强调五族之外，苗族也属中华民族的重要构成成分，并多次在国内民族一体化的意义上使用了“中华民族”一词。

③ 吴贯因：《五族同化论》，《庸言》1913年第1卷第7—9号，此段引文出自第8号。

④ 吴贯因：《五族同化论》，《庸言》1913年第1卷第9号。

代混合民族与国家、强调现代政治认同基础的英法和北美“民族”观念之直接影响，不妨说代表了民初时国人大民族共同体认同的较高水平，尽管他尚未使用“中华民族”一词，而是用“中国民族”。此外，他肯定还是较早清醒而自觉地给中国各民族共同体正式命名、并给予该词明确而延续至今之英文对译的中国人，尽管在英文报刊和书籍中，此种含义的 Chinese nation 早有使用。

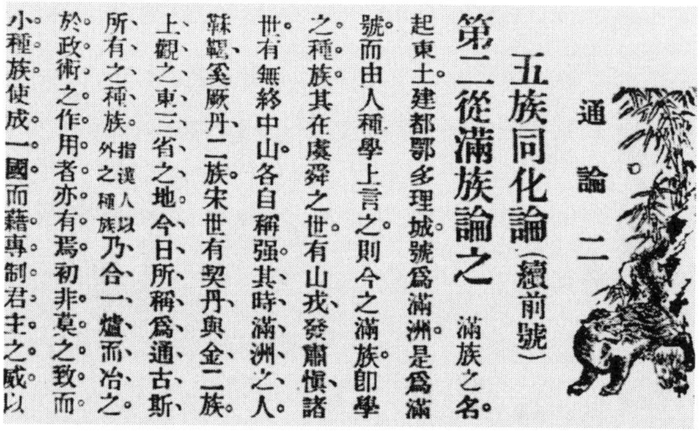
通論二
五族同化論（續前號）
第二從滿族論之　滿族之名。
起東土。建都鄂多理城。號爲滿洲。是爲滿
號。而由人種學上言之。則今之滿族。即學
之。種。族。其在虞舜之世。有山戎、發、肅愼、諸
世。有無終中山。各自稱强。其時、滿洲、之人。
靺鞨、奚厥丹二族。宋世有契丹與金二族。
上、觀之、東、三、省、之地。今日、所、稱、爲、通、古、斯、
所、有、之、種、族。（指漢人以外之種族）乃合一、爐、而、冶、之。
於。政。術。之。作。用。者。亦。有。焉。初。非。莫。之。致。而。
小。種。族。使。成。一。國。而。藉。專。制。君。主。之。威。以

1913 年《庸言》第 8 号上续载吴贯因《五族同化论》片段

1914 年 4 月，中国进步党正式的机关刊物《中华杂志》创刊。该刊创刊号上又推出一篇题为《论中国之国民性》的专论，作者署名光昇（生平不详）。在该文中，作者以所谓“国民性同一”来论证五族应通称为“大中华民族”，也清楚地表明其本人对西方现代 nation 和 nationality 概念已有相当深入的了解。兹引该文的主要论证如下：

自罗马之世界国家亡，而近世民族国家代之以兴。民族即国民也，原为人种学之用语，系专指血统关系而言，自单纯血族团体易为领地团体，而民族主义稍变。柏哲士之为民族定义曰：同类之人类。同类云者，即同一语言、文学、传说、历史、习惯、思想之谓也。盖视血统主义为宽。学者或舍民族旧名而改称曰国民性（nationality——引者），即能为一国民之集合体之性质也。以有此国民性之民成一国家，斯团结坚而发

达速。然按之实际，国家组织范围与所谓国民性所示之范围往往不能一致，以一国家而含有数国民性者有之，以同一国民性而割裂于多数国家者有之。……独吾中国为开化最古之国，以世界陆地十三分得一之领土，全人类四分得一之人口，十九皆为同一国民性之人民所组织，盖古今东西而未有一见者也。吾国所以能成此伟大纯一之民族（即国民性）者，盖有三焉：其一，则汉族同化力之大……其二，则国家主义早成立也……其三，则宗教思想之融合也。

从全文来看，光昇并不认同血统主义的传统民族说，但在“汉族同化力之大”一条下他仍强调：“称中国人为黄帝子孙，盖其正炎黄血胤者十之七八，因婚姻杂居化合者十之二三，以近世民族定义言之，皆为同一国民性之民可无疑也。”不仅如此，他还从对西方现代“（国民）民族”（今人所谓“国族”）概念的理解出发，认为当时就各少数民族单独而言，已失去“纯粹”民族之资格。这在民国史上，实是类似观点的较早阐发。光昇指出：

今之言曰，五族共和。满人已失成一民族之元素，将必转化于汉人，前已言之。可议者独有蒙、回、藏。然回民之入居内地，及其信徒久与汉人混合，而回部及蒙疆藏卫之民，其上等社会已通行汉语，而所谓文学历史等，亦无存立之根据，其不为纯粹之一民族可无疑义。……欧罗巴有曰日耳曼主义，斯拉夫主义，吾国民将曰大中华主义。合满汉蒙回藏之民谓之五族，毋宁谓之大中华民族可也。①

在此，人类学、民族学意义上的文化共同体“民族”（源于拉丁词 ethnos，相当于 nation 的英法文古典含义和后来的 ethnic group）概念，与现代政治学意义上的政治共同体“民族”（nation 的现代意义尤其是英法文意义）概念之间的某种区别，已被作者明确地意识到了，只是他显然还没有能力将两者的内涵很

---

① 光昇：《论中国之国民性》，《中华杂志》1914 年 4 月 16 日创刊号。此后，光昇又将此文做了较大修改，以《中国国民性及其弱点》为题，载于《新青年》第 2 卷第 6 号。重点改论国民性之弱点。

好地自觉地统一起来。就现代政治学意义上说，否认各少数民族单独构成为拥有国家独立主权的 nation，当然并没有错；而由此认为各少数民族的“文学历史，亦无存立之根据”，则不免荒谬。今人很容易指出作者在具体的论述中表露出的那种明显的大汉族主义情绪，以及对于少数民族文化了解之缺乏，但它还是能够反映出在当时，认同一个以中华民国为政治依托、经济文化上融合日深的现代大民族共同体，已然成了一种时代的需要和现实的取向。①

2. 袁世凯与民初民族融合的新背景及实际效应

就国内民族融合的实际效果而言，辛亥革命胜利和民国建立的意义也是显而易见的。不错，辛亥革命推翻清朝专制统治，建立民国，的确暂时引发或一度刺激了一部分蒙古王公和藏族等少数民族上层人物的分裂行径，如 1911 年 12 月 1 日，一小撮蒙古王公就在沙俄的指使下，成立了以哲布尊丹巴为“大汗”的所谓“大蒙古帝国”，西藏与内地的关系这时也趋于紧张。② 此种情况的出现，不能说与部分革命党人此前狭隘的民族主义态度，以及武昌起义爆发后少数地区短暂过激的行为毫无关联。不过就其根本而言，它们却

① 受此种“五族同化论”思想影响，主张将五族建成一“中华民族”的论说还有一些。如 1916 年 6 月《江苏省立第四师范学校校友会杂志》第 1 卷就曾载凌树勋讲演的《五族同化之历史及其关系》一文，也主张“中国欲争存于今日，而谋根本之计划，非合五大民族组织一完全团结之中华民族不可”。认为对国内少数民族“施完全教育”，不难实现“同化”，“而中华民族不难组成，即不患无中华民族主义发扬于东亚之一日”。

② 国内外以前都提 1913 年 1 月达赖喇嘛宣布“独立”事，但有学者研究，严格说来，并不存在此事。达赖喇嘛发布的例行的《新年公告》，其实并未正式提到“独立”问题。声称西藏和蒙古为两个“独立国家”的所谓《蒙藏协定》，不过是俄国间谍德尔智擅自代表西藏所为，它不仅没有得到中国和任何其他国家的承认，连热心此事的俄国和英国也不予承认。甚至十三世达赖本人也予以否认。参见喜饶尼玛：《近代藏事研究》，拉萨：西藏人民出版社、上海：上海书店出版社，2000 年，第 86—87 页。另外，十三世达赖与中央的矛盾激化始于 1910 年，也并非直接为辛亥革命和民国建立所致。

是当时的纷乱形势和俄、英等帝国主义从中直接策动挑唆的结果。与此同时，我们更应该看到的是，此种暂时出现的分裂局势所引发的前景忧患，恰恰又成为革命党人、民初政要和各族有识之士放弃狭隘民族意识，生发现代中华民族观念的直接动因。历史的辩证法效应，就是这样体现出来的。

以蒙古问题为例。“大蒙古帝国”宣布成立后，其一系列分裂行径随即遭到国内和蒙古族内人民的强烈反对。1912年年底至1913年年初，哲里木盟10旗王公和内蒙古西部22部34旗王公，就分别在长春和归绥城（今呼和浩特）举行了东、西蒙古王公会议，商讨赞成五族共和，反对外蒙古“独立”等事宜。在1913年年初的西蒙古王公会议上，王公们还一致决议“联合东盟，反对库伦”，并通电声明：“蒙古疆域与中国腹地唇齿相依，数百年来，汉蒙久为一家。我蒙同系中华民族，自宜一体出力，维持民国。”① 这大概是在政治文告中，第一次由少数民族代表人物共同议决，宣告中国少数民族同属现代意义的“中华民族”的一部分了。②

这里，“中华民族”一词极具象征意义的使用，就笔者所了解的资料来看，还当属于现代“中华民族”概念较早被使用的例证之一。法国汉学家巴斯蒂较早研究指出，作为民国总统的袁世凯，曾“率先用‘中华民族’的名称来涵盖（中国）境内所有民族”③，而袁的这一较早使用，也恰恰是发生在应对此次外蒙古分裂行径的过程中。不过，巴斯蒂并没有提到此事发生的具

---

①《西盟会议始末记》，转引自费孝通主编：《中华民族多元一体格局》，北京：中央民族大学出版社，1999年，第349页。

② 费孝通主编：《中华民族多元一体格局》，北京：中央民族大学出版社，1999年，第349页。

③ 见2001年10月16—19日“纪念辛亥革命九十周年国际学术讨论会”上，法国学者巴斯蒂（Marianne-Bastid-Bruguiere）提交的论文《辛亥革命与20世纪中国的民族国家》，后收入中国史学会编：《辛亥革命与20世纪的中国》（中），北京：中央文献出版社，2002年，第951—974页。文中所提《袁世凯致库伦活佛书》，系引自刘学铫：《中国历代边疆大事年表》，台北：金兰文化出版社，1979年，附录1，第483页；扎奇斯钦：《蒙古之今昔》，“中华文化出版事业委员会”，1955年，第214—215页。

体时间。追踪她所引录的袁世凯《致库伦活佛书》写道：“外蒙同为中华民族，数百年来，俨如一家。现在时局阽危，边事日棘，万无可分之理。”① 这一“中华民族”的现代认同现象，无疑是耐人寻味的。

应该指出的是，民国初年袁世凯正式以民国临时大总统和大总统名义，在国内各民族总体意义上对“中华民族”一词的使用不仅较早，而且还是相当自觉的，他就任临时大总统后，把原北京皇城的正南门（明朝时称“大明门”，清朝时称“大清门”）改名为“中华门”，把大总统府建在中南海，将乾隆为香妃特建的宝月楼改建为正门，命名为“新华门”，正以表明他要把各少数民族和汉族团结在一起，建立一个新的名为“中华”的民族和国家之意愿。

1912 年，袁世凯改北京皇城的南门“大清门”为“中华门”（此门一直存在到 1959 年，位置在今毛主席纪念堂附近）

袁世凯的这一“中华民族”自觉，对现代中华民族观念的确立与早期传播，意义重大。最近，笔者仔细查阅《申报》，可以更为明确地证实这一点。1912 年 2 月 15 日，南京临时政府参议院选举袁世凯为中华民国临时大总统，

① 此为袁世凯《致库伦活佛书》（一）的首句，可另参见徐有朋：《袁大总统书牍汇编》卷 5，“函牍”，上海：广益书局，1914 年，第 2 页。

3 月 10 日，他在北京正式宣誓就职。两天后，宣布外蒙古“独立”的哲布尊丹巴等外蒙古王公即致信袁世凯，公开陈述其分裂的“缘由”，3 月 15 日，袁世凯实际上就已及时发出了上述那封给哲布尊丹巴为代表的外蒙古王公的回信，加以劝阻。两信的大体内容于 1912 年 12 月 20 日曾被《申报》刊载，题为《取消库伦独立之往来电报》。① 由此看来，1913 年年初反对外蒙古分裂的西蒙古王公会议同通电对现代意义的“中华民族”概念的使用与认同，应当是受到过袁世凯 1912 年年初上述回函的直接影响。而袁函中以民国政府总统名义对现代意义的“中华民族”概念之正式使用，且用在那一针对少数民族分裂的特别场合，其政治思想意义不言而喻。

袁世凯就任民国正式大总统之后，又曾多次使用现代意义的“中华民族”概念。如 1914 年，他批准参议院严复有关“中华民国立国精神”的提案时，就曾对这一概念反复加以使用。该年 10 月 24 日，著名思想家严复在民国参政会上提出“导扬中华民国立国精神议”的提案，洋洋数千言，历举欧美各国立国精神之所在，“而以忠孝节义为吾中华民国之特性”，建议将其作为“中华民国立国精神”。参政院予以采纳并报请袁世凯批准。11 月 3 日，袁即发布“大总统告令”，表示“国于天地，必以民俗国性世道人心为之要素……宜以忠孝节义四者为中华民族之特性，为立国之精神，庶几百折不回，而有以达最后之祈向”，故准予施行。② 后他又以告令的形式，声言：“使中华民族为大仁大智大勇之国民，则必于忠孝节义植其基。”③ 顺便提及，袁世凯向严复学舌的所谓“国性”，梁启超、梁济等人此期也喜欢使用，大体对应于英文的 nationality。1914 年年底，袁氏在

① 参见《申报》1912 年 12 月 20 日《俄蒙交涉档案》（六）中的《取消库伦独立之往来电报》。其有关内容与前文提到的袁世凯《致库伦活佛书》内容基本相同，只有个别文字差异，如前文里的“边事日棘”，这里写成“边事孔棘”。

②《十一月三日大总统告令》，《申报》1914 年 11 月 6 日。另，《申报》1914 年 10 月 25 日所载《严几道新提出之立国精神建议案》和 10 月 27 日《申报》所载远生《政闻拾零》，皆有相关报道。

③《命令》，《申报》1915 年 1 月 3 日。

有关其他事务的“大总统告令”中，对“中华民族”概念还曾有过类似的使用。①

在袁世凯那里，现代中华民族理念的形成，显系从其“五族共和”论推导而来。他还由此自觉改变了昔日清朝以藩属对待蒙古、西藏的不平等态度，并反复郑重宣称：

> 现在五族共和，凡蒙、藏、回疆各地方，同为我中华民国领土，则蒙、藏、回疆各民族，即同为我中华民国国民，自不能如帝政时代，再有藩属名称。此后，蒙、藏、回疆等处，自应通筹规画，以谋内政之统一，而冀民族之大同。民国政府于理藩不设专部，原系视蒙、藏、回疆与内地各省平等，将来各该地方一切政治，俱属内务行政范围。②

此外，这一时期，袁世凯还采取一系列积极措施，如先后颁布《劝谕蒙藏令》《蒙藏主权声明》《劝谕汉、满、蒙、回、藏联姻令》和《恢复达赖喇嘛号令》等，做了不少有利于稳定边疆民族的政治工作。这些维护国内各民族团结的政治举措，也与袁世凯对一体化的“中华民族”观念之体认联系在一起。如1912年3月25日颁布的《劝谕蒙藏令》之主旨，就是向蒙古族、藏族同胞阐述民国政府在民族治理政策方面与清王朝的最大不同，乃在于“伸我蒙藏人权起见”，“务使蒙藏人民一切公权私权与内地平等，以期大同而享幸福”；而与此同时，袁世凯政府的外交部则对外宣布“中国对满、蒙、藏的主权”：“满、蒙、藏为中国完全领土，凡有关满、蒙、藏各地之条约，未经民国承认者，不得私定，已订者亦均无效……民国政府对于满、蒙、藏各地，有自由行动之主权，外人不得干

① 如袁世凯曾在一告令中写道：“古者建国，教学为先，我中华民族自有史以降，千百年间，能保吾先世圣哲师匠之遗，大者风化，小者艺事，咸维持不坠，以至今日犹得以文明国称者，敬教劝学，举国所崇，虽中更世变，未有历百年而不修者也。”见《中央命令：大总统告令》，《浙江警察杂志》1914年第11期，第3—5页。

② 中国藏学研究中心等编：《元以来西藏地方与中央政府关系档案史料汇编》，北京：中国藏学出版社，1994年，第2346页。

预。”[①] 不妨说，上述两个方面，正好体现了袁氏政权同一政策的内外面向。

至于民初革命党人提倡“五族共和”、民族化合与列强策动中国分裂的局势之间的直接关系，同样显而易见。已经有学者从研究孙中山“民族同化”思想的角度，对此做过详细论证。正如该学者所指出的，从根本上说，孙中山等提出“民族同化”的主张，并非只像西方殖民者那样完全从种族主义的立场出发，而主要是“针对辛亥革命以后沙俄、英国、日本对中国的外蒙古、西藏和东北的侵略而提出来的”。[②] 在孙中山看来，蒙古族、藏族和满族的人口较少，力量较弱，都不足以抵抗帝国主义的侵略，只有把国内各民族融合成像美利坚一样的强大民族统一体，才能有效地维护祖国统一，争得与世界其他民族的平等地位。所以他说：“讲到五族底人数，藏人不过四五百万，蒙古人不到百万，满人只数百万，回教虽众，大多汉人。讲到他们底形势，满洲既处日人势力之下，蒙古向为俄范围，西藏亦几成英国的囊中物，足见他们皆无自为［卫］的能力，我们汉族要帮助他才是。”又说：“彼满洲之附日，蒙古之附俄，西藏之附英，即无自卫能力底表征。然提撕振拔他们，仍赖我们汉族。兄弟现在想得一个调合的方法，即拿汉族来做个中心，使之同化于我，并且为其他民族加入我们组织建国底机会。仿美利坚民族底规模，将汉族改为中华民族，组成一个完全底民族国家，与美国同为东西半球二大民族主义的国家。”[③]

从孙中山带有明显大汉族主义倾向的言论中不难看出，使国内各民族摆脱帝国主义侵略和压迫的地位，建立与美国并驾齐驱的、以各民族融为一体的大“中华民族”为基础的现代民族国家，正是其主张“民族同化”的直接

① 参见常安：《清末民初宪政世界中的“五族共和”》，《北大法律评论》第 11 卷第 2 辑，2010 年。另见《中国大事记》，《东方杂志》第 9 卷第 4 号，1912 年 8 月 1 日。

② 李永伦：《试析孙中山民族平等的思想》，《云南教育学院学报》1996 年第 4 期。亦可参见耿云志：《孙中山民族主义思想的历史演变》，《广东社会科学》2007 年第 1 期。

③ 孙中山：《在中国国民党本部特设驻粤办事处的演说》（1921 年 3 月），中山大学历史系孙中山研究室等合编：《孙中山全集》第 5 卷，北京：中华书局，1985 年，第 473—474 页。

动机和最终目标所在。实际上它从一个角度，也等于揭示了辛亥革命之后现代中华民族观念兴起、确立、传播和认同接受的一个重要动力。

此外，从长远来看，革命后民国的建立，政治上既实行“五族共和”，文教上复推行有利于一体化近代化的民族融合措施，这些也都在实际上对各民族的融化进程，起到了促进作用。特别是满汉之间，不仅没有因为辛亥革命而加剧矛盾，反而进一步促进和深化了两族间的融合。1922 年，梁启超曾带着大汉族主义情结谈到这一点。他写道：

> 辛亥革命，满清逊位，在政治上含有很大意义……专就民族扩大一方面看来，那价值也真不小……满洲算是东胡民族的大总汇，也算是东胡民族的大结束。近五十年来，满人的汉化，以全速率进行；到了革命后，个个满人头上都戴上一个汉姓，从此世界上可真不会有满洲人了。这便是把二千年来的东胡民族，全数融纳进来，变了中华民族的成分，这是中华民族扩大的一大段落。①

梁氏的这种表述有欠科学和准确，没能准确反映汉族与满族之间彼此互动融化双面关系的全部内容，但还是从一个侧面说明了辛亥革命和民国建立对于满汉民族实际融合的某些积极影响。

民国建立后，中国各民族间的交往较以前更为密切，平等的互动更为频繁②，民族融合逐渐地得以加强，特别是文化融合。这不仅同国家政体的改变、政策的引导、现代交通业的巨大发展、现代传媒业（包括新闻业、图书报刊出版业等）的空前进步和社会流动性的急剧增多有关，更是现代新式学校教育发展的直接结果。民国初建，北洋政府对少数民族的事务和教育即给予

---

① 梁启超：《五十年中国进化概论》，《梁启超全集》第 7 册，北京：北京出版社，1999 年，第 4029 页。

② 可参见唐仕春：《绥远土默特摊差交涉：五族共和下的蒙汉族群互动（1911—1928）》，《中国社会科学院近代史研究所青年学术论坛》（2005 年卷），北京：社会科学文献出版社，2006 年，第 307—321 页。该文从摊差交涉这个具体视角入手，应用社会史的方法，对北洋时期五族共和旗帜下绥远土默特地区蒙古族、汉族关系朝着“真正平等”的方向变迁的具体情形之真实揭示，值得参看。

了一定的重视，它改理藩院为蒙藏事务局，两年后改为蒙藏院，与各部地位等同，下设民治、宗教、翻译、边卫等科，并开办《藏文白话报》（汉藏文合璧）等，向藏族等少数民族传导“五族共和”不可分割的一体理念和民国政府的有关政策。① 同时，民国教育部也特设蒙藏教育司，专管少数民族地区的政治、经济和文教事务。1913 年蒙藏事务局批准将清代咸安宫三学及理藩院蒙古学校合并为蒙藏专门学校，成为民国第一所专门招收蒙古族、藏族学生的国立官费学校，致力于对汉族与少数民族文化进行融合。国民党掌权后，蒙藏院改为蒙藏事务委员会，蒙藏专门学校仍得到继续开办。与此同时，大量的少数民族青年在民国建立后还得以到内地汉族地区的学校读书学习。在各少数民族地区的学校里，除了本民族语言之外，作为各民族文化沟通媒介的汉语（common language，族际共通语）及其汉文化内容的学习，一般也都成了重要的课程。

以蒙古族为例，1913 年至抗战全面爆发前夕，仅蒙藏专门学校毕业的蒙古族学生就有近千人，还有许多蒙古族青年在北京、南京、天津、上海、哈尔滨、沈阳等大城市读中学和大学。他们读书期间不仅创办有蒙古文、汉文合璧的各种刊物，致力于沟通与融合民族文化，回到家乡后又大多从事文教事业，对民族文化的交流与融合产生了重要影响。② 虽然，此种文化融合的结果主要是在民初以后特别是抗战以后才得以更充分地体现出来，但民初时就建立起来的政治和教育体制的作用，却是显而易见的。

---

① 1913 年《藏文白话报》创刊号上的“发刊词”里就强调，“其用意，以中华民国优待蒙回藏，与以前理藩部时代不同，取其施行政令，公布周知，以免致传闻失实，且冀蒙回藏同胞，以中华民国为前提，合力并进”。还声言：“蒙回藏之与汉满，同为黄帝子孙，同为优秀贵族”，在共和国体之下，“蒙回藏不能离中华民国别自成其为蒙回藏；中华民国不能离蒙回藏别自称其为中华民国，况蒙回藏享有权利与汉满平等，合于选举与被选举资格，……自今以往，我四万万同胞一德一心，尊重国权，崇尚人道，新邦缔造，正中华民国英雄立功之秋也”。现存世《藏文白话报》约有 17 期。

② 参见黄兴涛：《简述民国时期国内各民族文化的新交融》，载《文化史的视野》，福州：福建教育出版社，2000 年，第 461—481 页。

3.“中华民国”国号、早期国歌的意义与影响

“中华民国”国号的正式确立，进一步增强了国人对于“中华”一词及其历史文化内涵的认同感，使得人们在考虑国家和民族共同体整体利益、确立各类组织和事物名称的时候，往往喜欢使用“中华”字样和符号，来表示其民族特色、国家身份或全国全民性质，实现某种整合意义上的概括。这从民国建立后，成千上万以“中华”命名的组织和事物名称蜂拥而至中，即可见一斑。如民国初年，这类组织机构中就有中华书局、中华职业教育社、《大中华》报、中华革命党、中华银行、中华学艺社、中华教育改进社、中华足球联合会、中华工业协会等，不胜枚举。此种用语习惯及其运思导向，成为此期及以后现代意义的“中华民族”一词或概念能够应运而生、逐渐流行和传播开来的重要语言因素。而在清末时还不具备相应的条件。①

从笔者所掌握的资料来看，最早在具有各民族相对平等融合（至少在政治经济方面）之整体意义上使用“中华民族”一词的历史数据，正是出现在辛亥革命胜利和民国建立之初。前面，我们曾提及“中华民族大同会”，该会的消息，曾在当时《民立报》和《申报》等著名报刊上广泛刊载，传播很广。其所谓“中华民族”本身虽还未必是一个固定名词，但由于汉语构词的特殊性，它至少在形式上，一定程度也能起到那种民族一体性的传播效果。另外，前文还曾提到，1913年袁世凯、商务印书馆的《共和国教科书新历史》，以及

---

① 康有为在1910年伪造的《请君民合治满汉不分折》中，曾主张用“中华”作为中国国名，不少民族史学者在引用此文内容时，没能注意到此点，多误认其作时间为1898年。民国初年，康有为继续阐发这一观念。如在《不忍》1912年第7期上发表《救亡论》一文，即专门有“民族难定，汉族中亦多异族，而满族亦主黄帝考”一节，强调“盖民族义者，专为合诸弱小为强大国者也……中华二字，今尤通用。通于古今，应定国号为中华。凡满、蒙、回、藏皆同为国民，无多立彼疆此界之分，则内能结合，足以永靖乱源；外之宏大，益以巩固邦基矣”。

该年年初部分蒙古王公，也都使用过现代意义的“中华民族”一词。此外，在《申报》中，笔者也曾见到现代“中华民族”一词的多处使用。不妨略举一例。如1914年3月9日，《申报》上就有人曾从政党、国家政府与中华民族的关系角度来使用该词，强调“政府者，我中华民族共有之机关也；党人者，我中华民族个中之分子也。以个中之分子扶共有之机关，实国民应尽之义务；以共有之机关包容一二个中之分子，亦天理人心之所至当”，认为二者只有齐心协力，中华民族才有前途可言。①

《申报》之外，类似的例证还可以举出一些。如1914年，湖南安化人夏德渥已完成的《中华六族同胞考说》一书；1917年，《东方杂志》第14卷12号刊登的《中国民族同化之研究》一文；1918年元旦《民国日报》发表《吾人对于民国七年之希望》的社论中，都曾在各民族一体化意义上使用过“中华民族”这一词语和新概念。②

《中华六族同胞考说》是一部至今尚未见有人专门介绍的颇具历史价值的著作。作者夏德渥，湖南人，生平不详。他具有非常强烈的使命意识，完成该书后，曾报呈教育部审批，并请革命党元老、民国要人、云南少数民族人士李根源作序。该书详细考述了中国历代各种史书的有关记载，专门论证中国汉族、满族、蒙古族、回族、藏族、苗族六族间的平等同胞关系，“冀览此书者恍然于汉、满、蒙、回、藏、苗论远源为同种，论近源为同族，而慨然动

---

① 步陶：《杂评二》，《申报》1914年3月9日。另，《申报》1914年4月29日所刊《中国移民概数之新调查》和《申报》1915年11月18日所刊《通俗教育会二次开会训词》等文中，也都使用了“中华民族”概念。

② 如1918年《民国日报》社论《吾人对于民国七年之希望》就写道：“吾中华民族，至好和平之民族也，是以自有文献以来，吾国古圣先贤之教训，无不为平和之福音。是以吾国自古以来之世界主义，非如德国之征服主义也，亦非如英国之功利主义也。平和的同化，为有史以来吾中华民族对世界之大方针。”这里，不仅使用了“中华民族”一词，还自豪地表达了对于本民族“和平同化”他族传统的认同之感。

同胞之感”。① 书中通称中国各民族的统一体为“华族”，偶尔也称其为“中华民族”，并强调中华民族的主要构成成分中，无论如何也不能没有“苗族”。不过，此书虽完成于1914年，却直至1917年才得以正式出版。书前印有教育部的批文：“详绎该书，其宗旨在融洽感情，化除畛域，提出人种学问题，为科学的研究。详加考辨，具见经营。”可见，对于该书有益于民族平等融合的社会功能，北洋政府也曾给予了积极评价。

1920年重版之《中华六族同胞考说》扉页

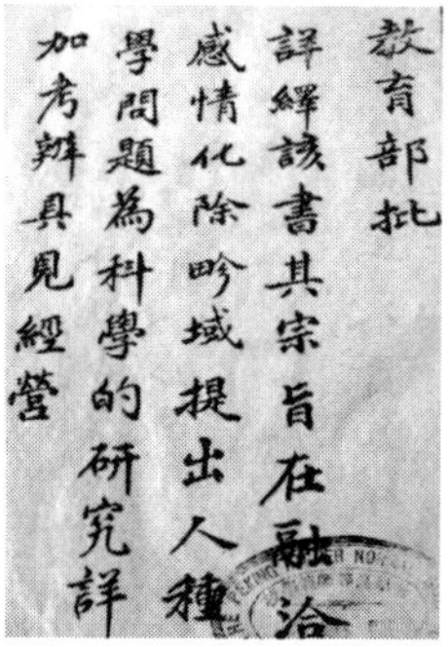
教育部批
詳繹該書其宗旨在融洽
感情化除畛域提出人種
學問題為科學的研究詳
加考辨具見經營

教育部对《中华六族同胞考说》的批文

民初出版的一些中学历史教科书，有的也表达过中国国内各民族具有同源一体性，历史上曾不断化合，且具体由六个或五个民族组成的类似见解，不过直接以“中华民族”整体命名之者，还是不多见。② 由此也可反映出当时

① 夏德渥：《中华六族同胞考说》自序，1917年湖北第一监狱石印本。北京师范大学图书馆藏有1920年重版本。

② 可参见赵玉森《（共和国教科书）本国史》上册（商务印书馆，1913年）、钟毓龙《（新制）本国史教本》第1册（中华书局，1914年）的有关部分。前者认为“满蒙回藏苗”六族名称不同，却是一体的同胞兄弟；后者认为“汉满蒙回藏五族，同为黄种，其先同出于一原，皆由西而移于东”。参见刘超：《现代中华民族观念的形成——以清末民国时期中学中国历史教科书为中心》，《安徽史学》2007年第5期。

社会上整体性的现代中华民族意识还相当不足的情形。

同“中华民国”这一国号的确立之作用相关，民初国旗的使用、国歌的确定与传播，也与塑造或至少部分塑造现代中华民族观念不无正面关联。如五色国旗，就直接体现了“五族共和”的国民一体化理念与民族团结的内涵；而当时拟定和短暂使用过的国歌，也发挥过类似的积极作用。1912 年 2 月，中华民国临时政府教育部征集国歌。同月 25 日，《临时政府公报》第 22 号首次公布了沈恩孚作词、沈彭年作曲的《国歌拟稿》（后称之为《五旗共和歌》），歌词写道：

> 亚东开化中华早，揖美追欧，旧邦新造。
>
> 飘扬五色旗，民国荣光，锦绣山河普照。
>
> 吾同胞，鼓舞文明，世界和平永保。

这首歌词，突出了“中华”文明悠久、民国建立，实现旧邦新命，以及五族人民互为“同胞”之深义，虽未被正式定为国歌，但据说刊布后，在海外华侨中流传甚广，有的华侨团体屡屡“使用此歌为中华民国国歌”①。近来有研究更是强调，“《五旗共和歌》的政治符号价值之一就是体现了革命者们对中华民族整合的期待”②。1912 年 7 月 25 日的《政府公报》上，还刊载了沈庆鸿（沈心工）作词、邹华民作曲的《国歌拟稿》，后又称《中华民国立国纪念歌》，歌词甚长：

> 伟哉，吾汉满蒙回藏五大民族；共奋精神，共出气力，共捐血肉；清除四千余年专制政府之毒，建立亿千万年民主共和之国；而今而后，凡我华人，如手如足；勤勤恳恳，整整齐齐，和和睦睦；兴我实业，修我武备，昌我教育，立愿与全世界共享和平之福。

该歌词中将五大民族之人民通称为“华人”，这一做法虽衍自晚清，但又赋予

---

① 吴研因：《国歌谈》，《音乐界》1923 年 10 月第 10 期。

② 赵飞飞、殷昭鲁：《民初国歌的多重符号价值——以〈五旗共和歌〉为中心的考察》，《唐都学刊》2014 年第 1 期。

了其中华民国的共和国民之崭新意义，并同时强调了其彼此和睦相处的“手足之情”，在内涵的符号意义上与《五旗共和歌》有相通之处。1913 年 2 月，教育部又致函章太炎、张謇、汪荣宝、钱恂等名流，邀请其撰写国歌，章太炎拟定的歌词为：

> 高高上苍，华岳挺中央，夏水千里，南流下汉阳。四千年文物，化被蛮荒，荡除帝制从民望。兵不血刃、楼船不震、青烟不扬，以复我土宇版章。吾知所乐，乐有法常。休矣五族，无有此界尔疆，万寿千岁，与天地久长。①

在给教育部的公函中，章太炎称其自撰国歌词“先述华夏名义，次及古今文化，然后标举改革，乃及五族共和，言皆有序，文亦易了”。实际上他在歌词最后还表明了五族不应分“此疆彼界”，而应融为一体以地久天长的民族愿望。后来，章氏所拟歌词未能入选。入选并正式公布为国歌者乃汪荣宝所拟的《卿云歌》。但为《卿云歌》作曲的著名音乐家萧友梅却并不太喜欢汪氏歌词，他反而更欣赏章太炎所拟歌词之明白晓畅、内涵确实贴切和富有节奏感，并专门为其谱曲，以便传唱。

1915 年，外交部向国务院提出制定“国乐”的要求。袁世凯交政事堂礼制馆，命从速制定。是年 5 月，袁世凯批准由礼制馆提交的，据说由曾任清末陆军部尚书的满族人荫昌作词、王心葵（王露）作曲的《中国雄立宇宙间》。也有人说王心葵不是作曲原创者，只是帮礼制馆原作曲润色而已。但这却是民初公布的中华民国第一首正式国歌：

> 中国雄立宇宙间，廓八埏，
> 华胄来从昆仑颠，江河浩荡山绵连，
> 共和五族开尧天，亿万年。②

---

①《章炳麟拟国歌》，《教育部编纂处月刊》第 1 卷第 3 册，1913 年 4 月。

②《政府公报》第 1095 号，1915 年 5 月 26 日。只载歌词，并无曲谱。

该国歌中既有“中国”，又有“华胄”，还凸显了“五族共和”接续遥远的中华传统之民族情结，其传唱功能可以想见。据载，为适应袁世凯称帝需要，其中那句“共和五族”曾被改为“勋华揖让”，但这一点，目前似乎还未能加以确认。①

不过，说到民初国旗国歌对现代中华民族观念的兴起直至后来流行开来之影响，显然不宜夸大，且它们都无法与“中华民国”国号的影响割裂开来谈论。关于国号的直接影响，1928 年常乃悳在最早以“中华民族”命名的著作之一《中华民族小史》一书中，曾做过一段重要的说明，题为“中华民族之命名”，值得引录如下：

> 民族之名多因时代递嬗，因时制宜，无一定之专称。非若国家之名用于外交上，须有一定之名称也。中国自昔为大一统之国，只有朝代之名，尚无国名。至清室推翻，始有中华民国之名也出现。国名既无一定，民族之名更不统一。或曰夏，或曰华夏，或曰汉人，或曰唐人，然夏、汉、唐皆朝代之名，非民族之名。惟“中华”二字，既为今日民国命名所采用，且其涵义广大，较之其他名义之偏而不全者最为适当，故本书采用焉……惟今日普通习惯，以汉族与其他满、蒙诸族之名并列，苟仅以汉族代表其他诸族，易滋误会，且汉本朝代之名，用之民族，亦未妥洽，不若“中华民族”之名为无弊也。②

这里所谓民国前中国无国名的论调，本书前一章已有讨论，毋庸赘言。

① 小野寺史郎：《平衡国民性与民族性：清季民初国歌的制定及其争议》，《中山大学学报》（社会科学版）2009 年第 1 期。另可参见小野寺史郎著，俊宇译：《国旗・国歌・国庆：近代中国的国族主义与国家象征》，北京：社会科学文献出版社，2014 年。同时参见刘作忠：《中国近代国歌小史》，《寻根》2007 年第 4 期。

② 常乃悳（燕生）：《中华民族小史》，爱文书局，1928 年 5 月初版，第 4—6 页。除此书外，“中华民族”四字出现在书名中的最早著作，笔者还曾见到一本，题为《中华民族革命史》，三民出版社，1926 年，第 42 页。出版时间稍早，但其并不专门讨论“中华民族”问题。

但“中华民国”国号里明确包含“中华”二字，的确有助于国人直接将其导向族称。

另有一部国民政府教育部指定的中学历史教科书，也曾对此有过一个说明：

中华民族在上古称曰华曰夏，又称诸华、诸夏，或合称华夏。因为古代建国的中心在今陕西甘肃一带，那里有著名的山叫作华山，有著名的水叫作夏水，所以我们的民族叫作华夏。中华民族除华夏通称外，还有以朝代为名的，如秦、汉、唐、蒙古等。是因为这几代国力很强，外族便以朝代的名称作为我们的族名。到了民国，合汉、满、蒙、回、藏为一家，建立共和国，为“中”字最正，“华”字最美，且有历史的意义，所以正式定我们的族名为中华民族。①

以上两段说明，对于今人了解现代“中华民族”称谓和观念的正式形成与“中华民国”国号之间的历史关系，或许不无裨益。其实，从1913年传唱开来的一首歌曲《美哉中华》的歌词将“中华民国”与“中华民族”两相对举中，今人恐怕也能够对此一问题有某种直观的感受：

美哉美哉，中华民国，太平洋滨，亚细亚陆；大江盘旋，高山起伏，宝藏万千，庶物富足；奋发有为，随我所欲，美哉美哉，中华民国。

美哉美哉，中华民族，气质清明，性情勤朴；前有古人，文明开幕，后有来者，共和造福；如涌源泉，如升朝旭，美哉美哉，中华民族。②

前文，我们曾提到1912年3月黄兴、刘揆一等人发起成立“中华民族大同会”时，最初之名为“中华民国民族大同会”，前者系由后者直接缩改而来，这一事实本身，也能给我们这方面的认知以某种直接的启示。

---

① 宋延庠、蒋子奇、刘祖泽、聂家裕编：《初级中学历史》（教育部审定），国定小学教科书七家联合供应处民国三十五年（1946）版。转引自刘冬梅：《对民国中学中国史教科书的考察》（龚书铎先生指导），北京师范大学博士学位论文，2009年，第81页。

② 张秀山编：《最新中等音乐教科书》，琉璃厂宣元阁1913年版，第16页。

不过笔者以为，讨论“中华民族”族称的明确与“中华民国”国号的关系，还不能只着眼于“中华”一词将国家与民族统一起来这一点，还应看到“民国”与“民族”这两个新生词汇和概念本身，就存在一种来自西方的同一性和统一性——它们恰好体现了英、美、法 nation 概念一体两面的内涵。在革命党人看来，“民国”乃是区别于“君国”“帝国”或“王国”的概念，它是“共和”理念的产物，不仅否定君主专制，甚至连立宪君主也要一并去之，而在立宪党人看来，则不必排斥立宪君主的合理有益存在。但他们两者所共同认同的，无疑是国民的国家主体地位，与此相应，现代“民族”概念在形成之初，也曾涵带一种有别于特权“王族”和“贵族”的平等国民之总和义。所以，从立宪派分化出来、向往美国共和制度而最终背叛清廷、投奔革命政权的伍廷芳，其在 1911 年 11 月 12 日《致各友邦请承认中华共和国电》中，即声称：“今者吾民振臂一呼，群起而争自由，于是纷纭尘扰、奄奄将亡之王族朝代中，实有一种自由而开通之民族崭然发现，此即吾全国四万万人之民主精神也。”① 而民国建立之初，另有革命党人曾热衷于将“國”字改为“囻”字，以区别于“國”字的另一更常见的异体字“国”，特表明“国”为“民”所有，并在报刊上公开使用，凡此均绝非偶然。② 这些故事，不仅有助于我们认知现代“中华民族”概念的形成，而且对于今人体认和把握现代“民族”概念尤其是其中所包含的国民主体之基础义在中国的最终流行，均不失某种微妙的提示作用。

4. 李大钊、申悦庐与“中华民族”旗帜的高揭

就笔者目前所见，民国初年，从民族主义意识形态建设的角度，自觉而

---

① 丁俊贤、喻作凤编：《伍廷芳集》上册，北京：中华书局，1993 年，第 368 页。参见黄兴涛：《“囻”字漫说》，《光明日报》2004 年 12 月 21 日。

② 可参见黄兴涛：《“囻”字漫说》，《光明日报》2004 年 12 月 21 日。

公开地标举再造现代“中华民族”旗帜最为鲜明突出的先驱者，当推李大钊。1917年2月19日和4月18日，受进步党思想影响的李大钊在《甲寅日刊》上分别发表《新中华民族主义》和《大亚细亚主义》两文，针对日本人宣扬的以日本民族为中心的大亚细亚主义，提出了中国人应激发出一种以各民族融合为基础的“新中华民族主义”的自觉，来实现对古老中华民族的“更生再造”，从而当仁不让地承担起有关“兴亚”责任的思想主张。鉴于其这一思想目前尚未为人所明确指陈的重要历史价值①，我们不妨完整地引录几段，以见其详：

盖今日世界之问题，非只国家之问题，乃民族之问题也。而今日民族之问题，尤非苟活残存之问题，乃更生再造之问题也。余于是揭新中华民族之赤帜，大声疾呼以号召于吾新中华民族少年之前。

以吾中华之大，几于包举亚洲之全陆，而亚洲各国之民族，尤莫不与吾中华有血缘，其文明莫不以吾中华为鼻祖。今欲以大亚细亚主义收拾亚洲之民族，舍新中华之觉醒、新中华民族主义之勃兴，吾敢断其绝无成功。

吾中华民族于亚东之地位既若兹其重要，则吾民族之所以保障其地位而为亚细亚之主人翁者，宜视为不可让与之权利，亦为不可旁贷之责任，斯则新民族的自觉尚矣。

吾国历史相沿最久，积亚洲由来之数多民族冶融而成此中华民族，畛域不分、血统全泯也久矣，此实吾民族高远博大之精神有以铸成之也。今犹有所遗憾者，共和建立之初，尚有五族之称耳。以余观之，五族之文化已渐趋于一致，而又隶于一自由平等共和国体之下，则前之满云、汉云、蒙云、回云、藏云，乃至苗云、瑶云，举为历史上残留之名辞，今

① 笔者关于李大钊中华民族论之政治思想意义的论述，初发于2001年年底至2002年年初，此前似尚无人注意及此。

已早无是界，凡籍隶于中华民国之人，皆为新中华民族矣。然则今后民国之政教典刑，当悉本此旨以建立民族之精神，统一民族之思想。此之主义，即新中华民族主义也。必新中华民族主义确能发扬于东亚，而后大亚细亚主义始能光耀于世界。否则，幻想而已矣，梦呓而已矣。嗟乎！民族兴亡，匹夫有责。欧风美雨，咄咄逼人，新中华民族之少年，盖雄飞跃进，以肩兹大任也。①

故言大亚细亚主义者，当以中华国家之再造，中华民族之复活为绝大关键。②

何其敏锐而高瞻远瞩！何其豪迈而富有担当！真可谓“铁肩担道义，妙手著文章”也。在上述文字中，李大钊既揭示了满、汉、藏等族趋于一体化的重要历史文化因素、血统联系和现代政治条件，说明了“再造”和“复兴”古老中华民族的必要性与可能性，还呼吁社会认同五族化合的新的“中华民族”，提醒民国政府在今后的政治、教育和法律制度的建设中，应该本着这种整体的新“中华民族”观念，来培养民族精神、统一民族思想，并由此强调了中华民族在亚洲发展中的重要地位。李氏的这种主张，是否对稍后孙中山等人的有关思想变化产生过直接影响，尚需加以研究。但至此可以说，现代意义的“中华民族”旗帜已经鲜明地树立起来了。作为概念，李大钊所说的“中华民族”，明确指称的是平等融合的、既具有共同的地缘和泛血缘因素、悠久的历史文化渊源和一致性，又具有共同的现代政体和法律制度，因而具有共同的命运、利益和发展前途的由全中国（当时为“中华民国”）各族人民即全体国民所组成的一大政治、经济和文化共同体。③

---

①《李大钊文集》（上），北京：人民出版社，1984 年，第 301—303 页。

② 同上书，第 450 页。

③ 值得注意的是，李大钊同清末留学日本、最早鼓吹中国各族为“一个民族”的恒钧、乌泽声、穆都哩、吴贯因等一样，都是日本早稻田大学的毕业生。他们关于民族认知的某种共同取向，不知与该校的政治学认知传统有无关联。这一点尚需研究。

主张再造中华并高揭“新中华民族主义”旗帜的李大钊，乃是学政治学出身，他深知现代“民族”与“国家”的紧密联系。民国初年时他很喜欢使用“国家若民族”这样的含混用法，也喜欢在使用“民族”的同时，在大体相同和相关的意义上使用“国族”概念。这从其广为传诵的名文《青春》等文中的使用可以概见。① 或许，这也是我们在揭示现代中华民族观念形成时，应该关注的一个现象。

实际上，从李大钊的上述言论中，我们除了证实日本大亚细亚主义思想的刺激功效，也可见及中华民国的建立所激发起的那种中国人的民族自信心所发挥的作用。的确，对于现代中华民族概念和观念的形成来说，民族危机感和民族自信心都是其内在动力，就如同车之两轮和鸟之两翼一样，缺一也是不可的。

无独有偶。也在1917年9月，《神州学丛》发表了李大钊的好友申悦庐的《中华民族特性论》一文，并于1917年12月被《宗圣学报》全文转载。②该文作者不仅明确认同使用现代意义的“中华民族”概念，而且同李大钊相

---

① 如李大钊1915年《警告全国父老书》一文中就使用“国族”一词。1916年的《青春》一文中，更是多次使用“国族”一词。“吾之国家若民族”一类用法，则在1916年《〈晨钟〉之新使命——青春中华之创造》等文中可见。

② 笔者曾见到北京大学图书馆藏《神州学丛》所载原文，但正文部分已有缺页。《宗圣学报》转载此文内容虽完整，但误将《神州学丛》写为《神州丛报》，且未提作者。据笔者查考，该文在20世纪30年代中期曾被《道德月刊》特别转载。其编者按云：“此篇乃前编者张素果先生所手录，忘载著者姓名。兹检搜旧稿，因其对吾国族性特别发明，学识超超，洞悉中西政教，高瞻远瞩，可以兴民行、增国光，振萎靡之风，破拘墟之见，得未曾有。故亟登载，以供研究。”（《道德月刊》第1卷第7期、第9期连载）1943年，该文后又曾以同名为题重刊于《东方杂志》第39卷第19号，这次署名申悦庐。笔者同时参阅申悦庐的有关回忆文章，经核对后，认定申氏即为《中华民族特性论》一文作者无疑。后笔者得瞿骏所赠申悦庐先生的文集《行健室文存》（石门县立中学1943年印行，1948年重印），见其中收有《中华民族特性论》一文，亦能证之。文存中作者自注该文“民国六年三月作于日本东京，载《神州学丛》”。见《行健室文存》，石门县立中学1948年重印本，第6页。

比，他对这一现代概念的执定本身还更为突出地表现出一种民族自信心的内在推动作用，甚至可以说，它在很大程度上就是作者民族文化自信心极度充盈洋溢的一个结晶。不过，迄今为止，学界对于申悦庐其人其文在现代中华民族观念史上的意义尚缺乏应有的关注。

在《中华民族特性论》一文中，申悦庐一反清末以来国民性批判的流风，以一种截然有别于同时代《新青年》阵营的文化姿态，满腔热情地讴歌起"中华民族"的优良特性来。这与前文提到的光昇那篇《论中国之国民性》，旨趣有相同之处。该文还当是明确采纳包括国内各民族在内的单一性现代中华民族观念（伴随着一种汉族中心的文化优越感），并在此名义下自觉地专门讨论中华民族特性的开篇之作。在作者申悦庐看来，中华民族性至少表现在以下三个方面。

一是"有极强之自营力而又富于保守性"，而自营力强则体现在"创造文明"和"蕃殖民族"两种强能力上；二是"富于吸收力而又有特强之消化作用"，这又体现在善于"融会异族"和"吸收他族之文明而消化之"的强能力上；三是"对抗性常极薄弱而又善用对抗力"，它常常体现为当外族入侵时往往消极抵抗、却最终能以柔克刚的结果上。作者强调指出，以上三个特性，是中华民族"与世界各民族绝异之点"所在，前两者纯粹为优点，第三者或不妨认为是劣点，但其结果却未必都坏："因其自营力特强也，故在古代之文物，常甲世界而独立；因其保守力特强也，故固有之文化风俗习惯，得千古长存而不同化于人；因其有吸收力及消化力也，故常能吸收他族之滋养品以营卫己族而不致枯竭；因其对抗力薄弱也，故常屈服于专制政府或异族之下；因善用对抗力也，故对于政府常起革命，除旧布新，又常能驱逐异族，恢复旧物。以是种种原因，故世界古代各大国、各文明国皆沦胥以亡，独吾中华四千年，如鲁灵光，岿然独存者，殆以此欤？"

从这里，我们同样可以看到辛亥革命、民国建立，乃至袁世凯帝制复辟失败、共和得以"再造"带给作者的那种民族自信的巨大力量。在此文中，作者还从中国得天独厚的地理环境和气候条件，高妙的哲学、文学、宗教等多个角度，对上述“中华民族性”的形成做出了极为乐观的说明。最后他表示相信：“以往之中华民族已在历史上占独一无二之位置，未来之中华民族其前程浩浩，殆将有狮虎啸谷、百兽震恐之时。”并同时强调，作为“中华民族的一分子”，理应对本民族的圣贤哲人、英雄豪杰、志士仁人顶礼膜拜，“安用崇拜外人为哉！安用崇拜外人为哉！”显见其自信过头，已然不无某种虚骄的嫌疑了。但此文在后来亟须民族文化自信的抗战前后，却很受学人推崇，曾被重刊于《道德月刊》和《东方杂志》。1943年，著名学者杨树达就称赞该文思想有先见之明：“先生之言，一一见诸事效矣，然先生则固言之于二十年前，举世唾弃中国文化之时也。”而申悦庐自己抗战时之所以愿意把自己的有关文字重新编印出版，也与此直接相关。①

值得一提的是，在此文中，作者还较早明确而公开地对“五族共和论”提出非议，认为正确的称法应该是“中华民族共和”。这一点，是他在谈及中华民族富于“吸收力”和“消化力”的特性时加以陈述的。文章写道：

> 今之论中国民族者，咸称为五族共和，此极不正确之论。盖就中华民族而言，实有汉满蒙回藏苗六族；而就汉人一族言，已包含有六族之血统，此稍涉史乘者类能言之。今试问吾汉族中之刘姓、石姓、李姓、姚姓及拓拔氏所改之数十姓中，有承认其为刘渊、石勒、姚苌、李雄、李克用、刘智远及拓拔氏之子孙乎？无有也。汉人既已不能为汉族之纯粹血统，则又何必划一满、蒙、回、藏之畛域，使国民多此一地域上之区分乎？吾谓直称为中华民族共和已足，不必加以五族名词也。②

① 杨树达的文字，乃《申悦庐先生六十生日序》，作为《行健室文存》的“代序”收入书首。在《初版编辑后记》里，申悦庐自称：“近数年来，国人所阐扬之‘中国民族精神’，‘民族自信力’等，余二十年前所讲所写，皆颇近之。虽不免明日黄花，尚不无一顾之值，因编印之。”《行健室文存》，石门县立中学1948年重印本，第196页。

②《中华民族特性论》，《宗圣学报》1917年12月第2卷第8期。

申悦庐（1884—1970），湖南常德石门人，曾留学日本东京明治大学，与李大钊、高一涵等志趣相投，因不满袁世凯复辟帝制，曾一同组织“神州学会”，办《神州学丛》。同时，他们还都是《民彝》杂志的编辑。① 由此推知，在有关“中华民族”的认知观念上，李大钊和申悦庐之间显然有过直接的交流，并形成过某种共识。事实上，他写作《中华民族特性论》一文，也是李大钊等友人向其“索稿”的结果。

以往，学界在谈到对“五族共和”提法的不满时，多只提孙中山 1919 年在《三民主义》手稿和 1921 年他在其他几个场合的演说，而对此前其他人有关的论说则不免忽略和遗忘，这是需要加以补充和揭示的。此种揭示，当有助于今人了解中华民国建立之初，“五族共和”论与现代中华民族观念之间一开始就已出现的某些复杂矛盾的关系面向，而并非只是一种单面推动关系而已。依笔者目前所见，民国初年，公开明确地反对“五族共和”提法而主张代之以“中华民族共和”者，或以申悦庐为较早，前论提到过的同时和稍早的吴贯因、光昇以及李大钊等人，虽都对保留“五族”之称存有遗憾，以为未来不该如此，但却并未因此对现实的“五族共和”论提出尖锐批评。而孙中山先生从民初提倡“五族共和”到后来尖锐批评这一提法的转变之实现，究竟有何直接契机，有无受到上述诸人思想之影响，学界现有的研究尚相当不足，难以做出明确结论。

以上，是关于辛亥革命、民国建立与中华民族现代认同之关系的历史认识。当然，这种认识至此尚不完全，因为它尚没有清晰回答此前的立宪和革命思潮与现代中华民族意识或观念形成的历史关系到底如何。实际上，要回答这一问题，我们应该回到前文所提到的现代中华民族观念的基本内涵上来，即应意识到，作为一个历史的范畴，现代意义的“中华民族”观念结构在清

① 申悦庐后来长期任教于中学、大学，并从事历史研究。曾主修《石门县志》等，是最早对“李自成死于湖北九宫山说”提出质疑者之一。

末民国时期，大体有着两个方面的核心内容：一是中国境内各民族构成一个大的“中华民族”共同体，其体内之各子民族间要反对互相歧视和压迫，争取平等，携手发展，共同进步，并朝着进一步深化融合的方向努力；二是要反对外来民族的欺压，一致对外，争取此一大“中华民族”共同体的独立、解放和现代化发展，并维护自身各方面的权利和尊严。而在第一个方面的内涵中，它又可分为两个层次：“平等互助”属浅层却是前提；“一体融合与发展”是深层也是进一步深化的目标。在目标和深层的意义上，两方面的内涵最终实现了自身的统一。但在浅层即前提层次，两者却又经常直接地构成矛盾，产生张力。

就大民族共同体关系的总体认识而言，君主立宪派起初的确看得较为深远，显得相对理性，但他们对于满族统治者实行民族歧视的危害性及其拒绝放弃本民族政治特权的顽固性，却认识不足；而革命派起初的确显得偏激，较多地表现出狭隘的汉族种群或族裔民族主义的立场。但他们致力于先打倒满族统治者的特权地位，实具有不同寻常的民族解放意义，并为建立新型的民族共同体关系创造了必要的前提。以往，我们从革命与改良的对立角度着眼，更多地看到了他们彼此之间的分歧矛盾的历史后果一面，如果换个角度，从现代中华民族意识或观念的形成视角去认知，却会惊奇地发现，两者彼此间的“互动”和“同一”的效果实际上也甚为明显。

立宪派提出民族融合的“大民族”观念，是针对革命派激烈“排满”做出的回应。而革命派的民族观念，也在与立宪派的论争中不断得到修正，而并非是到了辛亥革命爆发后，才突然进行彻底的自我否定，基本接受立宪派的有关主张的。恰如有的学者所指出的那样，革命派在1905年之后，其“排满”思想中已减少种族复仇主义色彩，并一再说明其并不“排”一般满族人，而是“排”清朝贵族和腐败政府。其所建国家不仅允许其他民族存在发展，而且要“实行平等制度”。① 这就不难理解何以辛亥革命爆发之后，革命党人整体要迅速放弃“排满”理念，而将民族平等融合的原则立即付诸实践的重大转变了。实际上，武昌起义爆发后，在残酷而血腥的现实斗争中，立宪党人和革命党人之间有关国内民族关系的思想认识，可以说更是发生了直接的互动，并且前者的“五族立宪”论迅速改变成“五族共和”论，也并非完全是出于消极被动，而是一度具有相当的积极主动性。这在南北议和期间的杨度、张謇、汤寿潜和汤化龙等原立宪党人身上，表现得尤为明显。其中，有的人思想在民初时又有回潮，这自然又另当别论。

因此，从某种意义上说，辛亥革命之后现代中华民族观念的基本形成，实不过是戊戌维新以降改良派、立宪派和革命派之间，甚或是这些派别与清廷之间实现思想和实践彼此互动的一种逻辑结果而已。当然，这并不是否认在此一过程中，前述许多其他因素也发挥了各自程度不同的作用。如果循此视角考虑问题，还可以强调，清末民初，中国人一般民族主义思想和情感资源的引发、调动，也是他们共同努力的结果。比如，像本书前文所谈到过的“民族”“民族主义”“爱国主义”“国民”“同胞”“中国人”“华人”“华侨”，乃至“炎黄子孙”“黄帝子孙”等他们所共享的概念之广泛使用和传播，还有“国民性”和“民族性”等话语的兴起与发展，就都已成为孕育现代中华民族观念不容忽视的必要资源。至于“中华民族”和“中国民族”两词在人们之间传递使用，以及这两个概念多层次的内涵交叉互动本身，则更为典型地说明了这一点。

① 陶绪：《晚清民族主义思潮》，北京：人民出版社，1995 年，第 214—215 页。

二、五四运动后现代中华民族观念逐渐传播开来①

认定民国初年各民族共同构成一大“中华民族”整体的观念已经基本形成，还只是就这一思想观念本身的内涵和创发者而言。五四运动以前，不仅社会上，甚至一般知识界和舆论界中，这一观念都还并没有真正确立起来。现代意义上使用的“中华民族”词语和概念虽已不算少见，但也还谈不上流行。这从五四运动中著名的反帝文告里尚难见此词，可以得到某种证实。在“五四”著名的反帝文告中，我们只能较多地见到一些国家意识较强的词语（如国贼、卖国政府、救亡、国货等）。这应当是民国初建，五族并立，人们那种一体化的整个大民族共同体意识，尚明显弱于新兴的国家意识、国民意识的缘故，尽管这两者之间原本有着极为密切、难以分割的关联。

① 本节与后面的第三章，部分内容曾发表于邓正来主编的《中国社会科学评论》（香港）2002 年 4 月创刊号上，题为《民族自觉与符号认同：“中华民族”观念萌生与确立的历史考察》，全文 4 万余字。

1. 现代中华民族观念得以确立的诸多因素

就笔者目前所掌握的资料来看，在政治界、思想界、知识界和舆论界，中国各民族一体化的“中华民族”概念和观念得以基本确立并逐渐较为广泛地传播开来，还是在五四运动之后，特别是20世纪20年代之初以后。大约有以下几个方面的因素，共同促成了这一观念的强化与认同。

首先，是经过五四运动的洗礼，一般国人都更为明确地感受到了来自帝国主义压迫的中华各族人民共同的民族命运，找到了各民族共同的敌人——帝国主义，认识到帝国主义侵略与分裂他民族的本性所在和现实威胁，“反对帝国主义”的口号也因此被明确提出，这构成现代的“中华民族”整体观念得以确立的重要政治基础和思想条件之一。

如1922年7月，中共二大宣言就明确揭示了中国在“国际帝国主义宰制下”的悲惨处境，并首次公开提出了“推翻国际帝国主义的压迫，达到中华民族完全独立”的任务。同年9月中共机关报《向导》的发刊词也认定：“国际帝国主义的外患，在政治上在经济上，更是箝制我们中华民族不能自由发展的恶魔……因此我们中华民族为被压迫的民族自卫计，势不得不起来反抗国际帝国主义的侵略，努力把中国造成一个完全的真正独立的国家。”虽然此时中共所谓“中华民族”尚未完全包括全部少数民族在内，但主张与这些具有共同民族命运和反帝使命的国内民族建立“联邦共和国”，却仍体现了与之进一步融合发展为一体的愿望。这种把民族分为“压迫”与“被压迫”两类的“民族革命”和“世界革命”理论，对于中国人的影响是极其广泛而深刻的。而一旦将“国际帝国主义”确立为整体的敌人，自己的内部就更容易激发出整合的需要和目标。这符合系统论的思想。事实上，反对“帝国主义”任务的明确提出和认定，对于此后中国境内各民族作为“命运共同体”的融合统一，对于中国人整体的现代民族认同，也的确发挥了积极的推进功能。

与此相一致，五四运动后，反帝反封建的国民革命以及五卅运动、收回租界和教育权、废除不平等条约等民族运动的一次次开展，则又在实践层面有力地强化了中国人整体的大民族共同体意识。如华盛顿会议期间，由于帝国主义列强的相互制约，彼此互惠，中国政府虽据理力争，挽回了部分国权，但却未能真正消除帝国主义加诸中国主权的各项限制，反而使中国的山东省由日本独占变为几个帝国主义国家共同支配的局面。因此，还在会议召开期间，深受刺激的在美华侨就纷纷行动起来，举行示威游行，抗议帝国主义列强的无耻行径，并“大呼中华民国万岁，中华民族万岁，中华万岁万岁万万岁而后散”。① 又如五卅运动爆发后，也有国人乘机发出“养成民众的民族观念和把爱国作为最高道德的建设”的公开呼吁，一篇以此为题的文章就这样写道：“同胞们！五卅运动的代价是什么？是总商会的十三条吗？不是！是民众民族观念的养成、爱国为最高道德的养成的一个机会。我们不要放过了这个机会，我们要就此谋中华民族的解放，中华民族的自由平等！”② 这真是反帝斗争激发和强化现代中华民族观念再生动不过的例子了。

笔者近期查阅《申报》数据库，发现五卅运动后，诸如“中华民族万岁”“中华民族解放万岁”“中华民族独立万岁”“中华民族自由平等万岁”之类，已经是较为常见的政治口号。如1925年6月河南信阳市民为支持反帝爱国的五卅运动召开大会，就高呼“打倒英国帝国主义！中华民族解放万岁！中华民国万岁！”③ 由此可见一斑。

早在20世纪初年的清末，“帝国主义”概念就曾随着民族主义思想一起传入中国。“五四”以后，列宁关于帝国主义是资本主义最高阶段的理论得到迅速传播。不仅中共以这一理论武装自己，国民党和国家主义派（以后发展

---

①《旧金山华侨空前之大群众运动》《全美华侨一致为外交奋起》，《申报》1922年1月10日。

② 赵澍：《养成民众的民族观念和把爱国作为最高道德的建设》，《民国日报》副刊《觉悟》民国十四年（1925）八月四日。

③《信阳市民大会情形》，《申报》1925年6月18日。

为“青年党”）等也受到这一理论的重大影响，并以之为指导开展各自的“革命斗争”。① 特别是1924年国共合作的国民革命开始之后，打倒“帝国主义”也同样成为国民党和国家主义派的共同口号，并与中国人的现代民族意识，包括逐渐成长起来的一体化的“中华民族”观念，无可分离地联系在一起，对后者的发展产生持续性的激发和推动作用。

今天的人们，如果不经意地去查阅一下民国时期有关“帝国主义”及其与中国关系的论著，其数量之多，一定会令其大为吃惊。仅以20世纪20年代中后期为例，各种帝国主义侵华史就已连篇累牍，不断涌现。1925年出版的就有早期共产党人高尔松、高尔柏所编的《帝国主义与中国》（上海新文化书社初版，次年由青年政治宣传会再版），漆树芬编著的《帝国主义侵略下之中国》（孤军杂志社发行，次年即改名为《经济侵略下之中国》，又名《帝国主义铁蹄下的中国》，由光华书局再版，后多次重版，影响极大），国民党人汪精卫编著的《帝国主义侵略中国的趋势和变迁概论》（又名《国民会议国际问题草案》，北京国际问题研究会编辑发行，后改为《帝国主义侵略中国痛史》）等多种。此后陆续出版的这方面的著作还有：政治学家杨幼炯编写的《英帝国主义与中国》（1926年），常书林著的《帝国主义与中国》（1927年），于树德、陈彬龢、王敬和潘宗理分别著的三本《帝国主义侵略中国史》（前两本出版于1927年，后一本出版于1929年），唐守常著的《帝国主义侵略中国痛史》（1927年），刘彦和高守一分别著的两本《帝国主义压迫中国史》（1927年，1929年），杨先钧著的《帝国主义经济侵略下之中国》（1929年），董霖著的《帝国主义与中华民族》（1930年），蒋坚忍著的《日本帝国

① 有关国、共、青等政党早期“竞革”的历史，可参见王奇生《革命与反革命：社会文化视野下的民国政治》（社会科学文献出版社，2010年，第66—101页）的第三章“革命”与“反革命”：三大政党的党际互动。

主义侵略中国史》（1930 年），等等。[①] 这实在是近代中国思想文化史和史学史上一个非常值得注意、但迄今为止尚远未得到认真清理和深入研究的历史现象。

上述这些著作对此前列强侵夺中国领土、攘夺中国主权、欺压和剥削中国人之历史事实，加以排比描述、透视分析和充满愤慨的揭露谴责，对于中华民族整体的命运共同体意识之形成与强化，意义实不言而喻。从某种程度上说，当是时，中华民族独立和解放的神圣诉求，总是和打倒帝国主义的运动之政治、经济和文化的全面正当性之声张，以及在此名义下的民众动员紧密地联系在一起。这是那个时代“中华民族”意识形成、发展和得以发抒的显著特征之一。[②]

值得一提的是，对于帝国主义侵略与现代中华民族自觉两者间的关系问题，民国时期就已经有学者曾敏锐地触及过。如稍后的 1932 年年底和 1933 年年初，有位孙伯謇先生发表《中华民族的现代性》一文，就曾尝试对此问题进行初步的思想揭示。他指出，自从清代中国与西方列强有了国际贸易的经济关系开始，帝国主义就以各种无耻手段蹂躏中华民族，毒害和压迫中华民族，但中华民族“在争民族独立自由平等的旗帜下，形成民族革命运动”，也就同时开启了其现代自觉的历程。所以在他看来，中华民族与英帝国主义

---

① 类似的著作或译著，还有萧楚女编著的《帝国主义侵略中国史》（1926 年），张蔼蕴著的《帝国主义之内幕》（1926 年），经济研究会编的《反帝国主义概要》（1926 年），胡南湖等著的《打倒帝国主义》（1927 年），邓定人著的《帝国主义经济侵略中国史略》（1927 年），陈孺平翻译的《帝国主义国家对华政策的内幕和冲突》（1927 年），吴其详著的《帝国主义与国际经济》（1929 年），唐文蒨的《英帝国主义与中国》（1929 年），张太白和钟灵秀分别翻译出版的《英国帝国主义的前途》（1929 年）与《美帝国主义的前途》（1930 年），童致桢编著的《帝国主义史》（1930 年），等等，难以尽列。但很值得学界认真清理和整体研究一番。

② 在这批有关著作中，最具有典型透视意义的当是董霖的《帝国主义与中华民族》一书，于右任题签，1930 年由上海光明书局出版。由于拙著的结构关系，这里就不拟对其内容展开具体介绍和分析了。

“第一次冲突”的鸦片战争，就“给了民族自觉的兴奋一个激动”；至甲午中日战争，民族的危机日益深重，同时民族内部的革命力量也得以聚合发展，因此到19世纪末和20世纪初，“中华民族的自觉也就在这个时候醒悟过来”。该文还特别强调，“现今的民族，想在国际竞争中得到生存的地位，也只有抵抗与不屈服，是民族现代性的表现”。① 应当说，此种认知与声言，不仅在其阐发的当时意味深长，对于今人理解“五四”以后现代中华民族观念得以确立的历史条件，也不无帮助。

其次，是经过民初十年“五族共和”的国家整合和社会整合，尽管袁世凯北洋军阀的统治十分落后和腐败，但毕竟还是在“中华民国”的名义下，从政治、经济、交通、文化教育，特别是社会心理等各个方面，进一步奠定了有利于国内各民族实现一体化的现实发展基础。

最后，袁世凯死后，国内出现了令人忧虑的军阀割据混战的局面，民初蒙古、西藏一小撮上层分子的分裂活动也还在继续，不仅如此，第一次世界大战后，美国总统威尔逊又提出“民族自决”说，苏俄也相应提出了“民族解放”说，这几种因素的复杂作用与交互激荡，也促使中国的有识之士们实现整个国家和民族一体化进程的愿望得到进一步的强化。

这里，还需要特别提到的是“民族自决”理论所发生的特殊复杂影响。1919年年底，《东方杂志》上曾发表一篇文章，表明中国知识界对于“民族自决”说已经保持了既理性认同又高度警觉的清醒态度。该文指出：“此次欧洲大战告终以还，‘民族自决’‘民族自决’之声，遍闻于世界。其久困于他国专制压迫之下者，则欲乘此以恢复其独立自由，其屡受他国之凌辱而濒于危亡者，则欲藉此以抗强御而图自存，其狡焉思逞日以侵略为务者，亦且外假

① 孙伯謇：《中华民族的现代性》，《前途》1933年第1卷第6号。稍早收入刘炳藜编《民族革命文选》（上海前途书局初版，1933年1月）一书之中。

民族自决扶危抚弱之名，而内以济其剽窃并吞之欲。”① 的确，对于新生的中华民国来说，“民族自决”说就像一柄双刃剑，在激励各民族摆脱帝国主义侵略压迫的大民族整体意识的同时，也容易被帝国主义所利用，用以唆使少数民族滋长一种“独立”分裂的情绪。此时，一体化的“中华民族”整体观念被有力地倡导并传播开来，受到此种思潮及其现实政治实践的复杂刺激，是不言而喻的。如蒋坚忍在其所著的《日本帝国主义侵略中国史》的绪言中，就慷慨激昂地宣称：“中华民族觉醒了！中华民族解放的运动弥漫全中国！民族底自决已成为四万万民众最基本最迫切的要求，这个伟大的求生存、求平等、求解放的革命运动，我们深信必得十分圆满的成功，现时代的中国快降临了。”② 由此可见一斑。

人们不难发现，作为当时中国最具影响力的政治家和学者，孙中山明确倡扬“大中华民族”理念，梁启超再度热心于对“中华民族”史的研究和阐发，基本都是发生在五四运动以后。他们的有关言论和著作，在笔者看来，当可视为20世纪20年代初现代中华民族观念逐渐传播开来的突出标志和某种先导。

2. 孙中山的有关倡导及其深远影响

在1919年9月所写的《〈战后太平洋问题〉序》，10月所写的《八年今日》，以及同年所写但具体时间不详的《三民主义》等文中，孙中山都明确使用了“中华民族”一词，并且还不是一般地漫不经心地加以使用，而是从一开始就自觉而强烈地认同“中华民族”一体观念，并积极地予以倡导。如在1919年的《三民主义》一文中，他就公开表示：“汉族当牺牲其血统、历史与

① 隐青：《民族精神》，《东方杂志》第16卷第12号，1919年12月15日。

② 蒋坚忍：《绪言》，《日本帝国主义侵略中国史》，联合书店，1930年，第3页。

夫自尊自大之名称，而与满、蒙、回、藏之人民相见于诚，合为一炉而冶之，以成一中华民族之新主义，如美利坚之合黑白数十种之人民，而冶成一世界之冠之美利坚民族主义，斯为积极的目的也。”①

对于孙中山“中华民族”理念的形成来说，“美利坚民族”那种混合性质的民族存在及其成功发达的示范效应，是显而易见的。孙中山对之予以取法，就如同采纳其共和制度一样，有着择善而从的确然信念。正是怀着这种信念，此后两年在一些演说和序文中，他继续满怀激情地倡扬“中华民族”理念，主张“我们要扩充起来，融化我们中国所有各民族，成个中华民族”②。他反复申说道：“吾国今日既曰五族共和矣；然曰五族，固显然犹有一界限在也。欲泯此界限，以发扬光大之，使成为世界上有能力、有声誉之民族，则莫如举汉、满等名称尽废之，努力于文化及精神之调洽，建设一大中华民族。”③这就是我们前文所提到的他的所谓以汉族文化为中心的“民族同化”思想。但恐怕正如有的学者所指出的，我们要抓住孙中山思想的实质，而不能为他的某些个别词句所迷惑。这种“民族同化”论，实际上是其“民族融合”思想的不准确表达。④ 因为他所主张的是在共和政体之下，国内各族人民“相见

① 中山大学历史系孙中山研究室等合编：《孙中山全集》第 5 卷，北京：中华书局，1985 年，第 187—188 页。

② 同上书，第 187—188、392 页。

③《〈国民党恳亲大会纪念册〉序》，陈旭麓、郝盛潮主编：《孙中山集外集》，上海：上海人民出版社，1990 年，第 28—29 页。

④ 李永伦：《试析孙中山民族平等的思想》，《云南教育学院学报》1996 年第 4 期。民族史专家翁独健先生认为：“从我国和世界上的民族关系来看，历史上一个民族合于另一个民族，存在着两种情况和方式，一种是采取政治强制手段使一个民族合于另一个民族；一种是通过经济文化的作用使一个民族经过自然渐进的过程合于另一个民族”，“人们习惯地把前一种情况称为同化，把后一种情况称为融合”。（翁独健：《中国民族关系史纲要》，北京：中国社会科学出版社，2001 年，第 14 页）这种认识，对我们把握孙中山以及民国初年至 20 世纪 20 年代末社会上的民族“同化论”之性质和特点，尤其是它的复杂性，应当也有参考价值。

于诚，以各民族的‘文化及精神’为基础，‘吸收各民族之善性’”①，也就是要结合各民族的特点与优长而成。当然，也毋庸讳言，在孙中山的思想深处，特别是这一时期，其在文化上的大汉族主义倾向或“潜情”是一直也未能扬弃殆尽的，表现在用语上的特点之一，就是不恰当的“同化”一词一度被他较多使用。而这种“潜情”后来又遗留给了蒋介石为首的国民党以及其他政治势力。

明确提出“中华民族”的有关思想，可以视为孙中山民族观的一个重要变化。而这个转变对于他来说，其具体表达，又和对民初“五族共和”论的某种否定和批评直接联系在一起。众所周知，从1919年《三民主义》手稿等文中开始，他就称“五族共和”为“无知妄作者”之论，是革命党人“不察”的结果，骂五色旗为“四分五裂之官僚旗”，以为“不吉”，即认为不利于国家统一，恰便于遭受列强分裂和侵夺。他还认为中国的民族远不止五个，称“五族共和”也并不妥当云云。② 概言之，除了前文提及的列强策动蒙古、西藏上层搞国家分裂的危局刺激外，在孙中山看来，五色国旗和“五族共和”在国家形式上虽强调了“共和”统一，但在民族形式上所凸显的，却似乎是各民族“分离并立”而不是一体化的导向，这无疑是其思想变化的一个重要动因。

应当说，1919年以后孙中山的这种思想变化，有其理性的一面。对现代国家而言，的确首先应该强调中华民国国民分子的个体身份，用孙中山自己当时反复使用的话来说，就是各民族的人民都有平等参与政治的权利和共同享有国家“主人翁”之地位。换言之，“民族平等”固然重要，但相比之下，

---

①《〈国民党恳亲大会纪念册〉序》，陈旭麓、郝盛潮主编：《孙中山集外集》，上海：上海人民出版社，1990年，第28—29页。

② 关于孙中山抨击“五族共和”和五色旗的言论，学界多有引述和讨论，参见松本真澄著，鲁忠慧译：《中国民族政策之研究——以清末至1945年的“民族论”为中心》，北京：民族出版社，2003年，第90—94页。

"公民或国民平等"恐理应更为优先。民初时，孙中山和许多革命党人一样，尽管由于形势的逼迫和策略的考虑，同意民国保留了优待清朝皇室和各少数民族王公贵族的特权，但在其内心深处，他对袁世凯那样的权奸和围绕在袁身边的立宪派和其他清朝旧官僚的"操纵"是非常不满的。对先前没有革命历史的"五色旗"，他也带有一定的偏见，在情感上更倾向于革命党人在武装斗争中制定的青天白日旗。毋庸讳言，渴望整个民族化合的急迫心理，以及对"五色旗"的某种迁怒，使得他对"五族共和"论的抨击过于激烈和绝对化，诚不免有感情用事的地方。事实上，民初时作为共和国的临时大总统，孙中山对于"五族共和"论曾一度认同和传播，并且这种认同与传播还发挥过他人难以替代的特殊作用。而 1919 年之后，"五族共和"论也并未完全失去其整合中华民族的积极意义，关键在于人们如何认识它和解读它。

就拿孙中山对"五色旗"和"五族共和"论的抨击来说，当时就有不少认同"中华民族"一体观念的人，对此表示出不同意见。除了广为人知的国家主义派的强烈抗议之外，了解孙中山思想动向、曾高揭"新中华民族"旗帜并积极促成国共合作的李大钊，也是一个典型代表。他在 1923 年的《平民主义》一文中，就曾间接而温和地批评了孙中山的偏颇看法。他称五色旗为"中国的国旗"，并给予"五族共和"以积极评价。文中写道：

> 这个性解放的运动，同时伴随着一个大同团结的运动。这两种运动，似乎是相反，实在是相成。譬如中国的国旗，一色分裂为五色，固然可以说它是分裂，但是这五个颜色排列在一面国旗上，很有秩序，代表汉、满、蒙、回、藏五族，成了一个新组织，也可以说是联合。①

但孙中山及其所代表的国民党却有另外的解释。其中央执行委员会宣传

---

① 中国李大钊研究会编：《李大钊全集》第 4 卷，北京：人民出版社，2006 年，第 122—123 页。小野寺史郎已指出这一点。小野寺史郎著，俊宇译：《国旗・国歌・国庆：近代中国的国族主义与国家象征》，北京：社会科学文献出版社，2014 年，第 160 页。

部所编的《国旗释义》就认为，在五色旗中，“五色只能用以代表五族而已，于共和无与”。三民主义包括民族、民权、民生，“五色旗所能表示者，只民族主义之一部分，尚未能赅民族主义之全，其于民权、民生更无关涉。故不独于历史关系方面，不能表示革命精神，即于意义方面，亦偏畸不完，不能使革命精神充分表现也”。而青天白日旗则不同，自狭义言，它“不但含有光复意味，且含有自强不息、日新其德之意味，于发扬国民精神，所关甚大”；自广义言之，“人类不能离天日而生存，而天日所临，凡为人类，一切平等享受，无所差别。以之为国旗特征，实能表示一种民胞物与、一视同仁之意味。于三民主义之基本精神，无乎不赅”云云。①

由此可见，当时孙中山及其国民党是如何通过确立青天白日旗的正当性，来表达其“中华民族”整体观念及其诉求的情形。②

引人注目的是，在1919年后孙中山的“大中华民族”理念之中，甚至还保持着某种准备随时平等地包容其他外来自愿加入“我族”的民族开放性。所以他说：“更进一步言，吾人既抱此建设大中华民族之志愿矣，尤当以正义公道之精神，为弱小者之援助，或竟联络引进之，使彼脱离强权，加入自由民族，同受人类之平等待遇，如威尔逊之所谓‘民族自决’，与新俄宪法之所谓‘民族解放’然。能如此，方得谓达民族主义之极境矣。”③ 其民族自信心及有关思想的理想主义色彩，由此可见一斑。在晚年的孙中山看来，民族自

①《国旗释义》，《中国国民党周刊》第42号，1924年10月26日。

② 有关民国改国旗、树立政治正当性及其相关意识形态内涵的解读，可参见曾任哈佛大学教授、现为牛津大学教授的汉学家沈艾娣（Henrieta Harrison）所著《塑造共和国民》（*The Making of the Republican Citizen: Political Ceremonies and Symbols in China, 1911－1929*, Oxford: Oxford University Press, 2000）一书有关内容。她的另一部著作《创制国族：中国》（*Inventing the Nation: China*, London, Arnold, Co-published in New York by Oxford University Press Inc., 2001）也可参考。

③《〈国民党恳亲大会纪念册〉序》，陈旭麓、郝盛潮主编：《孙中山集外集》，上海：上海人民出版社，1990年，第28—29页。

信力特别是民族文化的自信心，对于中华民族整体的凝聚、生存和发展来说是十分重要的，此期他之所以同时要大谈民族传统道德文化的价值，原因也正在于此。

由于孙中山巨大的思想和政治感召力，他晚年对“中华民族”概念的执定，影响深远。1923 年 1 月，在他的直接指导下，建设各民族统一体意义的“中华民族”被正式写进了《中国国民党宣言》。宣言道：“吾党所持民族主义，消极的为除去民族间之不平等，积极的为团结国内各民族，完成一大中华民族。欧战以还，民族自决之义，日愈昌明，吾人当仍本此精神，内以促全国民族之进化，外以谋世界民族之平等。”① 《中国国民党党纲》里也明确表示：“以本国现有民族构成大中华民族，实现民族的国家。”② 1924 年 1 月，体现国共合作精神和苏俄影响的《中国国民党第一次全国代表大会宣言》，也多次使用了整体意义上的“中国民族”一词，并将汉族以外的“国内诸民族”称之为“少数民族”，表示要“讲求种种具体的解决民族问题的办法”，“渐渐与诸民族为有组织的联络”，强调“中国境内各民族一律平等”；对外则明确提出反对“帝国主义”的压迫，以实现“中国民族自求解放”的目标。不过，比现代中华民族观念稍有张力的是，国民党“一大”宣言竟然还表示：“国民党敢郑重宣称，承认中国以内各民族之自决权，于反对帝国主义及军阀之革命获得胜利以后，当组织自由统一的（各民族自由联合的）中华民国。”③

有学者认为，实际上 1919 年之后，孙中山的“中华民族”观念本身仍然经历过一个演变过程，“1919—1922 年，他的‘中华民族’观是一种以同化为基础的一元一体的‘中华民族’观，就实质而言，这是一种大汉族主义的民

① 广东省社会科学院历史研究所等合编：《孙中山全集》第 7 卷，北京：中华书局，1985 年，第 3 页。

② 同上书，第 4—5 页。

③ 广东省社会科学院历史研究所等合编：《孙中山全集》第 9 卷，北京：中华书局，1986 年，第 119 页。

族观；1923年到他病逝，他的‘中华民族’观是一种以平等为基础的多元一体的‘中华民族’观，既承认‘中华民族’是中国的‘国族’，但同时又不否认境内各民族的存在，主张在平等的基础上实现各民族的融合”。① 注意到1919年以后孙中山“中华民族”观发生了某种变化，无疑是有意义的。但究竟如何准确把握这种变化的实际内涵，或许还存在可以商榷之处。笔者以为，如果就内容而言，孙中山1919—1922年间的民族思想固然有潜在的大汉族主义倾向，在文化上也确有一种明显的汉族中心的优越感，但却很难说他在主观上即认同理念上，已经全然放弃了其以往一贯声称的“民族平等”原则，特别是在政治和经济方面。正如金冲及先生所强调的，“他对民族主义的解释，一直特别看重‘平等’二字”。② 而复杂的是，1923年之后，他不自觉的大汉族主义思想倾向也未见得就真的被他自己彻底“扬弃”。关键要看其后他在民族主义演讲中所正式引入的“国族”概念，以及这一概念和“民族”概念所共同构成的“中华民族”观之实际内涵如何。

1924年1月27日，在其“民族主义”演讲的“第一讲”中，孙中山一开始就与“家族”“宗族”概念相联系，引人注目地提出了“国族”概念。他说：“民族主义就是国族主义。中国人最崇拜的是家族主义和宗族主义，所以中国只有家族主义和宗族主义，没有国族主义……所以中国人的团结力，只能及于宗族而止，还没有扩张到国族。”③ 那么何为“国族”呢？它与“民族”是什么关系？孙中山并未直接回答，而是强调所谓“民族主义就是国族主义”“民族就是国族”这种说法“在中国是适当的，在外国便不适当”，因为在西方，“民族”与“国家”是有差别的，也必须将两者加以区分。尽管

① 郑大华：《论晚年孙中山“中华民族”观的演变及其影响》，《民族研究》2014年第2期。

② 金冲及：《辛亥革命和中国近代民族主义》，中国史学会编：《辛亥革命与20世纪的中国》（中），北京：中央文献出版社，2002年，第915页。

③ 广东省社会科学院历史研究所等合编：《孙中山全集》第9卷，北京：中华书局，1986年，第185页。

"英文中民族的名词是哪逊（nation 音译——引者），哪逊这一个字有两种解释，一是民族，一是国家。这一个字虽然有两个意思，但是他的解释非常清楚，不容混乱"。这种一词两义的现象，在中西语文中也都很常见，不足为怪。不难看出，孙中山所谓"国族"，实际就是一个国家的全体人民所组成的凝结体，它是以国家为基础和对象的。他又说："本来民族与国家相互的关系很多，不容易分开，但是当中实在有一定界限，我们必须分开。"在他看来，民族和国家间的区别，主要取决于其得以形成的力量性质：一个团体，由于王道自然力结合而成的便是民族；由于霸道人为力①结合而成的便是国家。而"自然力"主要不外乎五种，包括血缘、生活、语言、宗教和风俗习惯。国家和民族关系的构成也存在多种形式，"外国有一个民族造成几个国家的，有一个国家之内有几个民族的"，像在英国那样的国家，"民族"和"国族"，"民族主义"和"国族主义"就都不是一回事，无法对等；而中国则不同。在中国"自秦汉而后，都是一个民族造成一个国家"，二者已合而为一。这实际上是一种独特的中国特殊论。不过孙氏这样的观点，显然无法解释元代中国和清代中国。不知其这里所言，是指中国作为传统王朝国家，在"民族"与"国家"的关系上实与西方近代民族国家无异，还是指传统中国已带有近代西方民族国家的某些特色。但可以肯定的是，孙本人却并没有因此完全否认各少数民族的当下现实存在，只不过是强调汉族人数占了绝大多数而已。所以他说：

> 就中国的民族说，总数是四万万人，当中参杂的不过是几百万蒙古人，百多万满洲人，几百万西藏人，百几十万回教之突厥人。外来的总数不过一千万人。所以就大多数来说，四万万中国人可以说完全是汉人，同一血统，同一言语文字，同一宗教，同一习惯，完全是一个民族。②

---

①"霸道人为力"，孙中山有时又表述为"政治力""政治强制力"等。

② 以上内容参见广东省社会科学院历史研究所等合编：《孙中山全集》第 9 卷，北京：中华书局，1986 年，第 186—188 页。

这种因少数民族人数“极少”就称中国人“几乎完全是汉人”，为“一个民族造成的国家”的说法，无疑彰显的是汉族的自大，理论逻辑上自有矛盾，难以服人。所以三年后的1927年，诸青来出版《三民主义商榷》一书时，就抨击孙中山道：“以人口属数目论，满蒙回族人口究占总数百分中之若干，尚无确实统计。纵如中山所云，汉族占四十分之三十九，其他四族，仅得其一，亦不能说四万万人完全是一个民族。抬高五族中之任何一族，而抹煞其他四族，以一律平等之义衡之，得非大相刺谬乎？”①

概括起来说，在孙中山那里，“民族”和“国族”本来是两个有区别的概念。“国族”指的实际是国家的主体——国民之全体，属于纯粹的政治概念，它是否能彻底成为一个“民族”，尚有赖于血缘、生活、宗教、语言和风俗习惯五种“自然力”的进一步化合作用。但由于在中国情况特殊，汉族占国民人口的绝对多数，简直就（仿佛）是“一个民族治理一个国家”，所以若从国家人民之总体层面来把握中国的整个“国族”与“中华民族”这两个概念，其彼此的国人数量之适用范围，“实际上”又已基本重合。

孙中山这一矛盾含混的“国族”论，在日后的国民党内部和思想界，造成了相当复杂的影响。对此不予深究者，往往从定义上直谓“国族即民族”，因“孙总理”如是说，故乐于将两者混用；而那些具有中华民族一元论情结者，则必言孙氏所谓“国族”，实乃指“一个民族造成一个国家”之义，也即同单一“民族国家”相对应的“国家（民）民族”之谓，此种“国族”之下实容不得多个“民族”并列，因之与后来所谓“多元一体”论难免冲突。这一点，不认同那种单一性中华民族观的中共思想家们似多已明白，他们即便是抗战时期也少见使用“国族”尤其是“中华国族”概念，应该与此不无关联。当然，更多的人则只是从孙中山那里接取“国族”二字、在范围更大的

---

① 诸青来：《三民主义商榷》，正谊社1927年初版，箴文书局1930年再版。诸青来（1881—?），上海人，清末留日。1934年参加国社党。后加入汪伪政权，出任交通部长等职。

中华民国“国民全体”之一般政治意义上使用它，而同时将“民族”作为其政治下位概念，也即人类学和民族学意义上的历史文化概念来运用，这样的使用，实便于弱化、消减其时国内的民族与国家之间的那种矛盾和紧张关系。此外，也还有人在“国家和民族”这种泛泛并称的意义上使用“国族”一词。

但不管人们此后怎么理解和使用“国族”，孙中山正式将“国族”概念引入到其三民主义的政治思想中，都是近代中国民族主义和民族思想史上的一个重要事件，尤其对现代中华民族观念的传播与认同产生了重要影响。对此，本书其后各章还会有所涉及和探讨。

关于孙中山对“国族”和“宗族”关系的认知，还有一点应该补充。从前文所引述的孙中山在“民族主义”第一讲中的有关言论来看，他所批评的乃是传统中国人只重家族和宗族，因而缺乏国族观念和凝聚力，终落得一盘散沙的缺失性一面；然到了“民族主义”的“第五讲”时，其思路似乎又有所调整，转而从民族文化优越和自信的立场来加以立论，并强调对于宗族的“好观念”只需略加改造、便可构成对建设“一大国族”所需要的正面的基础性意义。故他说：

> 依我看起来，中国国民和国家结构的关系，先有家族，再推行到宗族，再然后才是国族。这种组织一级一级的放大，有条不紊，大小结构的关系当中是很实在的；如果用宗族为单位，改良当中的组织，再联合成国族，比较外国用个人为单位当然容易联络得多。①

从这里，我们其实已不难看到后来蒋介石形成“宗族论”的中华民族观之某些直接的思想因子了。

此外，前文提到过的孙中山晚年认可国内“弱小民族”的“民族自决”问题，实际上也有值得分辨之处。它与当时的苏俄和中共的激进思想，可谓

---

① 广东省社会科学院历史研究所等合编：《孙中山全集》第9卷，北京：中华书局，1986年，第238页。

同中有异。正如有的学者所指出的，孙中山其实并未主张各少数民族有脱离“中华民国”的绝对自由，他所谓“民族自决”，仍不过是在“中华民国”范围内的一种内部“自决”罢了。① 不过关于这一问题，笔者宁愿采取一种折中态度，愿意将其归之为当时孙中山中华民族观的诸多内在“矛盾”之一。顺便提及，笔者在反复研读孙中山论著的过程中，常常会感到其思想的博大精深，富于天才的创造性，但不时也能体会到其复杂矛盾之点并为之困惑，觉得很难简单地将其表述明白。在这方面，孙关于“民族”“民权”“民族主义”和“民权主义”及其彼此关系的思想观念，可以说又具有某种典型性。

晚年孙中山所倡导的一体化“中华民族”观念，很快就渗透到对整个三民主义思想体系的解释中，使其具有了和被赋予了新的内涵，并首先在国民党内和一部分文化人中产生了持久而广泛的认同。这一点，我们从孙中山逝世后不久戴季陶和钱穆等人对三民主义有影响的解说中，能够有清晰的体认。如戴季陶就认为，“三民主义之原始的目的，在于恢复民族的自信力”，“一个民族的生命，最要紧的是他的统一性和独立性。而这统一性和独立性的生成，最要紧的是在于他的自信力……总理此四十年的努力，要点在何处呢？就是要唤起中国民族的自信心，造成中国民族的统一性和独立性”。② 的确，“五四”以前，孙中山的民族主义主要只讲对外独立和对内各民族平等，现在则不仅强调国内各民族平等，还要强调其内部的“统一性”了。也就是说，三民主义中“民族主义”之“民族”，此时已明确地指向了具统一性和整体性的“中华民族”，而非别物。这就更进一步规定了其“民族主义”乃至整个三民主义的新内涵。

蒋介石也是较早自觉以“中华民族”概念来解释“三民主义”中“民族

① 参见松本真澄著，鲁忠慧译：《中国民族政策之研究——以清末至 1945 年的“民族论”为中心》，北京：民族出版社，2003 年，第 115—120 页。

② 戴季陶：《孙文主义之哲学的基础》，转见钱穆《国学概论》，北京：商务印书馆，1997 年，第 358—359 页。

主义”之民族主体含义的重要政治思想人物。1924 年，他在双十节校阅陆军军官学校后发表的演讲中，就强调：“三民主义第一个主义，就是民族主义。民族主义是什么意思呢？就是要求我们中华民族独立，享得真正自由平等的幸福，同时我们中国也不压制旁的民族或国家。这就是民族主义简单的义意……我们要办这个陆军军官学校，就是为了要打倒军阀，要推倒帝国主义，要使我们中华民族得到独立的机会。”① 在这方面，蒋介石追随孙中山的思想脚步，的确是较为积极的。

1928 年，钱穆在他那部流传广泛的《国学概论》中讲到“最近期之学术思想”时，也因此明确认定，“三民主义”中民族主义是基础和根本，而民族主义的主体就是现代的“中华民族”，“民权、民生”也是就“中华民族”而言的。因此，“中华民族自身之意识”的培养，也就成为三民主义建设的核心任务。他指出：“‘三民主义’之精神，始终在于救国，而尤以‘民族主义’为之纲领。民权、民生，皆为吾中华民族而言。使民族精神既失，则民权、民生，皆无可附丽以自存。所谓民有、民治、民享者，亦惟为吾民族自身而要求，亦惟在吾民族自身之努力。舍吾中华民族自身之意识，则一切无可言者。此中山先生革命精神之所在，不可不深切认明者也。”②

毫无疑问，这种被赋予了新内涵的三民主义，在国民党的推动下，反过来又构成为此后涵育现代中华民族观念继续成长壮大的意识形态力量之一。但同时也应指出的是，此种强调各民族需进一步实现整体化和一体性的“中华民族”观念，尽管在孙中山那里同对“五族共和”这一提法的明确否定相联系，而实际上“五族共和”论及其初期实践，却是其得以提出和进一步落实的逻辑前提。不仅如此，其后的国民党虽然继承了孙中山的“中华民族”

① 立法院中华民国宪法草案宣传委员会编：《中华民国宪法草案说明书》，中正书局，1940 年 7 月版，附录一：《总裁关于宪政宪法之言论节钞·民国十三年双十节校阅后讲》，沈云龙编：《近代中国史料丛刊续辑》（804），文海出版社，1940 年，第 103 页。

② 钱穆：《国学概论》，北京：商务印书馆，1997 年，第 356 页。

理念，却也并没有简单抛弃“五族共和”论，而是在不同的场合仍然加以强调和运用，即便是蒋介石本人也不例外。因为正如我们在前文所指出的，“五族共和”论与复合性的现代中华民族观念在本质上既构成一种顺应关系，而同时它又与单一性现代中华民族观念也存在一种逻辑前提关系。不少时候，“五族共和”的内涵其实很含混，在许多人那里，它与所谓五族皆为“黄帝子孙”一类说法，也是能够“和平共处”的。

3. 梁启超专研“中华民族”：思想来源及意义

20 世纪 20 年代初，梁启超对“中华民族”观念的阐发和影响，也很值得关注。同孙中山主要从当下情势出发立论的政治家风格有别，作为学术界、思想界、舆论界代表人物的梁启超，他此期对于“中华民族”观念的弘扬，采取的则是一种历史研究的学术方式。20 年代最初两年，他重新唤起清末时研究民族问题的兴趣，开始专门探讨起中华民族史问题来。1922 年春夏间，他在清华及北京高师发表有关演讲，并最终形成《中国历史上民族之研究》一文，成为日后被人反复引述的中华民族研究史上的经典之作。1922 年至 1923 年，该文曾分别以《中华民族之研究》为题（包括《中华民族之成分》等内容），部分在著名的《地学杂志》上连载，并被《东北文化月报》等转录。① 在此文中，梁启超毫不含糊地响应了孙中山的“号召”——放弃以“汉族”作为各民族一体化的“自尊自大之名称”，直接使用了“中华民族”这一新符号。不过，他的这一符号里仍明显遗留了从文化上“同化”各民族

① 如梁任公在北京高师史地部讲，贾伸笔记：《中华民族之研究》第二讲至第五讲“中华民族之成分”，《地学杂志》1922 年第 2—3 期，1923 年第 1—2 期、第 3—4 期。其中部分又分别转载于《东北文化月报》1923 年第 2 卷第 9、11 期。笔者将其内容与 1922 年双十节定稿的《中国历史上民族之研究》（收入 1936 年中华书局版《饮冰室合集 · 专集》），略加核对，发现基本宗旨虽无大的不同，但具体表述还是有较大差异。

成员的大汉族主义倾向。只是由于他一则专注于历史问题，一则又强调所谓“民族意识”在现代民族认同中的重要性，故其中华民族观念的这一不足面向，容易得到某种遮盖。

梁启超对“民族意识”的强调，基于他对民族与种族、民族与国民不同内涵的新认识。在他看来：“民族与种族异。种族为人种学研究之对象，以骨骼及其他生理上之区别为标识……民族与国民异。国民为法律学研究之对象，以同居一地域有一定国籍之区别为标识……血缘、语言、信仰，皆为民族成立之有力条件，然断不能以此三者之分致，径指为民族之分野。民族成立之唯一的要素，在‘民族意识’之发现与确立。何谓民族意识？谓对他而自觉为我。‘彼，日本人；我，中国人。’凡遇一他族而立刻有‘我中国人’之一观念浮于其脑际者，此人即中华民族之一员也。”①

在正视血缘（认为“民族愈扩大，则血缘的条件效力愈减杀”）、语言和信仰等因素作用的同时，梁又格外重视“民族自我意识或认同”在民族成立或构成中的特殊重要性，并凸显“中国人”的现代国家成员身份即国民身份和民族认同之间的紧密联系。而在“民族意识”的形成过程中，他则格外强调“文化”的关键作用，认为由最初的血缘关系、共同生活，进而实现心理沟通和语言文字交流等，“经无数年无数人协同努力所积之共业，厘然成一特异之‘文化枢系’，与异系相接触，则对他而自觉为我”。这种认知虽与清末陈敬第的有关看法颇有相似之处，但陈氏之说传播不广，在当时，应当说仍是很为新鲜的。梁启超并特地声明，他谈“中华民族”的所谓“民族”，就是“准此以论”。② 实际上，在日后现代中华民族认同的进程里，此种强调基于文化特色的“民族意识”重要作用之民族认知，也是被人们反复提及的“民族观”的重要理论依据之一。

---

① 张品兴主编：《梁启超全集》第 6 册，北京：北京出版社，1999 年，第 3435 页。

② 张品兴主编：《梁启超全集》第 6 册，北京：北京出版社，1999 年，第 3435 页。

就1922年梁启超对“民族”的理解来看，他可能在受到德国学者伯伦知理思想影响的基础上，又接受了法国学者吕南①等人的某些思想因子。伯氏相对较为重视民族形成的客观因素，而吕南则强调民族是由一种灵魂和精神的原则组合而成。在吕南看来，通常所谓种族血统、语言、公共利益，乃至地理空间等，都不足以使一个民族得以确立，判断“民族性”或“国（民）性”（nationality）的最终标准，只能是“民众投票”，而形成“民族精神”的基础，除了该民族的民众认同之外，更有该民族的共同文化遗产或嗣业做保障。吕南的这种思想，对第一次世界大战前后的民族建国潮流影响极大。

当然，影响梁启超上述观点的，可能还有更近更直接的思想来源。如1919年年底《东方杂志》发表引人注目之《民族精神》一文，其中引述和发挥英国历史学家约翰·霍兰·罗斯② 1916年出版的《作为现代史上一个要素的民族性》一书中有关民族的见解，就阐发了不少与梁氏上述看法相近或相似的观点。如该文不仅指出民族与国民、人民、人种等概念的不同，还认定，“凡人种语言文字宗教地理等关系，皆不足为建设民族之根本的条件……所可忧者，其唯民族精神之有无乎！”该文同时强调：“民族精神者，非人种之意思也。人种之意思，必以血族为根据，而此则生乎自然；非国家之意思也。国家之意思，必重统治重命令，而此则出于自由；非个人之意思也，个人之意思，常个个独立，而此则卢梭所谓总意（Volonté génèral）者。简言之，乃自然发生浑然一体之民族自觉的精神而已。先之以一民族之自觉，继之以一民族间同类意识之感通，以终之以历史的关系焉。故历史学家言曰‘民族精神者，历史之成果也’。盖外受强敌之压迫，内感生活之困难，乃生共同防卫

① 吕南（Ernest Renan，1823—1892），又译勒南、雷南。法国哲学家和历史学家。1882年曾发表《民族是什么》的著名演说，集中阐发了其关于民族的思想，影响深远。

② 约翰·霍兰·罗斯（John Holland Rose，1855—1942），英国著名史家，其关于拿破仑的传记（如《拿破仑一世传》等）最为有名。他还写有关于欧洲民族之争史的著作。《作为现代史上一个要素的民族性》一书英文名为 *Nationality as a Factor in Modern History*（London，Rivington，1916）。

共同生活等（意识），是固尽属历史的产物也。是以一民族之建设，必以有特殊之历史为第一条件。”这里所谓的“民族精神”，其实与梁启超所说的“民族意识”，已相差无几。

在此文中，作者还引比利时学者 Laveleye 的话，将受此种民族精神即历史文化支配的民族译称为“政治的民族”（political nationality），而把由血缘等因素支配的民族称之为“人种的民族”（ethnical nationality），并认为“人民之文化愈进步，则人种之差别愈减少”，而由“人种的民族”渐渐“进化为政治的民族”，正是民族演进的时代特征所在。① 从这里，我们似乎也可看到梁启超所谓“民族愈扩大，则血缘的条件效力愈减杀”一说的某种思想来源。不过，在怀疑梁启超可能受到《民族精神》一文的有关观点影响的同时，我们也不得不再一次感佩梁氏接受新观念的迅速和领悟消化外来学说的思想能力之强。

总体说来，梁启超的“民族”观念，还是在寻求一种主观论与客观论的调和。几年后，人类学家吴文藻对他的这一努力甚为赞许，称赞他“以演化论之观念，作释义之入手法，由纯粹之客观事实，如血缘关系、自然环境，及经济生活，进至语言、文学、美术、宗教等文化共业为止，殊为独具只眼”。特别是其“民族愈扩大，则血缘的条件效力愈减杀”的观点，吴氏更是赞赏有加，以为“颇为生色”，他甚至认定“梁氏虽未明言民族为一文化上及心理上之概念，而似早已默许”。这后一点，的确符合梁启超思想的实际。吴文藻因此推崇梁启超的“民族”解释既“顾及物质条件，又重视文化精神，客观主观，兼而有之”，认为比孙中山等只重视民族构成的血缘、语言等客观性因素，特别是格外强调血缘因素的见解要高明。②

---

① 以上所引，均参见隐青：《民族精神》，《东方杂志》第 16 卷第 12 号，1919 年 12 月 15 日。

② 吴文藻：《民族与国家》，《留美学生季刊》第 11 卷第 3 号，1927 年 1 月 20 日。有学者认为，梁启超对“民族精神”等内容的重视，也可能受到德国哲学家费希特的影响。他 1915 年针对提出二十一条，曾发表《菲斯（即费希特——引者）的〈人生天职〉述评》一文，欲以此唤起国人的民族意识。

梁启超在《中国历史上民族之研究》一文中，不仅阐述了他关于“中华民族”认同的民族观依据，对于历史上中华民族“多元一体”历史格局的形成过程和特点，还进行了较为系统的勾勒和说明，从而拓展了现代中华民族观念的历史纵深。梁氏认为，“华夏”或“诸夏”主干民族形成于黄河中下游地区后，即不断“化合”周边各族群。因而在不同时代，都有不同族群汇入其中，最终形成了“今日硕大无朋之中华民族”。他继续阐发其清末时即已形成的观点，揭示出中华民族“自始即为多元的结合”之事实，并强调这种结合从“诸夏”名称上，就可见一斑：

> 吾族自名曰“诸夏”以示别于夷狄，诸夏之名立，即民族意识自觉之象征。“夏”而冠以“诸”，抑亦多元结合之一种暗示也。此民族意识何时始确立耶？以其标用“夏”名，可推定为起于大禹时代。何故禹时能起此种意识？以吾所度，盖有三因：第一，文化渐开，各部落交通渐繁，公用之言语习惯已成立。第二，遭洪水之变，各部落咸迁居高地，日益密接，又以捍大难之故，有分劳协力之必要，而禹躬亲其劳以集大勋，遂成为民族结合之枢核。第三，与苗族及其他蛮夷相接触，对彼而自觉为我。自兹以往，“诸夏一体”的观念，渐深入于人人意识之中（三代同祖，黄帝等神话皆从此观念演出），遂成为数千年来不可分裂不可磨灭之一大民族。①

在这里，后来费孝通先生更清晰加以阐述的“中华民族多元一体”格局的观点，可以说已经有所萌芽。所不同的是，对于他们来说，中华民族的不断“一体”化虽都是历史事实、现实趋势和进一步努力加强整合的目标，但费孝通所说的“一体化”仍以“多元”并存为前提，而梁启超的“一体化”则是以“多元”的不断消失、“融化”为特征和条件的。

梁启超还从地理、语言、文化精神等多方面分析阐述了“中华民族”同

① 张品兴主编：《梁启超全集》第6册，北京：北京出版社，1999年，第3436—3437页。

化力之强的原因，最后得出关于“中华民族”的三个结论：（1）中华民族为一极复杂而极巩固之民族；（2）此复杂巩固之民族，乃出极大之代价所构成；（3）此民族在将来绝不至衰落，而且有更扩大之可能性。① 这种由历史预知未来的工作，无疑是增强中华民族的命运感和前景认同的有效方式。1928 年，钱穆在《国学概论》中，就曾特别敏感地表彰了梁启超此文及他同时所作的另两篇文章“尤能着眼于民族的整个性，根据历史事实，为客观的认识”② 的特点与价值，从而显示出与梁启超的某种共同旨趣。

梁启超 1922 年所阐发的“中华民族”观念及其研究成果，在当时和以后都产生了很大的学术影响。不仅许多中国民族史专著如常乃悳的《中华民族小史》等，都不同程度上吸收了他的有关分析和理念，不少历史教科书还直接采用了他的一些结论。如 20 世纪 30 年代初一部较有影响的《高中本国史》，谈到古代中华民族的成分时，采取分“组”叙述的方式，以及得出的几条“中华民族”的宏观认识，就几乎完全照搬了梁启超此文的看法。③

就思想功能而言，20 世纪 20 年代初孙中山和梁启超对于一体化的“中华民族”共同体观念的倡导和弘扬，正好形成一种互补。孙中山强调的主要是中国国内各民族“应该”进一步结成一体化的现代“大中华民族”，而梁启超的研究则证明，中国现存各民族早已存在文化和血缘等各方面的历史联系，

---

① 参见张品兴主编：《梁启超全集》第 6 册，北京：北京出版社，1999 年，第 3450 页。

② 钱穆：《国学概论》，北京：商务印书馆，1997 年，第 363 页。

③ 钟月秋：《高中本国史》，长沙湘芬书局 1932 年阴历八月版。书中有关部分将中国古代中华民族的成分划为诸夏、东夷、荆吴、苗蛮、百越、氐羌、群狄七“组”，只不过是把梁启超所谓的第八组“群貊”与第七组“群狄组”合并而已。同时也强调中华民族是极复杂而伟大的民族；是祖先耗费极大代价和漫长时间而构成的民族；其将来不惟不会衰灭，且有扩大的可能性。只是把梁所谓“极巩固”改成了“伟大”，并添上了“以诸夏族为中心，有民族固有文化，所以能融合四周诸民族”一条。1935 年，赖希如的《中华民族论》一文（《中山文化教育馆季刊》第 2 卷第 4 期）的整体构思和结论，也受到此文的明显影响。常乃悳在 1926 年至 1928 年关于“中华民族”史的研究论著中，更是多次坦承受到梁启超的重要影响。

华夏族融合周边民族不断壮大的“一体化”趋势和“民族意识”久已形成，以华夏文化为核心认同的大中华民族的构成和扩大，乃是一种历史发展演化的“必然”。这样，政治思想上和学术思想上的“中华民族”观念，就开始逐渐形成了某种联动态势。

不过，也应指出，无论是当时的孙中山还是梁启超，其“中华民族”观念中，尽管都已自觉抛弃“汉族”作为全民族的总符号之做法，且早就声称其内在各民族“彼此平等”，也的确承认各族人民作为“国民”在政治经济上应有的平等地位和各种权利，但如前所述，在骨子里他们实际上都还保留有一种明显的汉族文化中心、优越乃至“同化”的意识局限。

4.“国家主义”派的关切和外蒙古“独立”事件的刺激

在20世纪20年代初中期现代中华民族观念的形成和传播史上，爱国感极强的“少年中国学会”的成员，以及从中分化出来的“国家主义派”代表，也发挥过值得注意的推进作用。少年中国学会成立于1919年7月1日，活跃于20年代中前期。其成员从1923年开始，积极参与了收回教育权运动、废除不平等条约运动和五卅运动。其间，该学会所主办的《少年中国》杂志里面，就广泛使用了针对外国侵略民族而言的整体含义的“中华民族”一词。① 1923年年底和1924年年初，该学会在苏州会议上，还特别提出了“求中华民族独

① 1924年，陈启天在《新国家主义与中国前途》一文中就慷慨激昂地声言：“惟有我中华民族之国民有光大中华民族之责任，亦惟有中国之国民有再造中国之可能”，“我数千年之中华民族所托生之中国”，其命运和前途，“即在吾人之手中”（1924年阴历一月《少年中国》第4卷第9期）。余家菊在《教会教育问题》一文中，则认为“于中华民族之前途有至大的危险的，当首推教会教育”（1923年阴历九月《少年中国》第4卷第7期）。这也可作为前述收回教育权运动推进现代中华民族观念传播的一个例证。此外，使用过该词和概念的，还有张梦九的《中华民族独立与国民大学》（《少年中国》第4卷第11期）等文。

立，到青年中间去”“为中华民族独立而努力奋斗”这类的标语式口号。其所通过的九条纲领中，也多次使用“中华民族”概念，表达其现代中华民族意识。如其纲领第三条就是：“提倡民族性的教育，培养爱国家保种族的精神，反对丧失民族性的教会教育，及近于侵略的文化政策。”第五条是：“推阐经济压迫为国民道德堕落的主要原因，以反证中华民族绝非劣等民族”，以增加民族自信力。第九条是：“提倡华侨教育和边疆教育，培养中华民族独立运动的实力，且注意融洽国内各民族的感情，以一致打倒国际势力的压迫。”①等等。

20 世纪 20 年代中后期，少年中国学会因内部的国家主义派和共产主义派发生分裂而解体。不过，即便是从中衍化出来的国家主义派（也叫“醒狮派”，创办有著名的《醒狮周报》），他们把本国的现代“国家”建设看得高于一切，但由于其“国家主义”和时人所谓“民族主义”都出自同一西文（法文中的 nationalisme 和英文中的 nationalism 等），故他们虽认为 nation 译成“民族”不如译成“国家”准确，但却仍喜欢在平等的、具有共同文化精神和融合趋向的“国民”总体意义上使用“中华民族”一词和概念，并将其视为“国家主义”的目标即建设一个强大的现代民族国家之主体，从而与那种在国内各民族总体意义上使用的“中华民族”概念调和在一起，难以清楚分别。

当是时，喜欢谈“国家主义教育”的代表人物李璜、余家菊、陈启天等人，他们也都是复杂的现代中华民族观念的传播者。1924 年，少年中国学会的核心人物之一的王光祈就曾一语破底地指出：“余李诸君之文，虽有时常用‘国家主义’的名词，但按其实质，多属一种‘中华民族主义’。”②

1924 年前后乃至整个 20 年代，受苏俄操纵的外蒙古“独立”事件，给中国人刺激很深，对现代中华民族一体性观念的强化也产生了一定影响。当时，

①《苏州大会宣言》，《少年中国》第 4 卷第 8 期。

② 王光祈：《少年中国运动》“序言”，中华书局，1924 年。

围绕着“民族”和“国家”的内涵，以及（外）蒙古是否为“民族”、该不该“自决”等问题，国内各党派人士和自由知识分子之间，产生了广泛争论，一度非常混乱。直到20年代中期以后，主流舆论才逐渐明确地告别少数民族具有分裂中华民国之分离权的“自决论”。① 在这一过程中，国家主义派及受到该派思想影响的部分人士，提出了颇有特色的思想主张。如1925年，留法归国的该派理论家李璜就认为，西方近代意义的nation在实质上说包含“领土、人民、主权”三要素，在精神上说则同“信仰与共同历史的回忆”亦大有关系，也就是既强调领土的完整、主权的独立，也强调国民文化的同质型，因此最准确的汉语翻译词应该是“国家”。“国家”二字在构造上就特别能形容nation的含义，按照《说文解字》的解释，“国”（國）字从口从戈，取人执戈以守土圉之义，它本身包含“领土、人民、主权”自不用说，而“家”字则是精神文化生活上“有所依归之义”，故与nation正好相符。与此相一致，nationalisme（英文nationalism）也应当译成“国家主义”，而不是“民族主义”。李璜还强调，民族主义“分辨血统”，而他所谓“国家主义”则以国家为“单位”，完全没有分辨血统的想法，故与流行所谓的“一民族一国家主义”并不相干。在他看来，几个民族同保“一个疆土”，同拥“一个主权”，文化相融，是很正常且正当的，故决不赞成“已经同化在一个国家下面的各民族”再行分裂。具体到中国，则认为各少数民族与汉族已经共处了几百年，有“相安于一个文化的历史”，并且现在也“同为中华民国的国民”，故要救国，也不是只救汉族，而是“连满蒙回藏各族一起要救”。② 他们的政治目标是建立多民族融合为一体的现代民族国家。

---

① 敖光旭：《1920年代国内蒙古问题之争——以中俄交涉最后阶段之论争为中心》，《近代史研究》2007年第4期。当时主张蒙古民族自决和独立的，不仅有共产党人瞿秋白、李春蕃等，还有一些国民党左派人士。

② 李璜：《国家主义正名》，《国家主义论文集》第1集，中华书局，1925年，第25—27页。也可见《醒狮周报》第3号，1925年10月25日。

不过，国家主义派的核心人物一方面主张 nation 应译为“国家”（实际上是“民族国家”或“国民国家”），强调其中的历史文化或精神的同一性及其重要意义，而同时又主张“民族”与“国家”是两回事，并把现代汉语中的“民族”一词与“种族”一词相混，强调其血统分别的含义以及这一点在“国家”建设中的无关紧要。在这点上，国家主义派主要代表人物大体一致。如余家菊就指出，国家观念有三大要素，一为同类意识，二为主权意识，三为独立意识。同类意识即“血统的觉悟”，它足以形成“民族观念”，但欲形成国家观念，还必须有“政治的觉悟”，即具备主权意识和独立意识。① 这样，当他们乐于在政治文化统一体的中国国民总体意义上使用“中华民族”概念的时候，就难免出现一种关于“国家”和“民族”理解与使用的内在矛盾。也正因此，受国家主义思想影响的中国第一代人类学和民族学的突出代表吴文藻，不能不自觉地站出来，对国家主义的上述民族理论进行某种“修补”。

1927 年 1 月，吴文藻发表《民族与国家》一文指出，“民族”与“种族”不同，“国家”与“政邦”有别。种族为一“生物的概念”；民族乃一“文化的及心理的概念”；政邦为一狭义的“政治概念”，而国家则为一融合政治、国际法和社会文化的“最普通概念”，即广义的“政治概念”。现代国家以民族为基础，也即“立于文化之基础上，故其实兼民族政邦而有之”。一民族可以建一国家”，但“非一民族必建一国家”。“民族性”的真正要求，“非独立也，乃自由也，自由其目的也，独立其手段也，非为独立而独立，乃为自由而独立也”。吴文藻明确批评所谓“一民族一国家之主义”，认为这是思想混乱的结果，是“理论辄易掩盖事实，变态竟且视作常情”的表现，是真正的舍本逐末。如果一国内的各民族“民族性”不受虐待，“国民性”不被压迫，就完全没有独立的必要。他还强调，民族建立国家，可以有“多民族国家”和“单民族国家”两种形式，“诚以数个民族自由联合而结成大一统之多民族

① 余家菊：《国家主义概论》，《新国家》第 1 卷第 8 期，1927 年 8 月。

国家，倘其文明生活之密度，合作精神之强度，并不减于单民族国家，较之或且有过无不及，则多民族国家内团体生活之丰富浓厚，胜于单民族国家内之团体生活多矣”。①

对于吴文藻的上述论辩，当今人类学界有学者曾给予极高评价，认为它当时和以后虽未受到广泛的关注，但“在本质上可以说开创了中国人类学独立理论思考的道路”。② 笔者也以为，吴氏关于“民族”和“国家”区别与密切联系的人类学思考，的确有其理论价值，不过他所谓“文明生活之密度”，“团体生活之丰富浓厚”的内涵，实在仍很含糊，有令人费解之处。同时对于多民族建国之后，其国内的政治、经济与文化“一体性”如何存在与建设，特别是各民族文化之间应否进一步融合以及如何融合等重要问题，他当时也均没有做出明确的回答。不仅如此，对于其时已广泛采用的“中华民族”概念，他甚至都未能做出起码的响应，尽管他当时和以后也愿意使用这一现代概念。

20世纪20年代中叶，在国家主义信奉者内部，关于“民族”与“国家”的认识存在着一定差别，但反对蒙古族从中国分裂出去的主张却是基本一致的。如1925年7月，《醒狮周报》发表胡伟国的《民族自决与蒙古独立》一文，就指出，“民族自决”绝非是教不同国家中的各民族搞分裂，其正确含义当是：“凡备有历史和地理上的关系，而同受外力压迫的各民族，应该本国性

① 吴文藻：《民族与国家》，《留美学生季报》第11卷第3号，1927年1月20日，第15—39页。（收入王庆仁等编：《吴文藻人类学社会学研究文集》，北京：民族出版社，1990年，第19—36页）。该文为1926年4月吴氏完成于哥伦比亚大学的作品，但其正式发表已到1927年年初。由于文集编者误将其写作时间当作该文正式发表时间，且将此时间与《留美学生季报》第11卷第3号错误对应，引者容易失察，造成误引很多。吴文藻当时所谓的“政邦”和“国家”，大体相当于时人和今人所谓的“国家”和“国族”。

② 可参见王铭铭：《民族与国家——从吴文藻的早期论述出发》，《云南民族学院学报》1999年第6期；2000年第1期续载。

的要求，同化于同一的政治和文化之下，造成一个带国性的大民族，尽力摆脱外来的羁绊，实行自决，保全固有的主权。”他因此反对蒙古“独立”，而主张“大中华民族自决”。①

在蒙古问题上，以梁启超、张东荪、张君劢等人为代表的“研究系”，其主流意见与国家主义派有近似之处。研究系所办的《时事新报》上曾发表不少文章，揭露苏俄分裂中国的阴谋，反对蒙古族“自决独立”，主张实行“中华民族”反抗外来侵略和压迫的整体自决。如 1924 年 4 月 10 日，《时事新报》上发表蓝孕欧的《再斥袒俄者》，就痛斥“硬把民族自决一语用诸蒙古问题上去”的愚蠢行径，认为“要谈民族自决就应该以中华民族为单位，换言之就是‘中国者中国人之中国也’的一句话”。蒙古族乃是中华民族的一部，并非“异族”，中国各地的言语、风俗均有不同，不能视为“异族”之标志，世界上没有“同民族而行民族自决”的道理。俄国人强占蒙古，乃是“扰乱中华民族自决的原则”，中华民族应该秉持孙中山“民族主义”的思想，团结起来反抗国际帝国主义。② 这里，作者直接把“中华民族自觉”等同于“中国自决”，将“中华民族”理解为拥有主权的“中国人”整体，显然依据的是 nation 的现代民族国家或国民民族之含义。

1924 年 5 月 28 日，上海《民国日报》登载《孙科之国民党对蒙主张》，明确表示：“内外蒙皆属中华民国之领土，蒙古民族，为中华民族之一，孙总

---

① 胡伟国：《民族自决与蒙古独立》，《醒狮周报》第 41 号，1925 年 7 月 18 日。转引自敖光旭：《1920 年代国内蒙古问题之争——以中俄交涉最后阶段之论争为中心》，《近代史研究》2007 年第 4 期。

② 参见敖光旭《1920 年代国内蒙古问题之争——以中俄交涉最后阶段之论争为中心》一文。郝时远先生曾说，顾颉刚“（或许是最早）从‘中华民族’的立场去理解‘民族自决’原则的学者”。（见郝时远：《类族辨物：“民族”与“族群”概念之中西对话》，北京：中国社会科学出版社，2013 年，第 51 页）。尽管郝先生下结论时相当小心，但因该问题向来少有人关注，还是难免有误。据笔者查考，实际上早在 20 世纪 20 年代中期，已有多人持此类论说。

理近在高师演讲民族主义，即已明言汉满蒙回藏，合为中华民国之国族。”作为孙中山之子和某种程度上的代言人，孙科对其父“中华民族”观念神髓的把握，可以说相当到位。由此也可见，孙中山的“中华民族”观念实前后相续，表述上或有调整，但似并无什么根本性变化。不过此后，国民党内部在外蒙古独立问题上的意见仍存犹疑不定之处。即便是孙科本人，在 1927 年受苏俄影响较大的武汉国民政府时期，也曾以赞同扶助弱小民族自由独立的立场，表达过相异的意见，认为“本党的民族主义，固然希望国内各弱小民族为国内民族之一份子，同时也是许可其独立，并实行济弱扶倾，以维持民族主义的真精神的”①。这其实也留下了孙中山晚年民族思想本身之含混模糊那一面的某种影响。而从孙科本人民族思想的特征来看，他以后不轻易否认国内少数民族的“民族”身份和地位，表现出有别于蒋介石的地方，似乎也与此一思想因素和脉络不无关系。

5.“中华民族”的认知进展与标志词符进一步流通

1927 年年初，有一篇题为《中华民族的研究》的长文公开发表（作者为王启汾，生平不详），可以说代表了此前有关“中华民族”认知所已达到的较高自觉程度和学术水平。该文的副题为“依据近代学者的成绩”，也就是根据孙中山、梁启超和其他国内外学者的研究和讨论，对此前的有关认识做一自觉总结。在该文中，作者首先对“民族”一词做了“正名的功夫”。认为梁启超所谓“民族成立之唯一的要素在‘民族意识’之发现”的意见，“太富于玄学的意味了”，无法赞同；倒是孙中山将民族看作“天然力造成”的群体之看法，更符合事实。而他本人则宁愿将“民族”界定为“一种血缘最相接近的

① 孙科：《民族主义和国家主义》，《孙科文集》第 1 册，台北：台湾商务印书馆，1970 年，第 34 页。

群众结合，而且具有共同的文化上的特点”。由此出发，他还对有关“中华民族的发生”问题之各种说法进行了考察分析，认为所谓“本土说”和“外来说”目前均难以确定，但无可置疑的是，无论就身体上还是行为上的性质来看，都能够证明“中华民族是一个血缘混淆的民族”，它在种族和民族的来源上肯定是“多元”而非“一元”的。关于“中华民族的构成分子”问题，作者考察各种说法后，得出五个结论：“第一，中华民族的构成分子是非常的繁多而复杂；第二，各构成分子的并合入中华民族的时期有先后的不同；第三，各构成分子并合入中华民族时彼此有多寡的不同；第四，在不同地方的华族所含有的各构成分子的遗传质量也不同；第五，中华民族现在还是（在）不停的吸收异族的成分。”这显然比此前梁启超的有关说法，又进一步地丰富了。除此之外，本文作者还专门谈到了“现代的中华民族”。他强调指出，“各处的中华民族因地理上和遗传上不一致的关系，所以他们的身体上行为上的性质，以及风俗上习惯上的特点也是很有差别的。除了这些差别之外，中华民族仍有他自己独立而统一的特性”。那么其彼此的共性都体现在哪些方面呢？作者进而指出：“中华民族是黄色人种的一支，在形态上和生理上的性质有共同的特色是显而易见的。这民族有自己的文字和文化。在行为上相像之处也颇不少，例如：喜欢妥协，偏向主观，不修表面，因袭旧习，消极而且阴柔，顺从自然，安息听天命等。”① 虽然，这些所谓行为上的共同性之概括，尚属肤浅、庸泛，甚至过于随意而充满矛盾，但作者明确提出组成“中华民族”的国内各民族除了存在各自的特点和差别之外，“仍有他自己独立而统一的特性”这一思想命题，毕竟还是在做一种积极的思想努力，是现代中华民族观念史上所不容忽视的进展。

需要强调的一点是，在“五四”以后至“九一八”日本侵占中国东北以前，现代中华民族认同有一个突出的社会化表现或标志，那就是现代意义上

---

① 王启汾：《中华民族的研究——依据近代学者的成绩》，《光华期刊》1927 年第 1 期。

的“中华民族”一词，已开始在中国被越来越多地加以使用了。这一时期，不仅国民党人和国家主义派（后成为青年党）人士，共产党等其他政治派别和思想人物，也都已在中国各民族人民相对平等构成为一个整体的意义上，频繁地使用了“中华民族”一词和概念。如信仰共产主义之前的毛泽东对“中华民族”概念的首次使用，就出现在五四运动以后不久。1919 年 8 月 4 日，他在《湘江评论》第 4 号发表那篇引人注目的《民众的大联合》（三）一文，特别强调指出：“我们中华民族原有伟大的能力……他日中华民族的改革，将较任何民族为彻底。中华民族的社会，将较任何民族为光明。中华民族的大联合，将较任何地域任何民族而先告功。”① 从而表明了对于“中华民族”整体的认同立场。1922 年，中共在二大宣言里正式提出了“推翻国际帝国主义的压迫，达到中华民族完全独立”的目标。1926 年《湖南省第一次农民代表大会宣言》中，甚至还喊出了“中华民族解放万岁”的口号。由此可见一斑。不过，由于受苏俄和共产国际的影响，中共在较长一段时间里接受“民族自决”理论，主张与国内各民族组成“中华联邦共和国”，其所谓“中华民族”，内涵往往较为含混，不少时候实际指的还是汉族或汉化民族的整体。② 这种情况直到全面抗战前夕，才得以根本改变。

“五四”之后，特别是 20 世纪 20 年代中期以后，尽管不同的政治和思想派别对于“中华民族”概念的使用，在具体内涵上还存在差异（特别是在国共之间，这一点，我们在下文还要谈到），但没有疑问的是，他们大体上都认同了中国各族人民结合而成的整体具有一种全方位的一体性，不仅拥有共同的现代国家的国民身份及其所辖的生息地域，拥有着各种亲密的政治、经济与文化融合的历史和现实关系，同时还拥有着共同的民族命运和民族前途。

---

①《毛泽东早期文稿》，长沙：湖南出版社，1995 年，第 393—394 页。

② 参见松本真澄著，鲁忠慧译：《中国民族政策之研究——以清末至 1945 年的“民族论”为中心》，北京：民族出版社，2003 年，第 158—210 页。也可参见郑大华：《民主革命时期中共的“中华民族”观念》，《史学月刊》2014 年第 2 期。

而这些，也正是中国各民族一体性之现代观念得以发展和传播的重要社会基础和认知前提。

但也必须指出，这一时期，反映中国各民族整体性认同的词汇，除了“中华民族”一词广泛传播之外，“中国民族”一词也仍然很常见①，同时还出现了“全民族”等其他具有类似意义的关键整合性词汇。这也是很重要的，它反映出在当时，中国各民族一体化的整体认同已成为一种不可抑制的时代趋势。

比如，1925 年，中共在《对于民族革命运动之议决案》和《中国共产党反抗帝国主义野蛮残暴的大屠杀告全国民众》等文件中，就都在各民族整体性认同的意义上，自然而然地反复使用了“全民族”一词。像《对于民族革命运动之议决案》中，就有这样的用语：“我们参加民族运动，是为了全民族的解放，并且为了无产阶级自己的利益，决不是为了资产阶级的利益。”《中国共产党反抗帝国主义野蛮残暴的大屠杀告全国民众》中又写道：“上海上流社会和各报新闻记者已多少暴露其（与帝国主义——引者）调和妥协和‘速了’的倾向……这种倾向若不停止，实大有害于全民族的利益”② 等，这里的“全民族”一词，不过是中国国内各民族一体的另一种表达方式而已。其中，当然也包含着政党的民族政策和政治策略的考量因素在内。

不过，“全民族”一词更为广泛的使用和“中华民族”成为极度流行的固定词语（绝对压倒“中国民族”一词的使用），还是在日本侵占中国东北，特别是抗战全面爆发之后，才得以实现。

---

① 如《解放画报宣言》（1920 年 5 月 4 日）就写道：“中国是世界最大的国家，中国民族是世界最大的民族，以最大的民族治最大的国家，照理应该富，应该强，应该做第一等国。”见《五四时期期刊介绍》第二集，北京：生活·读书·新知三联书店 1979 年版，第 548 页。

② 中央档案馆编：《中共中央文件选集》第 1 册，北京：中共中央党校出版社，1989 年，第 336、422 页。

第三章 『中华民族』符号认同的强化与深化

前文曾提到，1923年年初以后，孙中山一体化的“中华民族”理念已经写进国民党的政治宣言和党纲，产生了一定影响。不过在国民党内部，1927年以前，这一理念实际上还没有形成绝对统一有效的权威性，当时国民党尚未在形式上统一全国，并不具备成熟的政治条件。孙中山“中华民族”理念权威性的最终确立，与后来蒋介石及南京国民政府的继续强调和极端化“发展”，实有着直接关系。

一、南京国民政府与“中华民族”一体化认同符号的强化

以蒋介石为首的南京国民政府成立之后，不仅明确认同一体化的“大中华民族”理念，还在此基础上进一步打出了“复兴中华民族”的旗号。1927年4月18日，《国民政府定都南京宣言》就宣称，要秉承孙中山的遗教，“实现三民主义，使中华民国成为独立自由之国家，中华民族成为自由平等之民族”①。不久，在蒋介石主导的北伐战争的进行中，民国原有的五色国旗，也被国民党的青天白日旗所取代。1928年，蒋在各派军阀混战中获胜，形成了以他为首的国民党形式上统一全中国的局面。次年，他又在北洋时期几个特别行政区的基础上，改建了绥远、热河、察哈尔、西康、青海等省，以加强对国家的统合。由于蒋对孙中山建立在“国族”基础上的“大中华民族”理念非常推崇，故他对于“中华民族”的一体化符号认同，在国家层面积极地予以推动，尽管在有关思想认识上还存在着相当偏狭和极端化的一面。

---

①《国民政府定都南京宣言》，《国民政府公报》，转见张其昀撰述，邵元冲校阅：《中国民族志》，商务印书馆，1933年，第54页。该书1928年首版。

1. 两部代表性史著之诞生及其“中华民族”观念内涵

就在以蒋介石为首的国民党政府形式上统一全国之后的1928年，三本最早关于中华民族发展史的代表性专著得以出版，似乎与时势并非完全没有关联。一本是青年党人常乃悳（燕生）所著的《中华民族小史》（该书书影见书前插图）①，另一本是国民党人张其昀所著的《中国民族志》，还有一本是王桐龄所著的《中国民族史》。前两本都明确使用“中华民族”一词并认同现代中华民族观念，后一种尚略有区别。②

正如笔者前文中曾提到的，《中华民族小史》可谓最早自觉以“中华民族”命名的民族史著作之一。③ 作者明确执定“中华民族”的称号，认为不能以“汉族”之名来代表“其他诸族”，妥当而无弊的大民族称谓只能是“中华民族”。该书第一章即题为“何谓中华民族”，分别论述了“中华民族之活动范围”“中华民族之命名”“中华民族之起源”“中华民族之成分”等问题，犹以“文化陶镕”作为中华民族历史和现实认同之关键和基础。本章开篇即

---

① 常乃悳（1898—1947），字燕生，山西榆次人。早年参加新文化运动，为《国民杂志》编辑。曾任燕京大学教授。1925年加入青年党，并成为核心成员。1947年作为青年党的几个代表之一参加国大，随后即为国民政府行政院的政务委员。由“国家主义派”发展而来的青年党，于1923年年底就已成立，但1929年以前都没有以此名义公开活动。可参见周淑真：《中国青年党在大陆和台湾》，北京：中国人民大学出版社，1993年。

② 王桐龄的《中国民族史》一书，大体完成于1924年，1928年由北平文化学社印行出版。该书强调以汉族为中心，各少数民族血统不断加入混合，以实现汉族蜕变的历史。但其“民族”指的似是“种族”（此书英文名为 *The History of the Races of China*）。同时缺乏现实中的各民族平等融合为一大民族共同体的明确表述。故拙著此处不做详细讨论。

③ 常乃悳此书的部分内容作为讲义完成于1925年，1926年曾在太原以《中国史鸟瞰：中华民族之构成及发展》（第一册）为名，由育英学会印行。后经修改，于1928年正式改名为《中华民族小史》出版。

充满感情地写道：

中国，世界之著名古国也；中华民族，世界之著名伟大民族也。然人亦知其伟大之所自乎？五千年前，此一片海棠叶形之古国，固犹是许多错杂零乱之野蛮部族纷争割据之地，其地不相接也，其音问不相通也，其文化与血统各不相关也。五千年来，经许多哲人志士之苦心毅力，惨淡经营，乃得将此许多各不相关之异民族抟结融会而成为一大民族，而后中华民族之名出焉。中华民族，非一单纯之民族也，中华民族，非尽黄帝之子孙也；然至于今日，则人尽自觉为中华民族之一员，人尽自觉为黄帝之子孙，此无他，五千年来文化陶镕之所自也，五千年来哲人志士之功也。吾侪治史者，亦惟治此五千年中文化陶镕之伟绩而已，亦惟治此五千年中哲人志士发挥心力之成事而已。鉴往以知来，援古以证今，中华民族其犹有未尽之功乎？中华之志士哲人其犹有努力工作之必要乎？是则读史之后，所当毅然发深长省者也。①

在此，作者那种认同国内各民族平等融合的一体化之现代中华民族观念，传播这一观念并以历史事实来认证这一观念的史家自觉和责任感，可谓跃然纸上。在该书中，常乃悳提醒读者，就常识而言，现今中华民族的活动领域当在“中华民国”的领土之内，但它在历史上的活动范围与现今是有差异的。此外，华侨在海外活动这一点也不能忽略。他表示不必附和流行的“中华民族西来说”，强调“就吾人研究之结果，主张外来说者其证据多不坚确”。不少地质学和考古学的发现已经表明，“至少五万年前，中国已有人迹，虽其后有无外族迁徙不可知，然中国原始民族至少总有一部分系土著，可不辩而明也”②。关于中华民族的发源地，他则认为“非待地质学、考古学、人类学探索有得之后不能大明，今但据古史相传之帝王建都地考之，不外山东、河南、

① 常乃悳：《中华民族小史》，爱文书局，1928 年，第 1—2 页。

② 同上书，第 6—7 页。

山西、陕西一带。惟古代文明既出于多元，则当然不能指一地以为发祥之所，特以最初文化发源地而论，可以说是在黄河流域耳”①。

与此同时，常乃惪还明确认定一种中华民族多元起源论。他指出：“中国民族向称皆源出于黄帝，其实并不尽然，观春秋时代中国境内民族尚如彼之复杂，则中国最初之为各民族分立无疑，特其后有文化较高之民族，能以其文化统一其他民族，其他民族受其同化……故中华民族之出于多元非一元亦可断言也。”由此，他将中国历史上先后活跃，不断融合的“中华民族”的成分大致划分为“九系”，即诸夏系、东夷系、巴蜀系、东胡系（满族前身）、闽粤系、北狄系（蒙古族前身）、氐羌系（回族前身）、西藏系、苗蛮系，声称“现今中国境内所包含之五大民族——汉满蒙回藏——就历史上经过之痕迹考之，盖可分为九系，此即中华民族真正之成分也”②。此外，对于中华民族在各个时期、各个不同地域的民族文化“同化”或融合的进程，对于西方列强入侵造成“中华民族之危机”等问题，该书也都作了简单的论述。特别值得一提的还有，常乃惪在书中划分中华民族发展史分期的时候，认定戊戌变法以后为“中华民族觉醒时代”。③ 这与今人所谓现代民族“自觉”的有关认识已若合符节。总体说来，该书在梁启超等人的基础上，又进一步丰富和推进了关于“中华民族”的系统化历史知识。④

---

① 常乃惪：《中华民族小史》，爱文书局，1928 年，第 7 页。

② 同上书，第 8 页。

③ 同上书，第 110 页。

④《中华民族小史》，1928 年（民国 17 年）五月由上海爱文书局出版，该书 1931 年、1935 年又有上海启智书局再版本。注意，1928 年爱文书局版此书的版权页上注明的出版年月为民国十（ ）年五月初。“十”与“年”字之间有一段间隔，大约是固定版式的缘故，而实际上却漏填了一个“七”字，因此不少学者均误认为该书首版于 1921 年（《民国总书目》即误如此），遂连带造成诸多误判，以为第一本以“中华民族”命名的专著早在 1921 年即已出版。实际上，这是误会。如果读者细阅该书第 116 页，它不仅谈到 1924 年中俄协定缔结一事，并且提到 1927 年国民党反共“清党”以及同年 12 月对俄绝交一事，由此可知。

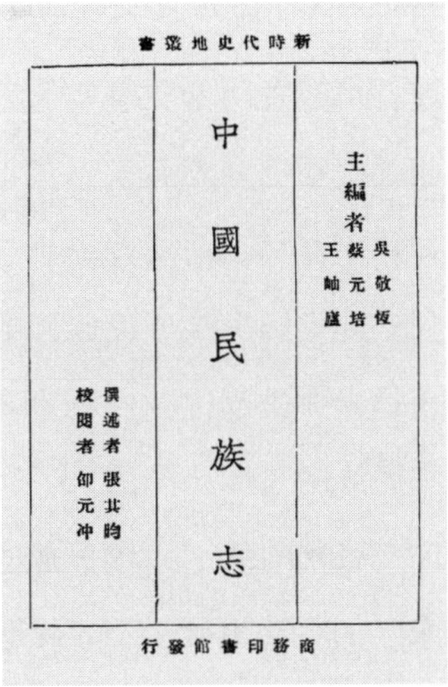

张其昀《中国民族志》书影

同常乃悳的《中华民族小史》相比，张其昀的《中国民族志》除了有一大章简单地叙述中华民族发展史的内容（占全书总分量的近1/3），相对更重视揭示“中华民族”较近的状况及其存在的民族问题，注重将历史和现实通过问题叙述的形式糅合在一起。这从其“中华民族之现状”（主要包括中华民族总的人口数、分布，粮食问题等内容）、“海外华侨与祖国之关系”、“移民实边政策”、“原始民族之开化运动”、“西北回教徒之分布”、“外蒙问题与西藏问题”、“中国之民族精神”等章的名目，便可知一斑。不过，在记述西南有些少数民族的用语方面，该书也还存在着一定的瑕疵。① 值得注意的是，该书对“中华民族”的认知，如果从今人的角度来看，许多部分都侧重于“国民民族”的把握，但它同时也没有忽略揭示其内在的“种群或族裔民族”性，甚至可以说在某种程度上，它是试图融政治学的“民族”概念入人类学和民族学的民族概念之中。该书自题的英文书名即为 *A Study on the Chinese Ethnology*（《中国民族学研究》），其中所用的 ethnology 一词，不妨说典型地证实了这一点。这也反映了当时部分国民党人构建单一性的“中华民族”之理想。

此外，努力从“中华民族”整体上来概括民族精神或特性，也是张其昀此书的特点之一。这类尝试，实构成为现代中华民族观念知识体系中不可缺少的一环。该书认为中华民族突出的“民族精神”或特性主要表现在四个方面：喜和平而厌侵略；尚中庸而恶偏激；先家族而后国家；重实行而轻理

① 张其昀：《中国民族志》，商务印书馆 1938 年版。其英文书名，自题在版权页上。

想。① 这一概括是否准确、深刻，是否具有对汉民族以外各少数民族的解释力度，可暂置勿论，事实上，此前从中国文化、汉民族特性等其他角度做出的相关概括已多不胜举，只不过明确从现代“中华民族”理念出发的类似尝试却并不甚早。前文曾提到，1917 年申悦庐的《中华民族特性论》一文可称嚆矢。此类国民性或民族性的概括或言说，无论是基于改造国民劣根性的立场，还是光大民族优越性的动机，就其初期而言，其广泛传播都是有利于现代中华民族的整体认同的。②

张其昀的《中国民族志》，后来还曾被商务印书馆修订后作为“新中学文库”的一种出版，③ 也就是作为中学教学参考书使用，其观点的影响进一步扩大。

毫无疑问，这类以“中华民族”或“中国民族”为标题的专门著作特别是中华民族史著作的撰写，对于现代中华民族观念的传播与认同具有特别重要的意义，因为它们为这一观念的社会化提供了一套较为完整的相关“知识系统”。不过这类著作在 20 世纪 20 年代还是刚刚出现，其中更为深入和翔实的部分，乃是在 30 年代及其以后才得以逐渐完成和出版的。

《中华民族小史》一书的作者常乃悳，为青年党的六位核心人物之一，1926 年被选为青年党的执行委员，任宣传部部长。《中国民族志》一书署名“著述者张其昀，校阅者邵元冲”，邵、张都是国民党人，邵还是当时国民党中的重要人物。国民党人极其热心于现代中华民族的认同与整合，这与当时该党的执政地位显然有着直接的关系。而青年党由五四时期的“国家主义派”发展而来，本就以“大中华民族（国家）主义”为立党之本。作为抗战以前

① 张其昀：《中国民族志》，商务印书馆，1938 年，第 169—183 页。

② 关于近代中国国民性或民族性话语与中华民族观念及认同的复杂联系，也是有意义的问题。专门深入的探讨，尚有待来日。

③ 张其昀：《中国民族志》，商务印书馆，1938 年 7 月初版，1947 年 4 月三版。

鼓吹热爱中华民国的意识形态最用力的两大党派之人，他们在现代中华民族整体认同方面格外努力，是不难理解的。

2. 国民党政府和学界精英“整合”民族的继续努力
——“蒙藏宣化”、黄陵祭祖与“民族”重审

民国中期以后，在推进“大中华民族”观念及其认同的过程中，最为热心也影响最大的政党，自然是当时夺得执政党地位的国民党。1928 年之后，以蒋介石为首的国民党政府积极致力于多方“整合”大中华民族。首先是从政治和法律上，进一步明确少数民族为“中华民族”不可分割的有机组成部分。1929 年 3 月，国民党召开第三次全国代表大会，通过了《对于政治报告之决议案》，其中关于蒙古、西藏与新疆的部分就声明说：“蒙古、西藏及新疆边省，舍实行三民主义外实无第二要求。虽此数地人民之方言习俗与他省不同，在国家行政上稍呈特殊之形式，然在历史上、地理上和国民经济上则固同为中华民族之一部，而皆处于受帝国主义压迫之地位者也。”同时还强调，“求汉、满、蒙、回、藏人民密切的团结，成一强固有力之国族，对外争国际平等之地位”，此乃国民党民族主义的根本宗旨。①

1929 年 6 月，国民党三届二中全会正式通过了《关于蒙藏之决议案》。其首要任务，是“阐明蒙藏民族为整个中华民族之一部，并释明三民主义为蒙藏唯一之救星”，同时说明面临帝国主义侵略的危险形势，以及第三国际曲解民族自决之煽动宣传等道理。决议案还承诺，中央须对蒙古、西藏地方的各项建设进行扶持，积极培养蒙古、西藏人民的自治能力，并优先录用蒙古、西藏人民

① 荣孟源编：《中国国民党历次代表大会及中央全会资料》上册，北京：光明日报出版社，1985 年，第 646—647 页。

参加地方行政，奖励蒙古、西藏优秀分子来中央党政机关服务，等等。①

这次会议后，国民政府特别以国家立法的形式，强调保障少数民族人民的某些合法的政治权利。如1929年10月，国民政府就根据会上蒙藏委员会委员格桑泽仁的提案，专门发布了《以后对于西藏民族不得再沿用番蛮等称谓，以符中华民族一律平等之旨》的法令，明确规定“对于藏人，不容稍有歧视”②。1930年年底和1931年年初，蒋介石又亲自写信给九世班禅，强调国民政府正努力融合国内各族、建设一大“中华民族”的立场。信中写道：“西藏屏藩国家，历史最久。此后中央本民族主义，将五大民族冶为一炉，合组成一中华民族，一心一德，以防止帝国主义之侵略。”③ 1937年7月1日，蒋还以国民政府主席的名义，册封九世班禅为“护国宣化广慧大师”。

从1928年起，国民政府正式成立了专门的机构——蒙藏委员会，以加强对蒙古、西藏等少数民族地区的管理。该委员会主办的一系列刊物，多采取多民族合璧的形式，向蒙古、西藏人民传播政府的国家政策以及一体化的“中华民族”整体观念。20世纪30年代初，在《蒙藏旬报》《蒙藏半月刊》《蒙藏月报》等刊物中，对“中华民族”概念的使用和观念的宣传已经相当普遍，④ 蒙古文、藏文等一些少数民族文字里面，也因此逐渐出现了“中华民族”一词初步的对应词汇或表述。下面，我们不妨略举一例，以见一斑。

1932年10月，青海省举行祭海典礼，国民党中央特派蒙藏委员会总务处

---

①《二中全会通过之三要案》，《申报》1929年6月19日。

② 蒙藏委员会编：《蒙藏委员会法规汇编》，蒙藏委员会，1930年，第299—300页。

③ 中国第二历史档案馆、中国藏学研究中心合编：《九世班禅内地活动及返藏受阻档案选编》，北京：中国藏学出版社，1992年，第20—21页。

④ 仅文章标题上出现“中华民族”一词的文章就随处可见。如《开发西北与中华民族的关系》（《蒙藏旬报》1932年10月第7卷第1期）、《国庆日给予我中华民族的回想》（《蒙藏半月刊》1933年10月第2卷第1期）、《中华民族整个对外》（《蒙藏半月刊》1934年第1卷第1期）、《班禅回藏与中华民族》（《蒙藏月报》1934年6月第1卷第3期）等。

处长陈敬修作为专员，前往慰问视察。陈氏在祭海仪式结束后发表演说，以表达中央慰问之至意。他在简短的演说中，对于三民主义和“中华民族”观念的关系问题，做了清晰的说明和有选择性的善意过滤与发挥，不愧为现代中华民族观念称职的宣传员。《蒙藏旬报》曾刊登其演说词如下：

> 蒙藏同胞，我们的国民政府，是遵奉孙总理的遗嘱及三民主义，施行国政。我们五族同胞，应一致拥护。甚么是三民主义？即是民族、民权、民生。第一，民族主义，是汉满蒙回藏五大民族一律平等，不分畛域，互相扶持，相亲相爱，成为一个大中华民族。并且尽量发展，使世界各民族一律解放，一律平等，中华民国与欧美各列强并驾齐驱。第二，民权主义，是五大民族，以自决自治，从智识文化上发展民权，以共同维护国家政府。第三，民生主义，是要使五大民族同胞的衣食住行，都能圆满解决，都能平等生存。现在国民政府，所施行的政策，都是依照这个三民主义。对于蒙藏同胞，负责领导，格外优视。不像从前的专制政府和跋扈军阀的欺压诈骗，并特别设置蒙藏委员会的最高行政机关，以特别注重蒙藏方面的一切应开应革事宜。今年青海祭海典礼，中央特别重视，对于民族间情感的联络，和将来地方事宜的兴革，都有极大关系。我一方面尽我的智力，考察一切的情况，但是一方面极盼望蒙藏的同胞，尽量地陈述。我明了蒙藏的真实情形，就可以尽力地呈报蒙藏委员会，并且转呈中央，设法进行整理。总使我蒙藏同胞，共享中华民族应享的一切幸福。①

在本卷《蒙藏旬报》中，这份演说词被较为完整地译成蒙古文和藏文。其中“中华民族”的蒙古文对译语词为ᠳᠤᠮᠳᠠᠳᠤ ᠢᠷᠭᠡᠨ [illegible]。ᠳᠤᠮᠳᠠᠳᠤ为中国、中华；ᠢᠷᠭᠡᠨ [illegible]为老蒙文当时的“民族”译法。前半ᠢᠷᠭᠡᠨ，意思为民、人民；后半[illegible]，意为民族、望族，不过写法不太规范，规范的

① 《陈专员祭海演说词纪略》，《蒙藏旬报》1932年10月10日第6卷第1期，第14—15页。

写法是[illegible]，其词根[illegible]，意乃族、种族和宗族。现代蒙古文中通行的“中华民族”，译法为[illegible]，“民族”一词，一般译作为[illegible]。①

在藏文对应中，“中华民族”译成ཀྲུན་ཧྭ་ཞེས་པའི་མི་རིགས་，“大中华民族”译成ཀྲུན་ཧྭ་ཞེས་པའི་མི་རིགས་ཆེན་པོ。② 其中，“中华”二字音译为ཀྲུན་ཧྭ，与现代藏文中的音译拼法ཀྲུང་ཧྭ略有不同；མིའི་རིགས་རྒྱུད་，当时的藏文意思为人种、民族。但在现代藏语里，该词只指人种、种族，“民族”则另有其词为མི་རིགས་；ཞེས་པའི་一词的意思为叫作、名为；ཆེན་པོ一词则意思为大。因此直译那两句藏文，就是“名为中华的民族”和“称作中华的大民族”，可见它们当时还不是一个固定词汇。现代藏文里，“中华民族”译作为ཀྲུང་ཧྭ་མི་རིགས་（krung-hwa-mi-rigs）。③

在文教方面，加强五族文化的融合，自然是实现“大中华民族”建设重要而急迫的需要。1928 年 5 月，国民政府召开全国教育会议，会上甘肃教育厅就明确提出了《融合并发扬中华民族文化案》，集中地体现了这一时代性诉求。该提案主张各民族在文化上应进一步加强融合，以巩固中华民国的政权和发展“共同文化”。在陈述其理由时，该提案指出：

> 中华民族由汉满蒙回藏五族组织之。五族在历史上既系同出一源，在地理上又唇齿相依，自不能误解民族自决之说，故使分裂。应于平等原则之下，切实联合，以巩固共和基础，维持我大中华民族之生存与繁荣。然欲达此目的，实应从融合五族文化入手，盖以各民族须有共同之文化，始能实行团结也。④

---

①《蒙藏旬报》1932 年第 6 卷第 1 期，蒙古文部分，第 23 页。

②《蒙藏旬报》1932 年第 6 卷第 1 期，藏古文部分，第 28 页。

③ 宝音朝克图、罗布教授在蒙古文和藏文解读方面给予笔者耐心帮助，特此致谢。

④ 中华民国大学院编：《全国教育会议报告》，第 182—184 页。收入沈云龙编：《近代中国史料丛刊续辑》（429），台北：文海出版社，1981 年。

应当说，这一关于寻求各民族“共同文化”基础的自觉，还是清醒和理性的。正是以此认识为基础，此后国民党开始逐渐重视起边疆教育来，并加快了从思想文化上统合全国各民族进程的步伐。与此同时，国民政府还直接推动了对西南、西北等边疆民族的调查研究工作，知识界也从此兴起了调查研究边疆少数民族的学术活动，至20世纪30年代中期以后逐渐形成热潮，使广大国人对于边疆少数民族的了解和认知，也因之逐渐地增多了。①

这一时期，国民政府还逐渐强化了对于中华民族共同祖先的宣传和认同，后来更是定期派专员赴陕西黄帝陵举行祭祖活动，期望以此加深加强国人的“中华民族”观念和全民族的凝聚力。1929年5月3日，也就是日本军占领济南一周年的日子，蒋介石发表了一个值得注意的讲话，他把全体中国人意义上的“中华民族”明确通称为“黄帝子孙”。他说：“（5月3日）这是中华民族最耻辱的一个纪念日！临到这个纪念日，凡是中国人，凡是我们黄帝子孙，对于这种耻辱，是永远不能忘怀的。”② 由于国民党的提倡和倡导，“黄帝子孙”作为一种带有全民族泛血缘或象征性血缘联系的文化符号和情感沟通符号，在中国也传播得越来越广。

早在春秋战国时期，托称黄帝和炎帝之后裔的现象即已出现，秦汉时期，“黄帝子孙”的正式称谓也已诞生。《史记》作者司马迁上承“百家杂语”，下启二十四史，对于国人自称“黄帝子孙”起了关键作用。稍后，褚少孙补《史记·三代世表》时，即明确使用了“黄帝子孙”一词，称“舜、禹、契、后稷皆黄帝子孙也”。不过当时所谓“黄帝子孙”，主要是指圣贤明君，并未泛指平民百姓。此后，入主中原的少数民族政权的上层统治者，也习惯于自

---

① 详细情形，可参见马玉华：《国民政府对西南少数民族调查之研究（1929—1948）》（云南人民出版社，2006年）、李列：《民族想像与学术选择：彝族研究现代学术的建立》（人民出版社，2006年）等著作。

② 蒋介石：《誓雪五三国耻》，《蒋总统集》第1册。日本学者松本真澄已指出这一点，转见松本真澄著，鲁忠慧译：《中国民族政策之研究》，北京：民族出版社，2003年，第127页。

称为黄帝之后。王明珂曾将此种现象称作“攀附”传统，不无道理。① 也就是说，“黄帝”崇拜并不像有的学者所强调的那样，乃近代中国才有的新“发明”，而不过是一种具有悠久历史的旧“传统”在新时代的延续和发展而已。

时至20世纪初年，“黄帝子孙”说再度时兴，并与西方传入的人分五类说中的“黄种”认同和国民认同相结合，被赋予一种近代的新式特征。它起先主要是针对汉族而言，在清末时，正如我们前文所提到的，已经有维新派、立宪派和少数民族人士将其用来指称全体中国人了。进入民国后，随着国内各民族“同一血脉”“同源共祖”的观点日益增多（可以民初《五族国民共进会会启》为代表），黄帝成为一体化的现代“中华民族”的共同祖先之类“原本同种”说法，逐渐得到了更多人的认同与使用。事实上，它与“五族共和”论也能够长期共处。对此，除了前面已经提到的例子，我们这里还可以补充一个诗歌的例证。1925年，绥远道尹邓长耀所编《五族联欢歌》便强调：“五族从前是同种，后来子孙日渐多，迁移东西并南北，到处棋布又星罗……说来都是黄帝后，自西走东何蹉跎。”②

全面抗战前后，视全国各民族的成员皆为“黄帝子孙”或“炎黄子孙”说，已经是非常流行了。如国民党地方要员组织编撰的《绥蒙辑要》，在题为《中华民族》的开篇说明中就清楚地写道：

> 中华民族，都是黄帝子孙。因为受封的地点不同，分散各地，年代悠久，又为气候悬殊，交通阻隔，而有风俗习惯之不同，语言口音之

① 王明珂：《论攀附：近代炎黄子孙国族建构的古代基础》，《历史语言研究所集刊》第73本，2002年。也可参见沈松侨：《我以我血荐轩辕：黄帝神话与晚清的国族建构》，《台湾社会研究季刊》第28期，1997年；孙江：《连续性与断裂：清末民初历史教科书中的黄帝叙述》，收入王笛主编：《新社会史（3）：时间、空间、书写》，杭州：浙江人民出版社，2006年。关于“黄帝子孙”说的由来与内涵演变，高强2000年以来发表过系列论文，并出版《炎黄子孙称谓的源流与意蕴》（三秦出版社，2006年），亦可参见。

② 邓长耀：《五族联欢歌》，《绥远月刊》1925年第1卷第3期。

歧异，虽有汉满蒙回藏等之名称，如同张王李赵之区别，其实中华民族是整个的，大家好像一家人一样，因为我们中华，原来是一个民族造成的国家。孙总理说，中华民族，就是国族……民国成立以来，并将五族平等的原则订在约法，孙总理的民族主义亦完全以团结国内各民族，完成一大中华民族为目的。现在中央政府遵照总理遗教，对于国内各民族，竭全力以扶植之，时时刻刻，为我们边远的同胞，图谋幸福，解除痛苦，又特设蒙藏委员会，专为我们蒙藏同胞筹划一切的改进，中央委员也有蒙古人员。所以说五族，就是中华民族，就是国族。①

不仅如此，从 1935 年开始，国民党中央和国民政府还明确将轩辕黄帝宣称为“中华民族始祖”，规定每年都必须到陕西黄帝陵举行祭祀活动——从此，黄帝祭典成了中华民国一种固定化的国家仪式行为。国民党中央和国民政府于每年的清明节，都要专派要员郑重前往致祭，试图在凝聚国人的共同民族情感方面，做出积极努力。1935 年，张继和邵元冲代表国民党中央执行委员会和监察委员会，邓家彦代表国民政府，前往黄陵县祭祀民族始祖轩辕黄帝。随同前往致祭的还有陕西各界人士。后者的祭文有“致力于复兴民族，期忝雨我黄帝子孙”之句。1937 年 4 月 5 日清明节，第二次国共合作的两党代表，也在黄帝陵前举行了共祭黄帝仪式。张继和顾祝同等代表国民党和国民政府，林伯渠则代表的是中共政权，双方都有富于文采和民族深情的祭文宣读。毛泽东当年手书的“赫赫始祖，吾华肇造，胄衍祀绵，岳峨河浩”的祭黄帝陵文稿碑，至今仍矗立在黄帝陵庙碑亭里。

国共合祭黄帝陵，并共同视其为“中华民族始祖”，这对于全面抗战前后

① 《绥蒙辑要》一书，笔者见之于中国人民大学图书馆，标价 4 元。书上没有具体出版时间和编者及出版单位。据有的学者考证，该书编纂完成于 1936 年，铅印于 1937 年（一说 1936 年）。编者为陈玉甲（1908—?），抗战时期曾任蒙古游击军第 2 区司令。参见北京师范大学图书馆编：《北京师范大学图书馆藏稀见方志丛刊》（国家图书馆出版社，2007 年）对此书的介绍。

现代中华民族观念的传播和权威奠定，具有重要的象征性意义。①

关于传说中的黄帝何以能成为“中华民族之始祖”，国民党元老于右任在为1935年4月出版的《黄帝功德记》一书所写序言中，曾给予“权威性”说明：

> 黄帝公孙轩辕氏，实吾中华民族之元祖。吾中华民族有此生息昌大之疆土，有此博大悠久之文化，有此四千余年震烁世界之历史，繄维黄帝，为国族之神。于史，黄帝既战胜蚩尤，东至于海，西登昆仑，南及交趾，北出幽陵，而开拓中华民国已有之疆土。其子孙之蔓延于各地也，如汉族固为其苗裔，而西藏族之羌，回族之安息，苗黎族之禺号，蒙古族之匈奴，东胡族之鲜卑。金人之祖且为黄帝之子清，满清则金人之后也，是皆近世治史者所能考信。是中华民族之全体，均皆黄帝之子孙也。皇古荒昧，孰启鸿蒙？生活文物，孰为大备？黄帝不惟为中华民族之始祖，抑又为中国文化之创造者也。其发明制作，除人民衣食住行日常资用者外，尤要者如文字、算术、历数、医药、音乐等，皆万世之资，而一时已备。至于指南之针，辨方定位，迄今为世界交通所大赖。然此犹事功之彰著者言耳。更如至德要道，典籍恒垂，后世玄言，动皆称述。是此精神文教之施，亦万世万类矣。我中华民族有如此之伟大，中国文明有如此之超远，实黄帝拓殖创造之功也……②

作为一个传说中的人物，黄帝之所以能被近代国人和政府视为“中华民族的始祖”，而并无其他传说人物可以取代，实既得益于其远古时代“五帝”之首的尊崇地位，以致后世之各族皇家和贵族也都乐于“攀附”和托称黄帝

---

① 后来，黄帝陵祭祖也成为中国共产党与国民党争夺民族代表权的一个斗争场域。如1948年和1949年中共夺取黄陵县后，两次祭陵，而国民党只能在省城西安遥祭。观其双方祭文，可知其斗争内涵。

② 于右任：《黄帝功德记》序，南京仿古印书局排印，1935年版。

之后，从而得以祭祀不断并累世流传；又取决于古老的有关黄帝“发明制作”的诸多传说，所谓“人文初祖”之称正是由此得来。① 在近代中国，中华各民族“同源共祖”的黄帝子孙说或炎黄子孙说传播极广，构成了现代中华民族观念不能忽略的重要内容。

不过也应该指出，民国时期，尽管黄帝子孙说或炎黄子孙说传播很广，黄陵祭祖声势浩大，但国家只祭祀黄帝，而不同时祭祀汉族以外少数民族的其他先祖，或者说不把其他民族的先祖同样视为共同祖先，也并不是所有人尤其是少数民族人士都加以认同。如首次黄陵祭祖后的1935年4月7日，“大中国民族主义学会”的成员绛央尼马就致函天津《大公报》，提出不同意见。该函指出：“共和以还，五族一家，历史色彩最浓之‘中国’二字，意义颇为含混。故吾人本中山先生国族之主张，而提出大中国民族主义，盖包举各族及地域而言也。国人今日而言复兴民族，所指应为大中华民族，而非‘中国’民族也。”他认为，由于狭隘汉族意识作怪，国人每好以汉族指称“中国”，祭祀黄陵周陵，可谓汉民族狭隘意识“更为提高”的表现，这不利于大民族的团结。如果少数民族也这样，只祭祀各族的民族祖先，“双方意识进展，则大有悖于民族扫墓之原意矣”。因此绛央尼马建议，为今之计，只有举行大中国民族扫墓，建立“大中国民族主义”意识，彻底破除古往今来的华夷观念，由中央同时致祭各民族的伟人（因为“各族皆有崇拜敬仰价值、足以激起民族意识的伟人”），才能真正实现大中国民族团结的目标。②

不仅如此，当时也有汉族人对将黄帝作为全民族祖先来加以祭祀不以为然。据说著名学者陈寅恪就认为，黄陵祭祖之举“非特不能调和民族间感情，反足以挑拨之也”③。

① 可参见张其昀：《黄帝子孙》，《妙中月刊》1941年第23期。

② 绛央尼马：《对于民族扫墓之意见》，《大公报》1935年4月8日。

③ 可参见蒋天枢：《陈寅恪先生编年事辑》，上海：上海古籍出版社，1997年，第98—99页。

在这方面，相对说来，中国共产党在延安的一些做法，似乎更为可取。在延安，虽然中华各民族人民皆为“黄帝子孙”的说法同样流行，但以“少数民族”为主题的群众集会中，公祭汉族以外各民族的伟人和英雄，也是固定的重要活动。如1939年至1946年，延安每年都要隆重公祭成吉思汗，并视他为“中华民族”大家庭所共有的民族英雄与伟人，就极具典型性。以1940年为例，在那年公祭成吉思汗的大会上，吴玉章便称成吉思汗为“中华民族历史上一个伟大人物”，王明也称“成吉思汗是中华民族及世界的大军事家、大政治家”，并号召大家学习“他的团结各民族、抵御外侮的精神”。①

南京国民政府建立之初，在民族问题上遵循孙中山的民族主义遗教，急于树立一个大中华民族的意识形态，且已经开始流露出一种不愿再承认国内各族为独立的现代“民族”的单一民族论倾向。但其主要领导人起初在表达有关观点时，说法含糊，彼此也不尽统一。除重复孙中山的中国现有各族应消弭畛域、加紧融合，且历史上早就成为一个“国族”或“民族”的矛盾表述外，他们所能提出的一点“新”见解，似乎就是更为强调中华各民族的“同源共祖”这一点，这是孙中山所不曾明言的（尽管其民族形成的五种自然力中，“血缘”因素居首，但孙中山却并没有说过各民族血缘完全混合相同）。如1930年5月国民党召开蒙古大会前夕和会议之初，戴季陶、孔祥熙的有关讲话，便可为代表。

1930年5月29日晚，戴季陶在宴请蒙古大会的会议代表时发表演讲说：“现在一般人，都以为我们中华民国是由好几个民族所组成的，这几个民族的文字言语风俗都不同，所以很隔阂。但是我以为在中华民国版图内的各民族，在历史上完全是一个民族，决不如一般人所理想的那样疏远隔阂。”在形成民族的各因素中，语言文字、宗教习俗等都不算太重要，“最重要的还是血统。中国现在各民族的血统，完全是相同的，是从一个始祖传下来的。所以我们

---

① 江湘：《延安各界举行成吉思汗夏季公祭》，《新中华报》1940年7月30日。

应当认清这层意思，应当把中国造成整个的一个大民族”①。他甚至批评在中国，“谋国事者，多不计及于此，而论国事者多不敢明白主张以汉族为中心而同化，此盖昧于汉满蒙藏诸族在人种上本为同宗之历史与文化，为人类共同幸福之道理，故既不能自信而复不敢信人耳”②。次日，孔祥熙在蒙古会议开幕式的致辞中，也表达了类似的意见。他强调中国五族“在历史上在血缘上皆是一个民族”，“本是同根同源，彼此间的分别，是同于一个大家族的支系”，而且在历史上也“确有同化的事实”。③ 从而将同源论与同化论紧紧联系起来。从这里，我们仿佛已能看到蒋介石日后所认定的中国各族人均为“中华民族”的“大小宗支”之某种思想影子了。

不过，南京国民政府建立初期，蒋介石对于这一问题却没有像戴季陶、孔祥熙等人说得那么具体明确，他只是强调中华民族是不能分割的一个整体，中国各族人民都是“黄帝子孙”而已，故也只能说他大体上包含了此种思路。但是与戴、孔不同的是，他同时却又声言各族人民均属不同“种族”之人，这就出现了反较戴、孔之说更为明显的内在逻辑矛盾。如 1929 年 7 月 9 日，蒋介石在北平陆军大学演讲《三民主义纲要》时，就集中地谈到了这一点：

> 我们晓得世界上每一个民族，当然应该是独立的，各民族应该是平等的，但是我们中华民族不是一族的民族，完全是拿汉满蒙回藏五个种族合起来，成功整个的中华民族，这是历史上地理上文化上都可以证明为必要的。汉满蒙回藏五个种族联合起来，才叫做中华民族，是整个的不能分开的。我们的民族主义，对外要保持我们整个民族的独立和统一，

① 《中央党部欢宴蒙代表》，《中央日报》1930 年 5 月 31 日。

② 季陶：《东方民族与东方文化》，《新亚细亚》第 2 卷第 1 期，1931 年 4 月。

③ 刘振东编：《孔庸之（祥熙）先生讲演集》，沈云龙主编：《近代中国史料丛刊》初编第 82 辑，台北：文海出版社，1972 年，第 1—7 页。关于蒙古会议及戴、孔讲话的更详细内容，可参见杨思机：《指称与实体：中国“少数民族”的生成与演变（1905—1949）》，中山大学博士学位论文，2010 年，第 64—67 页。笔者此处引文也参照了杨文。

不使得有哪一部分，受人家的侵略；对内要谋平等自由的发展，不许各民族间，及各人民间，有谁压迫谁的事实。①

这里，蒋介石尽管已开始尝试称呼包括汉族在内的各民族为“种族”，以避免与一个“中华民族”说的矛盾，但他思想上尚是含混不清的。一方面，他同时还称这些“种族”为“民族”；另一方面，他似乎还没有意识到不同“种族”就意味着不同血缘的问题。一旦他意识到这一点，他就会自动放弃称中国各民族为不同“种族”了——这便是他后来终于走向“宗族论”中华民族说的缘由。

此种国民政府所倡导的具有“大汉族主义”倾向的中华民族观，当时即曾遭到过舆论直接和间接的批评。如1933年10月，《世界日报》就曾发表社论，吁请国民党中央“确立适当之民族政策”，其一就是要“以整个中华民族之利益为出发点，而不以汉族之利益为中心”；其二则是要“在彻底民主的中央集权制之下，予少数民族以民族自治权”。② 这一批评还是很有针对性的。

不过，对于以蒋介石为首的国民党及其国民政府来说，虽然“中华民族”被认为是“整个的”，甚至是“同源共祖”的一个“大民族”，但构成它的各个成分——国内其他小民族现有的“民族”身份，不仅在1931年九一八事变以前，甚至直到1942年以前，基本上都还没有被其最高领导人公然地、郑重地或权威性地加以直接否认。实际上，国民党高层的内部，在其当下究竟要不要继续称呼国内少数民族为“民族”的问题上，也还存在着相当的分歧。这在1936年通过的“五五宪草”里一度公开承认国内少数民族为“民族”的

① 蒋中正：《三民主义纲要》，副题为《十八年七月在北平陆军大学讲演词》，《中央周报》1929年第63期，第18—19页。1930年，它又以《三民主义的纲要》为题，发表于《中央半月刊》第2卷第24期。其内容大体一致，只是文字有所出入。而笔者所引录的这段文字，两者则完全相同。秦孝仪所编的权威本《先总统蒋公言论总集》目录中，却标明蒋介石的此次演讲稿“稿佚”，不知何故。

②《世界日报》社论：《中央宜确立适当之民族政策》，《世界日报》1933年10月27日。

宪法条文中，曾得到过集中体现。作为国民党最高领导人的蒋介石，其公然明确地否认各民族当下的“民族”身份，已是全面抗战爆发之后的事情。

值得注意的是，九一八事变之前，在学术界，从理论上潜在“否认”国内各民族为“民族”的思想动向已经开始出现。当时，已有学者借助阐发“民族”的概念内涵，或辨析“种族”和“民族”之关系尤其是其彼此差异，开始强调“中华民族”或“中国民族”为一个民族整体，而同时将国内的各民族（逻辑上包括汉族）实际置于“种族”或类似“种族”的地位。比如，1928 年 8 月 10 日，民国著名政治学家、留美博士张慰慈在《东方杂志》发表《民族主义与帝国主义》一文，就较早留下了这方面自觉的思想。

张慰慈认为，“民族”与“国民”不同，“国民”是国家给予人民的一种政治权利身份，而民族则“是人民心理上的一种态度，是一种精神的团结力”，它往往表现为“民族精神”的差异，也就是强调民族是一种具有独特精神且自我认同的人类共同体之义。在张氏看来，“民族观念很像上古时代的血统观念，能使一群人民自然而然地发生一种团结的自觉心，但民族观念的范围比之血统观念的范围更广大，其势力也更伟大”。他甚至不无极端地认定：“凡所有人类的种种特性，无论是语言，或特别的风俗，或宗教，或政治生活的习惯，没有一种可以作为民族的特质。差不多没有两种民族所依据的具体要素是相同的。瑞士民族是没有共同语言的，犹太民族是没有共同土地的，至于共同种族，那是更不成立了。世界无论哪一国的民族都是聚集无数种族不同的人民合并而成的。”这和此前梁启超及 1919 年隐青的《民族精神》一文中的有关思想似并无大的差别，但不同之处在于，他这时已明确地拿这一观念来做“中华民族”（他称为“中国民族”）是为“一个民族”的论证说明了。张氏指出：

> 我们中国民族之中，有几百万的蒙古人，百多万的满洲人，几百万的西藏人，百几十万的回教突厥人，并且在历史上，中国民族不晓得归并了无数的南蛮北狄，成为一个民族。可是我们中国民族的人种无论怎

样的不同，我们四万万人民经过了这许多年数的共同生活，自然而然地有一种团结的自觉心，自以为成为一个民族。

张慰慈还回答了在各种“精神的团结力”中，为什么“各种各样人民的民族精神团结力能发生重大的历史结果，而国际间同宗教的或劳工阶级虽也有一种精神团结力，但其重要万不能与民族的团结力相比较”的原因。他认为这与“国家”的建立及其“国家”建立时的社会种族基础，有着直接的关系。用他的话来说就是：“民族精神之所以能有绝大的势力可以算是两种势力造成的：第一，国家；第二，国家在历史上发生时候的社会状况。”换言之，“民族”虽与“国家”和“国民”不同，但它的形成却与国家的作用有着密切的关系。因为国家本身是“一种极大的势力，凡国内人民没有一个不受其影响。国家成立后第一步工作，就即把其人民的利益与别处人民的利益分别界限。比方现今欧洲那几个国家成立以后，就把那种表示于宗教、学问、法律与风俗的中世纪文化逐渐民族化了”。因为在同一种法律和风俗之下的各国居民，久而久之，就会彼此“发生一种同情心”，形成一种区别于他国之民的一体意识，以及共同的命运感和“不得不通力合作”的“团结的精神”。具体到中华民族的形成与国家的关系，张慰慈则特别提到了清朝统治的特殊作用和民国建立的重要影响，尤其是他对清朝帝国民族遗产的强调，表现出了一个政治学家难得的思想见识。他写道：

从我们中国民族方面着想，我们可以说，新疆、西藏人与中国人成为一个民族完全是因为清朝统治了二百多年时候，以法律与行政把这几处地方的人民混合了，使他们有一种团结的自觉心，这就是第一种造成民族的势力。蒙古、满洲人与中国人成为一个民族，是靠上述第二种造成民族的势力。我们在光复时候或光复以前无论怎样仇恨满人，现在满人改了一个汉姓以后，我们就不觉得有什么区别的地方。现在无论汉人或满人都觉得同是中国人，同是属于中国民族。①

这是在孙中山五种自然力的民族形成学说之外，从政治学的角度，把“民族”主要看作一种直接受近世以来国家力量整合的“精神上的团结力”，来论证“中国人”已成一个中华民族，同时把国内其他被称为分支民族的人民视为“人种”即“种族”的理论先声，尽管此前泛泛地称国内五族为“种族”者并不少见。

1929年，国民政府有关宣传部门还在《东方杂志》等重要报刊特别开设“民族运动”专号，动员学者集中讨论相关思想问题。著名政治学学者杨幼炯等，在讨论中就明确宣称，该运动的目标实际有二：一是“求中国民族能自由独立于世界”；二是在“要求我国政治地位平等的基础上”，再“谋民族的统一，企图以本国现在的民族，构成大中华民族，建设民族的国家”。② 本期《东方杂志》的专号《卷头语》，还将第二个目标的实质直接概括为民族之间的“同化问题”，强调“还有一层应辨明的，五族的同化乃彼此同化，其目的不过在促进共同一致的民族精神而已，并不是一族消灭别族的个性”。③

这种各民族之间的“彼此同化”，用今天的文化人类学专门术语来说，也就是“涵化”（acculturation），而不是简单地以“汉族”去单方面同化其他小民族，消灭其文化个性。此类“辨明”自然很有政治思想史意义，值得引起史家重视。因为当时，关于所谓“民族同化”问题，的确存在不同的理解乃至多种误解，并曾引起少数民族人士的反感。如1930年5月底6月初召开蒙

① 张慰慈：《民族主义与帝国主义》，《东方杂志》第25卷第15号，1928年8月10日。张慰慈（1890—1976），江苏吴江人。早年留学美国，获哲学博士学位。回国后成为北京大学最早的政治学教授，中国现代政治学的开拓者。曾著《政治概论》（1924年）和《中国政治学大纲》（1930年）等书。鉴于张慰慈其人思想的重要性，我曾建议中国人民大学出版社出版的“中国近代思想家文库”，将其列入为其中一卷，最终被采纳。

② 杨幼炯：《我国民族运动之理论与实际》，《东方杂志》第26卷第20号“民族运动号”，1929年。

③《卷头语》，《东方杂志》第26卷第20号“民族运动号”，1929年。

古大会期间，就有蒙古代表针对孔祥熙等大讲历史上各民族“同源同化”论，表达不满和反对情绪说：“现在一般人都常常说要由汉人把蒙藏满回各种的人民同化，这种话本来没有什么错误，我们也很希望如此。不过总理是主张各民族自决的，不主张用强硬的手段。汉人占中华民族的大多数，三五十年后，自然可以使各民族的言语文字，自然而然的一致。所以我们不必一定在现在谈什么同化云云。”① 有的批评之声甚至还更为激烈。这实际上也提醒今人，要想准确、全面了解20世纪20年代最后几年开始国民政府所发动的那场以“中华民族”为认同符号标志的“民族（同）化”运动之复杂性面向，起码应该多关注当时媒体上的有关报道与解释，而不能仅看国民政府的有关文件而已。当时卷入其中的人们，即便是在国民党主导的报刊上发表关于“中华民族”观念的见解和民族观认知，其实也并不完全为国民党所执定的宗旨所拘囿，更何况一般大众媒体呢？

①《中央党部欢宴蒙代表》，《中央日报》1930年6月2日。

二、日本侵华与“中华民族”认同的深化——以“中华民族复兴”话语为中心的透视

从九一八事变到“一二·九”运动，再到卢沟桥事变和全面抗日战争爆发，亡国灭种的民族危机提出了加紧中国各民族团结和进一步凝聚融合的严峻使命。于是，现代“中华民族”一词和概念，在舆论的引导之下，又因能简洁鲜明地体现与侵略者对立的国人之整体性、命运的共同性、生存发展的神圣感、团结合作的庄严性，以及与历史相联的必要的族群自信心，及这一符号本身对国内党派政治的互争局限之超越，从而自然成为各种媒体中出现最为频繁、最能激发国人抗战斗志、最易为国内各种政治势力所接受和乐道的时代词汇。一体化的“中华民族”整体观念因之传遍大江南北，并通过“抗日民族统一战线”实际斗争的洗礼，真正渗透到中国各族人民特别是占全国人口绝大多数的汉族人的心中，最终蔚成不言而喻、广泛认同甚且难以动摇的神圣信念。

1.“九一八”和七七事变的巨大影响
——以少数民族人士的“中华民族”认同为例

还在全面抗战初期和中期，就有人回过头去总结九一八事变对于全体中华民族觉醒的刺激作用，有的强调“‘九一八’事变是睡了的中华民族深夜的第一次鸡声”①；有的直接从“中华民族”这个名词和概念的历史着眼，分析和强调“九一八”日本侵华所产生的那种侵略者万万也想不到的影响。如1939年一篇题为《伟大的中华民族》文章的作者裴芷，就这样写道：

> 中华民族，这名词的历史，也许并不十分的悠久，我们知道，创造中华民国的那年——辛亥，没有这个名词；再生中华民国的革命军北伐时，也没有这个名词。这个名词的产生，不过是近几年来的时候，是“九一八”以后的事情，也就是，我们全体同胞，遭受到侵略以后，所发生的一种自觉。由于这种自觉，就产生了“中华民族”这名词。因此，“中华民族”这名词，实在是一个时髦的名词。②

很显然，认为“中华民族”的名词和概念为“九一八”以后才出现的说法是不符合历史真实的。我们在前文里，已经揭示出民国建立之初尤其是“五四”后现代意义的“中华民族”一词在知识界使用越来越多的情形。不过作为抗战时代的亲历者，该文作者从另一层面却无疑见证了一个新的事实，那就是，尽管“中华民族”一词和概念在此前已有一定范围的使用，但直到“九一八”以后特别是全面抗战时期，它才可以说真正在社会上特别是民间社会勃然而盛、广泛流行，且不无体现国人抗战意志、团结情绪和时代精神的某种“时新”色彩。这，毋庸置疑的也是一种社会历史事实——日本侵华，对现代

① 虚谷：《“九一八”对中华民族复兴上的意义》，《新新周刊》1938年第18期。

② 裴芷：《伟大的中华民族》，《国风》1939年9月第3期。

“中华民族”整体观念的传扬和社会化认同，的确产生了巨大的影响之事实。

经过六年的积聚，1937年全面抗战爆发后，中国各族人民命运相系、团结抗战的意识得到空前强化。“中华民族”一体观念，在少数民族的精英人士那里也得到了有力的呼应。1938年4月，蒙古族代表巴文峻、达密琳多尔济等，藏族代表贡觉仲尼、罗桑坚赞、阿汪坚赞、格桑泽仁、黄正清等，维吾尔族（当时亦称“新疆回族”①）代表尧乐博士、麦斯武德、艾沙等著名的少数民族人士组成“蒙藏回族慰劳抗战将士团”，到抗日前线慰劳抗战将士，同时通电和发布《告全国同胞书》和《敬告全国抗战将士书》，表达了作为中华民族的一员，将与全国人民一道同呼吸共命运，坚持抗日、奋战到底的坚强决心和必胜信念。如《告全国同胞书》就慷慨激昂地写道：

> 我蒙藏回诸族皆中华民国国民，与全国同胞责任平等，休戚与共，更钦佩孙总理民族主义之遗教，期国内各民族亲爱精诚，共同担负救国建国之神圣责任。年来日寇侵凌，国难严重，我蒙藏回诸族，莫不拥护中央，忠诚自矢。去夏以来，日寇大举来攻，穷极凶恶，其所攻占之地，莫不残戮壮丁，淫辱妇女，焚掠财产，破坏文化，盖欲灭亡我国家之独立，摧残我大中华民族之生存，我边疆人民，无宗教族系之别，咸凛然于国家人民之绝对同其命运，及国内诸民族之绝对不可分，以为惟有一致团结，牺牲奋斗，方可以达卫国保民之目的……代表等来自边疆，洞

① “新疆回族”，这是当时的一种称呼，主要指天山以南信仰伊斯兰教的各族人民，尤其是维吾尔族人民，传统汉语里一般称之为“缠回”，清代亦惯称“回部”。民国时期，“回族”概念所指内涵不一，所谓“五族共和”口号中的“回”，包括了维吾尔族、回族等信仰伊斯兰教的民族在内。1934年11月29日，盛世才统治新疆时期，新疆民政厅通告，正式改“缠回”为“维吾尔族”。“维吾尔族”的称谓遂有了一定范围的使用，但广义范围的“回族”之称仍广泛存在。参见赵海霞：《“缠回”更名“维吾尔”时间考》，《甘肃民族研究》2011年第2期。清代民国的“回”是一种泛称，“回部”主要指天山南部的维吾尔族，但有时候也包括回族等其他信仰伊斯兰教的民族。参见方素梅：《从〈回部公牍〉看民国前期回族人的政治参与活动》，《民族研究》2010年第1期。

悉民意，信仰三民主义，服务救国工作，深信以大中华民族共同一致之奋斗，必能获最后之胜利……至于敌人分化中国之毒计，消灭我国民独立意识之一切阴谋，在我全民族团结救国之神圣决心之前，其必归于失败，更可断言……区区愚诚，为全国同胞所接受而赐教焉，则幸甚矣！①

在《敬告全国抗战将士书》中，他们除对英勇抗战的将士们表达一份同胞的真诚敬意之外，更是明确宣称：“汉满蒙回藏各民族，同为组成中华民族的份子，以历史地理种种原因存亡与共相依为命，实有不可分离之关系。总理曾说，‘吾人必须团结汉满蒙回藏四万万人民为一大国族，建设三民主义之国家，始足以生存于今日之世界’，遗训昭然。在此抗战的过程里面，我们尤应以我们的共同力量，来消灭敌人所给予我们的共同痛苦。”最后，他们还激情满怀地高呼：“英勇的将士们，最后的胜利是属于我们的，你们的鲜血将培养出民族的自由平等之花。努力吧！歼灭日寇以竟全功。中华民国万岁！中华民族万岁！”②

1938 年 6—7 月，爱国藏族人士青攘呼图克图、贡嘎呼图克图、格桑泽仁、相子翁堆等发起组织“康藏民众抗敌赴难宣传团”和“西康民众慰劳前线将士代表团”，赶赴重庆和各大战区慰劳前线抗日将士。在《康藏民众代表慰劳前线将士书》中，也同样表达了共同抗击日寇、强烈认同并坚决捍卫“中华民族”共同体亦称“中华国族”的同胞深情。这份传诵一时的文书，明确说明了这些少数民族同胞对“中华民族”概念的深刻理解：“中国是包括固有之二十八省、蒙古、西藏而成之整个国土，中华民族是由我汉、满、蒙、回、藏及其他各民族结合而成的整个大国族。日本帝国主义肆意武力侵略，其目的实欲亡我整个国家，奴我整个民族，凡我任何一部分土地，任何一部分人民，均无苟全幸存之理。”③

---

①《蒙藏回族慰劳抗战将士团告全国同胞书》，《蒙藏月报》1938 年第 2 期。另可见仲实：《民族大团结》，《抗战》1938 年第 61 号。

②《蒙藏回族慰劳抗战将士团敬告全国抗战将士书》，《蒙藏月报》1938 年第 2 期。

③《新华日报》1938 年 7 月 12 日。

在抗战时期蒙古族的国家认同和“大中华民族”认同中，内蒙古伊克昭盟盟长沙克都尔扎布（简称沙王）是个具有象征意义的人物。沙克都尔扎布（1873—1945），汉名魁占，成吉思汗第30代孙，达延汗第16代孙。早在1902年就被清政府任命为伊克昭盟副盟长。1924年，出任伊克昭盟盟长兼吉农（成吉思汗陵奉祀官）。1936年就任国民政府任命的绥远省境内蒙古各盟旗地方自治政务委员会委员长。七七事变爆发后，沙王断然拒绝日本侵略者的拉拢，率领绥境蒙政会转移到伊克昭盟札萨克旗，坚持与国内各民族团结抗日，表现出中华民族救亡御侮的可贵气节。1939年年初，他应邀前往重庆述职，途经延安时受到毛泽东等中共领导人的接见。到重庆后，更受到大后方人民的敬重和蒋介石等国民政府领导人的欢迎。他在重庆发表谈话，明确声称：“蒙古是整个中华民族的一分子”，“蒙旗同胞”对于抗战具有义不容辞的责任。《中央日报》特为此发表社论强调：“这是沙王代表蒙旗同胞对全中国同胞宣示的。沙王这个宣示，意义太重大了”，它表明“汉满蒙回藏五族合组而成中华民族”，已经凝成一个坚强的“国族”，它拥有强固的政治基础，“高强的文化力量”，是任何敌人都难以分化、离间和拆散的“整个的阵线”。①1939年6月，在日军已占领内蒙古西部大部地区，伊盟形势日趋险恶的情况下，沙王得到国民政府行政院和蒙藏委员会的批准，毅然将成吉思汗陵榇从伊盟迁移到甘肃榆中兴隆山，从而保卫了蒙古族和中华民族的神圣尊严，也激发出各族人民团结抗日更加坚强的决心。成吉思汗陵的郑重西迁，在抗战时期的中华民族认同和凝聚史上，是个具有象征意义的重要事件。

抗日战争时期，回族的“中华民族”认同表现尤为突出，为抗日战争的最后胜利做出了重大牺牲和贡献。抗日救亡促进了回族整体民族意识的空前觉醒。广大回族同胞形象地把中华民族视为生命体，而把本民族看作构成这个生命体的有机部分——“细胞”，如《回教论坛》就有通讯言：“回胞是构

---

①《蒙旗同胞的责任》，《中央日报》1939年2月17日。

成中华民族的坚强细胞；现在整个的民族在争取自由解放，回胞要毅然担负一部分艰巨的工作，要放弃保守性，打破不与国是的因袭观念。”① 他们认识到自己是“中华民族的一员”，因此本民族的命运同整个中华民族休戚相关，唇齿相依，因此要自觉尽一个民族分子应尽的义务，担当起谋求中华民族生存与发展的责任。时任宁夏省政府主席的回族将军马鸿逵就表示：“我们是回教的信徒，同时也是中国国民，既然我们都是中华民族一员，所以要一方面发扬宗教的精神，一方面要对民族的存亡、国家的兴衰，负起相当的责任。因为本身和中华民族有了密切的联系，那么民族的生存，就是本身的生存，民族的灭亡，就是本身的灭亡，所以要团结精诚，坚定意志，去求民族的生存和发展，务使中华民族能够不断地在世界上繁荣滋长。”② 马鸿逵还强调指出，“中国的人民，因信仰自由，信仰了回教，仍然还是中华民族……我们只知道我们是中华民族，是四万万人里的一部分。我们世忠国家，不能忘其祖宗，不能忘其国家，无所谓回，无所谓汉，同是被人欺凌的弱小民族”，只有自觉“铲除汉回间的界限，洗涤汉回间的隔阂，共同一体，尽忠国家，永远消弭隐患”，才能最终改变全民族的命运，实现共同的发展。③

整体的民族意识，最集中地体现在民族性的自我理解上。当时的回族报刊就不乏这样的言论：“中华的男儿和奴隶的根性无与；他们是醒狮，要以雄厚的姿态，来对抗敌人，扑灭敌人。”④ 这种整体民族意识确实有着深厚的历史和情感沉淀。他们祖祖辈辈生于斯长于斯，在这片古老的大地繁衍生息，这份厚重的感情在民族危亡之际往往表现得更为充分。1938 年成立的中国回民协会，便称：“我中华回民皆中国之国民，生于斯、息于斯，与国家有绝对

---

①《中国回民青年战地服务团近讯》，《回教论坛》第 2 卷第 10 期。

② 马鸿逵：《要用信教精神挽救中国民族的沦亡》，《回教大众》1938 年创刊号。

③ 马鸿逵：《西北之两大问题》，郭维屏主编：《西北问题研究会会刊》，正中书局，1934 年，第 6 页。

④《河北回民的奋斗精神》，《回民言论》第 7 期。

不可分离之关系，绝非外人阴谋谰言所可动摇。回教人民认为中华民国之休戚，系我全民族之休戚，祸福与共，兴亡有责。”①

抗战建国促进了国家观念和国家意识的广泛播扬。而新兴民族国家观念的普遍传播则强化了中华民族的整体认同。少数民族也以民族解放、国家独立为己任，把实现中华民族之自由平等作为自己的神圣使命。回族最大的抗战社团——中国回教救国协会就认为自己的历史使命是：“策动起来，拥护政府既定的国策，一致抗战到底，争取民族的解放与国家的独立与生存，这是大时代之推演赋予我们的使命，而不容任何一人可以推卸的。”② 1940 年 3 月中国伊斯兰青年协会成立，作为中国回教救国协会领导下的回族青年组织，该会在《成立大会宣言》中提出：“国家兴亡，匹夫有责。”号召回族青年：“我们应当加强我们的国家观念，并普遍使回教大众具有浓厚的国家意识。在抗战期间，为求中华民族之自由平等，而抵抗侵略者势力，正是良好国民和忠实宗教信徒尽到天职的时候。”③

回族著名爱国文化人孙绳武先生曾作《中华民族与回教》等文，对日本帝国主义“以灭亡整个的中国为目的，想把整个的中华民族划分为许多小的单位，以便它来个别地征服与统治”，“从事于破坏中华民族的统一结合”之阴谋大加揭露，认定“无论从质或量说，中国回民都占了中华民族的重要部分”，表示回族人士一定要“憬然于本身责任的重大，要英勇地奋发图强，与各教各族的同胞联合起来”，以“共同完成复兴民族的使命”。他坚信：“我国历史发展到现阶段，国内全民族必然要统一结合，而成为一个整个的中华民族。”④

由此可见，抗战时期各族人民血肉相连的民族命运和共同的抗战生活，

①《中国回教民众拥护抗战》，《大公报》1937 年 12 月 16 日。

②《中国回教救国协会云南省分会成立宣言》，《清真铎报》1939 年新 1 号。

③《中国伊斯兰青年会成立大会宣言》，《中国回教救国协会会刊》第 1 卷第 9 期。

④ 孙绳武：《中华民族与回教》，《回民言论》第 1 卷第 7 期，1939 年 4 月。该刊当年 7 月更名为《回教论坛》半月刊。

一体情感的传递与感染，在现代中华民族的认同过程中发挥了多么重要的作用。不过尽管有的回族人士因认同中华民族而一度否认回族是一个独立的民族，而只承认自己是回教信徒，但更多的人还是既承认自己是回族，又认为自己属于更大的中华民族。正如笔者曾经指出过的，“一般而言，对于广大的少数民族人士来说，他们的大中华民族国家认同，通常都与其对自身小民族的认同是联为一体的，可以说是一种层次不同而又相互依托的双重认同”①。

值得一提的是，1936 年编就，1938 年由中华书局发行的大型辞书《辞海》中，也有了关于“中华民族”的内容。在“中华民国”的专条里，曾特别说明：“民族合汉、满、蒙、回、藏、苗等人而成整个之中华民族。人口共约四万万七千余万。”② 这是笔者所查到的较早提到这一概念的大型权威辞书资料。抗战结束前夕的 1945 年年初，一位学者更是明确声言：“中华民族”一词，“今孩提之童无不善道”。③ 可见这一整体民族概念符号流播范围之广、影响程度之深了。凡此种种均表明，中华民族的整个一体观念，抗日战争时期在中国主流社会中已经逐步趋于巩固。

这一时期，刺激中华民族一体认同最为直接的情感因素和契机，无疑来自日本帝国主义的疯狂侵略。国民党政府所号召的“民族复兴”运动和第二次国共合作的实行，只是成为推动这一认同的某种文化和政治动力。构成此期中华民族认同最为强大而深厚的现实政治基础的，乃是伟大、艰苦而神圣的抗日战争。抗战前后中国社会被迫空前的大流动，特别是在西南、西北等少数民族聚居区各族人民因为抗战而实现的近距离大交融，尤其是文化的融合，又为这一认同创造了相当有利的社会条件。笔者在此，不拟对上述这些论点做出全面的论证，只想从“一般思想史”的角度，对抗战时期现代中华

---

① 黄兴涛：《现代中华民族认同史小议》，《北京日报》2010 年 4 月 19 日。亦可参见陈红梅：《民国时期回族的自我认同与国家认同》，《北方民族大学学报》（哲学社会科学版）2010 年第 2 期。

②《辞海》子集，中华书局，1938 年，第 92 页。

③ 姚薇元：《中华民族之整个性》，《边疆通讯》第 3 卷第 1 期，1945 年 1 月。

民族观念广泛传播、深化认同的表现与特征略加揭示。

首先，值得注意的是，此期与现代中华民族概念的广泛流传相伴随，出现了大量直接含带着传播和认同现代中华民族理念意义的各种话语和符号，像“中华民族危亡”“中华民族复兴”“抗日民族统一战线”“全民族抗战”“（中华）民族英雄”乃至贬义的“（中华）民族败类”“（中华）民族罪人”和“亡国奴”等，它们在神州大地和海外华侨中广为传扬，成为现代中华民族观念实现社会化认同的突出标志。这些话语和符号，可以说既是中华民族现代认同的产物和某种集中体现，又因其本身具有标语口号的流行传播之符号功能，复反过来有力地涵育、引发、推动了现代中华民族观念社会化认同的进程。

下面，我们就专门以“中华民族复兴”话语为例，对其核心内容、它与现代中华民族观念及其认同的历史关联，做一较为深入细致的个案考察。① 由于“中华民族复兴”话语具有观念史的相对独立性，我们不妨先将视线暂时移回到九一八事变之前。

2.“中华民族复兴”理念和话语的兴起

“中华民族复兴”的理念和话语，就其核心概念“中华（或中国）民族”与“复兴”旨趣之明确组合的思想自觉形态而言，可以说形成于民国时期，大约在 1920 年开始出现，九一八事变之后逐渐风行全中国。但若溯其源头，

① 2006 年，笔者曾写道：“如今，在中华人民共和国政府的倡导下，‘中华民族伟大复兴’的口号又已响彻云霄，但对于民国史上这一流行很久的思潮和话语，却长期未见有学者进行专门系统的考察。本文在此多有涉及，除了本论题自身需要之外，也有对民国时期‘中华民族复兴思潮’本身的研究抛砖引玉之意。”见笔者与王峰合作的《民国时期“中华民族复兴”观念之历史考察》一文（《中国人民大学学报》2006 年第 3 期）。下文有关“中华民族复兴”理念和话语的讨论，则主要依据笔者发表在《近代史研究》2014 年第 4 期上的《民国各政党与中华民族复兴论》一文，但也混合进了前文中的一些内容。

恐怕还得从清末孙中山的“振兴中华”论和梁启超的“少年中国”说谈起。①前者代表革命党人的汉民族主义之“光复”理想，后者则预示了后来立宪党人融合中国各民族、实现共同发展的“大民族主义”（梁启超语）之国族“振兴”愿望，它们为共同孕育这一时代思潮，做出了历史贡献。特别是立宪党人率先提出现代意义的“中华民族”概念，实为“中华民族复兴”论奠定了思想基础；而辛亥革命爆发及中华民国的正式建立，两党思想合流的“五族共和”论以及随之兴起的五族合一之“中华民族”观念的流播，则显然为自觉形态的“中华民族复兴”论得以最终形成，创造了有利的政治和文化条件。

在早先研究“中华民族复兴”观念的时候，笔者曾发现并指出，李大钊“这位后来成为中国共产党创始人的先驱者，也是‘中华民族复兴’理念最早自觉的导引人之一”。因为他在1917年年初发表的《新中华民族主义》等文中，已经提出“中华国家之再造、中华民族之复活”的思想命题，并主张“凡籍隶于中华民国之人，皆为新中华民族”。笔者还特别强调：李大钊所谓“‘复活’与‘复兴’用词略异，意思并无大的差别。今天，当中国共产党人重新高揭‘中华民族复兴’旗帜的时候，也未尝不可说是对这位先驱者思想遗产的自觉继承，当然同时更是作为执政党对于近代以来中国合理的思想传统的理性继承”②。近年来，另有学者在继续研讨这一观念时，或明确认定李大钊“‘中华民族之复活’思想的提出，标志着‘中华民族复兴’之观念的基本形成”③，或声称“李大钊是中共党内系统阐发中华民族复兴思想的先驱

① 可参见李文海：《“振兴中华”口号的由来》，《人民日报》1982年4月30日。

② 黄兴涛、王峰：《民国时期“中华民族复兴”观念之历史考察》，《中国人民大学学报》2006年第3期。李大钊所用“复活”一词，系来自于基督教。这从他在《民彝与政治》一文中声称“宜悟儒家日新之旨，持佛门忏悔之功，遵耶教复活之义，以革我之面，洗我之心”，从而“再造中国挽回劫运”等语可知。见《民彝》1916年5月15日创刊号。

③ 郑大华：《近代“中华民族复兴”之观念形成的历史考察》，《教学与研究》2014年第4期。

者”①。这些判断是否准确无误，当然还有待于进一步检验。

从目前笔者和学界同人所掌握的资料来看，李大钊的确不愧为“中华民族复兴”论最早的创发人之一。他的“中华民族复活”说虽明确表达于1917年，实则早在1915年和1916年受日本辱华之“二十一条”的刺激时即已萌生，可以说乃是民族危机的直接产物。面对日本企图断绝中华“根本兴复之生机”的行径，热血的李大钊坚信，“吾国命未必即此终斩，种性未必由此长沦也”②，他要再造中华，以延续民族生命，促其光华再放。但单木不成林，那时的“中华民族复兴”论还只是个体思想的表达，尚不具备形成思潮的条件。而且1917年前后，李大钊也还谈不上有共产主义信仰，只不过是一个深受进步党人民族国家思想影响的留日学生和爱国青年而已。

民国初年的进步党，核心人物为梁启超、汤化龙和孙洪伊。它在宗旨上标榜“国家主义”，仍以发展宪政为目标。其中不少人主张，各族人民作为国民当化合而成一大“中华民族”。该党起先与袁世凯合作，后袁复辟帝制，即与之决裂。进步党解散后，梁启超又成为“研究系”的首领。李大钊最初发表“中华民族复活”论时，与汤化龙、孙洪伊很是接近，他赴日留学，即由这两人资助。不过在思想上，李大钊还是更多受到梁启超的影响。其呼唤“青春中华之再造”的那种青春哲学、进化论逻辑，以及青年必须担当复兴使命的思想主旨，乃至阐发论述的行文风格本身，都与1900年梁启超的名作《少年中国说》十分相似。

第一次世界大战后，梁启超曾赴欧考察，亲身感受并开始反省西方近代文明的弊端，逐渐增强了对中华民族及其传统文化的信心，与梁漱溟、张君劢等一道，成为“东方文化派”的代表。“五四”以后，他虽没有直接使用过

① 俞祖华：《“中华民族复兴”观念源流考》，《北京日报》2013年12月9日。

② 李大钊：《国民之薪胆》（1915年6月），《李大钊全集》第1卷，北京：人民出版社，2006年，第133、135页。

“中华民族复兴”之类的明确表述，但对“中华民族”史和中国传统文化进行一系列有影响的研究，从“中华民族”的生命活力、传统文化的特色与优长，以及两者结合而形成的独特“国民性”或“国性”等多个方面，阐发过不少相关思想，对于引发“中华民族复兴”观念，起到积极的推动作用。如1921年，他发表《历史上中华国民事业之成败及今后革进之机运》一文，就主张国人“今后但当善用我国民性之所长，别开新路”。认为中国经过数千年的“民族化合”，终于形成近代意义的“‘中华国民’之一人格”，“前此百难千灾，幸不夭折，今乃俨然壮夫矣。今日以往之历史，正与欧洲黑暗时代相当；今日以后之历史，乃始渐入彼之文艺复兴时代也”①。次年，他又发表《中国历史上民族之研究》一文，探讨“中华民族同化力特别发达”的过程与原因，认定“此民族在将来绝不至衰落，而且有更扩大之可能性”②，等等。这些论说，与“中华民族复兴”论已然相当接近。

1921年至1922年，梁漱溟出版《东西文化及其哲学》一书，其有关论说，更直接从“中国文化复兴”的角度来思考“中国人复活”问题。他声言：“只有昭苏了中国人的人生态度，才能把生机剥尽死气沉沉的中国人复活过来，从里面发出动作，才是真动。中国不复活则已，中国而复活，只能于此得之，这是唯一无二的路。”他既批评那种把清代学术称作“中国的文艺复兴”的说法为不当，认定“文艺复兴的真意义，在于人生态度的复兴”，又批评把“五四”以来的新文化运动当作“中国的文艺复兴”之荒唐，认为新文化运动只不过是“西洋化在中国的兴起，怎能算得中国的文艺复兴？若真中国的文艺复兴，应当是中国自己人生态度的复兴”③。此种观点，实在启发了那种将传统文化复兴视为民族复兴之根本的新思路，对日后的“中华民族复兴”

---

① 张品兴主编：《梁启超全集》第6册，北京：北京出版社，1999年，第3344—3345页。

② 同上书，第3450页。

③ 梁漱溟：《东西文化及其哲学》，商务印书馆，1922年1月初版，1987年影印版，第213页。

论，产生了重要影响。1930 年前后，梁漱溟成为“乡村建设派”的典型代表，也是一个长期站在文化保守主义立场、鼓吹中华民族复兴论的象征性人物。

实际上，“五四”以后的文化保守主义，或者说带有保守特点的文化民族主义，不仅参与孕育了“中华民族复兴”思潮，还直接构成为日后主导型“中华民族复兴”论的某种思想底色。

就笔者所见，在“中华民族复兴”思潮的形成过程中，1924 年似乎占有特别重要的地位。这一年的 1 月至 3 月，孙中山发表“民族主义”演说，对其以往思想予以重新解释，不仅大赞中国传统道德文化，而且提出要“恢复民族地位”“发扬民族精神”，甚至还使用了“民族复兴”的提法。由于孙中山国民党领袖的特殊身份，加之他 1919 年以来又公开主张融化各少数民族成为一大“中华民族”，两种思想倾向结合起来，遂产生一种特别有利于形成“中华民族复兴”论的导向作用。同样值得关注的是，这一年的 3 月，少年中国学会的主持人王光祈，受学会内部共产党和青年党的争斗以及国共合作之政党运动的刺激，坚信与其忙于从“国家”和“政治”方面努力，不如赶快就“民族”和“社会”方面入手，遂公开倡导一种“中华民族复兴运动”。他还对这一运动的内涵做出系统而清晰的说明，堪称“中华民族复兴”思潮的揭旗之举，具有标志性意义。另外，1924 年 5 月至 6 月，少年中国学会的另一领导人和共产党创始人之一的李大钊，也在新的思想基点上，重新表述和说明了他的“中华民族复兴”论，并显示出与文化保守主义论者不同的思想取向和特色。凡此种种，大体可表明，“中华民族复兴”作为一种时代思潮，此时已然初步形成。它与国共合作的实现并联合发动以“打倒帝国主义、打倒军阀”为主要内容的国民革命几乎同时，实在绝非巧合。因为国民革命奏响的正是中华民族复兴的序曲，而中国的知识人也正由此激发出一种强烈的民族复兴热望。

由于学界对上述王光祈和李大钊所涉及的后两个事件尚缺乏关注和讨论，故本书在此，不妨稍作申述。

1924年3月30日，留学德国期间的王光祈写成《少年中国运动》一书，由上海中华书局出版。在为该书所写的长序中，他将“少年中国运动”的宗旨和性质，径直解释为“中华民族复兴运动”，不仅态度坚决，而且旗帜鲜明。他写道：

少年中国学会的希望，是在唤醒“中华民族之复兴”，此种工作，何等伟大！当然不是短时间内所能见效的……

“少年中国运动”不是别的，只是一种“中华民族复兴运动”。我记得民国七年本会发起时，曾慕韩君曾主张取名“复兴社”，但是我以为用“少年中国学会”之名，含义较为明了，后来曾君以及其他会友都赞成我的主张，于是始有今名。从此我们可以见得所谓“少年中国运动”，其实只是一种“中华民族复兴运动”。直到去年（民国十二年）十月，国内一部分会员在苏州会议，决定学会进行方针，为“求中华民族独立，到青年中间去”，亦只是一种“中华民族复兴运动”。

我们“少年中国运动”与国内其他各种运动不同的地方，便是我们眼中只看见了一个“中华民族”。再进一步说，我们只看见了一些“中国人民”。无论什么功罪，我们都归之于人民身上。譬如其他一切党系常说：我们国家太弱了，我们非赶快“造国”不可。我们学会认为国家之弱，系由于组织这个国家的民族不强，我们与其忙于“爱国”、“救国”、“建国”，不如赶快“救族”、“教族”、“育族”。①

在王光祈看来，中华民族复兴必须优先从社会和文化角度入手，要实现这一目标，主要存在两种方法：一种是“民族文化复兴运动”，另一种是“民

① 王光祈：《少年中国运动》序言，中华书局，1924年版，第1—4页。实际上，还在1923年8月，王光祈就曾表现出对“中华民族复生”的渴望。他在《申报》1923年8月12日《德国特约通信》中深情地写道：“惟中国民族历史既久，文化亦深，此后或再有复生之一日亦未可知。呜呼，复生！呜呼，中华民族之复生究在何年？定于何日？我将请四万万国人有以语我！”这一点，此前学界似未曾有人提及。

族生活改造运动”。他认为，“大凡一个民族在世界上能维持其相当的地位，与其他民族并立，必须备有一种‘民族文化’，以表现他的生活思想、行为、习惯等等——特色，同时又以之促进本族的团结。反是者，其族必亡，或终为人所奴隶”①。因此，王光祈十分反感新文化运动极端反民族传统的偏颇倾向，强调以“礼乐”为核心的中国民族文化及其所涵育的民族精神与“根本思想”，只能以西方的“科学方法”加以整理开采，不能与他民族“彼此随便通融假借”，因为其民族性或特色乃“由遗传、历史、信仰、环境、习惯等等所养成”，必须珍惜和发扬。② 至于其“民族生活改造运动”，则主要关注的是“普及教育与发展实业”的问题，它除要求一般社会习俗的改良之外，尤其重视“发展农业、改造农村、诱导农人”，并视其为该运动的“下手之处”。③ 这与日后的“乡村建设运动”，取径相通。实际上，如果我们将王光祈的“民族文化复兴运动”和“民族生活改造运动”，与十年后蒋介石发动的“中国本位文化建设运动”和“新生活运动”加以对比，就不难发现，两者的思路简直如出一辙。

王光祈《少年中国运动》书影

以笔者之见，王光祈的前述“序言”，堪称民国时期首次公开倡导“中华民族复兴运动”旗帜鲜明的宣言书，它也是迄今为止，学界所发现的关于“中华民族复兴”话语符号较早完整的呈现形式，其在内涵上的系统说明也是最早的。此外，它还昭示出该话语系统日后带有保守特点的文化民族主义之

---

① 王光祈：《少年中国运动》，中华书局，1924年，第7—8页。

② 同上书，第10—13、18—19页。

③ 同上书，第20—23页。

主导关切。因此，从认知“中华民族复兴”思潮形成问题来说，王氏此序实具有不容忽视的思想文本价值。

王光祈主持的少年中国学会成立于1918年，曾孕育大批共产党和青年党的核心成员。作为两党领袖的李大钊和曾琦（字慕韩），都是该学会的发起人。由于在对待传统文化、苏俄和无产阶级世界革命以及阶级斗争等问题上，两派发生严重分歧，最终导致学会分裂，并于1925年自动解散。其中，曾琦和李璜等于1923年，秘密成立中国青年党（对外以“中国国家主义青年团”名义活动）。王光祈在思想上，尤其是在对待传统文化的态度上，明显更加接近青年党，但他却并未正式加入青年党。一则他不满意于该党僵硬的“国家主义”，正如前文曾提及的，他认为青年党诸君“虽有时常用‘国家主义’名词，但按其实质，多系一种‘中华民族主义’”①；二则，他也不认同那种热衷“政治运动”的政党立场，在他看来，不良政治主要由无良社会与无良个人造成，最好办法当从改造个人和全体民族着眼，推行一种“自反的自修的国民改造运动”。他讨厌国民党以人民程度不足为借口，试图行“一党专政”的“训政”方案，认为这与“从前袁世凯所谓‘开明专制’，进步党所谓‘贤人政治’”，都不过是一丘之貉。② 由此也可见，王光祈有关“中华民族复兴运动”主张的最终形成，实与国、共、青三党思想的彼此互动不无关联。

与王光祈出版《少年中国运动》一书几乎同时，李大钊于1924年6月发表《人种问题》一文，对他昔日的“中华民族复活”论予以重申，且还与“复活”一词并列使用了“复兴”一词，这表明他加入共产党之后，依然保持了对于往日思想的延续。该文对我们认知“中华民族复兴”思潮的兴起，同样具有特别的意义。李氏在文中写道：

> 我们中华民族在世界上贡献，大都以为是老大而衰弱。今天我要问

① 王光祈：《少年中国运动》，中华书局，1924年，第17页。

② 同上书，第5—6页。

一句，究竟他果是长此老大衰弱而不能重振复兴吗？不的！从“五四”运动以后，我们已经感觉得这民族复活的动机了。但我又要问一问，这民族究竟真能复活吗？时机倒也到了，只看我们是怎么的奋斗和如何的努力！我们如能使新的文化、新的血液日日灌输注入于我们的民族，那就是真正新机复活的时候。

从引文可知，李大钊不仅继承了他“五四”以前的“中华民族复活”论，还保持了其一贯以批判和改造传统、吸收和引入外来先进文化为主导倾向的“新文化运动”之精神与立场。这一点，正是他有别于王光祈、青年党和“东方文化派”的地方。在《人种问题》一文中，李大钊还特意提到孙中山1924年年初关于“民族主义”的新解释，称其对外强调“现世中国的民族，为要独立而反抗其他任何民族的侵略与压迫”，对内主张“国内经济生活不同的民族要使其解放、自决而独立”，“经了这番新解释”之后的国民党民族主义，“其意义也更新而切当了”，但他对孙中山赞美传统道德文化的部分，显然不愿置评。此前一年，在孙洪伊的牵线搭桥下，李大钊得到孙中山的信任，被接纳为国民党党员，直接促成了第一次国共合作。所以这里，笔者更愿意将此期李大钊的有关思想，看作是既体现又超越共产党人观点的、一种有别于文化保守主义路向的“中华民族复兴”论代表。

不过，李大钊此时的“中华民族复兴”论，较以往又有所发展和变化。首先，此论已建立在对“民族”和“民族性”价值深入认知的基础之上。在《人种问题》一文中，李大钊清晰地阐明了民族、国民和人种三个概念的差别，认为与“国民”作为政治法律身份和“人种”作为血缘区分的标志不同，“民族的区别由其历史与文化之殊异”，凡是“在相同的历史和文化之下生存的人民或国民，都可归之为一民族”。他在文中，还特别推介了法国哲学家库泽（Victor Cousin，今译孔辛）关于文化民族性与时代性关系的看法。认为不同的民族有不同的文化，“一民族的特性必代表其一时代的理想，但须于这时代的总精神之下乃能了解”，“各民族之相异的特殊理想都可认为真识，而不是完全的真理”，它们可以而且必须互补，才能成为“完全的真理”。这实际上是在强调文化“时代性”的同时，也认可了各民族文化自身不可替代的“民族性”及其存在的价值。无疑地，这在当时的中国，乃是关于“民族性”最前沿和最深刻的见解。其次，文中还视野开阔地介绍了一些西方学者关于民族、国民和种族间复杂关系的看法，指出民族、种族间存在阶级对立与斗争的事实，推论“人种斗争将来必与阶级斗争同时表现出来”，并强调“中华民族应对世界民族加入阶级战争的准备，这也是我们要特别注重的”。这一点表明，此时的中共党人里已有先觉人物，开始从阶级斗争的角度来思考有关民族及其复兴问题了。

尤为难能可贵的是，李大钊并未以“阶级性”的存在去简单否定“民族性”的价值，而是将两者并存并重。因此在该文的最后，他明确表示：“要在未来民族舞台上施展我们的民族特性，要再在我们的民族史以及世界史上表扬显著我们的民族精神。”① 这种思想的包容度、调和色和复杂性，在中共早期乃至1935年之前的思想史上，都是甚为少见的。当时的中共党人一般多习惯于从时代性出发，以“封建主义”概念将民族传统整体否定，而将文化的民族性价值几乎完全漠视。不过，李大钊尽管有所突破，也仍然无法彻底摆脱这种思维定式的拘囿。这从其往往泛泛地谈论民族性，通常不会将其具体落实，可以透见一斑。

1925年以后，李大钊所代表的“中华民族复兴”论路向，由于国内控制和主导该话语的文化保守主义之强势存在和国民党以之反共等原因，逐渐淡出“中华民族复兴”论的话语系统。直到“九一八”特别是全面抗战爆发后，才又得以有所接续。

---

① 李大钊《人种问题》一文，写于1924年5月13日，以上所引该文内容，均见《新民国杂志》第1卷第6期，1924年6月20日。

3. 国共两党与“中华民族复兴”论

在近代中国，“中华民族复兴”论真正成为一种流行全国的强势话语，是在蒋介石南京国民政府建立之后，尤其是在日本入侵东北的九一八事变之后。它与民族危机的空前扩大和深化，与蒋介石国民党利用国家舆论工具进行强力宣传密切相关。不过 1931 年以前，其影响力和传播范围仍然有限，对于国民党来说，它主要是右派人士进行“分共”和蒋介石政权配合“剿共”、建立自身政权与统治合法性的动员手段和精神武器，也就是一种政治意识形态的工具。“九一八”之后，其抵抗日本帝国主义侵略、实现民族自救的政治意图和文化功能，才逐渐增强，至全面抗战爆发，其抗战意图、救亡诉求及其功能更加凸显和强化起来，并真正成为时代思潮的主流。这也是它在抗战时期得以广泛流行的根本原因。

在“中华民族复兴”论最初成为国民党官方意识形态的过程中，戴季陶发挥了重要作用。他在孙中山逝世后的 1925 年夏，出版《孙文主义之哲学的基础》和《国民革命与中国国民党》两书，将孙中山 1924 年年初的“三民主义”演讲中有关“要恢复民族的地位，便先要恢复民族的精神”，以及赞美中国传统道德文化价值的一些言论，大加发挥，极力强调文化自信力的恢复发扬对于中华民族复兴的关键意义，认定孙中山乃是“孔子以后中国道德文化上继往开来的大圣”，三民主义“完全渊源于中国正统思想的中庸之道”，等等。他在书中或借助孙中山的口头“告诫”，或通过阐述对三民主义与国民革命的理解，来警醒国民党人：

> 我们要复兴中国民族，先要复兴中国民族文化的自信力，要有了这一个自信力，才能够辨别是非，才能认清国家和民族的利害，才能够为世界的改造而尽力。
>
> 先生的国民革命，是立脚在中国国民文化的复兴上面，是中国国民

创造力的复活。

> 三民主义之原始的目的，在于恢复民族的自信力。因为民族的自信力不能恢复，则此弱而且大之古文化民族，其老衰病不可救，一切新活动，俱无从生，即发生亦不脱病理的状态，不能救民族的危亡。①

戴季陶认为，孙中山的民族主义，实际是种族革命论者所不能理解的“以仁爱为基础、民权为方法、民生为目的之文化的民族主义”②。他由此批评“中国共产党的青年们，以及许多迷信物质的青年们不承认中国民族的精神，不承认中国旧有道德的教义”，实在是很愚蠢，因为“忠孝仁爱、信义和平的道德精神”，恰恰正是中国人“民族自信力的基础”。③ 同时，他还结合传统的仁爱思想和民族国家本位的立场，反对中共的阶级斗争说，主张“各阶级的人，要抛弃他的阶级性，恢复他的国民性”，以实现“阶级的联合”。④

戴季陶的上述思想，与早期国家主义派的青年党人多有相似之处且彼此可能有过互动，⑤ 但因其能够出之以“文化自信力”观念的高度整合，实际上成为后来国民党“中华民族复兴”论的理论基石。1927 年后，蒋介石国民政府很

---

① 戴季陶：《孙文主义之哲学的基础》，民智书局，1925 年 6 月版，第 9、36、57 页。

② 戴季陶：《国民革命与中国国民党》，军事委员会政治训练部 1928 年 11 月 25 日翻印版，第 10 页。

③ 戴季陶：《国民革命与中国国民党》，军事委员会政治训练部 1928 年 11 月 25 日翻印版，第 75 页。戴季陶 1927 年 11 月 4 日在为此书所写的“重刊序言”中也强调，“中国国民失却民族的自信，不能团结而民族的复兴事业遂至因之失败”，认定民族自信心的恢复是“中国民族求生的途径”。

④ 戴季陶：《孙文主义之哲学的基础》，民智书局，1925 年 6 月版，第 37—38 页。

⑤ 如 1925 年，青年党党魁曾琦作《中华民族之使命与中国青年之责任》一文，副题即为“答上海孙文主义学会”。文中大段摘引他 1919 年所作《国体与青年》一书中关于中华民族王道文化如何高明、吾国青年应发扬光大的言论以赐教。见《慕韩文集》，《民国文集丛刊》第 1 编第 123 册，文听阁图书有限公司，2008 年版，第 27—29 页。另据敖光旭研究，国家主义派文化思想前后有变化，20 世纪 30 年代中期以后逐渐“激进化”。可供参考。见敖光旭：《1920—1930 年代国家主义派之内在文化理路》，《近代史研究》2006 年第 2 期。

自觉地利用这一以文化保守主义为基调的理论言说，为建立自身的统治合法性服务，并将自己塑造成民族复兴运动唯一可靠的推动者、实践者和领导者。“中华民族复兴”论，也因此迅速成为国民党具有官方意识形态性质的霸权话语。

1928 年，国民党中央执行委员会制定 18 条国庆纪念口号，其中第二条即为“庆祝中华民族复兴的光荣”①，把扫除北洋军阀统治视为中华民族复兴的重要标志。1929 年，国民党上海执行委员会宣传部制定国民政府建都南京两周年纪念大会标语，其中一条为“南京是中华民族复兴的纪念地”，国民党中宣部为了增强南京建都的合法性，以杜绝“北平建都说”，还别出心裁地拟定了“北平是千余年来中华民族衰落的中心场”的宣传标语。②

1932 年，蒋介石授意成立“中华民族复兴社”（简称“复兴社”），其核心为“力行社”，由昔日“孙文主义学会”的骨干组成，他们宣扬“一个主义、一个政党、一个领袖”，直接服务于蒋介石的“独裁救国”任务。当时，蒋介石的亲信爱将桂永清曾作《领袖歌》一首，在国民党的中央军校教导总队及各种军官训练班中传唱，非常形象地传达出其有关宣传之特点：“大哉中华，代出贤能；虽有变乱，均能复兴；蒋公中正，今日救星；我们跟他前进！前进！复兴！复兴！”③ 在这一时期国民党所主导的“中华民族复兴”论里，还充斥着一些反共言辞。④ 至于蒋介石本人的“民族复兴”话语中，咒骂共产党的话就更是随处可见，不足为怪。也就是说，在西安事变之前，国民党实际上正是以“中华民族复兴”论来动员对共产党等国内对手进行镇压活动的。

---

①《南京中执委会宣传部电一》，《申报》1928 年 10 月 7 日。

②《今日市执委会招集市民代表大会》，《申报》1929 年 4 月 18 日。

③ 参见蔡杞材：《复兴社的军事处及护卫队》，《湖南文史资料选辑》第 1 辑，长沙：湖南人民出版社，1962 年，第 134 页。类似的歌曲还有《领袖万岁》等。

④ 可见谢康：《革命文学与中华民族复兴运动》，《新广西旬报》1927 年第 3 期；骆叔和：《民族复兴运动中的中国共产党问题》，《新创造》1932 年第 1 卷第 6 期。

在这场以“中华民族复兴”为主旨的舆论宣传中，以蒋介石为首的国民党大僚相当积极，他们到处演讲，或撰写专论，俨然以“民族复兴”唯一可靠的领导者自居。1934 年及其后，国民政府所发动的一些全国性运动，一般也多打着“复兴中华民族”的旗号。所谓“新生活运动”“本位文化建设运动”“国民经济建设运动”等，均无不如此。像“新生活运动”本身，就直接自诩为“民族复兴运动”①。1934 年，蒋介石出版《复兴民族之要道》一书，收录他 1932 年至 1934 年发表的有关民族复兴的言论。同年，他还出版了是年 7 月他对庐山军官训练团的讲话稿《抵御外侮与复兴民族》，可以集中窥见其反共御侮宗旨和治国理政的时代关切。胡汉民和阎锡山也分别出版了《民族主义的民族复兴运动》和《复兴民族须先复兴发展富强文明的原动力》等书和演说稿。② 这些由国民党大员发表的演说或论著，都曾一再作为宣传材料印发给学校、小区和各机关单位，产生了相当广泛的社会影响。

除了以“中华民族复兴”理念教育党员、青年学生，鼓动民众之外，国民党还特别重视以之武装军人。1935 年，空军特别党部执行委员会特编《民族复兴之路》三编，作为“复兴丛书”的一种出版，下编即题为“复兴中华民族”，这是笔者所见较早以“民族复兴”为主题而影响较大的论文集。

全面抗战爆发后，国民党几乎所有的军政要员，都出版过以“民族复兴”为题的为数众多的宣传著作，涉及抗战建国的政治、经济、文化等方方面面，内容丰富、不乏见识，且充满爱国热情。其中，不少均以直接服务于抗战为目的。如 1939 年出版的李宗仁影响极大的《民族复兴与焦土抗战》一书，就具有典型性和象征性。这类著述中所包含的“中华民族复兴”理念和话语，

① 如上海市公安局第一科编纂股于 1936 年印行的《新生活运动特刊》，就鼓吹“新生活运动是目前救国建国与复兴民族最有效之革命运动”。全局情况可参见关志钢：《新生活运动研究》，深圳：海天出版社，1999 年。

② 胡汉民：《民族主义的民族复兴运动》，《胡汉民先生归国后之言论》（四），先导社，1936 年版；阎锡山：《复兴民族须先复兴发展富强文明的原动力》，太原绥靖公署主任办公处，1936 年版。

洋溢着时代精神，实成为激扬国人抗战热情、增强必胜信念、焕发军人的民族血性、勉励官兵勇于牺牲的精神支柱之一。毫无疑问，这是我们评价抗战时期国民党作为意识形态的“中华民族复兴”论最为重要的方面，也是抗战时期该思潮和运动的本质方面。

那么，民国时期中国共产党与“中华民族复兴”论又是何种关系呢？概而言之，中共对于该论，经历过一个从讽刺批判到有限谈论的前后转换过程。

在民国时期的中共思想史上，真正以“中华民族复兴”为题做过专门讨论的，除早期的李大钊外，实在很难一见，即便是抗战时期，也是如此。这是当今研究该问题的学者所不难发现的现象。对此，笔者曾给过一个说明：“共产党在抗战时期所主要致力的是新民主主义理论建设，由于国民党在‘中华民族复兴’的旗号下长期反共的政治原因，它更喜欢谈‘中华民族解放’‘抗战建国’和中华民族的‘新政治、新经济和新文化’，但出于反侵略斗争的民族大义和与国民党合作的现实需要，也不讳言‘中华民族复兴’这样的说法。”① 另有学者在有关研究中，也做过相似的解释：“中共是官方民族复兴话语谱系中的对立面，虽然为了抗日大局的需要在土地政策方面作了一些调整，但自然也不会随声附和官方话语，所以在这一话语谱系中声音微弱。”② 不过，我们似乎都忽略了一个事实，即第二次国共合作之前，中共对国民党所主导的“中华民族复兴”论，曾存在过一个针锋相对的批判阶段，到全面抗战爆发前后，其态度才开始发生改变，从一味地讽刺批判，转变为有限的正面谈论。另外，同这一过程相伴随，中共在文化认知上，还曾经历过一个相应的内在思想转换，并非只是在策略上进行调整而已。

全面抗战以前，中共对国民党“中华民族复兴”论的反击，主要采取了

---

① 见黄兴涛、王峰：《民国时期“中华民族复兴”观念之历史考察》，《中国人民大学学报》2006年第3期。

② 魏万磊：《20世纪30年代“再生派”学人的民族复兴话语》，北京：中国社会科学出版社，2011年，第103—104页。

以下两种方式：一是直接地反唇相讥，嘲笑其虚伪，抨击其不过是以此为标榜，来掩盖其真正“卖国”“复古”以及“法西斯独裁”的实质；二是从理论辨析的角度，公开阐发其何以要反对“民族复兴”而主张使用“民族解放”的理由。关于第一种方式，不妨举两例为证。1934 年，中共在一封《告全国劳动群众书》中即声言：“出卖中国，在日本及一切帝国主义之前匍匐投降，背叛民族，屠杀民众，血腥地镇压一切反帝斗争，无限制地剥削工农，毁灭中国！这就是国民党法西斯蒂的‘民族复兴’政策的实质！”① 同年，中共领导人博古在马克思主义研究会发表演说，也谴责“国民党用法西斯蒂的‘新生活运动’来麻醉民众。‘新生活运动’的口号，是‘复兴中国民族’，不是用民众的武装的抗日战争，而是用提倡礼义廉耻，走上复古的旧道路，提倡旧的奴隶顺从的道德，使全国人民安稳的做奴隶”②。大体说来，全面抗战以前，中共对国民党“民族复兴”论调的批判，以此种模式为主。

关于第二种“理论辨析”的方式，则可拿一篇署名剑云的作者在 1936 年年初发表的《“民族复兴”与“民族解放”》一文作代表。作者认为国民党的“民族复兴”，“其实是‘民族复古’的滑稽口号”，它并不符合中国的现实斗争需要。不过，作者并未在“复古”与否的问题上纠缠，而是就到底应先对本民族“固本强基”，还是应先解除外来的民族压迫以获得必要的民族生存前提，来展开问题的讨论。作者以比喻的方式指出：

---

①《党、团中央为声讨国民党南京政府告全国劳动群众书》（1934 年 5 月 5 日），中央档案馆编：《中共中央文件选集》第 9 册，北京：中共中央党校出版社，1986 年，第 250 页。

②《为着实现武装民众的民族革命战争中国共产党做了什么和将做些什么？——博古同志在马克思主义研究会演讲会上的演说》（1934 年 7 月 8 日），中央档案馆编：《中共中央文件选集》第 9 册，北京：中共中央党校出版社，1986 年，第 318 页。国民党的论调固有陈腐之处，但当时这种“复古”的批评，其实并不能说服他们。如 1934 年夏，陈立夫就曾针对这类批评做过《民族复兴与复古不同》的演讲，指出“复兴者以过去所用之材料及现在应用之材料，合而重建一民族之新基，复古者墨守原有之材料，而保持其旧基也。二者根本不同，不宜混淆”。（《河南政治月刊》1934 年第 4 卷第 8 期）

> 一个人的手脚长期被捆绑起来，行动完全失去自由，完全不能自主，但又要严格的要求他身体健康、精神焕发，绝对是一件不可能的事。要想他的身体强健、精神振作，先决条件是解除他的束缚，恢复他的自由，然后，叫他讲究卫生、按时息作，经常锻炼。这个道理，实在卑无高论，任何人，也会明白。由此可见，中国人目前最迫切的共同要求，是前进的“民族解放”，并非倒退的“民族复兴”。

在作者看来，“‘民族复兴’与‘民族解放’，在理论上有一根本不同之点”，按“民族复兴”论者的意见，仿佛是说，“我们民族到这个田地，与人家不相干，只怪自己年老力衰，没有出息，我们可以多吃一点‘返老还童剂’和‘强心丸’，等到这条老命健康起来了，自然会振作”；而“民族解放”论者的见解，则将中国的贫穷落后，归结为帝国主义和封建残余势力的压迫，主张先打倒它们，然后才能努力“生产建设”，解决民生问题，挽救中华民族。作者认为，“民族复兴”不如改为“民族生存”更为切实。“民族解放”是“民族生存”的先决条件；发动全国总动员、进行反帝的“民族革命”，则是“民族解放”的唯一手段。“舍去条件和手段，高唱‘民族复兴’的滥调，完全是一种幻想，也可以说是一种欺骗。不仅永远不会‘复兴’，而且还会‘死灭’。”① 由此思路，我们或可得知中共何以长期乐于使用“民族解放”②而不喜“民族复兴”口号的部分缘由。

不过，全面抗战爆发前后，随着第二次国共合作的展开，中共对“中华民族复兴”的提法，最终还是表示了接受和认可。毛泽东、张闻天、王明、周恩来、朱德等中共领导人乃至中共中央政府文件，已开始陆续正面地使用这一话语。如 1937 年 9 月，张闻天和毛泽东联合签署的《关于国共两

---

① 剑云：《“民族复兴”与“民族解放”》，《北大旬刊》1936 年第 2—4 合期。

② 抗战时期，中共凡涉及“中华民族”的口号，多为“中华民族解放”，如 1940 年年初《中共中央关于目前时局与党的任务的决定》里规定的十四个口号中，最后一个口号就是：“中华民族解放万岁！”见延安解放社编：《解放》第 98—99 期，1940 年。

党抗日民族统一战线建成后宣传内容的指示》中，就明确写道：“中华民族之复兴，日本帝国主义之打倒，将于今后的两党团结与全国团结得到基础。”① 事实上，这也是此期“中华民族复兴”话语得以成为全民共享的政治语言的重要基础。

中共的这种话语转换，虽是策略改变的结果，但也与中共在亡国灭种的巨大民族危机刺激下，及时实现对传统文化态度的深刻反省与认知改变，有着直接的关系。延安时期，中共不仅对文化问题日益重视，而且逐渐纠正了建党以来一直过度偏重文化的时代性和阶级性、严重轻视乃至忽视文化民族性的错误认识，对于以往一概斥之为“封建复古”的传统道德文化，也强调其中既有“封建性的糟粕”，也有“民主性的精华”。这一时期，中共所掀起的“马克思主义中国化运动”“学术中国化运动”等，可谓这一认知转换的集中体现，而毛泽东将“民族性”列为“新民主主义文化”首要特性一点，更具有标志性意义。笔者曾将这一重要转变，称为中共“文化民族性意识的觉醒”②。此一觉醒，不仅构成此期中共愿意接受和使用“中华民族复兴”话语的文化心理基础，也增强了中共文化创造的主体自觉性。正是从这一时期开始，中共既愿意以中华民族根本利益与光明前途的真正代表者自名，也不惮以“中华民族优秀传统文化的继承者”自任③，从此摆脱了长期以来屡遭国民党等从“民族性”角度进行围攻的被动状态。这对于中共本身的自信心乃至此后中国革命的发展，都产生了难以估量的影响。

---

① 中央统战部、中央档案馆编：《中共中央抗日民族统一战线文件选编》（下），北京：档案出版社，1986年，第43页。

② 参见黄兴涛、刘辉：《抗战前后中共文化“民族性”意识的觉醒及其思想意义》，《北京档案史料》2002年第1期。

③ 参见黄兴涛、刘辉：《抗战前后中共文化“民族性”意识的觉醒及其思想意义》，《北京档案史料》2002年第1期。也可见1943年7月1日《解放日报》社论《中国共产党与中华民族》。

4. 民族复兴论的高涨、内涵及与“中华民族”认同之关联

1931年九一八事变之后，“中华民族复兴”论迅速达到高潮，随即流行于整个20世纪三四十年代。其中，国民党、国社党对这一话语和思潮的流播，起到某种倡导作用，而日本帝国主义入侵的刺激则成为其直接的动因。

在近代中国，除国民党之外，最热心于“中华民族复兴”论的政党，莫过于中国国家社会党了。该党诞生于日本入侵中国东北后不久的1932年，它甫一成立，就创办了著名的《再生》杂志，以再造中华民国、实现中华民族复兴为己任。其创刊号中所发表的《我们所要说的话》，1938年直接成为《中国国家社会党宣言》。这是一个完全以“中华民族复兴”为理论宗旨、全面体现国社党思想主张的政纲。该党的创始人张君劢、张东荪等，均为昔日“研究系”的骨干，1947年，它与另一由“研究系”发展而来的政党“民主宪政党”合并，共同组成“中国民主社会党”，简称民社党。在该党的“第一次代表大会宣言”中，仍然表示“本党同人不得不大声疾呼民族复兴，而民族之复兴，首莫重于道德之复兴”①。但其在建国思想上，却又有别于国共。它希望通过“修正的民主政治”“国家计划的经济”，铲除官僚资本，进行恰当的土地改革，实施普及教育、学术独立和思想自由等政策，在国共之间、美苏之间、资本主义和社会主义之间，走出一条独特的中间道路，最终实现中华民族复兴的伟大使命。②“九一八”之后，作为始终高揭“中华民族复兴”旗帜、长期介于国共之间的中间党派的典型，国社党的有关论说，不仅有力地推动了中华民族复兴思潮的高涨，也体现了这一思潮的思想高度、精神强度

①《中国民主社会党第一次全国代表大会宣言》，中国第二历史档案馆编：《中国民主社会党》，北京：档案出版社，1988年，第179页。

② 参见张君劢：《我们所要说的话》，《再生》1932年第1卷第1期；《中国民主社会党第一次全国代表大会宣言》，中国第二历史档案馆编：《中国民主社会党》，北京：档案出版社，1988年。

和时代品格。

显而易见，作为一种时代思潮，“中华民族复兴”论的发生和演化，与民国各政党诉求之间的彼此互动，是长期存在的，也可以说它不得不打上了民国政党话语政治的深深印记。但与此同时，民国时期的“中华民族复兴”论又有超越“政党”政治的重要面向，特别是在抗战时期，它是那样地众说纷纭、复杂多彩，凝聚着亿万国人渴望打败日本侵略者，实现民族独立、解放和富强的奋斗意志与生存信念。因此，从某种程度上说，“中华民族复兴”论的广泛流播，又可谓是那个时代的国人需要自尊、自信、自强的民族心理和精神祈望的集中体现。

在日本入侵中国东北之后的“中华民族复兴”论走向高潮的过程中，国社党的党魁张君劢发挥了重要的思想导向作用。他一生发表过大量以“中华民族复兴”为题旨的论文和著作，堪称“九一八”之后这一思潮杰出的舆论代表。1932年5月，以张君劢为首的国社党（后改名为民社党）创刊《再生》杂志，明确把中华民族复兴作为办刊宗旨，提出了较为系统的复兴方案供大家讨论，可以视作这一思潮全面蔚起、有关话语大势流行起来的重要标志之一。① 其杂志“创办启事”曰：

> 我中华民族国家经内忧外患已濒临绝地，惟在此继续之际未尝不潜伏有复生之潮流与运动。本杂志愿代表此精神，以具体方案，谋真正建设，指出新途径，与国人共商榷，因定名曰再生（The National Renaissance）②。

将这里所注明的英文直译出来，就是“民族文艺复兴”。这一观点的提出

① 1932年年初之前，有关“中华民族复兴”的说法已有零星出现，如1926年《南大周刊》第31期上就曾发表杨周熙的《中华民族复兴的原动力》一文；1931年，该刊第105期又登载倚冈的《也来谈谈中华民族复兴》一文。两文实际都强调中华民族复兴的主要动力来自或取决于对最广大农民的唤醒和组织。

②《杂志启示一》，《再生》1932年第1卷第2期。

和论说本身，在当时及以后的各种复兴主张中，也具有相当的代表性。

在九一八事变后中国丧权失地等一系列民族危机的刺激下，张君劢感到“复兴民族”已成为当时中国“极重要且富有兴趣之问题”①，因而把“中华民族复兴”这面大旗鲜明地揭将出来，这在当时实不乏远见卓识。在《再生》杂志中，他围绕这一主题，先后发表了《我们所要说的话》《中华民族之立国能力》《民族复兴运动》《民族观点上中华历史时代之划分及其第三期振作》《中华民族复兴之精神的基础》《中华新民族性之养成》等论文。同时，他还以“再生社”的名义，将其20世纪30年代初期在全国各地的有关演说收集在一起，于1935年出版《民族复兴之学术的基础》一书。正如有的学者所分析的：他的这些论著，“把民族主义视为立国原则，强调发达民族思想，培植民族意识、民族感情、民族智力和民族意力对复兴民族的重要意义，强调独立的学术创作在民族复兴过程中的伟大作用，反对西化思潮，提倡思想的自主权，这对于增强民族的凝聚力、自信心，建设有民族特色的学术思想体系，是有积极意义的”②。

不过，一开始，张君劢的“中华民族”观念中，还明显包含有同化少数民族的汉族文化优越主义的倾向，甚至有时还存在着某种以汉族代表整个中华民族的大汉族主义毛病。③ 他所谓的“民族复兴”，其内容也主要倾注在学术文化方面，致力于确立所谓“民族复兴的精神基础”（这从其所拟定的《再

① 张君劢：《中华民族复兴之精神的基础》，《再生》1934年第2卷第6—7期。

② 郑大华：《张君劢学术思想评传》，北京：北京图书馆出版社，1999年，第180页。

③ 此种思想倾向在其所谓“第三期振作说”中有明显体现。直到1938年出版《立国之道》一书时仍有保留，但其所谓“中华民族”则是指基本“同化”或“融化”了各族的大中华民族整体概念，大约是可以无疑的（见张君劢：《立国之道》第一编“国家民族本位”中“五千年历史之中国及民族建国之觉悟”一节，第11—13页。此书一名《国家社会主义》。序中言“识于桂林”，由牟宗三、冯今白协助完成；版权页注明：民国二十七年九月初版，二十八年四月三版，发行人为冯今白。没有标明出版社和地点）。

生》杂志英文名为“民族文艺复兴”可知，实际也体现了整个抗战前后民族复兴思潮的一个重要特点）。这是应该指出的。但尽管如此，他的有关努力，在20世纪30年代初期，对于“中华民族复兴”话语的整体勃发，仍产生了值得重视的影响。

同《再生》杂志的出现几乎同时，较早宣称以研究中华民族复兴理论为宗旨的期刊《评论周报》也创刊于天津。同年9月，直接以“复兴”命名的《复兴月刊》，又由新中国建设学会创办于上海。① 接着，宏观探讨中华民族复兴政策和策略的理论著作，如吴赓恕的《中国民族复兴的政策与实施》等，也得以纷纷出版。② 此后，各种以“复兴中华民族”为宗旨研讨各类问题的期刊、专著、丛书、团体组织乃至运动，更是层出不穷。大体说来，20世纪30年代中期，中华民族复兴观念已形成一个高潮。到了40年代，它则日渐普及，有关论说也更加深入。在这方面，黄埔出版社于1940年出版的《中华民族复兴论》一书具有某种标志性意义，它不仅论述了中华民族复兴的必要性和关键点，还阐述了其历史的依据和现实的可能。至于说以“民族复兴丛书”刊出的书刊以及一般书刊中设题探讨“如何复兴中华民族”之类问题的，就更难以数计了。由此，一场声势浩大、范围广泛、持续时间长达近20年之久的中华民族复兴思潮勃然兴起、蔚然可观。其话语声调之高亢、内贯情感之高昂、思想内容之驳杂，在近代中国的思想话语中，实在都是极其突出的。

抗日战争时期，中华民族复兴理念更成为激扬士气、焕发军人民族血性、勉励官兵焦土抗战的精神支柱之一。前文提到爱国将领李宗仁出版的影响极大的《民族复兴与焦土抗战》③，在这方面就具有某种象征意义。当时在国民党军中还有本流传颇广的书为《军人精神改造论》（伍子建著），其另一标题

---

① 关于黄郛创立的“新中国建设学会”与“中华民族复兴”思潮的关系，可参见蒋红艳：《民族复兴与新中国建设学会》，《湖北社会科学》2013年第11期。

② 吴氏生平不详，该书1933年由青年评论社再版，其初版时间不详，待考。

③ 李宗仁：《民族复兴与焦土抗战》，民团周刊社1938年南宁版。

即为“民族复兴之精神基础”。该书将爱国爱民族的精神视为军人“磨砺意志力”“理智之扩充与改造”“立信”“养勇”等修炼功夫的根本，又将这种军人精神视为民族复兴的精神基础。① 可见这一理念在军队中的渗透程度。

当然，抗战时期政府军人民族意识的勃发也并非全是国民党宣教的结果，在巨大的民族危机面前，军人本身民族自觉的主观能动性也不可忽视。但无论如何，蒋介石以“中华民族复兴”理念在军队中进行抗战的思想动员，还是做得有些成效的，这从“国军”里涌现出众多具有民族气节的军官和士兵，能够见其一斑。

颇有意味的是，西安事变后，国民政府为顺应国共合作共同抗战的民意，体现时代的需要，同时也借此维护其“最高领袖”的尊严，曾把蒋介石后来离开西安的日子定为“民族复兴节”，把蒋介石在骊山藏身的虎畔石取名为“民族复兴石”，还在那附近修了个钢筋水泥结构的亭子，名曰“民族复兴亭”，又名“正气亭”。1945 年的台湾，就曾以广播推行国语等方式庆祝“民族复兴节”这一节日。② 正由于国民党政府通过意识形态的方式大力加以倡导，抗战前后，“中华民族复兴”理念及有关话语在社会上不胫而走，终于成了 20 世纪三四十年代中国最为响亮的政治口号和社会性全民话语之一。

这一时期的“中华民族复兴”理念和话语，其内容极为丰富驳杂，任何概括都可能面临简单化的危险。但是笔者以为，若从人们对“中华民族”整体命运认知特点的角度来把握，特别是从自觉倡导和秉持这一理念的人们的内心关怀和阐释重点来说，仍可以明显看到以下三个方面的基本内涵。

首先是中华民族正面临空前危亡的关头，然“危机即转机”，如果中国人能有此自觉，抓住这个千载难逢的机遇，通过抗战血与火的洗礼，未尝不可

① 伍子建：《军人精神改造论》，台山胥山学会 1938 年版。

② 可见陈仪讲，台湾国语推行委员会编选：《民国三十四年民族复兴节广播词》，台湾书店，1946 年版。

以借此机会革除赘疣、消除积弊，实现整个民族的“复兴”与“重生”。恰如张君劢等人在《我们所要说的话》中所指出的：“中国这个民族到了今天，其前途只有两条路：其一是真正的复兴；其一是真正的衰亡。”但“危机”也意味着“转机”，“这个转机不是别的，就是中华民族或则从此陷入永劫不复的深渊，或则从此抬头而能渐渐卓然自立于世界各国之林”；“所谓转机的关键就在以敌人的大炮把我们中华民族的老态轰去，使我们顿时恢复了少年时代的心情。这便是民族的返老还童”。他们借用心理学意义上的“激变说”和“少年性情说”，认为“就心理学上讲，以个人论，往往在重大刺激或重大压迫之下，其心理可以突然变化。且其变化未尝不可是幼年光景的再现。须知惟有少年或青年心理方有胆量”。因此，他们认定，“中华民族的复生必在如何对付那个重大刺激”。而要能真正把握好机遇、应对好这个“重大刺激”，则必须努力建设好民族心理，以奠定民族复兴的精神基础，最终打赢这场战争。此种论点，在当时实反映了许多爱国知识分子对于中华民族命运感知的一种共同心理特征。①

张君劢反复引用德国哲学家费希特的《致德意志民族书》以告诫国人，培养和造就强大的“民族意识”、敏锐的“民族智力”、深厚的“民族情感”和坚强的“民族意志”紧迫而重要，尤其强调“民族复兴，先则从教养入手，俾三万万九千万人民，咸认识其为中华民族之人民，乃当今根本问题”，并将其视作为“中华民族复兴的精神基础”。② 在这方面，国社党关于“民族观念”重于“阶级观念”的论述，也值得一说，且极具时代特色。在他们看来，“民族观念是人类中最强的，阶级观念决不能与之相抗。无论是以往的历史，抑是目前的事象，凡民族利害一达到高度无不立刻冲破了阶级的界限……只有民族的纵断而能冲破阶级的横断，却未有阶级的横断而能推翻民族的结合。

① 张君劢：《我们所要说的话》，《再生》1932 年第 1 卷第 1 期。

② 张君劢讲，成炳南记：《中华民族复兴之精神的基础》，《再生》1934 年第 2 卷第 6—7 期。

即以苏俄论，他的成功处不在阶级斗争的国际化，却只在社会主义的民族化。换言之，即以民族持为一体，形成一个强有力国家”①。近代中国，反对阶级斗争的论调很多，而如此持论者，此前却似乎并不多见。

与此相似和相关的论点，还有一种传统的“多难兴邦”论的自觉复活并切实发挥社会效力。这在稍后流行的一首歌曲《中华民族的复兴》的歌词内容中，得到了集中体现。该歌的作词者为著名海派作家曾今可。歌词写道：

中华民族在苦难中复兴；
中华民族在苦难中前进。
那一个富强的国家没有遭受过苦难，
那一个伟大的民族没有经过战争！
苦难使我们的国家进步，
战争使我们的民族年青。
在我们的心中充满着希望，
在我们的眼前充满着光明。
谁说这国家到了危亡的时候，
谁说这民族到了衰老的年龄？！
看吧！伟大的中华民族已经在苦难中复兴！②

其次是中华民族自身本来就内在地蕴藏着走向“复兴”的条件与能力，这可以从民族的历史和文化中得到认证、找到自信。而这种民族自信心的确立和保持，也正是整个民族战胜入侵者、实现复兴的根本前提。此一时期，许多学者、文化人都从中国五千年未曾中断的历史文化中体验到了中华民族的生命活力，并由此对民族文化的优点，对民族性的长处加以揭示、弘扬，

① 张君劢：《我们所要说的话》，《再生》1932年第1卷第1期。

② 该歌词所配曲调，可见本书之前的插图。作曲者为周大融。参见《江西地方教育》1939年第159—160期合刊。

以增强民族的自信心。如1940年许多著名学者共同完成出版的《中华民族复兴论》一书，就集中体现了这一思想努力。该书内收吴其昌《民族复兴的自信力》《民族盛衰的史例观》《中华民族生存发展的斗争》《民族盛衰的关键》、杨人楩《就历史论民族复兴信念》、方壮猷《从历史上观察中华民族复兴问题》等文,① 仅从其篇目，就可看出此种思想意图的所在。

张君劢在《中华民族之立国能力》等文中，对此种理念也做了较为细致的阐述和发挥。他反复强调："世界史上之古老民族，惟有吾中华之历史，未尝一日中断焉。"② 中国人聪明的祖先，不仅在思想、政治、制度和教育等各个方面都有杰出的创造，"此皆先民一无依傍，自己探索而得，虽在今日尚可变通而适用者"，而且从历史上看，我民族也能不断融合外来民族，并发展壮大至今，显示出不同寻常的"富于复生之能力"。晚清以降，在改革和实现现代化的过程中中国虽举步艰难，但任何"伟大民族之改革，不若岛国小邦之轻而易举，必须经长时期之酝酿"，实属正常，国人正不必因一度落后于日本而沮丧失望、灰心丧气。他明确认定："近年之国人激于环球大通后所受之惩创，反而自鄙夷其文化，若已不足自存于今世者，甚至怀疑于其民族之本身若不足与白人相抗衡者，此乃目眩于一世纪之短促，而忘千万年之久远矣。"③

不过，张君劢等尚并不满足于民族固有的旧文化，并非属于抱残守缺之人。他坚信，"在二十世纪中而欲复兴中华民族，无论如何，逃不出西方文明的影响"④。而需"另造一种新的文化"，一方面须以"现代的标准"对民族传统进行"选择"，另一方面还要注意吸收和消化外来先进的现代文化因素。因此，对当时那种笼统"提倡恢复民族文化"的说法，张君劢也表示反对，

① 吴其昌等：《中华民族复兴论》，黄埔出版社，1940年。

② 张君劢：《中华民族之立国能力》，《再生》1932年第1卷第4期。

③ 张君劢：《中华民族文化之过去与今后的发展》，《张君劢集》，北京：群言出版社，1993年，第184页。

④ 张君劢讲，王世宪记：《民族复兴运动》，《再生》1932年第1卷第10期。

认为“若是徒恃空言，但用忠孝廉耻等死名词，来恢复旧道德，犹人已死而欲招其魂，其不可得相等”。他对于梁漱溟以“礼治”为名搞所谓“村治”，就表示不解，认为有违现代法治和民主制度的精神，① 从而表现出可贵的理性态度。实际上，张君劢最为看重的还是保持中国人作为文化创造者的主体性问题，尤其是保持民族主体自身的自尊心和自信力，用他的话来说就是：“自内外关系言之，不可舍己徇人”；“自古今通变言之，应知因时制宜”。② 其中，尊重本民族的历史文化传统，又是保持主体性选择的基本条件：“每天骂祖宗的，不是好子孙；看不起历史的，不是好民族”，总得先有自尊心和自信心，然后民族和国家方可以立于天下。③ 此种理性态度，在中华民族复兴思潮里，实占据了主导地位。

虽然，在认同民族历史文化以激励民族自信心的过程中，也有不少极端保守、冬烘迂腐的落后论调借机得到传播和泛滥（由此还引发了各种文化争论），但要在此期国人多能强烈地体验到文化“民族性”之可贵，体验到不能抛弃自己优秀的历史文化传统，体验到“全盘西化”、唯欧美文化是从的危害，这对中华民族的复兴是十分必要的，它实在是民族自信心最为深厚的根源所在。国民党倡导的“中国本位文化建设”的有关讨论，从根本上说，也体认了这一趋向的重要方面（其保守和顽愚部分则受到批判）；中国共产党1935年以后逐渐改变以往只重文化的“时代性”而轻视“民族性”的做法，实现文化“民族性”意识的空前觉醒，还将“民族性”列在其所认定的“中华民族的新文化”——新民主主义文化本质特性之首的思想变化，更是这一思想趋向的生动体现。

最后是中华民族要想不亡国灭种，也只有实行全民族抗战，并上下一心

---

① 参见张君劢讲，王世宪记：《民族复兴运动》，《再生》1932年第1卷第10期。

② 张君劢：《中华民族文化之过去与今后的发展》，《张君劢集》，北京：群言出版社，1993年，第197页。

③ 张君劢：《中华新民族性之养成》，《再生》1934年第2卷第9期。

谋求民族生存发展之道，致力于“民族复兴”，否则，实别无前途可言。中华民族的抗日战争是神圣而正义的，它必将得到世界上一切正直民族和正义力量的支持和帮助。但自助才能得到他助，唯有中华民族自身自强不息、英勇抵抗，才能赢得世界的尊重，才能实现真正的“再生”。民族复兴乃是抗战的任务和目的，抗战并赢得胜利则是民族复兴的前提、保障和关键。事实上，也正是在抗战中，人们才更加清楚地看到了民族自信心和民族凝聚力对于中华民族复兴的重要意义。

1937 年 5 月，著名学者和出版家张元济出版《中华民族的人格》一书，从此该书成为整个抗战时期国人砥砺人格的象征性著作，曾一版再版。但在当时的国际上，真正检验中华民族人格的试金石，无疑是对待日本侵略的态度：是英勇抵抗、以鲜血捍卫国土，还是妥协投降、甘当亡国奴？早在 1933 年，罗家伦就在南京做的《中华民族生存之路》广播讲话中，深刻地阐述过这一点。他激动地说：“我们丧失了如此大的领土，但是未流够血的丧失，如上海之役，第十九路同第五军的健儿忠勇的抗战，血流够了，结果，我们虽然吃亏，但国土未失。我们流血后，万一不幸而丧失国土，但是可以恢复的，历史是光荣，人格是伟大的。现在我们对付敌人，不单是军事的抵抗，我们应当用所有的力量，流充分的血，争民族的光荣与人格。假若军事长期抵抗，虽胜负不可知，但借此亦可知道中国民族为有人格的民族。”① 1937 年 7 月全面抗战爆发后，中国人民终以顽强的抵抗和壮烈的牺牲，为自己的民族赢得了抗战的尊严和神圣的荣誉。

1939 年，也就是全面抗战爆发后的第三年，有篇题为《中华民族复兴的基础》的文章确信无疑地指出：“这一次抗战，坚固我民族的自信力，增强我民族的向心力，并发扬我民族勇敢牺牲的美德，实已树立和奠定民族复兴的

① 罗家伦：《中华民族生存之路》（罗家伦先生在南京广播讲演），《大公报》1933 年 2 月 28 日。

基础。”① 当时，各种具体的民族改造和复兴方案，也正因此而得以纷纷提出和传播。从这个意义上说，“中华民族复兴论”，又可谓是中华各族人民在民族危亡的时期，对于自身整体生存前途的一次深沉的总反省与总探索。

1938年，青年党的代表人物陈启天曾编著《民族的反省与努力》一书，作为独立出版社著名的“民族复兴丛书”的一种出版。该书便大声呼吁：中华民族于九一八事变以后的痛苦中，必须从民族性、文化、政治、经济、军事及外交等诸方面进行一次总反省和总努力，唯有如此，才能保持清醒，从而获得“充实全民族的精神原动力”。②

本着这样一种“反省与探索”的精神，当时的人们提出了各种各样复兴中华民族的方案。有的关注“精神建设”和道德力量，呼唤民族性改造；③ 有的重视“物质发展”，鼓吹“摩托救国”。有的强调科学的极端重要性，发起“科学社会化运动”；有的倡导发展教育，主张抓“民众教育”，以奠定民族复兴的基础。有的呼喊农村危机，忧心农业，认为“农村的危机必影响到国家

---

① 参见史维焕：《中华民族复兴的基础》，《时事类编》1939年第31期。

② 重庆的独立出版社出版的“民族复兴丛书”还包括沈鉴等人撰写的《国耻史讲话》、萧一山的《民族之路》等。当时的“民族复兴丛书”远不止这一种。甚至连汪伪拼凑的中华民族反英美协会也于1942年出版过一套“民族复兴丛书”，作为该丛书之一的《中英美关系略史》一书，极力宣传英美在历史上对中国的侵略活动。这说明中华民族复兴思潮已经发展到连汪伪也不得不加以利用的程度，他们也想乘势搅一摊浑水，欺骗舆论。较早谈论“中华民族复兴”问题的赵正平（如在《复兴月刊》上连载臭长的《中华民族复兴问题之史的考察》等文），后来也成为汪伪汉奸政权的教育部部长，并继续以“民族复兴论”为自己的汉奸行为辩护。

③ 如周佛海著有《精神建设与民族复兴》（上海新生命书局，1935年），该书一年内曾版三次，颇能见及当时中国的社会心理趋向。具有讽刺意味的是，几年后周本人竟然当了大汉奸。王之平的《民族复兴之关键》（1935年作者自刊）一书，则主要从民族性的角度阐述复兴民族的见解。此期“战国策派”的雷海宗、林同济等人对中国国民性的深刻批判，也有代表性。

的危难”，复兴农村即是复兴民族；① 有的则视工业进步特别是军事工业的发展为民族复兴的关键和保证。更有的从中华民族平衡发展和实际抗战的整体角度来考虑问题，提出和鼓吹“开发大西北”和“开发大西南”等少数民族聚居区的发展战略，并在实际上得到国民政府的支持，一度成为一种声势不小的思潮和运动。例如，不少少数民族人士当时就把四川等西南地区视为“复兴民族最有力之根据地”，将西北视为“中华民族的发祥地”和奠定“民族复兴的基础”地区，呼吁应加紧进行开发与建设。② 还有的甚至从外来宗教与民族复兴关系的角度，提出基督教在中华民族复兴过程中的独特意义与任务问题等等，不一而足。

这里，我们不妨以民国时期著名的基督教思想家吴雷川的有关思考，来见证一下当时“中华民族复兴”思潮的整个时代气息和某些特殊的面向。1935年，吴雷川曾以一个基督徒的身份，热烈地投入“中华民族复兴”的讨论中。他明确提出了“基督教对于中华民族复兴能有什么贡献”的命题，并充满激情地写道：

---

① 可见湘涛学社编《湘涛》杂志1936年所载《对于湘阴农村建设之商榷》等文。杨幼炯主编的《中国农村问题》收录《今后农村复兴之前路》等文，作为中国社会科学会编“民族复兴丛刊”之一出版（中国社会科学出版部，1934年版）。梁漱溟等所搞的各种乡村建设运动，也都表明了此种努力。

②《中国回教救国协会四川省万县支会宣言》，《中国回教救国协会会刊》第1卷第2期。孙绳武《第二期抗战与西北》，《回民言论》第1卷第6期。这类的认识和主张很多，如有的人就从国防和民族关系等方面，认定“西康”为“复兴中华民族的重心”（参见举安：《复兴中华民族的重心——西康》，《康藏前锋》1933年第3期）等。当时，比较全面地论述民族复兴问题的专著有王健生编的《民族生存》（中国民生学社1937年版）、周辑熙著的《复兴民族之路》（独立出版社1943年版）等。如后者就论述了所谓复兴民族的六大方略、四大中心、两大基石，以及恢复固有道德与抗战建国、战时民教与抗战生活，文化斗士与宣传战、复兴民族与促进大同等问题。至于从某个角度阐述这个问题的更多不胜数了，如章渊若著的《自力主义民族复兴之基本原理》，就从所谓“自力主义”之一般原理角度，来系统探讨这一问题，等等。

> 中华民族复兴！中华民族复兴！！中华民族复兴！！！在先时，只是稍有思想的人不期然而然的潜伏着这意识，现时却已发出急切的呼声，鼓荡全国了。不但一般知识阶级以此事相倡导，就连政府也公开的以此事唤起民众，认为治本的目标。所以现时……的人们……都要竭尽各个人的心思才力，在这一桩绝大的工作上有份……因此在这时候，在这地方的基督教，就不能不发生问题。这问题就是：基督教对于中华民族复兴能有什么贡献？①

对于这一问题，吴雷川最初的回答是，根据“耶稣的人格”，造就积极有为、敢于担当民族复兴重任，同时又严于律己的“领袖人才”——也就是培养杰出的“切望民族复兴”的基督徒即可。② 可是几年之后，他又感到这样的回答仍存欠缺，既而又加以补充，主张基督教在当时的中国必须加以必要的改革，才能完成这一使命。比如，基督教是讲求“博爱”和“无抵抗主义”的，但在抗战时期的中国，则绝不能以此来消弭民族反抗的精神。他指出：“无抵抗主义，只是个人与个人间在或种情况之下所应用的事理，本不是为国家民族说法的。基督教固然以全人类得救为博爱底目的，但社会进化有一定的程序，不能躐等而几。在这国家种族界限还没有消灭的世界，尤其是中国正在要求国家独立、民族解放的阶段中，惟有提倡耶稣在当时爱国家民族的精神，使人知所效法”，才是正确的选择。他甚至明确宣称，只有中华民族实现真正的复兴，基督教在中国才真正有发展前途可言。③ 这一观点，与当时中国基督教本色化运动的部分宗旨，也是基本一致的。

在抗战时期的“中华民族复兴”论中，无论是哪一种主张和观点，人们都没有也不可能忘记当时全民族危亡的严峻环境，而是自觉把自己的主张和

① 吴雷川：《基督教对于中华民族复兴能有什么贡献》，《真理与生命》1935 年第 9 卷第 2 期。

② 参见吴雷川：《基督教对于中华民族复兴能有什么贡献》，《真理与生命》1935 年第 9 卷第 2 期。

③ 吴雷川：《基督教更新与中国民族复兴》，转载自吴雷川：《基督教与中国文化》，上海青年协会书局，1940 年，第 287—298 页。

当下抗战的需要紧密结合起来。这是十分自然的。我们有趣地发现，当时许多自然科学家和社会科学家，都共同关心一个复兴整个民族的基本问题，即如何改进全民族的身体素质和保持健康，这可谓上述特征的集中体现。如社会学家潘光旦编有《民族特性与民族卫生》一书，生物学家秉志著有《生物学与民族复兴》一书，竺可桢等自然科学家编辑有《科学的民族复兴》一书等，均无不从这一角度为战胜日本和复兴民族弹精竭思，献计献策。① 甚至有不少人还由此出发，从强种和中华民族整体认同的双重角度着眼，大力提倡汉族与国内各少数民族人民实行自由通婚与融合。青年党的核心人物之一常乃悳就是一个典型代表。他强调加紧通婚混血，乃是挽救中华民族命运的关键所在，认为这样做，不仅可以自然消除各民族间的歧视，还能因此增强整个中华民族的生命活力和认同力度，实在是两全其美、何乐不为的事情。② 因为在他看来，要真正解决中国国内各民族的融合问题，搞所谓“汉化”是行不通的，“不但在目前国际环境之下，如果采取这办法，无异于迫各族离心力的加强，不是一个识时的办法，并且在各民族的本质上看起来，汉族并不见

① 如出版于1937年的《科学的民族复兴》一书，就内分“中华民族之史的观察”（卢于道）、“中华民族之地理分布”（张其昀）、“中华民族与气候的关系”（吕炯）、“中华民族的特性及其与他民族的比较”（孙本文）、“中华民族之人种学的检讨”（刘咸）、“中国人脑及智力”（卢于道）、“中华民族的血属”（李振翩）、“中国人之营养”（吴宪）、“中华民族之健康”（许世瑾）、“中国人种之改良问题”（卢于道）、“结论”（编者）11章。民族素质的关注角度，相当明显。与此相关，许多提倡体育和加强营养的各种论著也层出不穷。如《捷克民族复兴与体育训练》（中华书局1938年版）、《体育与救国》等。后者系国民党中央执行委员会宣传委员会编，具体出版年代不详，内收蒋介石的《救国救种的唯一要图就在提倡体育》、戴季陶的《由中国历史文化上见到的体育的意义》、吴稚晖的《中华民族恢复强健的起点》等20余篇。作者还包括蔡元培、陈布雷、何应钦、朱家骅、陈立夫等，全是国民党要员。可见它代表了当时国民政府的意旨。不过当时也有人从激励民族自信心角度，鼓吹中华民族人民体质优越论的，可见吴定良：《中华民族优秀问题的讨论》，《毕节周刊》1943年第10期。

② 黄欣周编、沈云龙校：《常燕生先生遗集》第2卷，常燕生先生七旬诞辰纪念委员会，1967年，第911—913、1072—1081页。

得比其他民族较为优秀”；而依据民族自决原则，让各民族“在平等待遇之下，实行自治”，虽然是“国民党民族政策的中心”，但也不过是“历代专制王朝羁縻政策的变相”，这办法相对说来流弊较少，却也不是根本解决问题的方策；“要解决中华国族内各民族的问题，唯一的彻底办法，是奖励各民族间的通婚，使各民族因血统的调合而合成一真正单纯的国族”，从而以此挽救“中华国族的颓运”。①

类似这种主张奖励各族之间民众彼此通婚的意见，所在多有。如20世纪40年代，就有学者发表《大中华民族建设论》一文，同样强调：“民族间的通婚非但是建设大中华民族最迅速的方法，而且对于民族质量的提高，也有不可忽视的功能。”从历史上看，中国几个最强盛的时代，就都出现在各民族的“大混合”之后。如春秋战国时代各民族的混合产生了秦汉的兴盛，五胡十六国时代的民族“大混合”产生了有唐的崛起，等等。这证明了民族间的通婚，“确是中华民族求强盛的有效办法”②。

整个抗战时期，由于共同的民族命运和密切联系的流动的抗战生活，不啻常乃悳等所主张的国内各民族之间的通婚交往超过了以往任何时期，事实上各民族全面多层的融合，以及整体复兴的信念，也因此大大地增强了。1940年，一位回族同胞在《抗战三周年纪念感言》中曾写道：“整整三周年的神圣抗战，已使大中华国族数千年的积弱，蒙受了巨急的刺激，从而奠定了民族复兴的基础，扎稳了抗战最后胜利的把握。首先我们为民族复兴的远大前途，抱乐观，感兴奋！”③ 可见抗战对于各族人民建立在一体观念上的大民族复兴意识，产生了多么积极的影响。

“中华民族复兴”观念和有关话语流行于民国中后期，它和现代民族国家

---

① 常燕生：《国族的血》，《国论》1937年第2卷第10期。

② 沈宗执：《大中华民族建设论》，《新认识月刊》第3卷第2期。

③《中国回教救国协会会刊》，1940年第2卷第6—7期合刊。

建设的政治进程相一致，也是新兴的“中华民族”概念符号认同的重要内容。正是伴随着现代“中华民族”概念的形成和社会化运行，“中华民族复兴”观念和话语才得以产生和发展起来。一方面，现代“中华民族”概念构成“中华民族复兴”观念的思维逻辑前提和逐渐自觉整合的主体，体现了一种以自由、平等和独立为价值依托的现代性特征；另一方面，“中华民族复兴”观念又成为现代“中华民族”概念社会化实践的重要表现和具体而典型的话语形态，并代表着其主体认知与行动的综合目标。

民国时期特别是抗战时期，“中华民族复兴”观念和有关话语的广泛流行，典型地反映了我们这个有着悠久历史和灿烂文化的古老民族，在近代屡遭列强侵凌而不屈、历经反抗而犹存，但对屈辱虚弱的现状又复感不满的那种特定历史时期所形成的民族自然心态。在这种复杂心态中，既包含着对于昔日辉煌历史的怀想，又连带着有一种对已延续数千年不断的民族生命力之自我欣幸和祈盼，同时还凝聚着一种亡国灭种的忧患意识和呼唤国人奋起改变悲惨命运并且已觉刻不容缓的时代紧迫感。与今天中国基于经济发展和国力增强的现实而激发的“民族复兴”呼声相比，那时的“民族复兴”话语更多的是一种向历史和文化的情感诉求，是自我“打气”和“壮胆”——一种本能的自信心和责任感的主体追索和激励，与其说它当时的取向是指望未来，不如说更多的是针对当下：面对日本帝国主义铁蹄的践踏，中国人格外需要一种强劲坚韧的生命意识，一种能打败强敌的顽强信念，一种延续历史文化和民族生存的深沉的使命感与担当精神，而“中华民族复兴”观念和话语的播扬，正是对此种现实精神需求的最好回应。

抗战时期，有关“中华民族复兴”理念的宣传活动之积极意义是不言而喻的，它超越了狭隘的党派利益和意识形态的局限，激发和加强了国人自尊、自信与自强的奋斗意志和生存信念，因而成为抗日民族统一战线得以广泛建立和发展的深沉厚重的精神基础。

前文我们曾从三个方面对“中华民族复兴”观念和有关话语的主流内容

进行了简单概括，应当说它实际的内涵要远比这更为丰富和复杂。在笔者的文献阅读中，如果泛泛而言，此一观念乃是众生喧哗的，它充满了各种内在的逻辑矛盾。若是就其纷纭的言论背后之主体的实质诉求而论，实际上最为重要的，乃是一种民族“自信心”的建设需要。而当时最困扰国人的，则是此种民族自信心与传统文化和所谓“民族性”之间的张力关系问题。

清末以来，先进的中国人面对国将不国的民族生存危机，不得不一次又一次地深刻反省民族文化的不足与国民性或民族性的缺陷，并由此掀起了以改造国民性和整体反传统为主旨的各种思想文化运动。但是，如果一味地自我否定，完全失去历史文化主体性，又必然会丧失自身存在的理由和继续前进的动力，当巨大的民族危难降临的时候，还可能失去反抗的决心和勇气，沦入任人宰割的境地。“中华民族复兴”观念和话语的自觉倡导者们，有些对这一困境是的确有着清醒而深刻的洞悉的，如张君劢就曾敏锐地指出：由于当时中国正处在“改造之过渡期中”，国人对于本国“数千年制度学说”诚不知如何看待，“一方面因改造而生不信心，他方面要发达民族性而求信心，信与不信相碰头，如何处理，实在很是困难了”。① 实际上，这一问题的认知与实践，已构成当时“中华民族复兴”这一命题和话语自身最大的张力所在——既然要“复兴”的是一个有着历史文化和血缘延续性的民族共同体的实在生命，必须从中求“自信”，又如何能够轻视自身的民族特性和优长？而在保持民族个性、发扬自身文化主体性的同时，又怎样才能够真正超越自身传统的不足、实现现代发展的关键跨越并保证其持久不衰的内在活力呢？这就是近代中国历史所留下的一个充满悖论的文化难题。

我们在本书的引言部分曾谈到，现代中华民族观念或意识，主要由认同“中华民族”这个大民族共同体符号，关切其共同的安危荣辱、维护其权利尊

---

① 张君劢讲、杨祖培记：《新中华民族性之养成》（在广州青年会演讲），《再生》1934 年第 2 卷第 9 期。

严，以摆脱外来欺压、实现独立解放和现代发展两方面的内容构成。如果将其机械分解，或许可以用国内各民族“一体化”的整体自觉和实现整体的独立发展与强大的“现代化”自觉这两种自觉来加以概括。实际上，“中华民族复兴”观念的勃兴和广泛流行，正好体现了中华民族上述两种自觉的合二为一。也就是说，民国时期，持续时间达20年之久、渗透范围极广的“中华民族复兴”理念及其相关话语，最简洁不过地把这两大方面的关怀有机地融合在一起。在这一强势话语中，复兴的主体是整个中华民族；复兴的前提、手段、机遇和有机组成部分，首先表现为挽救整个民族危亡的抗战。但抗战本身又不是目的所在，实现全民族的真正复兴才是其最终目标。而这一切，只要国人拼死奋斗，又都是那么地有希望。整个抗战时期，响遍神州的“中华民族复兴”口号所带给人们的，就是上述这些不言而喻的内容。该话语之中的核心主体词“中华民族”，此期虽仍有用来指称汉族者，但在抗战全面爆发后，已经绝对主流地指向各民族的统一体，并成了凝聚各族人民最佳的也是最为流行的全民族共同体符号了。

“中华民族复兴”这一具有强烈导向性的时代理念，及其所引发的思潮和话语的流行，不管它有着多么复杂的内涵与背景，无疑都有力地引导和推动了各族人民对于一体化的“中华民族”的整体认同。笔者甚至认为，它本身还因为内容涵盖的综合性、对于各族人民情感统一体之共同纽带与发展趋向的鲜明昭示性，实际上构成为现代中华民族观念最为典型的思想形态之一，而不啻是体现这一认同之流播极广的“话语符号”而已。这也说明了认知“中华民族复兴”理念对于把握现代中华民族观念的特殊重要性。

三、“民族英雄”“汉奸”与历史教科书的“中华民族”书写

在民国时期的“中华民族”观念史上，关于“民族英雄”的认知与讨论，关于“汉奸”与“华奸”概念用词的辩争，以及教科书中如何叙述“中华民族”，都属于无法回避的重要问题。特别是当时有关“民族英雄”问题的讨论，由于新世纪以来国人仍为之困扰不已，故而对其加以历史考察，笔者具有格外的兴趣。

1. 抗战开始之后的“民族英雄”问题

九一八事变之后，随着民族危机和复兴意识的强化，一方面，国人开始自觉呼唤和赞颂现实中不断涌现奋勇御寇、勇于牺牲的“民族英雄”；① 另一方面，也由此认识到书写和讲授历史上的“中华民族英雄”故事、自觉弘扬

① 如傅振伦编，1935 年初版，1945 年再版的《民族抗战英雄传》（青年出版社），就比较详细地介绍了在抗战中牺牲的海陆空将士约 200 人的传记。

“民族英雄”的爱国精神，实乃服务于中华民族救亡和复兴大业义不容辞的职责。因此从1931年开始，不仅一般报纸杂志上能经常见到有关“民族英雄”事迹的报道，以“民族英雄”故事为主题的各种专门读物，也随之大量问世。①

1932年，徐用仪推出了《五千年来中华民族爱国魂》一书；1933年，易君左编撰出版了一部《中华民族英雄故事集》。这是当时出版的此类读物中较早和较有影响力的两种。前者曾先在天津《大公报》上连载，面对的是一般社会大众，由大公报社正式出版时，曾有钱玄同、黎锦熙等20余位学者和名流为其或题词或作序，声势颇大。如刘式南在该书序言中就认为，此书“既表彰先民于国家危难时之护国魄力与其爱国精神，更足使凡今之人凛然于先民贤肖与兴亡之责任，不敢不努力于民族复兴运动。此诚国难期间有关宏旨之著也，不可以不传”。后者则是专为中学生而写，被江苏省教育厅制定为“全省中等学校教材”，出版一月内即数次重印，受到读者的热烈欢迎。在当时“关于发扬民族精神”的众多同类著作中，被认为是“涵义深远、文笔流利者”的“罕见之作”，“洵足称为激发青年奋勇向上之读物也”。②

此后，这一类的著作公开出版或内部印行的，成百上千，形式多样，不胜枚举。其中较为突出的有王汉柏编的《民族英雄》（1933年），韩棐、范作乘编的《中国民族英雄列传》（1935年），刘觉编著的《中国历史上之民族英雄》（1940年），裴小楚编著的《中国历代民族英雄传》（1940年），梁乙真著的《民族英雄诗话》（1940年），沈溥涛、蒋祖怡编的《中华民族英雄故事》（1940年），曾金编著的《中国民族英雄故事》（1944年），严济宽编著

---

①《蒙藏旬刊》曾连载众多抗日英雄事迹，并誉之为“民族英雄”。

② 徐用仪：《五千年来中华民族爱国魂》（一名《五千年来中华民族爱国史的观察》）第一卷，天津大公报社，1932年版。后来各卷未见续出。易君左：《中华民族英雄故事集》，镇江江南印书馆，1933年印行。有关此书的评论，见《〈中华民族英雄故事集〉经已出版、风靡一时》，《侨务月报》1934年第1卷第4期。

的《中国民族女英雄传记》（1944年），周彬编著的《十个民族英雄》（1944年），等等。此外，还有一些地方性的“民族英雄”传记集，以及以丛书名义出版的单个民族英雄故事系列。前者像王澹如编的《关中民族英雄抗敌歌》（1939年），邹光鲁编的《陇右民族英雄集》（1939年）；后者如新生命书局1933年至1934年推出的“新生命大众文库”中的“民族英雄事略”系列，汗血书店1936年出版的“汗血小丛书”中的“民族英雄评传”系列等，均可称代表。至于报纸杂志上所登载的同类文章，就更难以数计了。这些传记故事作品，对于切实传播现代的全民族意识和观念，使其真正得到社会化的普及，所起作用不言而喻。

当是时，爱国之士们普遍认识到，从中小学开始，就应对国人进行“民族英雄”事迹的历史教育，以培养民族意识和抵抗精神，这一做法已刻不容缓。如1935年，曾任浙江省图书馆馆长、长期从事中学和大学历史教育工作的陈训慈（蒋介石的“文胆”陈布雷之弟），就在著名的教育杂志《教与学》上发表《民族名人传记与历史教学》的长文，明确提出并系统表述了为何要在历史课程中进行有关教育，以及如何有效地开展这一教育的建议和主张。

在陈训慈看来，中国历史教学当时的“中心目标”，就应该是“充分表达本国民族之由来变迁与演进，提示民族伟大的事迹，而引起学生之强烈的民族意识，激励他们为本国民族的生存与繁荣而努力”。因为“这一个世界还是民族角逐的世界，历史也还应是民族本位的历史，而历史教学也更应注重民族立场的需要……这种企图在中小学历史教学上尤应注意，以期打破青年的消沉风气，而树立起民族自信力，唤起其对民族的责任。而在许多本国史的材料当中，最足以达到这样目标之效者，便是有关民族兴衰的伟人事迹所寓的传记”。他还特别引用了今人熟悉的克罗齐“一切历史都是当代史（他译为“现代史”）”的理论，来为自己的论证服务，并呼吁国人特别是历史教育工作者，要努力撰写“具有民族性的名人新传记”，“将古人舍身为国那一种激昂磅礴的情绪，重新在青年们的内心燃烧起来，以鼓铸他们对国家民族一种说不尽的热情”。① 陈训慈这里所谓的“民族名人”或“民族伟人”，实际上不过是“民族英雄”的另一种表达。在陈氏之后，响应其号召的沈明达发表过一份《初中本国史中补充“民族英雄史实”教材的拟议》，思考在历史教学中如何将陈训慈的主张加以具体落实，其中就把“民族名人传记”直接改成了“民族英雄史实”。②

1935 年，也就是日本逼近关内，“华北危机”急剧加深的那一年，与陈训慈发表《民族名人传记与历史教学》一文几乎同时，“国民革命军遗族学校”得风气之先，在本校所办的《遗族校刊》上，率先发起了关于“民族英雄”问题的讨论，将该刊 1935 年第 2 卷第 4—5 期办成“民族英雄专号”，颇值得令人关注。该校是国民党在南京中山陵附近创办的革命烈士子弟学校，这些烈士遗属强烈的“英雄”情结，或许成为其发起这一讨论的主观动力。不过烈属们的有关讨论却是相当理性的，他们公开表示，“民族英雄”绝不该仅仅局限在所谓“英烈”的范围之内，而必须能体现出新时代宽阔的民族视野和鲜明的现代关怀。如中学生谭少惠在其“课艺”作文《民族英雄的界说》中就明确指出，一般人说起“民族英雄”，都会想起那些“抵御外侮的武夫”，而现在要救国难和复兴民族，“单靠武力”是绝对不够的，而应当看到“造成现代武力的背景”，用今人的话来说即是综合国力。故他给“民族英雄”下的定义范围极广：“凡一个民族的文化、国防、工业、经济、道德、政治、艺术、科学各方面，或破产，或落后，或不彰，如有人能努力于一方面，或一方面里的一小部分，而能对于全民族有利益的，都可以叫民族英雄。”③

另有一中学生则发表《认清中国的现代来找民族英雄》一文，提出了从时代精神出发找寻“民族英雄”的新标准。他认为：“不论任何人，只要他能

---

① 陈训慈：《民族名人传记与历史教学》，《教与学》1935 年第 1 卷第 4 期。

② 沈明达：《初中本国史中补充“民族英雄史实”教材的拟议》，《浙江教育月刊》1936 年第 1 卷第 5 期。

③ 谭少惠：《民族英雄的界说》，《遗族校刊》1935 年第 2 卷第 4 期。

用种种方法，无论文的、武的、急的、缓的，来延长和光大他民族的生命的，都可称谓民族英雄。”而延长和光大民族生命的因素，主要有两个：一是民族文化，一是民族精神。近百年来中国民族衰落的真因，就在于“民族文化核心的丧失”，虽然“现在我们所谓中华民族，实于汉族之外犹包含若干不同的民族”，但“其维系的力量无疑的是汉族文化做了中心的缘故”。而在这方面，真正有远见有担当的孙中山最为难得，故他认为“孙中山先生亦正是我们认为最（具）时代性的‘民族英雄’”。①

在《遗族校刊》所登载的有关“民族英雄”的讨论中，中学生们似乎更为重视那些对于整个中华民族的命运具有重大影响的领袖人物。这与那个时代中国的民族命运，实在息息相关。有篇题为《民族英雄应具的特性》的文章就强调，“中国幅员广大，民族血统复杂”，“各具其特殊性格”，但就中华民族的整体而言，却又有其共同的民族性格缺点，如“好伪怯懦，缺乏国家思想、进步精神、生产能力”等，故而在作者看来，现代中华民族的民族英雄，应该领导人民去克服这些民族弱点，因此他必须具有“坚强的民族意识”和“热烈的爱群精神”，具有“高尚纯洁的人格”“真实的统制力量”和“坚固的自信决心”，“凡领袖能具备上述各项应有特性者，即是民族英雄”。孙中山就堪称这样的民族英雄。②

还有一位学生，也从民族领袖的层面来思考“民族英雄”问题，他同样把孙中山和蒋介石视为中国的民族英雄，但他同时又强调“民族英雄”具有“时间性和空间性”，认为不同的国家和民族，具有不同的民族英雄：彼族的英雄，未必是此族的英雄，在彼族得到赞美讴歌的民族英雄，在此族却可能招致怨恨和咒骂。如中国的民族英雄孙中山，“我们固然是视他为恩人的感谢他，但在列强却未尝不视他为劲敌的仇恨他”。不过，作者所谓的空间性，却

① 陈雨耕：《认清中国的现代来找民族英雄》，《遗族校刊》1935 年第 2 卷第 4 期。

② 陈伊璇：《民族英雄应具的特性》，《遗族校刊》1935 年第 2 卷第 4 期。

主要是针对中华民族大家庭之外的民族而言。至于民族英雄的“时间性”问题，他则写道：“无论是哪种学说、制度、道德标准、政治潮流，都含有一种无形的时间性，民族英雄的定义，当然也不能例外的。比如历史上赞美忠君杀贼的岳武穆、曾国藩，如今有些人却不迷信他，而情愿把‘民族英雄’这个徽号加之于梁山泊上的英雄、太平天国的好汉。所以民族英雄不但在横的方面——空间上有不同的价值，同时在纵的方面——时间上也有不同的批评”。此外，他还列举了世界各国20世纪的民族英雄，如土耳其的凯末尔、印度的甘地等，强调他们为国争光的方法不同，“无非是能够适应国情而已”①。

应当说，这些中学生关于“民族英雄”问题的讨论总体水平并不高，不过它们却很好地反映了当时中国人对于“民族英雄”的期待心理，以及社会化的普遍认知水准。由于当时包括少数民族在内的整体“中华民族”观念正逐渐深入人心，因此谈论现实的“民族英雄”时，人们一般都会很自然地以全民族为对象，即便是泛泛谈论遴选历史上的民族英雄的标准时，也往往如此。如有一篇评论徐用仪《五千年来中华民族爱国魂》和易君左《中华民族英雄故事集》两书的书评作者，就公开声言：

> 选择民族英雄的标准——凡是中华民族的一份子，为着民族国家的利益（包括民族的生命和荣誉、国家的土地和主权），而牺牲他自己个人的利益（包括个人的体力、智力、财力以及生命力），都是中华民族的英雄。但中国历史上民族英雄史不绝书，为求阐扬表率起见，得就历代中选择若干民族英雄以为代表，俾资取法。②

也有人把“中华民族”的“民族英雄”标准提得较为具体，强调这样的

① 孙颖蕖：《二十世纪的民族英雄》，《遗族校刊》1935年第2卷第4期。

② 束荣松：《怎样编辑中华民族英雄传记？对于中华民族爱国魂及中华民族英雄故事集之批评和意见》，《天风》1937年第1期。

“民族英雄”，必须具有对内发扬固有民族道德、对外勇于抵抗侵略、不惜为国献身的精神或态度。如1936年发表的一篇题为《中华民族与民族英雄》的文章作者，就这样写道：

“民族英雄”这是一个抽象的名词……目前我们需要顶天立地的民族英雄，比之过去更加迫切。所谓英雄是一种“威武不能屈、贫贱不能移、富贵不能淫”的硬汉，加上聪明的头脑，敏锐的眼光，有计划地前进，抱定“鞠躬尽瘁、死而后已”的精神。民族英雄则是根据这种态度，处处着眼于国家民族。印度的革命家，多是有到死也要捏一撮祖国的泥土而授命的决心的；希腊的勇士，对着祖国都有最沉痛的热血的。虽然，成功与否，那是环境决定的，换言之，那是要看时间与空间所给予的机会。但是有了这种精神的民族英雄，那是已具备了决胜的条件。

中华民族的民族英雄，他的任务对内须要发扬固有道德，具体地说要把“礼义廉耻”的四维和“忠孝仁爱信义和平”的八德尽量提倡，促进养成一种风气，挽救了颓废了的伦理观念，同时还要把武士道的精神，灌输到一般民众，使得人人都有爱祖国的心理。这是总理所昭示的革命必先革心，我们把它具体化来演释一下而已。他的任务对外须要抗拒强暴，反对侵略，与祖国共存亡。他的［每］一滴血都要为祖国为民族而牺牲。①

可见，该作者的“民族英雄”标准，主要还是瞄准当下中华民族危机时期民族国家的领导人物之必备条件而提出要求的。

但是，说起来容易，而要真正将其标准贯彻到底并能给出令人信服的切实说明，尤其是把古今民族英雄的评判标准真正统一起来，却并非易事，甚至根本无法做到。当时一般的民族英雄榜，往往只是简单地开列历史人物名单，而并不去做详细解释，这一点实不难理解。不过尽管如此，从当时所开

---

① 岂凡：《中华民族与民族英雄》，《革命空军》1936年第3卷第1期。

列的各种民族英雄的榜单中，我们依然能够见及一些有关的选择性特点。以此为据，还是可以窥见现代中华民族观念在其中所产生的实际影响之一斑。

从笔者所搜寻的有关资料来看，当时人们所叙述和认为的“民族英雄”，一般并不限于汉族，或者说不排斥而是包括蒙古族、回族等其他少数民族在内。像元太祖成吉思汗和明朝“七下西洋”的郑和，就是许多民族英雄传里都要提到的人物。有的英雄传记集还非常自觉地强调这一点，如刘觉所编著的《中国历史上之民族英雄》一书，其“凡例”中就郑重写明：“本编所列民族英雄，不限于汉族，凡满蒙回藏，对外有功绩者，亦并载叙，以符五族一家之旨。”从该书实际收录的“民族英雄”来看，也包括了蒙古族的成吉思汗、回族的常遇春和郑和等人。① 在这方面，最能代表国民党和国民政府的国家意志，也能集中体现这一时期时代主旋律的“大中华民族”观念的举动，恐怕莫过于全面抗战爆发前夕，中央文化事业计划委员会所通过的表彰40名中华民族历史上的“民族英雄”之决定。

1937年6月3日至4日，在国民党中央文化事业计划委员会副主任张道藩的主持下，请来该会下属的史地、语文两研究会的成员柳诒徵、萧一山、胡先骕、张世禄和少数民族人士艾沙等前来开会讨论，专门就“表彰民族英雄的议案”发表看法。经过长时间的反复研讨，最后决定先将秦始皇、蒙恬、汉武帝、霍去病、张骞、苏武、马援、窦宪、班超、诸葛亮、谢玄、唐太宗、李靖、李勣、刘仁轨、王玄策、郭子仪、李光弼、宗泽、韩世忠、岳飞、文天祥、陆秀夫、元太祖、耶律楚材、萨都拉、明太祖、郑和、唐顺之、俞大猷、戚继光、宋应昌、熊廷弼、袁崇焕、孙承宗、史可法、秦良玉、郑成功、左宗棠、冯子材40人，推为“民族英雄”，特通告全国并征求传记。该表彰决定被报道之时，文前还有一段交待文字，特申明“中央文化事业计划委员会，以我国历史久远，代有特起人物，故列表而出之，藉作人群模楷，增强

① 刘觉：《中国历史上之民族英雄》上下卷，商务印书馆，1940年初版，1945年三版。

民族自信力”，遂有此次表彰民族英雄的决定出台。①

不过，不知是因为“兹事体大”，还是由于一个月后日本就全面侵华而无暇顾及的缘故，这个中央文化事业计划委员会的决定此后似乎再也没有见到正式的下文。而且当时已有的多个报道，在涉及少数民族的英雄名单时，所列之名竟然还有不尽一致之处。如在另一种报道里，元朝契丹人耶律楚材和著名词人、书画家回族人（一说蒙古族人）萨都拉，就分别被耶律太后和拔都二人所取代，而且后者报道的单位似乎还要更多。至于其幕后真相究竟如何，尚待笔者日后有机会发掘档案，再予证实。但无论如何，有一点可以肯定，那就是 1937 年 6 月，国民党中央文化事业委员会确曾形成过一个关于表彰中国历史上“民族英雄”的初步决定。

从这一表彰决定所列举的 40 位“民族英雄”名单来看，少数民族至少达到了 5 人以上，除前面提到的 4 人之外，尚有唐代名臣、契丹人李光弼。若按比例计算，来自少数民族的中华民族英雄超过总数的 1/10。这无疑体现了当时主导中国的现代中华民族观念的深度影响。

“九一八”以后，成吉思汗之所以多被选入大中华“民族英雄”之列，主要是鉴于其开疆拓土、震撼世界的声威，同时也可能与其不曾直接征服汉族的经历有关。如前文提到的遗族学校学生谭少惠，就认为：“像元太祖那样威震四方，我们应该叫他民族英雄。”② 1936 年，前面提及的“汗血小丛书：民族英雄评传”系列，其中有一本詹涤存所写的成吉思汗评传，就题为《纵横欧亚的成吉思汗》。1939 年，一个以“中华”为笔名的人在著名的《和平月

①《中央文化事业委员会表彰历代民族英雄》，《浙江教育》1937 年第 2 卷第 7 期。笔者见到的另外三个报道，则所列英雄名单相同，表述文字略有差异。如《国际汇刊》1937 年第 6 卷第 2 期登载的报道题为《中央文化计委会决定表彰的民族英雄》，作者署名为“亚”，其中没有关于会议主持人和参加讨论者的内容；《前途杂志》1937 年第 5 卷第 7 期的报道、《兴华周刊》1937 年第 34 卷第 21 期的报道，两者均题为《表彰民族英雄》。

② 谭少惠：《民族英雄的界说》，《遗族校刊》1935 年第 2 卷第 4 期。

刊》上发表了题为《元太祖成吉思汗的一生：一个中国民族英雄》，其“编者按”写道：“成吉思汗这位中国民族一代的英雄，在他生前，几乎统一了全亚洲，而且还兼并着半个欧洲，他的大名，早已传遍着全世界了。”① 前文我们曾谈到中共在延安，1939 年至 1946 年间，每年都要隆重公祭成吉思汗，视他为“中华民族”大家庭所共有的民族英雄，则更为清楚地说明了这一点。在 1940 年的祭文中赞曰：“懿欤大帝，宇宙巨人，铄欧震亚，武纬文经，建国启疆，几倍禹迹，伟烈伟猷，今古无匹。满蒙血系，同出炎黄，祖宗之烈，民族之光。救国救种，旨在团结，阋墙燃萁，庸奴自贼。中山遗训，五族共和，尔毋我诈，我毋尔虞，矧在蒙胞，悲歌慷慨，奋赴同仇，执戈前列……”②

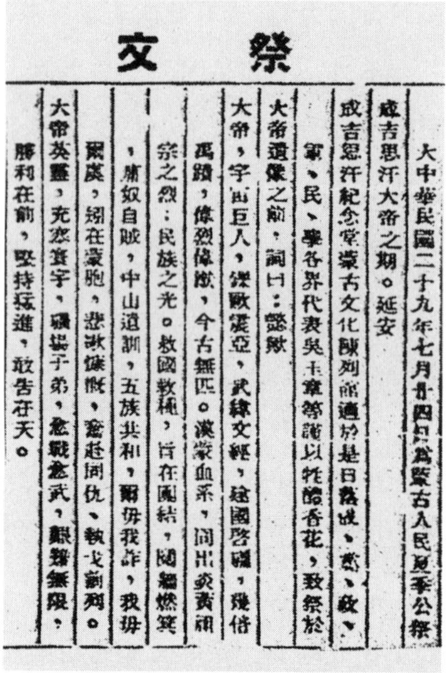
祭文

大中華民國二十九年七月廿四日爲蒙古人民夏季公祭
成吉思汗大帝之期。延安
成吉思汗紀念堂蒙古文化陳列館適於是日落成，黨、政、
軍、民、學各界代表吳玉章等謹以牲醴香花，致祭於
大帝遺像之前，詞曰：懿歟
大帝，宇宙巨人，鑠歐震亞，武緯文經，建國啓疆，幾倍
禹蹟，偉烈偉猷，今古無匹。滿蒙血系，同出炎黃，祖
宗之烈，民族之光。救國救種，旨在團結，閱牆燃萁
，庸奴自賊，中山遺訓，五族共和，爾毋我詐，我毋
爾虞，矧在蒙胞，悲歌慷慨，奮赴同仇，執戈前列。
大帝英靈，充塞寰宇，礪爾子弟，愈戰愈武，艱難無限，
勝利在前，堅持猛進，敢告在天。

1940 年夏，延安各界公祭成吉思汗的祭文

该祭文不仅清晰说明了成吉思汗作为中华民族英雄的业绩，也表达了当时人们之所以要纪念他、以实现全民团结抗战的时代精神。拔都的入选，也应当是基于大体相同的理由。

至于郑和，人们多愿意视他为“民族英雄”，则是由于其率先航海的海外“拓殖”经历和“探险精神”具有时代性，再加之他还有着特殊的回族身份之故。如《十个民族英雄》一书的作者周彬，就将郑和列为第八位民族英雄，在谈到其入选理由时周彬指出：“因为他那种探险精神，真不愧是我国历史上

① 中华：《元太祖成吉思汗的一生：一个中国民族英雄》，《和平月刊》1939 年第 6 期。

② 江湘：《延安各界举行成吉思汗夏季公祭》，《新中华报》1940 年 7 月 30 日。

第一个航海冒险家。而他七下西洋，三擒番长，纵横海上二十年，尤其开中华民族扬威海上移植外洋的先河，平功伟略，谁能否认他是一个千古稀有的民族英雄呢?”同时作者还强调：“郑和是云南昆阳人，本姓马，先世原是信奉回教的回回人。”① 由此可见一斑。

抗战时期，在有关“民族英雄”故事的书写和讨论中，笔者似不曾见到有像今人那样，否认岳飞和文天祥等为“中华民族英雄”，而只愿将其视为汉民族英雄的此类情形。这可能是笔者受到阅读史料范围的局限所致，更可能与当时日寇侵略当前、尚不具备在这方面展开争论的客观条件有关。当时流行的各种“民族英雄”传记里，大多少不了岳飞、文天祥、戚继光、史可法等今人耳熟能详的名字。在这方面，袁清平所编的《四大民族英雄：岳文戚史集》(军事新闻社，1935 年) 一书，颇堪代表。即便是有人怀疑岳飞等为“民族英雄”的合理性，也并非从“民族”问题本身着眼，而是批评其“忠君爱国”的思想行为不合现代精神。实际上，抗战时期，书写这类民族英雄故事者，多为汉族知识分子，其汉族本位意识的遗留以及对少数民族历史了解的极端缺乏，实在都是毋庸讳言的。何况“民族”乃是一个现代的概念，以此为据进行古代中国历史上的所谓“民族英雄”评选，其本身究竟带有多少历史合理性，今天看来也已成为一个需要加以反思的人文课题。

不过，从思想观念史的角度来看，这却是当时毋庸置疑的一种“客观存在”。并且从中我们还可以看到一些值得注意的历史现象。比如，由于抵抗日本侵略的现实需要，历史上凡与抵御或征讨日本有关的历史人物，往往容易

① 周彬：《十个民族英雄：八、郑和》，《进修》1939 年第 10 期。此文后由浙江国史学研究社 1944 年作为“史学进修丛书”的一种出版。1933—1934 年，由新生命书局出版、樊仲云主编的“新生命文库：民族英雄事略”系列，就包括有著名学者陈子展所写的《郑和》一书。1933 年，衡湘中学高二学生唐炎在《我国历史上民族英雄之题名录》中，也列入郑和，并称：“和以太监航行南洋，树威海外，亦英雄也。”唐炎：《我国历史上民族英雄之题名录》，《衡湘学生》1933 年第 6 期。

被“授予”民族英雄的称号。像明代的抗倭人物，就较多地被列入当时的各种“民族英雄榜”之中。以1933年易君左的那部《中华民族英雄故事集》为例，其抗胡、抗金、抗元的英雄都只列了寥寥几个，而元明抗倭的“民族英雄”竟一口气列出47个之多，简直要超出其他小类人物近10倍，而且大多都为时人乃至今人十分陌生者。同时，对于晚清以降在抗英、抗法、抗俄、抗日等领域出现的“民族英雄”，由于不涉及中华民族的内部关系，总体说来也是各种“民族英雄传”所乐于收录、加以重视的部分，并且数量上也呈逐渐增多之势。自然，人们对于这一过程中出现的来自少数民族的“民族英雄”，也常常会给予格外的关注和赞美，这也顺理成章。像回族英雄左宝贵、马本斋，就被时人共同推举为中华民族抗日之“民族英雄”，成为当时大小民族双重认同的两个格外耀眼的“民族英雄”之典范。①

不仅如此，选出“民族英雄”之后，如何撰写好这些英雄故事，特别是如何在行文中有效贯彻现代中华民族一体观念，以真正达到激励和团结各族人民共同抗战的切实效果，仍然是问题重重。1939年，河南大学有位青年历史教师刘德岑就专门撰文，对当时各种历史英雄故事中存在的“民族问题”，提出“商榷”和批评，认为“编写历史故事的时候，关于民族问题是最值得警觉的一点”。他特别批评了其中的“大汉族主义”毛病，指出：

> 我们抗战时期出版的历史读物，多是大汉主义的写作。说人物是以汉族为最多，说事功也是以汉族去夸耀。汉人的文化当然是中华民族中最高的了，这是事实，也不必强辩。然而有高度发展的文化的汉族，对于国内比较落后的民族，应有提携互助领导的义务，而不应当歧视他们的。过去的历史读物大都忽略此点。对于国内各种族民族文化没有注意过，这是由于传统的观念的错误。历史读物的编者习而不察地写出来，

① 参见震东：《回教民族英雄——左宝贵》，《绿旗》1939年第1卷第3期；佚名：《回回民族英雄、中华民族英雄马本斋同志》，《祖国呼声》1944年第2期。

往往给敌人以挑拨离间的机会。现在我们需要的是全国族的精诚团结，应着眼于全国族的演进，尤应努力激发全国族共同的民族意识。要使国内各族界限泯除，更须使全国同胞一接触外国人，便有我是中国人的感觉。如此才是中国人编著的历史读物，才是中国人应当读的历史读物。

因此在我们写历史故事的时候，凡本国史上以汉族为主体的部分，现在应用起来都有重新估价的必要。对于汉、满、蒙、回、藏、苗、夷各民族从前摩擦的史实，在今天编写读物的时候，必须特别地小心。把从前传统的狭隘的观念，应一扫而去。虽然我们历史上各民族因为交通上和文化上的关系，各族还大都保留着独立的语言、文字、宗教、风俗和习惯，并且他们和汉族也发生过许多次战争，但这是内战是同室操戈，决不是种族间的战争，更不能因此而说中华民族的分裂。①

刘德岑还特别提出两个具体建议：一是写历史故事时，“对于历史史实的应用，要有取舍的工夫”，不能毫无选择；二是在行文上，对国内各族的称呼要有高度的敏感。关于后者，他尤其强调不能“以异族、外族等名词称汉族以外的民族，以与中国相对称……即字句间应用中国人之处，而使用汉人或汉民族字样，也完全系外国人的笔调”，不能盲目上当受骗。关于内容选择，他则举了三个当时被树为“民族英雄”的故事例子来加以说明。一个是班超和张骞的故事。在他看来，“班超立功西域，《汉书》上大书特书，在今天西域早已是我国的一部分了，就没有照书直抄作为历史故事的价值；倒是张骞通西域回来报告西域的风土人情，沟通两方的文化价值得宣传”。这一建议，当时曾颇有共鸣。大约两年前，针对国民党中央文化事业计划委员会表彰“民族英雄”的40人名单，就有人觉得专讲“中国外患的抵御者”的故事不免片面，对外和平交流其实也很重要，故特别提出张骞出使西域的意义问题，

---

① 刘德岑：《对于编纂历史故事的商榷》（续），《建国与教育》1939年第4、5期。注意，刘氏此文的第一部分载该刊1939年第2期。

强调他作为“民族英雄”，不仅在于其御侮之可贵，更在于他“是交通使者，文化使者，贸易使者，于中国的文化史上，建立大功的”。① 刘德岑所举的第二个例子，是朱元璋起兵的故事。他认为“明太祖推翻元朝，我们只能认为元朝的官吏太坏，不能认为是与蒙古有仇，这道理是很浅显的，无须申述”。也就是说，只需强调“朱元璋推翻腐败政府，解除民众痛苦”就够了，根本不必提民族矛盾。不仅如此，中国人“把成吉思汗的远征异域，也应当同样地认为是我大中华民族的光荣”。刘德岑所举的第三个例子，乃是关于清代攻打过西藏的年羹尧和岳钟琪的。他陈述的理由如下：

> 年羹尧、岳钟琪平定西藏，这是清代的丰功伟业。但是在拉卜楞寺的藏族中，每逢迎神赛会，必杀两个魔鬼，魔鬼的名字就是年羹尧和岳钟琪。此外还有一出乡土剧，也是表示各部落精诚团结杀年羹尧与岳钟琪的。这种意识的存在，足以激起民族间的恶感，至为明显。如果我们今日再表扬此类的典型，正是替敌人制造了分裂国族、实行以华制华的武器。②

可见，这位大学历史教师的现代中华民族观念，已然与其深沉的忧国之心和抗战念想，相当自觉地紧密结合起来了。不过，其偏颇之处亦显而易见，有的甚至已逾历史学科底线。他的“中华民族”观念本身，也属极端一类，如他认为中国“只有国族而无民族”，“‘汉民族’三字明明是倭寇特意用以分化中国人的怪名词之一”③ 云云，所论也缺乏必要的根据。据说，史学大师陈寅恪对于当时教育部不准中学历史教科书谈古代民族之间的战争，以免“挑拨民族感情”的部令，就曾不表认同，理由是大可不必，并且认为此种做法，于“近年来历史学上之一点进步完全抛弃，至为可惜”。④ 但这已是另外一个问题了，此处不拟展开讨论。

① 佚名：《由表彰民族英雄说到张骞西征》，《军事杂志》1937 年第 104 期。

② 刘德岑：《对于编纂历史故事的商榷》（续），《建国与教育》1939 年第 4—5 期。

③ 刘德岑：《对于编纂历史故事的商榷》（续），《建国与教育》1939 年第 4—5 期。

④ 蒋天枢：《陈寅恪先生编年事辑》，上海：上海古籍出版社，1997 年，第 98—99 页。

2.“汉奸”与“华奸”之辩

“民族英雄”的反面乃是“民族败类”和“民族罪人”。抗战时期，有关中华民族背叛者的社会政治概念用语除了“民族败类”等之外，还有“华奸”“国奸”“卖国贼”等，其中最为流行的则数“汉奸”，尤其是在国民党控制的广大国统区，更是如此，它们与现代中华民族观念之间，存在着某种直接间接的关联，这里，不妨略做考述和辨析。

1931年九一八事变前后，国内指称中华民族中出卖全民族利益和中华民国国家利益的“汉奸”一词，开始大量流行。全面抗战开始之后的1937年8月23日，国民政府公布了《惩治汉奸条例》，同日施行，这一现代概念的“汉奸”一词及其内涵，因之得以传播更广，一直延续至今。关于现代“汉奸”概念的流行与日本侵华的关系，早在当年的中国，就有人深有感触，给予揭示。如有两个不满自己被指为“汉奸”的人在自我辩护的文字中，就都曾提到这一点。其中一个写道：“‘九一八’事件制造了一个新名词叫做汉奸。喜新厌故是中国人的天性，自从这个汉奸新名词产生出来之后，便代替了卖国贼这个旧名词成为骂人的新利器。”① 另一个则写道：“汉奸汉奸，我们是久闻大名了，尤其是自从‘九一八’乃至‘一·二八’以后渐至去年‘七七’，与日本帝国展开最大血战直到于今，打倒汉奸，铲除汉奸，这一类义正词严的呼声，更加叫得震天价响……一唱百和，街头巷尾，不知为这一不祥名词，断送了几多我们中华民族的好事同胞！这大批冤魂怨鬼的代价，只换得我们敌人的得意。”他甚至声称：“罗兰夫人曰：‘自由自由，天下许多罪恶假汝以行。’今当易一名词曰：汉奸汉奸，天下许多罪恶假汝以行！”② 笔者以为，了

---

① 沈勇：《论汉奸》（上），《抗议》1939年第5期。

② 大车：《谁是汉奸》，《新中国》1938年第1卷第2期。

解“汉奸”一词及概念在抗战时期的使用和论辩，将有助于今人把握现代中华民族观念的两种核心结构单一性民族论和复合性民族论的差别，以及当时国内外的舆论环境及其复杂影响。

虽然，“汉奸”一词极度流行是抗战时期的历史现象，但该词在当时绝非是什么新名词，无论是就这两个字的合成词而言，还是就该词的现代含义来说，都是如此。王柯教授曾较早对“汉奸”一词做出深入的学术考察，他认为清代以前似未曾见到“汉奸”一词，该词于清代康熙时期开始出现，初被用于谴责那些在西南苗人等聚居的边疆地区图谋不轨的“汉人奸徒”，晚清时才被运用到对外关系之中，使用在那些“通敌”者身上。他还较早看到了早在辛亥革命时期，革命党人站在汉族立场上，将“汉奸”作为投靠满族、出卖汉族利益者来反其道用之的另类情形，① 并将这一革命话语与抗战前后广为流行的现代“汉奸”概念联系起来讨论，强调“只有处在现实中为多民族国家，而又不顾现实追求单一民族国家形式的民族主义思想的怪圈中，才可能出现‘汉奸’式的话语”，在实现了单一民族国家的国度里，反而不会有这样的现象，故他将其文题为《“汉奸”：想象中的单一民族国家话语》，其中隐含着批判近代以来的大汉族主义之意。②

青年学者吴密在王柯工作的基础上，又将研究向前推进一步。他发表《“汉奸”考辩》一文，不仅找到清朝时期更多“汉奸”一词的使用材料，还发现明末在经营和治理西南土司地区的过程中，有关官员已经在相同的意义上使用了“汉奸”一词。不过在他看来，该词的较多使用，还是从雍正朝开始。“雍正以前，‘汉奸’一词没有大量流行过。此后，‘汉奸’一词逐渐传播开来，雍正朝正式成为最高官方话语大量出现在圣训、实录和起居注中……

① 桑兵最近对此问题有深入研究，见其《辛亥前十年间“汉奸”指称的转义与泛用》，收入清华大学人文学院历史系、中国社会科学院近代史研究所政治史研究室合编：《第七届晚清史研究国际学术研讨会——中国近代制度、思想与人物研究论文集》（下），2016 年 9 月，第 614—632 页。

② 王柯：《“汉奸”：想象中的单一民族国家话语》，《二十一世纪》2004 年 6 月号。

我们现在所熟知的石敬瑭、秦桧、张邦昌、张弘范、吴三桂等人头上的汉奸帽子并不是当时人戴上去的，而是后人不耻他们的言行追加塑造的结果。”① 吴密还研究指出，汉奸之“奸”专指其“在外作乱”，故鸦片战争以前，该词主要被官方用来谴责与“生苗”“野番”“逆夷”交往、勾结并在外作乱的汉人，此种“汉奸”不仅经常出没于国内边疆地区，也出现在与越南、缅甸等邻国的交往活动中。鸦片战争爆发后，“汉奸”一词被大量用来指称与英人勾结出卖朝廷利益的汉人，并扩大到汉人以外的那些出卖国家利益的中国人身上。晚清时期，不仅出卖国家利益，而且崇洋媚外、里通外国的中国人，也都曾有被官方和民间指斥为“汉奸”者。在该文中，吴密特别批评王柯笼统地称“汉奸”为“想象中的单一民族国家话语”有不妥之处，认为清末以前中国人还没有现代民族国家观念，而且晚清官方主导的“汉奸”话语也无法如此解说，即便是章士钊、刘道一等革命党人之“汉奸”话语，也只不过是从汉族人立场出发，对清廷官方的“汉奸”话语加以颠覆而已，他们因此把汉奸分为“爱己”和“害己”两种，认为“害己之汉奸”才是“真汉奸”。相比之下，清末革命党人的“汉奸”话语不仅时间短，限于革命党范围内，且很快由于辛亥革命爆发，五族共和说主导国家舆论，革命党人也已迅速调整了观念，故将其此类言谈称为“想象中的单一民族国家话语”，未免太过简单。其言下之意，民国至抗战时期现代“汉奸”一词的流行，不过是对清代官方“汉奸”话语的一种接续和延展而已。②

笔者以为，王柯的解说或能部分说明抗战时期蒋介石国民政府对现代“汉奸”话语的推波助澜作用，要想令人信服地解释这个带“汉”字的巨大贬义词得以在中国流通开来的原因，还必须将其与吴密的解说结合起来。甚至，吴密等学者认为晚清时期“汉奸”一词在现代意义上使用还只是“有所表

① 吴密：《“汉奸”考辩》，《清史研究》2010 年第 4 期。

② 吴密：《“汉奸”考辩》，《清史研究》2010 年第 4 期。

现”，其程度估计恐怕仍然有所不足。除了人们已经较多谈到的鸦片战争和义和团运动时期的用例之外，笔者还可以举出中法战争和甲午中日战争时期一些新的例证来。

如1885年3月6日，也即中法战争期间，《申报》头版就曾发表《解散汉奸说》的社评，真可谓一篇讨伐汉奸、警告汉奸并劝喻汉奸改邪归正的“民族主义”宣言书。其中所用“汉奸”一词，就是指称包括所有中国人在内的“为法人作间谍”“为法人作奸细”者。其文痛批那些充当法国奸细的“汉奸”，“以中国之人，居中国之地，祖宗几代悉隶中国之籍，有生以来衣于斯、食于斯、歌哭聚处咸于斯”，竟然“不知中国外国之分”，为贪图不义之财，出卖国家利益。一时贪心，却要遭万世唾骂，“其子若孙，亦将不齿于人”云云。[①] 又如1894年9月4日，即甲午中日战争期间，《申报》头版发表《防奸续议》一文，认为在当时中国，“奸细有二：一为汉奸，一为倭奸。非汉奸则倭奸无所容身，非倭奸则汉奸亦不能传消息”，两者狼狈为奸。且倭奸易识，汉奸难辨。警告“凡有华人之为倭人间谍者，获即斩首，略不稽留，即使幸脱网络，逃之海外，亦设法拘获，明正典刑”。值得注意的是，该文中还以汉奸“本系华人中之无赖”，又并称之为“华奸”。[②] 这样含义就更加明确无疑。由此可见，将“汉奸”和“华奸”等同使用的做法，早在晚清时即已形成，而并非民国时才出现的新现象。

“九一八”之后，“汉奸”一词大为流行，面对此情，具有现代中华民族

①《解散汉奸说》，《申报》1885年3月6日。美国学者沙培德等认为晚清的中国认同只是来源于所谓“礼仪政体”，“说到底，纵使清代中国拥有一种共享的文化意识，但它是否生成了一种民族认同仍是另一个问题”，断言“在19世纪最后一些年之前，（中国）难以找到对民族主义感觉（‘我是中国人，忠诚于中国’）的表达”（见沙培德著，高波译：《战争与革命交织的近代中国》，北京：中国人民大学出版社，2016年，第69—70页）。这样的说法，在西方中国研究学界很普遍，显然是过于僵化绝对了。

②《防奸续议》，《申报》1894年9月4日。

观念者出现两种态度：一种是接受或被动接受；另一种是认为不妥，加以反对或表示抗议。接受或被动接受者有一种解释，那就是该词虽来源于传统汉词，但不同于以往那种用于国内民族之间的旧含义，也即不再是“汉族的内奸”，而是一种“新汉奸”，即“中华民族的内奸”。有篇《汉奸新论》就是持此意见。作者解释说，由于资本帝国主义的入侵，“旧存中国内部诸种族间的矛盾，却在帝国主义者压迫的这一点统一了，以前相互冲突战争的诸族，现在都因共处在被压迫被剥削的地位而结合起来，而形成中华民族……中华民族为取得生存与解放，必须挣脱帝国主义的压迫侵略。就在这种矛盾的关系里，有少数中国人也像过去的汉族的内奸一样，勾结帝国主义者来残害并出卖中华民族，甘作中华民族的内奸，因之，大家便沿用古已有之的旧名词，亦呼之曰汉奸”。作者同时强调，“目前的汉奸实在是‘借尸还魂’的新汉奸，他们的确不是秦桧之流的血统，我想叫他们做‘摩登汉奸’时比较来得妥切。如果要给他们一个注脚或定义，那便是：‘凡中华民族的官民人等，有为帝国主义者作走狗职务以危害中华民族者，皆系新汉奸。’”他并声言，以此为标准，那么“第一个新汉奸要算是鸦片战争时的广州知府余保纯”，也就是那个破坏三元里抗英的清朝汉官。①

《汉奸新论》的作者的确是相当敏锐的。正如他所言，“汉奸”一词的大量使用并开始发生现代意义的转换，的确最早发生在鸦片战争时期，因为英国侵略者乃是包括各民族在内的全体中国人前所未有的共同敌人。虽然，由于地域的原因，当时有可能充当汉奸者仍多为汉人，但那时被使用的“汉奸”一词的所指和能指，又绝非能为汉人一族所限。像 1841 年三元里抗英之时刊布的《广东义民斥告夷说帖》中所谓“尔勾通无父无君之徒，作为汉奸，从中作乱”，“今用我国人为汉奸，非尔狗之能”云云，其中的“汉奸”一词就恰如王柯所说，已经“毫无种族上的意义”，指的就是出卖清朝国家利益的

① 长风：《汉奸新论》，《创进》1937 年第 1 卷第 2 期。

“中国人”。① 这也是《南京条约》被时人骂为“汉奸条款”，而英人要着意保护的那些“汉奸”被直接写为“中国人”的原因。

抗战时期，在中国共产党领导的区域范围及其所使用的话语中，现代中华民族观念与“汉奸”一词的使用也并行不悖。因为中共所认同的是一种复合性民族论的中华民族观念，是承认各民族的身份与地位的。他们所使用的“汉奸”一词既能针对汉族人而言，也能泛指。同时，他们还使用“蒙奸”和“回奸”等词，来专门称呼那些少数民族中出卖中华民族利益者，从而尽可能减少了由此产生的民族矛盾。因此抗战时期，“蒙奸”“回奸”乃至“满奸”等词，也不时为少数民族中那些认同现代中华民族观念者所采用。

据笔者查考，在中共文件里，“回奸”和“蒙奸”等词，大约在 1936 年前后即已出现。以“回奸”为例，该词一开始并非特指回族中出卖国家和全中华民族利益的奸人，而是指称同国民党勾结并积极反共的回族高层人士。②稍后才两义并含，如该年中共颁布的《回民解放会组织大纲》中，即对“回奸”的范围做出较为明确的规定，把投靠日本帝国主义的卖国贼也纳入进去并置于首位，其所谓“回奸”大体包括以下四类人：“1. 与日本帝国主义及国民党军阀勾结者；2. 坚决反对回民自治并进行破坏与阻碍自治者；3. 经常替日本帝国主义与汉官军阀及回奸军阀潜伏活动，刺探消息，屠杀回民群众与造谣中伤者；4. 叛变自治政府与自治武装者。”③ 全面抗战爆发后，“回奸”

① 王柯：《“汉奸”：想象中的单一民族国家话语》，《二十一世纪》2004 年 6 月号。

② 可见《中国工农红军总政治部关于回民工作的指示》，中共中央统战部编：《民族问题文献汇编（一九二一·七—一九四九·九）》，北京：中共中央党校出版社，1991 年，第 363 页。另据吴密研究，“回奸”一词较早出现在咸丰朝的录副奏折中。咸丰九年十一月十四日，西宁办事大臣福济在奏折中多次用“回奸”一词来指称“交通野番重犯”的马尚碌（河州回族人）。参见吴密：《清代官书档案所见汉奸一词指称及其变化》，《历史档案》2010 年第 1 期，注释 37。但此后直到 1936 年，该词少有流传。

③《回民解放会组织大纲》，中共中央统战部编：《民族问题文献汇编（一九二一·七—一九四九·九）》，北京：中共中央党校出版社，1991 年，第 533—534 页。

的含义完全转变为专指替日本帝国主义效力、出卖中华民族利益的回族奸民。如 1941 年，民族问题研究会编纂的《回回民族问题》一书，即反复使用这一含义的“回奸”一词。该书揭露“九一八”之后，“川村狂堂率领回奸张子文、张子歧等组织伪‘伊斯兰学会’，开设伪‘文化学校以奴化回民’”。1938 年“日寇又利用个别甘心附逆，认贼作父的回奸如马良、王瑞兰、刘全保、刘锦标……在北平成立伪‘中国回教总联合会’”① 等事实，谴责这些出卖国家和民族利益的人不惜“奴颜婢膝，毫无廉耻地在日本金钱豢养下来作日寇的代言人，歌颂日寇的功德”② 的无耻行径。此一含义的“回奸”一词与现代汉奸的含义类似，只不过其所指之人具有回族身份而已。

而在抗战结束、内战爆发以后，在中共控制区，“回奸”的含义则又随着中共革命的矛盾转移，而重新指向与蒋介石国民党勾结的回民群体，或至少以此含义为主。如 1949 年 5 月颁布的《回回工作简要手册》中，就提出对西北回民同胞的口号有“回族同胞团结起来，反对帮助国民党压迫回胞的回奸!”③ 一语。这一时期，中共华北局还特别对“回奸”的内涵进行了规范，称：“回民中如有勾结国内外敌人，压迫残害人民（回民、汉民等），出卖民族利益，劣迹昭著，死心塌地为敌人服务者，可称之为回奸。回民中如有经常利用权力威力或暴力造成人民生命财产损失，而为一方人民所深恶痛绝者，称之为回霸。”④ 可见其在内容较为宽泛的“回奸”概念基础上，又使用了

①《回回民族问题》，中共中央统战部编：《民族问题文献汇编（一九二一・七——九四九・九）》，北京：中共中央党校出版社，1991 年，第 905 页。

②《回回民族问题》，中共中央统战部编：《民族问题文献汇编（一九二一・七——九四九・九）》，北京：中共中央党校出版社，1991 年，第 906 页。

③《回回工作简要手册》，中共中央统战部编：《民族问题文献汇编（一九二一・七——九四九・九）》，北京：中共中央党校出版社，1991 年，第 1338 页。

④《中共北平市委关于回民工作的方针与任务的意见向华北局并中央的报告》，北京市档案馆、中共北京市委党史研究室编：《北京市重要文献选编 1948. 12—1949》，北京：中国档案出版社，2001 年，第 362 页。

“回霸”概念，从而重新明确了在回族群体中的斗争目标。

“蒙奸”一词的使用与“回奸”类似。但与“回奸”一词有所不同的是，由于蒙古地区受日本侵略较早，侵略程度更深，因此“蒙奸”一经出现，即带有与日勾结的卖国之义。① 在中共早期关于蒙古问题的政治纲领中，抗日与反蒋同时进行，“反对蒙奸”作为中共争取蒙民的口号之一，虽包含与国民党勾结的奸人之义，但指向亲日卖国的意味日益强化。全面抗战爆发后，“蒙奸”则专指蒙古族人中出卖全民族利益的卖国者，且并不限于中共使用。直到抗战结束前，德王德穆楚克栋鲁普都被国人视为“蒙奸”的代名词。抗战胜利后，“蒙奸”一词在中共控制区，则也同“回奸”一样，又回到指称那些与国民党同道之反共蒙人的内涵上。②

王柯教授在谈到抗战时期的“蒙奸”一词时，曾指出：“蒙古语中也没有‘蒙奸’一词。蒙古人将出卖自己民族利益的人称为‘olsaan Hodaldagqi’（卖国贼）或‘olbagqi’（叛徒）。1930 年代，一部分蒙古人因为相信日本会帮他们实现民族自治，而与日本勾结。这些人被中国共产党称为‘蒙奸’，而国民政府则用了一个更为奇妙的称呼：‘蒙古汉奸’。”③ 王教授所论是否精准，或有待验证。“九一八”之后特别是全面抗战爆发后，称“蒙古汉奸”者似并不只国民政府而已；称“蒙奸”者，则更不限于中共控制区。王教授在谈到“蒙古汉奸”一词时，所举例证为 1944 年察哈尔盟旗特派员公署编印的《蒙

---

① 如较早提到“蒙奸”一词的《刘晓同志对蒙古工作的意见》中就有言：“要尽量宣传，具体地宣传日本的阴谋与其事实，要指出蒙奸的卖国，日本利用蒙奸与蒙奸卖国的事实，这样来教育群众。”《刘晓同志对蒙古工作的意见》，中共中央统战部编：《民族问题文献汇编（一九二一・七——九四九・九）》，北京：中共中央党校出版社，1991 年，第 512 页。

② 可见《中共中央西满分局关于蒙古工作的总结及几项政策的规定》《内蒙古自治政府施政纲领》等文件，中共中央统战部编：《民族问题文献汇编（一九二一・七——九四九・九）》，北京：中共中央党校出版社，1991 年，第 1069、1112 页。

③ 王柯：《“汉奸”：想象中的单一民族国家话语》，《二十一世纪》2004 年 6 月号。

古汉奸自治政府成立之经过与现状》一文。其实早在1934年，《申报》这样的民间报刊在报道“日本侵略蒙古步骤”问题时，即有日本“以虚名笼络蒙古汉奸”“日本拟利用傀儡名义，第一步对蒙古汉奸封王封侯”① 等同样用法。而到了1938年，《申报》中已用“蒙奸”一词代替了所谓“蒙古汉奸”，成为报道蒙古战事时通敌卖国之人的主要代名词了。②

相比于“回奸”和“蒙奸”等词含义的变动不居，抗战前后“汉奸”一词的内涵则相当稳定。不过在当时的中国，认为流行的“汉奸”一词之用法同现代中华民族国家观念精神不太相符、应该放弃者，也大有人在。他们曾提出以“华奸”“国奸”和“内奸”等词来加以代替的各种方案，但都不曾流行开来。其中，主张“华奸”一词者相对较多。如1933年，就有人专门写有《华奸》专文，表达此种意见。该文写道：

> 中华民族是联合汉、满、蒙、回、藏五大民族组织而成，在这个国难当头的时候，应该互相联络，互相团结，同心协力前去抵抗外侮，才能挽救这整个民族的危亡，偏是彼此间往往误会，发生恶感！……最近我们看到报上所载着的，对于勾结敌人、危害中华民国的奸徒，都称他们做“汉奸”，似乎遗忘了中华民族的成因，还有满、蒙、回、藏在内，这文字上的不注意，最易引起民族间的误会，而发生恶感。吾想用“华奸”两个字代替“汉奸”比较妥当，因为“华”字可以代表中华民国，而且包括中华民国的各种民族。如果举一个例，便是从前上海租界的外人花园门口吊的木牌上写着“华人与狗，不准入内！”的“华”字，是代

---

①《日本侵略蒙古步骤》，《申报》1934年5月30日。

② 参见《北战场的新局势（二）》，《申报》1938年8月9日；《绥远的现状》，《申报》1938年10月25日；《绥远的现状（二）》，《申报》1938年10月26日；《陵寝南移》，《申报》1939年6月19日；等等。本文收集整理有关“蒙奸”和“回奸”的资料，得益于李都的帮助，特此致谢。

表组织中华民国的各种民族。①

1936年，另有一人发表同样的看法，声称“‘汉奸’应正名为‘华奸’”。他认为，“汉奸”这个名词本身“并不太对”，因为“汉奸的主要‘属性’是‘通谋外国，危害中华民国’，可是中华民国并不是‘汉’民族一族的，而是汉、满、蒙、回、藏、苗、瑶……多个民族的整个的中华民族的！危害中华民国，并不仅是‘汉族之奸’，实在是中华民国内所有各族之奸宄！整个中华民族之奸！这样说来，‘汉奸’这个‘名’应改正为‘华奸’才对！‘汉奸’这个‘名词’只能让身为汉族竟自私通金朝、以危害汉族国家（大宋）之秦桧之流专享”。作者还特别说明，将“汉奸”正名为“华奸”之后，至少有以下两个好处：

> 一、中华民国人但非汉人之人，不至再能为“危害民国”只是“危害汉人”；二、使汉民族以外的中华民国人不敢再有“我非汉人，危害汉人又有何不可”之思。更不致再有“汉人虽骂我为汉奸，满人还誉我为‘满忠’呢（！）之不正确的意识”。②

就道理本身而言，此说颇能服人。当时，受此种认识影响，报刊上也不断有人使用“华奸”一词。如1936年六七月间，《青年向导》报道冀东汉奸会议消息时，就题为“华奸大活动”。③ 但总的说来，即便是当时，“华奸”一词的流通也相当有限。此后，虽然还能不时见到来自各个方面对“汉奸”一词的非议，但都已经无济于事。由于各种原因，“汉奸”一词已然广泛流行开来，并没有给其他词汇留下什么竞争机会。

---

① 裳：《华奸》，《救国》1933年第4期。

② 吴鉴：《零言碎语——短评三则》之二《“汉奸”应正名为“华奸”》，《志成月刊》1936年第6期。

③《一周间：日本侵华与抗战情报》，《青年向导》1936年第1卷第1期。

3. 中学历史教科书里的“中华民族”书写

抗战时期，中国的中学历史教科书如何表达“中华民族”，也很值得令人关注。它关系到国民政府如何从基础性历史知识的书写和传授的角度，在青少年中积极塑造和强化现代中华民族观念的问题。在这方面，青年学者刘冬梅曾做过相关的专题探讨。她通过研读大量中学历史教科书，得出结论说，20 世纪 20 年代和 30 年代，在中国历史教科书中，“中国民族”“中华民族”的名词和概念基本上同时使用，但使用“中华民族”概念的教科书已经相对较多。到了 40 年代，则使用“中华民族”概念者更是占据了优势和主流，同时“用汉族、种族、人种等概念来指代中华民族的现象越来越少”。而无论使用何种称谓，其关于中华民族的认识都大同小异，都强调她由多个兄弟种族或民族长期交往融合而来，最终构成为一个民族整体。这表明在当时，“中国各民族作为一个整体”的中华民族观念，已得到“学界认可”，而“中华民族”的称谓也已“被国人所接受”。①

另有一位年轻学者也指出：在民国时期的中学历史教科书中，从其有关表述来看，“1930 年代以后，‘中华民族’是包括中国境内各民族的总体的看法，得到了广泛的认同，在中国各民族关系的叙述上，都强调中国各民族起源上的一致性与历史上的融合以及现实中的平等关系，中国各民族互相影响，共同创造了中国的历史文化，形成了一个新的包容各民族的‘中华民族’。现代意义上的‘中华民族’观念开始形成”②。

笔者虽不赞成 20 世纪 30 年代现代中华民族观念才开始形成的看法，毋宁

① 刘冬梅：《对民国中学中国史教科书的考察》，北京师范大学博士学位论文，2009 年，第二章“民族问题之阐释”，第 76—81、89 页。

② 刘超：《现代中华民族观念的形成——以清末民国时期中学历史教科书为中心》，《安徽史学》2007 年第 5 期。

认为这一时期该观念已在社会上得到了相当程度的传播，变得更加自觉了。但是关于中学历史教科书里“中华民族”概念的使用和有关论述的判断，以自己阅读过的部分教科书的感受来看，则与他们二位的结论大体吻合。只是笔者在做类似判断的时候，更愿意拿南京国民政府成立、九一八事变和七七事变这样的重大事件的影响，来作为观察问题的基点。由于这些事件的影响稍后显现的“时间差”，它们与以20世纪30年代或40年代为时段来把握变化的方式，差别其实并不大。

谈到中学历史教科书对“中华民族”概念的使用问题，或许还应直接看看南京国民政府形式上统一全国后，有关中学历史教学的“课程标准”本身的有关使用情形如何。据最新的研究揭示，南京国民政府教育部最初颁布的《初级中学历史暂行课程标准》既使用了“中国民族”一词，也使用了“中华民族”一词，而《高级中学普通科本国史暂行课程标准》则使用的是“中国民族”一词。虽然两者表达的内涵都属于现代中华民族的观念范围，但反映出国人对“中华民族”这一实体民族概念使用的固定化程度仍然不足。“九一八”之后，此一情形才得以迅速改变。1932年南京国民政府教育部颁布的《初级中学历史课程标准》，在中学教科书使用“中华民族”概念方面，具有重要的导向意义。该“课程标准”始终把中华民族的发展、演变作为中国历史的线索之一，将中华民族的建国、新的融合与扩大，以及当时的复兴运动等列为学习本国史的要点，“突出了‘中华民族’在历史课程中成为一个显性而重要概念的过程”。此后，在中小学历史教育方面，对于现代中华民族观念的传播就更为统一了。①

由于“九一八”之后特别是全面抗战时期中学历史教科书的“中华民族”书写问题，内容极为丰富，本书不准备全面涉及，只想就其中有关民族来源、民族成分，以及中华民族融合进程的历史分期与典范性叙述模式的形成三个

① 参见杨梅：《“中华民族”概念在民国教科书中如何演变》，《中华读书报》2016年11月23日。

问题，略做绍述，以裨读者对此期构成现代中华民族观念组成部分的重要历史知识社会化演进的过程有所了解。

大体说来，关于中国人和中国民族的来源，清末民初主要流行一种“西来说”，包括埃及说、巴比伦说和中亚说，其中又以巴比伦说最有影响。该说由法国学者拉克伯里所发明，清末时就由蒋智由等率先传入中国，经刘师培等人传播，影响很大。“九一八”之前，此说在中学历史教科书里持续盛行，占据主导地位。前文我们曾提到 1927 年、1928 年王启汾和常乃悳对“西来说”的怀疑，特别是常氏还明确表示了对“本土说”的认同态度，但这种声音总体说来还很微弱。“九一八”之后的整个 30 年代，情况则发生了根本变化，纯粹持“西来说”者已经很少见，“本土说”或倾向于“本土说”者已急剧增多，不过由于考古证据不够坚确，“本土说”尚欠成熟，“阙疑论”者也还有一定数量。如 1933 年，陈登原编写的《陈氏高中本国史》（世界书局印行），就明确而坚决地否定了各种中华民族“外来说”，表示“近来因为古生物学地质学的进步，颇使学者有‘北京人’三字的结论：在冰河时期，中国已有人住着。中国民族的产生，并不比其他地方为迟。——那么，西来说和东来说，便可付之一笑了”①。

到全面抗战时期尤其是 20 世纪 40 年代，“本土说”在中学历史教科书中已绝对占据了主导地位。如由宋延庠、蒋子奇等编写，教育部审定，1946 年出版的《初级中学历史》就这样表述：“中华民族在什么地方起源的呢？无疑的是在中国本土，最早的发源地即在黄河流域，无论从考古学上或古史上都有很确切的证明。就考古学上的发现说，我国古代文化，经数十年来考古学和地质学家努力的结果，上古先民的遗迹在中国北部已陆续发现。”② 另一部

① 陈登原：《陈氏高中本国史》上册，世界书局，1933 年，第 28 页。

② 教育部教科用书编辑委员会编：《初级中学历史》第 1 册，国定中小学教科书七家联合供应处，1946 年，第 21 页。

于1947年出版、世界书局印行、孙正容编著并较为流行的《高中新本国史》，也明确写道：“我们现在为审慎态度起见，对于中华民族起源问题，暂作了这样的断语：在太古的时候，中国境内即适宜于人类的生长，‘北京人’化石的发现，可为明证；不过那时候的人是否即为中华民族的祖先，则不得而知。旧石器时代华北一带已有很繁复的人类活动，但这些人与国族有无关系，也不得而知。至于新石器时代的人类，据步达生博士的研究，则和国族确属一派。这种推断，已成为学术界的定论了。”① 实际上在当时，考古学的证据未必就真的那么坚实可靠，中国人的民族情感在“本土说”中所发挥的选择作用和倾向性，也是甚为明显的。

关于“中华民族”的具体组成部分或主要成分，“九一八”之后的中学历史教科书则说法不一，有五族说、六族说、七族说等多种，尤以前两种说法为多。五族说为众所周知的“汉、满、蒙、回、藏”，六族说则往往加上“苗族”，七族说则再加上“韩族”即“朝鲜族”。② 当然，当时也还存在反对对“中华民族”进行民族细分，以免引起“民族的离心力”的论点。不过，重要的在于这些教科书多承认中华民族成分的复杂多元，以及彼此间长期融合交流的历史进程。

那么，对于中国历史上的中华民族融合进程又如何进行具体把握呢？大体说来，“九一八”以后的中学历史教科书也存在几种不同的说法，有三阶段说、四阶段说、五阶段说和七阶段说等多种，而以前三种说法较具代表性。如1937年，由李清悚、蒋恭晟编写，大东书局印行的《初中本国史》就持五阶段说。该书认为，“黄帝时代”为“汉族势力稳固的时期”；“秦汉时代”为“汉族势力扩大的时期，也是汉族与各族团结的开始……中华民族的形成，

---

① 孙正容编：《高中新本国史》上册，世界书局，1947年，第49页。

② 刘冬梅：《对民国中学中国史教科书的考察》，北京师范大学博士学位论文，2009年，第二章“民族问题之阐释”，第82—90页。不无遗憾的是，该学位论文凡引教科书，多未注明具体页码。

于此时奠其基础”；“两晋六朝时代”，汉族势力由盛而衰，各民族逐鹿中原，其结果是“各族多与汉族同化，渐成为中华民族的文化分子，故此期实是中华民族精神大结合的时代”；“唐宋及元明时代”的特点，则在于“满族、蒙古族与汉族的争霸，也就是满蒙各族的实行汉化”。不过编者把建立辽金政权的东北民族均以晚出的“满族”来统称，恐怕很成问题；最后，“满清及民国”时代被编者合起来视为“中华民族”最终形成的阶段，强调“该时期是满族与汉族同化大成的时期，也是中华民族形成大功告成的时候。满族灭明以后，统治中国者凡二百六十余年，在此时期中，一切生活，完全汉化。及民国成立，遂宣布五族共和，于是数千年来中华民族的结合运动，至是遂完全告成”。① 若暂置该编者的汉族同化论立场不论，他们视“中华民族”为数千年长期不断“结合”之果，而将其最终形成放置在“清朝和民国”时期的总体论述和把握，可以说离今天流行的从“自在”到“自觉”的中华民族叙述模式，已经相差不远。

自然，国内各民族真正平等结合的“中华民族”史叙述，最终仍是无法容忍汉族“同化”论提法存在的，于是“中华民族大融合”的叙述模式，在抗战时期尤其是 20 世纪 40 年代的中学历史教科书里，也适时应时而生了。1946 年由教育部审定、宋延庠等编著的《初级中学历史》一书，就已经完成了较为系统严整的“中华民族大融合”历史表述模式的创造。该书认为：“有史以来，中华民族的形成，可分为四大融合时期：（一）秦以前，（二）汉至南北朝，（三）隋至元，（四）明至民国。”在上古时，“有许多同种族的独立部落”分布在中国境内。到黄帝时，才把黄河下游许多部落统一起来，建立国家，“这是中华民族立国之始”。在这之后，“中华民族的势力逐渐扩大，加入的分子也日渐加多……至秦统一六国，上古以来加入中华民族的分子，遂融合而为一体。这是中华民族大融合的第一期”；汉至南北朝时期，相互接触

---

① 李清悚、蒋恭晟编：《初中本国史》第 4 册，大东书局，1937 年，第 118—119 页。

和争战的汉、匈奴、乌桓、鲜卑、羯、氐、羌各族，“血统与文化则发生极大的混合作用，因此中华民族吸收不少的新血液，而有隋唐两代的强盛。这是中华民族融合的第二期”；隋至元末时期，同化的新分子又继续增多，东西突厥、回纥、党项、吐谷浑、吐蕃、契丹、女真、蒙古等“在中国境内互相接触的新分子，无论由自动或由被动都渐混合同化。这是中华民族大融合的第三期”。[①] 编者此时的用语中虽仍有“同化”，但这是“中华民族”的“混合同化”，与所谓“汉族同化”已不可同日而语。最后则是中华民族由传统转入现代的“明至民国”时期。

编者写道：

> 明代极注意西南的国防，因此于西南的政治文化关系，也较前密切。至清，合汉满蒙回藏为一家，开后来五族共和之先声；同时厉行“改土归流”政策，西南诸省的边地人民，从此内向益坚。清亡，民国代兴，中华民族内各分子平等结合，彼此感情的联络，更加融洽。到现在，我们四亿七千万同胞，在政治上、文化上，甚至在血统上都渐渐融合沟通而为一个整体了。这是中华民族大融合的第四期。[②]

此一表述模式，尽管在融合阶段的具体划分上，未必能尽如今人之意（如把明朝和清代与民国划分在同一个阶段，就较具个性），但毋庸置疑的是，它把中华民族融合的日益广大和不断深化乃至进入现代的历史全过程，都清晰完整地和逻辑化地“呈现”出来了。这不仅是现代中华民族观念走向成熟的社会化标志，也为中华民族进一步的现代认同奠定了新的更加明确系统的历史认知基础。

---

① 参见教育部教科用书编辑委员会编：《初级中学历史》第1册，国定中小学教科书七家联合供应处，1946年，第24—26页。

② 教育部教科用书编辑委员会编：《初级中学历史》第1册，国定中小学教科书七家联合供应处，1946年，第26页。

第四章 全面抗战前后现代中华民族观念的大普及

全面抗战前后，现代中华民族观念得到更为广泛的传播，这是中华民族现代认同得以基本实现的重要条件，也是抗日战争的伟大成果之一。在这一过程中，国民政府、中国共产党政权，以及依违于或游离于两党之外的广大知识分子的“中华民族”观，又有了新的时代性的表述，并在一定程度上相互影响，收到了互动融合的认知、认同效果。接下来，我们便就此问题展开考察和论述。

一、现代中华民族观念社会化与多媒介的认同表达

抗日战争全面爆发前后，就中国各民族一体化的“中华民族”符号的传播和观念认同广度而言，报刊宣传、中小学历史地理教科书的民族教育、新生的电台广播①等现代媒体，以及抗战歌曲传唱等所发挥的多媒介作用，均功不可没。

以抗战歌曲为例。像田汉作词、聂耳作曲的《义勇军进行曲》，光未然作词、冼星海作曲的《黄河大合唱》这样流传到中华大地各个角落的歌曲，其歌词中飞扬的“中华民族”概念，可以说就被以一种或深沉或激昂的旋律，永久地烙在了亿万中国人民的心间。如前者就不停地呐喊：“中华民族到了最危险的时候，每个人被迫着发出最后的吼声：起来！起来！起来！”而后者则深情地倾诉：“啊，黄河！你是中华民族的摇篮，五千年的古国文化，从你这

① 比如，当时涉及“中华民族”观念的著名广播讲演就有：罗家伦 1933 年初题为《中华民族生存之路》的讲演（《大公报》1933 年 2 月 28 日）；林森 1938 年 2 月 20 日的讲演《中华民族的正气》（《路向》1938 年第 4 期）；等等。

儿发源；多少英雄的故事，在你的身边扮演！”（第2乐章）“但是，中华民族的儿女啊，谁愿意像猪羊一般，任人宰割?”（第7乐章）

抗战时期，类似这种肩负传播现代中华民族理念以凝聚全民族感情之神圣使命的抗战歌曲，可谓不胜枚举。像凯丰作词、吕骥作曲的《抗日军政大学校歌》中就写道：“黄河之滨，集合着一群中华民族优秀的子孙；人类解放，救国的责任，全靠我们自己来担承。”塞克作词、冼星海作曲的《救国军歌》中也写道：“我们是铁的队伍，我们是铁的心，维护中华民族，永做自由人！”诸如此类，不一而足。

当时，还有不少歌曲在歌名里就带有“中华民族”一词和概念的，如《中华民族决不亡》①《中华民族不会亡》② 等，它们在现代中华民族观念的社会化传播方面，显然具有别的媒体所难以比拟的功能。如由著名音乐家吕骥作曲、野青作词的著名歌曲《中华民族不会亡》就这样唱道：

奋斗抵抗，奋斗抵抗，中华民族不会亡！
奋斗抵抗，奋斗抵抗，中华民族不会亡！
国难当头，不分党派齐奋斗；
暴日欺凌，男女老少齐抵抗。
齐心奋斗，合力抵抗，中华民族不会亡！
齐心奋斗，合力抵抗，中华民族不会亡！

毫无疑问，这一时期，抗战歌曲的传唱已经成为一体化“中华民族”符号和观念广泛传扬、得到社会强烈认同的极为有效的途径。

---

① 可见许可经作曲：《救亡歌曲集》，重庆，自印本，1937年11月初版。

② 可见何立山编选：《民族呼声集》（最新歌选），山东歌曲研究会，1937年4月初版，1937年5月再版。其中第一首即为《中华民族不会亡》。王文度编的《军民抗战歌曲》第2辑（救亡出版社，1938年5月版），其所收第一首歌曲也是它。当时的抗战歌曲有几千首，含有“中华民族”一词者，实无计其数。

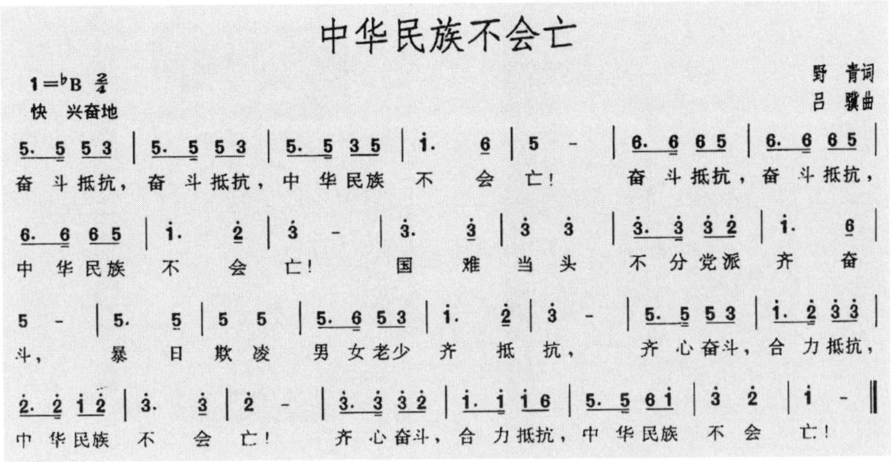

1935 年完成，抗战时期广为传唱的歌曲《中华民族不会亡》

不过，若就现代中华民族观念认知的深度来说，此期更值得重视的，还是那些阐述和宣传这一整体观念的各类专门著作。这些著作不少具有普及读物的性质，此期得以更大量出版，流传极广，可以说超出以往任何时期。除前文曾经提到过的那些著作反复出版、继续流播之外，其他值得一提的还有：施瑛的《中国民族史讲话》（1934，1945）、宋文炳的《中国民族史》（1935）、吕思勉的《中国民族演进史》（1935）、郭维屏的《中华民族发展史》（1936）、林惠祥的《中国民族史》（1936）、陈健夫的《西藏问题》（1937）、张元济的《中华民族的人格》（1938）、罗家伦等的《民族至上论》（1938）、熊十力的《中国历史讲话》（1938）、萧一山的《民族之路》（1940）、张大东的《中华民族发展史大纲》（1941）、俞剑华的《中华民族史》（1944）等等。这些著作有的书名上虽称“中国民族”，书中的目录标题和内容里却大量使用“中华民族”概念。

在这些著作中，又以带有民族史性质和包含有相关内容的论著为最多，它们对于中华民族的起源、构成成分、地域分布、历史发展的分期（包括几大民族混合时期），乃至民族文化的特征、民族性格与精神等，均进行了各自的阐发，尽管观点不尽相同，但却都致力于传播全民族整体化的中华民族意

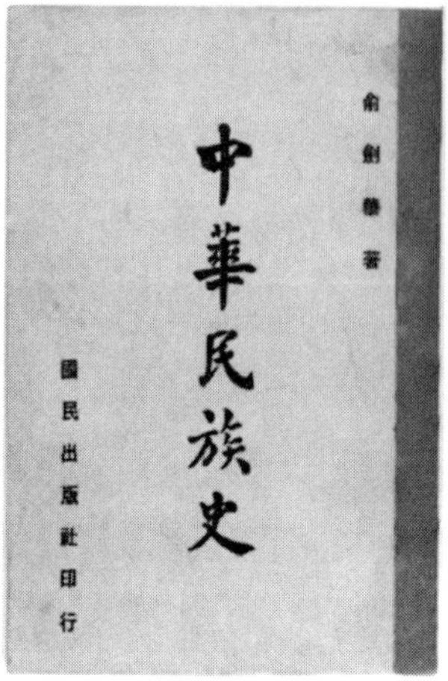

俞剑华《中华民族史》书影

施瑛《中国民族史讲话》书影

识，以激发团结抗战的力量，所谓“叙述中华民族历史之悠久与光荣，以振起热烈民族意识”是也。因此，在叙述之中，它们也往往自觉意识到“不作此疆彼界之分”，认定“中华民族已结合为一体，故过去历史上，无论汉族、蒙族，或其他各族之光荣事迹，中华民族之全体，均当引为光荣”，“过去历史上各民族间之摩擦或战争，皆为当时情况，已成过去，与今日无关”，等等。① 不仅如此，不少著作还开宗明义，公开表明反对民族分裂，维护中华民族整体性的严正立场，如 1934 年，施瑛在《中国民族史讲话》一书中就写道：

> 现在组成中国国家的民族，叫做中华民族；组成中华民族的各系，照现在的名称，是汉系、满系、蒙系、回系、藏系及苗瑶等少数民族……中华民族是整个的。本书称作“中国民族史”，其实就是叙述中华民族的组成史，就纵的情形来看，在四五千年中，住在中国的各系民族，怎样的由分到合，由零趋整，组成现在拥有人口四、五万万的中华民族。

① 张大东：《中华民族发展史大纲》“编者大意”，军训部西南游击干训班，1941 年 2 月印。

（见该书“总说”）

中国国家，由中华民族所建立。今日的中华民族，非老朽的民族，相反地，而是新生的少年。中华民族，原由若干系组织而成；这若干系的人，在过去中国的地域上活动，终于互相融合，而成一心一德兴国建业的中华民族，到现在始奠基础……自逊清中叶以来，中华民族各系，已渐一致而成一大集团。今则疆域泯灭，同舟共济，在风雨飘摇的环境中，建立泱泱大国，以求恢复古昔的光荣。各系的名称，也快成为历史上的名词。整个中华民族，是不可分裂的。若妄拾历史上的名词，以求脱离祖国，而为他族的奴隶，这不但无颜见其列祖列宗于地下，也简直是中华民族的大罪人。所以本书开宗明义的话，或者是最后的结论，是：“组成中华民族的各系，有其悠久的历史，是不可分裂的。”（见该书“小引”）①

这里，作者既正视了各少数民族的传统“民族”身份，在叙说它们化合成整个“中华民族”时，又“机智”地以各“系”相称述，从而既避免了字面上“民族套民族”的外在矛盾，又与那些直接否认其为“民族”的官方说法保持“不冲突”状态。相对来说，此种表述很能代表抗战时期，特别是抗战结束前后国内一部分较为审慎的知识分子和文化人之普通意见。

同歌曲传唱和专门著作等相比，当时流通于社会上的各种中小学史地教材、社会教材等对现代中华民族观念传播和渗透的影响，同样值得重视，甚至更加值得重视，特别是历史教材。因为它们既有社会化的普及广度，又以一种较为系统、权威性的知识化传通形态表现出来。本书第三章已谈到中学历史教材，不再赘述。此处不妨再补充一点有关社会教材的内容。如 1933 年，中华书局出版的《小学社会课本》谈到有关问题时，就写道：“我们中华民族

---

① 施瑛：《中国民族史讲话》，世界书局，1934 年 11 月版，第一章“总说”中“小引”第 1—2 页。引文中的横线系原文所有。1945 年本书曾由世界书局重版，文字略有改动。

的人们，包有汉、满、蒙、回、藏、苗、瑶、黎等族，统称为中华民族。中华民族的主要分子是汉族，约占全国总人口的十分之九，散布全国各省……”① 这种小学社会课本的传播范围之广和影响之大，是可以想见的。

除相关专著和教科书之外，这一时期还有大量学者和文化人在各种报纸杂志上发表了为数众多的论文和各式文章，来表达和传播现代“中华民族”整体观念。就学者而言，他们既包括人类学（含民族学）学者，也有历史学、地理学、教育学、社会学和政治学等学科的学者。他们乃是现代中华民族认同过程中重要的学术文化引导力量。

仅以民族学和人类学学者为例，认同和积极传播中华民族整体观念的著名学者就有芮逸夫、谢康、黄文山、林惠祥、黄奋生、吴定良、江应樑等。如谢康 1940 年发表《民族学与中华民族的认识》一文，即表现出一定的典型性和代表性。该文指出，中华民族以文明悠久、人数繁多冠于全球，然而认真从客观上研究中华民族的总体或一部分，应用生物科学、社会科学的法则特别是民族学和民族志的方法与经验来从事研究的著作，无论是中国学者或是外国学者，都还不多见，以致关于中华民族的来源、构成、性格特点，甚至关于中华民族的活动范围等，世界上都流传着各种误解和误识。因此加紧对中华民族的研究，就显得十分必要。

在谢康看来，对中华民族的研究既要探讨“血清”和“头骨”等体质人类学的内容，更要从社会、历史和文化各方面去作民族学和民族志的努力。他研究的结果，对“中华民族”及其内部结构形成如下综合性认识：

> 我们所谓“中华民族”，翻成英文应该是 Chinese nation，法文应该是 La nation Chinoise，她的涵义大概是由天然力及政治文化经济力量造成的

① 此前，南京国民政府在《小学课程暂行标准小学社会》有关历史部分，就要求学生掌握“中华民族的演进”等知识。转见杨梅：《“中华民族”概念在民国教科书中如何演变》，《中华读书报》2016 年 11 月 23 日。

隶属中国国籍的人民的总体，或者说中国人民（La population de L'etat Chinois）的全部，换言之，也就是中国人民所形成的“民族国家”（Etar-nation），所以也可以用“中华国族”的字样。中山先生在民族主义演讲词中，曾经再三阐发造成“国族”的意义与步骤，现在“中华民族”或“中华国族”是毫无疑义的包含：四万万以上的汉族，本与汉族同源而数目只有一百多万的满洲族，几百万蒙古人，百余万信奉回教的突厥人，和两百万西藏人五大民族（race）及其他少数苗、瑶、侗、黎、傈僳、蛮夷诸小民族（Sous-race）。①

谢康（1899—1994），广西柳城人，留法归国的文学博士，研究社会学和民族学，也懂得政治学。故他对英法文中 nation 现代含义的把握自然准确，而由此形成的对于“中华民族”的综合认知与整体概括，也可以说较为正确完整地揭示了其时代的政治文化内涵。不过在谢康那里，这种认知同他对“人种”和“民族”关系的看法是联系在一起的。谢康认为，“人种”不仅包括原始的意义，也包括其后来演进的意义，而两者之间存在着很大的差别，“从前所谓人种，大概血统的意味居多，而现今所谓人种，已经参杂了很多文化的、历史的演进的成果”。正鉴于此，他给“人种”（race）的定义，就自觉将自然与社会历史文化因素综合了起来：“‘人种就是一种居民的综合体，这些居民底心理上潜伏的或显著的性格及其人类生物学的条件或因素（血缘与头骨）曾经构成一种与他族特异的单位’。这个‘人种’如果是称呼多数的话应该说人类各民族，有时也简单称为‘民族’。”② 应当说，这与当时仅从血缘角度理解人种或种族，或者仅从社会文化角度理解“民族”者，都存在着一定的差别。谢康不是将 race 与 nation 简单对立与割裂，而是力图找到两者之间的连接点，这就是他何以一面将“汉满蒙回藏”对应为 race，而同时又将其称作

① 谢康：《民族学与中华民族的认识》，《建设研究》1940 年第 3 卷第 3 期。

② 同上。

“民族”的原因所在，实际上在他看来，“汉满蒙回藏”虽称作“民族”，但却是作为广义 race（自然血缘因素与社会历史文化因素综合而成、接近于 ethnos）的民族，即族裔或种群民族；而中华民族则是作为 nation（广义 race 因素+共同国籍）的民族，即国民（家）民族，故又可称“中华国族”。也就是说在谢康那里，同称“民族”，却具有不同的内涵。

与前述“中华民族复兴”等话语一样，上述这些著作、教科书、论文既是现代中华民族观念的直接产物，又反过来通过其所叙述的民族和民族史知识等，直接或间接地解读和阐发这一观念的内容，从而对这一观念的社会化渗透和现代中华民族的整体认同，发挥了一定的促进作用。

二、单一性民族的“中华民族”观之强烈诉说与回响

全面抗战时期，现代中华民族观念传播与认同有一个突出的特点，就是在民族危机的强烈刺激下，以蒋介石为首的国民政府领导人为了增强全民族的凝聚力，一度利用国家领袖名义和国民党的宣传机器，公然否认组成中华民族的各子民族（包括汉族）的现代“民族”称谓与地位，大力宣传“中华民族”为一个单一民族的观点。一些杰出而真诚的爱国学者如顾颉刚等，也从学术角度坚执这一看法。甚至有些少数民族人士，此期也认同这一观念，自觉而热忱地予以传播，但与此同时，这类观点也引起了争论，它对于现代意义的中华民族之整体认同，产生了复杂的影响。

1. 顾颉刚关于“中华民族是一个”的论说及其争论

全面抗战前后，著名历史地理学家顾颉刚是最热心于直接传播和阐释“中华民族”一体化观念的大学者之一。在民族国家生死存亡的紧急关头，他一腔热血、满怀激情地呼吁中国境内各族人民紧密地团结在“中华民族”的

顾颉刚

大旗之下。1937年1月，他在《申报·星期论坛》上发表《中华民族的团结》一文，公开宣称：种族和民族不同，“血统相同的集团，叫做种族。有共同的历史背景、生活方式，而又有团结一致的民族情绪的集团，叫做民族”。虽然中国境内存在许多种族，“但我们确实认定，在中国的版图里只有一个中华民族”①。

在此文中，顾颉刚还特别强调中国历史上各种族血统混杂的事实，指出，其彼此之间在清代以前，“移徙和同化，血统已不知混合了多少次，区域也不知迁动了多少次。所以汉族里早已加入了其他各族的血液，而其他各族之中也都有汉族的血液，纯粹的种族是找不到了”②。此后，顾氏又多次申说这些观点。比如，对于“民族”，他就反复强调“共同的民族意识”这一点的重要性，认定“‘民族’乃是具有共同民族意识的情绪的人群”，“这种情绪能把宗教信仰、经济利益、社会地位各不同的人们团结在一个民族意识之下”，甚至认为，对“新的‘民族’之词的误解”乃是造成甘肃的回族、汉族人民有隔绝的原因之一；③ 对于中华民族的多种族融化，他则强调主要表现在文化方面，“文化原是生活的方式，应当随时制宜，又随地制宜的”。这种文化融化工作至今也不曾停止。④ 为了中华民族的进一步融合，他

① 顾颉刚：《中华民族的团结》，《申报·星期论坛》1937年1月10日。

② 顾潮编著：《顾颉刚年谱》，北京：中国社会科学出版社，1993年，第265—266页。

③ 顾颉刚：《西北回民应有之觉悟及其责任》，顾潮编著：《顾颉刚年谱》，北京：中国社会科学出版社，1993年，第281页。

④ 顾颉刚：《如何可使中华民族团结起来》，1937年11月7日为伊斯兰学会同人讲演，《西北文化》1947年5月15日创刊号。

还特别主张“表彰并推广各族优良文化”，“搜集并创作各族共有的中国通史”，[①] 尤其是应“把我们祖先冒着千辛万苦而结合成的中华民族的经过探索出来，使得国内各个种族领会得大家可合而不可离的历史背景和时代使命……团结为一个最坚强的民族”[②]。这位以“疑古”著称的史学家此时对于一体化中华民族的坚强信念，真可谓是意味深长。

顾颉刚是“古史辨派”的核心代表，也是中国近代历史地理学的灵魂人物。他于 1934 年 3 月创办《禹贡》半月刊，致力于研究祖国的领土地理、边疆和民族问题，以服务于民族救亡的大业。1937 年 4 月，《禹贡》半月刊上连载历史学家齐思和的《民族与种族》一文，其有关“民族”内涵的认识，已经存在着为流行开来的现代一体化的“中华民族”概念进行辩护的某种理论自觉。该文认为孙中山在辛亥革命以前的民族主义虽不能说就是种族主义，但他未能将“民族”和“种族”予以区分，当属于其不可否认之缺陷。他强调，孙中山所列举的构成民族的五种“自然力”，即血统、生活、言语、宗教和风俗习惯，都不能构成“民族”的基准和绝对条件，“形成民族的最重要的力量是命运共同体一员的情绪”，而这种情绪的强化，又与外国列强侵略的刺激紧密相关。[③] 此一观点虽然偏颇，也不新鲜（此前，政治学家张慰慈等已有类似申说），但却对此后顾颉刚公开提出和论证“中华民族是一个”的观念，产生了一定的直接影响，至少顾氏与这一关于“民族”的思考，部分地发生了强烈共鸣。

1939 年 2 月 9 日，顾颉刚写成《中华民族是一个》一文，4 天后发表在《益世报·边疆周刊》上。此文较为明确而集中地阐发了他关于“中华民族”的认识。在他看来，中华民族并不是一个多民族组合而成的“大民族”共同

---

① 顾颉刚：《西北回民应有之觉悟及其责任》，顾潮编著：《顾颉刚年谱》，北京：中国社会科学出版社，1993 年，第 281 页。

② 顾颉刚为《禹贡》半月刊所写的《纪念辞》，顾潮编著：《顾颉刚年谱》，北京：中国社会科学出版社，1993 年，第 269 页。

③ 齐思和：《民族与种族》，《禹贡》，1937 年第 7 卷第 1—3 合期。

体，而是由历史上许多“种族”不断融合而成的一个单纯民族，其血统宗绪复杂，长期混同，难理头绪，但并非“同源”；文化也是长期混合，没有清楚的界限，虽勉强可分为汉、藏、回三个“文化集团”，彼此间确有“相同的质素”，但也不是“一元”。所谓“中国本部”之说，不过是日本人用来欺骗和分化中国的阴谋；而“五大民族”之说，更是“中国人自己作茧自缚”，糊里糊涂，从而给那些别有用心者和敌对势力造成了可乘之机。现在是必须正视这一历史错误的时候了。文章还分析了“五大民族”一词出现的原因和导致的“恶果”，并以史实来论证中华民族是自战国秦汉以来就逐步形成的伟大民族。文章反复强调，要留神和郑重使用“民族”二字，并以亲身经历说明这个概念传入之前，各族人民之间本来相安无事，传入以后却被别有用心的人滥用，反而导致了无数国内动乱和分裂之灾难。作者特别有感于日本帝国主义者以“民族自决”的名义搞伪“满洲国”，又煽动搞伪“大元国”和“回回国”的阴谋，故痛心疾首、百感交集地写道：

> 倘使我们自己再不觉悟，还踏着民国初年人们的覆辙，中了帝国主义者的圈套，来谈我们国内有什么民族什么民族，眼见中华民国真要崩溃了，自从战国、秦、汉以来无形中造成的中华民族也就解体了。从前人的口中不谈民族而能使全国团结为一个民族，我们现在整天谈民族而反使团结已久的许多人民开始分崩离析，那么我们岂不成了万世的罪人，有什么颜面立在这个世界上！……唉，民族，民族，世界上多少罪恶假汝之名以行！这是我们全国人民万不能容忍的。①

从这里，实际也可以看到顾颉刚为什么要公开谈论“民族”和“中华民族”的原因。他重申，“本来民族是 Nation 的译名，指营共同生活，有共同利害，具团结情绪的人们而言，是人力造成的”；而“种族”则是 Race 的译名，“指具有相同的血统和语言的人们而言，是自然造成的”。在本文的另一个地

① 顾颉刚：《中华民族是一个》，《益世报·边疆周刊》，1939 年 2 月 13 日，第 9 期。

方，他又指出，民族是指称“在一个政府之下营共同生活的人”。然而在中国，由于人们常常望文生义，“一般人对于民族一名就起了错觉，以为民是人民，族是种族，民族就是一国民内的许多不同样的人民，于是血统和语言自成一个单位的，他们称之为一个民族，甚至宗教和文化自成一个单位的，他们也称之为一个民族，而同国之中就有了许多的民族出现”。他还分析指出，在中国，人们将“民族”与“种族”混淆，与清末革命党人鼓吹“种族革命”等因素也不无关系。最后，他号召国人特别是青年要贯彻“中华民族是一个”的意识，要努力开发边疆，并和边民通婚，“使得种族的界限一代比一代的淡下去，而民族的意识一代比一代高起来；更吸收了各系的新血液，使后裔们的体格更趋健壮，能够这样，中华民国就是一个永远打不破的金瓯了！”

在该文中，顾颉刚态度极为明确地表示：“凡是中国人都是中华民族——在中华民族之内我们绝不该再析出什么民族——从今以后大家应当留神使用这‘民族’二字。”“我们只有一个中华民族，而且久已有了这个中华民族！”“我们对内没有什么民族之分，对外只有一个中华民族！”①

顾颉刚《中华民族是一个》一文的思想，显然符合国民党内单一性整体的“中华民族”观念的精神实质，但在各族是否“同源同种”问题上，却又与之有别。此文感情充沛，观点鲜明，加之出于学术名家之手，刊出之后颇为引人注目。重庆的《中央日报》和各地报纸转载者甚多，影响不小。

在此文中，顾颉刚不把各民族当作“民族”看待，特称其为“种族”，显然有着避免所谓“民族套民族之矛盾”，以回击那些借此攻击“中华民族”概念以分裂中国抗战力量者的良苦用心，也表明了其对英语世界中现代 nation（民族国家，国民民族）概念的政治内涵，具有某种直觉而敏锐的感悟（当然也还不够充分）。不过，即便根据其自身在不同场合所阐述的诸如“有共同的

① 顾颉刚：《中华民族是一个》，《益世报·边疆周刊》，1939 年 2 月 13 日，第 9 期。

历史背景、生活方式，而又有团结一致的民族情绪的集团”等民族定义来衡量，简单否定境内现存各族（包括汉族）已经获得社会认同的原有“民族”资格与身份，却也不是没有问题。何况在西方还存在着从政治学和人类学的不同角度来界说民族现象和概念的差异。至于将民族仅笼统界定为“在一个政府之下营共同生活的人”，就更存在疑问了（到底是传统国家政府还是近代国家政府?），所以顾文发表不久，随即引起了争论。

社会学和人类学者费孝通来函表示对顾氏这一提法的忧虑和不同意见。他认为，中华民族固然应团结一体进行抗战，“不要根据文化、语言、体质上的分歧而影响到我们政治的统一”，但中国是一个多民族的国家，从民族研究学理的角度来看，多民族、少数民族客观存在的事实，还是应该得到尊重。他还专门就 state、nation、race、clan 几个英文词的含义做了辨析。认为 nation 的意义通常并不指同属一个政府下有团体意识的一辈人民，而是就语言、文化、宗教和血统相同的一辈人民而言，一般译作“民族”（这其实是英、美、法语文中 nation 的传统含义而非现代主流含义。现代德语中的 nation，最初也较多遗留了这一传统的含义——引者）；race 则一般译作“种族”，指在体质上相似的人，并不包括顾颉刚所说的语言；而 clan 往往译作“氏族”，单指亲属团体。照这样的译法，那么顾颉刚所谓“种族”大体相当于通常所谓“民族”，而他所谓“民族”则与通常所说的“国家”相当。但国家和民族还是有区别的，不必因为要防止敌人的分化，而否认国内作为文化、语言和体质的团体（即“民族”）之存在。费先生甚至强调，“谋政治的统一者在文化、语言、体质求混一”是不必要的，也将“徒劳无功”，名词的作用固不必夸大，重要的是“组成国家的分子都能享受平等，大家都能因为有一个统一的政治团体得到切身的利益”，只有真正消除不平等，它才能得到各分子的真诚爱护。否认多民族的存在或界限，不是解决民族问题的有效途径。①

---

① 费孝通：《关于民族问题的讨论》，《益世报·边疆周刊》，1939 年 5 月 1 日，第 19 期。

同时，自称“三苗子孙”的苗民鲁格夫尔也来信表示，汉、苗同源论不过是“学究们”的想法，同源不同源，意义并不大，关键还在于政府能否给予苗民“实际的平等权利”。他公开反对“黄帝子孙”的说法，认为苗民就不能算是“黄帝子孙”，不仅如此，其他民族同胞也会“必然反对”把黄帝作为自己的祖宗。他特别提醒，在各族人民共赴国难的时候，“对变相的大汉族主义之宣传须绝对禁止，以免引起民族间之摩擦、予敌人以分化之口实”。① 可见他所持的乃是一种有所保留的态度。

不过，从当时的公开回应来看，对顾氏主张表示积极认同的看法还是稍多。像顾颉刚的学生张维华、白寿彝，以及徐旭生、杨向奎和马毅等学者都来信和写文章公开响应顾氏的观念，认可他当时明确提出这一观点对团结抗战具有现实意义。如张维华就认为，“坚强的建立起‘中华民族是一个’的理论来，便于无形中加强我们团结的思想，这正是解救时弊的一副良剂”。回族史学家白寿彝也来信表示：“‘中华民族是一个’，从中国整个的历史上去看，的确是如此，而在此非常时代，从各方面抗战工作上，更切实地有了事实上的表现，但在全民心理上却还不能说已经成了一个普遍的信念，而还没有走出口号的阶段。”他称赞顾氏此文是以事实证明“中华民族是一个”的开篇之作，并表示，“‘中华民族是一个’，应该是全中国底新史学运动底第一个标语”，他主张中国史学家应该用真实的材料去写就一部新的本国史，以进一步“来证实这个观念”。② 古史专家徐旭生则辩称，鲁格夫尔“所抗议的‘黄帝子孙’的话头，固然不够科学，应该避免，但是他所自署的‘三苗子孙’，不

---

① 鲁格夫尔：《来函两封》，《益世报·边疆周刊》，1939 年 5 月 15 日，第 21 期。

② 上述有关响应顾文的总体情形，可参见周文玖、张锦鹏：《关于“中华民族是一个”学术论辩的考察》，《民族研究》2007 年第 3 期；部分亦可见顾潮编著：《顾颉刚年谱》，北京：中国社会科学出版社，1993 年，第 293—298 页。

科学的程度，也完全一样……总之，这些话均不可谈”①。

见到上述意见后，顾颉刚以“按语”等形式做出过不同程度的回应，如对“黄帝子孙”“汉奸”等说法，就明确表达了自己的意见。他认为，“我们是黄帝子孙”“黄帝子孙不当汉奸”这类说法，“原是汉人对汉人说的话。这种话固然不谨慎，但也可原谅，因为在这极度兴奋的时势之下，很容易‘急不择言’，不加上详密的思考，我们总希望从此以后，这种话大家竭力少说，免得引起不必要的误会”。他还特别提议：“‘汉奸’一名应改称为‘内奸’，因为溥仪和德王都是中华民国的奸，而不是汉人的奸。”他还认同徐旭生的观点，强调黄帝不过是传说中的人物，并无其人。汉族人称黄帝子孙“固应改正”，自称三苗子孙，“也有改正的必要”。“每一个种族总好抬出历史上的一个有名的人来做他们的祖先，这原是古人的习惯，我们生在今日就尽可不必这样了。”② 在这点上，他显然还是保持了一个“古史辨”史家的立场。

与此同时，针对费孝通的不同看法，顾颉刚更是接连写了两篇《续论“中华民族是一个”：答费孝通先生》，专门作答。在这两篇文章里，他一方面追忆了自己五度注意“民族”问题的经过，指出中国历史上各族人民血统和文化不断同化、融合的趋势，强调其彼此之间“质的方面愈糅杂，量的方面愈扩大；纠纷是一时的，表面的，而统一则是经常的，核心的”③ 这一历史特征。同时，他还以自己的亲身经历，揭露九一八事变后以德王为代表的极少数上层蒙古人士在伪满洲国建立一事的影响下，在日本帝国主义的金钱和政治诱惑下进行政治投机，搞民族分裂，以所谓“民族自决”始，而以“出卖

---

① 徐虚生（徐旭生自署名）：《用历史的观点对鲁格夫尔先生说几句话》，《益世报·边疆周刊》，1939 年 6 月 12 日，第 24 期。

②《来函两封》“编者按”，《益世报·边疆周刊》，1939 年 5 月 15 日，第 21 期。

③ 顾颉刚：《续论“中华民族是一个”：答费孝通先生》，《益世报·边疆周刊》第 20 期，1939 年 5 月 8 日。也见顾颉刚同文另名文章：《我为什么要写“中华民族是一个”?》，《西北通讯》1947 年第 2 期。

民族”终的可悲事实，以及回族与汉族的矛盾在所谓的“民族”概念引入之后被人为加剧的令人痛心的惨剧，来说明“民族”一词的滥用或不正确的“民族”概念的传播，对于中华民族和中华民国尤其是边疆的少数“种族”或“部族”的人民来说，该是多么大的灾难和多么大的不幸。他写道：

> 我看了这种情形，心头痛如刀割，推原这种情形的造成，还是“民族”二字的作祟。本来没有这个名词时，每次内乱只是局部的事件，这件事一解决就终止了。现在大家嘴里用惯了这个名词，每逢起了什么争执和变动，大家就不先去批评那一方面的是非曲直，只管说是某民族与某民族之争，于是身列于某民族的，即使明知自己方面起哄的人是怎样轻举妄动，也必为民族主义努力，替他回护或报仇，而私人的事就变成了公众的事，随时把星星之火扩而充之，至于天崩地裂的可能。事件平了，两族的冤仇就永远记住了，报复的机会总有一天会来到的……可知他们种族方面原无问题，不过被这个新传入的带有巫术性的“民族”二字所诱惑，大家为它白拼命而已。唉，多么的可怜！①

然而“民族”一词既然已经流行，关键还在于正确理解其概念的真实含义，在此基础上尤需慎重使用，特别是当它用在国内人民身上的时候。顾氏反省自己从前曾经在中国古代历史研究中滥用“民族”的经历，坦承自己是在九一八事变之后，才感觉到从前的荒唐和没有政治头脑。由此出发，他进一步阐发了其对“民族”概念的理解以及中华民族特点的认知，从而构成了其“续论”中另一方面的主要内容。

针对费孝通前此对 nation 的解释，顾颉刚指出，“nation 不是人类学上的一个名词，而是国际法上的一个术语”，它与 state 实无法截然分野。他引用美国政治学家何文康（Arthur N. Holcombe）的民族定义，认为“民族是具有共

---

① 顾颉刚：《续论“中华民族是一个”：答费孝通先生》，《益世报·边疆周刊》，1939 年 5 月 8 日，第 20 期。

同民族意识的情绪的人群”，而“民族意识是一个团结的情绪——一个国人彼此间袍泽的情感，相互的同情心”。他重申民族的构成是精神的、主观的，而非物质、客观的，其核心条件不是什么语言、文化和体质，而正是一种“团结的情绪”。① 以此为据，他不仅认定现实的中国是一个民族，而且强调历史上的中国就是如此：自秦实现统一之后，朝代虽有变更，种族虽有进退，但“一个民族”总还是一个民族，且像滚雪球一样越滚越大，终于成为世界上独一无二的大民族。各个民族都不能单独称作“民族”，只能称为“种族”，汉族也是如此，其血缘既不纯粹，文化也非一元，称为“种族”其实也都还存在一定问题。如果要称民族，他们当然都只能通称为“中华民族”，其中汉族属于“中华民族之先进者”，而其他民族则是“中华民族之后进者”，“因为他们尚没有达到一个 nationhood，就不能成为一个 nation。他们如要取得 nation 的资格，惟有参加中华民族之内。既参加在中华民族之内，则中华民族还只有一个”。顾颉刚还认为，当时中国的不少民族问题，其实根本上都与“种族”无关，只不过是交通不发达导致的结果而已，等等。②

在“续论”中，对于“中国人”和“中华民族”的关系，顾颉刚还有过一个独特的解释，以往学界似乎不甚注意。他认为，“中国”和“天下”对应，靠的是“民族精神”的传承和凝聚。“民族乃是国家的根本”，王朝国家灭亡了不要紧，“亡天下”也就是“失去民族精神”才真正可怕。“我们一说到‘中国’和‘中国人’，就感到它是有整个性和永久性的，无论地方势力怎样的分割或是朝代的怎样嬗迁，它总是不变的。所以‘中国’的‘国’，和中华民族的‘民族’，才是恰恰相当。”传统一般的所谓“国”（像“大宋国”“大金国”），“等于中央或地方的政府，已合于英文的 state（美国一省即为

---

① 顾颉刚：《续论“中华民族是一个”：答费孝通先生（续）》，《益世报·边疆周刊》，1939 年 5 月 29 日，第 23 期。

② 参见顾颉刚：《续论“中华民族是一个”：答费孝通先生（续）》，《益世报·边疆周刊》，1939 年 5 月 29 日，第 23 期。

state)，所谓‘天下’等于中华民族或中国人，已合于英文中的 nation，意义非常清楚。要不是久已有了我们这个中华民族，古人就不会出现这种意识了！”① 顾颉刚这里的表述有些模糊和费解，但如果换个视角来看，笔者以为，也就是说传统的“中国”和“中国人”的意识里面，其实带有某种强烈的类似现代意义上的文化和民族认同的部分特征，这就使得“中国”的“国”多少有别于“大宋国”和“大金国”的“国”。这一观点，实际也是顾颉刚之所以将古来“中国人”与“中华民族”等而视之的原因。

对于顾氏的答复，据说费孝通出于抗日政治环境的考虑，没有再做进一步的辩论。倒是来自左翼的维吾尔族学者翦伯赞在见到顾颉刚答费孝通的“续论”之后，公开站出来发表论文，对顾氏的观点进行了全面、严厉的批评。该文刊登在左翼报刊《中苏文化》上，题为《论中华民族与民族主义——读顾颉刚续论“中华民族是一个”以后》。在这篇论文里，翦伯赞肯定顾颉刚当时“把中华民族当作一个问题而提出”是“非常重要的”，但认为可惜的是，顾、费等人的论争，“大半陷于抽象的形式问题如名词的讨论，把论争的焦点转向问题的侧面，而不曾把中华民族与其现实的斗争关联起来，作统一的生动研究，以至问题并不曾得到正确的解决”。在翦伯赞看来，作为顾颉刚讨论中华民族观念的出发点和最后结论的“中华民族是一个”这一命题本身，“似乎就太不正确”，它“包含着否定国内少数民族之存在的意义，然而这与客观的事实是相背离的”，因此其论争难以得出正确的答案，也就并不足怪。

不仅如此，翦文还批评了顾氏在民族理论认识方面存在的几个不足——他称之为“极幼稚的错误”，并强调，“这些错误，对于中国目前正在坚决执行中的民族解放斗争，是可能引起有害的影响的”。首先，他认为顾颉刚把

① 顾颉刚：《续论“中华民族是一个”：答费孝通先生（续）》，《益世报·边疆周刊》，1939 年 5 月 29 日，第 23 期。

“民族”与“民族意识”混同起来，将“民族意识”当作“民族”，而否认民族得以成立的“物质基础”和“客观存在”，这很荒唐。实际上“不是人们的意识造成民族，而是一定的民族造成民族意识”。翦还引用斯大林关于“民族”的定义，以凸显民族的实在性，认定“民族意识决不是自己发生的东西，必须有共同的领土，共同的经济联系他才能表现为共同的利害关系，从而表现为民族意识”。如若像顾颉刚那样把中国国内的少数民族“消解于一个抽象的‘团结的情绪’的概念之下，而观念地造成一个中华民族”，那无论如何造成的也只能是“‘一个观念的’中华民族”，这与顾本来的愿望恰是相违背的。另外，当顾氏论证历史上中国各少数民族为一个民族时，也注意到并强调了共同地域、共同历史，文化交流和血液融合等客观因素，这与他的民族定义难免前后矛盾。

在翦伯赞看来，顾颉刚的第二个错误认识，是“把民族与国家混同起来，他以为民族与国家是同时发生的”。其实国家很早就存在，在资本主义国家之前已有古代国家和封建国家，而民族则是近代的产物。在西方，“只有当资本主义向上发展的时代才形成民族”，而同样，“一直到资本主义侵入之前，中国没有民族主义，而只有种族主义，……实际上，中华民族在中山先生的历史时代也才有形成的可能”。他认为顾氏所谓秦国时已形成统一的中华民族的说法是错误的，那时的国家只是传统国家而并非“民族国家”，“统一的国家”和“统一的民族”完全是两回事。

另外，翦还批评了顾颉刚“把民族混合与民族消灭，混为一谈”，把民族的形成仅归结为“外界的政治推动，即‘强邻的压迫’”，而否认其内在经济联系的重要性，以及把国内民族问题归结为“交通问题”等“错误”，认为这些论调，有的“正是帝国主义所需要的”。在翦看来，“要使一个民族趋于巩固，不是完全依靠‘强邻压迫’而是要加强经济联系”；把民族问题当作交通问题，更是“有意回避现实”，而一个真正具有“爱国情绪”的人，“应该不要逃避现实问题”。最后翦氏强调，国内民族问题的关键，“并不在于‘交通便不便'，也不在于'现代化不现代化'，主要的是要承认各民族之生存乃至独立与自由发展的权利，在民族与民族间建立经济的、政治的乃至文化的平等关系，以兄弟的友谊相互结合"，他认为只有这样，"真实的民族大团结也才能实现"。①

从翦伯赞对顾氏民族思想的批评中，不难看到其唯物主义认识论和作为维吾尔族的少数民族情感的双重影响。他对中华民族内部民族多元性的坚执和民族构成客观因素的认定，对于纠正顾颉刚的偏颇当然义正词严，不过其对国内各民族一体性的认知和强调却显得明显不足，在全民族危机如此深重之时，他还认可国内少数民族政治上"独立"的权利，这也容易引起歧义，无论如何都有不合时宜之处。事实上，当时中共民族政策的主流也已在逐步酝酿着实现从提倡"民族自决"到主张"民族区域自治"的转变。

除了翦伯赞之外，当时值得注意的参与讨论的学者还有人类学家、民族学家杨成志和胡体乾。杨成志留法归国，胡体乾留美归国，都是专业人类学出身，他们对西方"民族"概念及其相关概念与知识非常了解。杨成志作为顾颉刚和费孝通二人的朋友，认为他们二人之争，"颇足代表我国学术界对'民族'名词见解之纷殊"。"费先生所言之'民族'似近乎 ethnic，即多偏于客观之民族志（ethnography）范围；顾先生所言之'民族'，接近 nation，即倾向于主观民族论（nationalism），两者虽各有所偏，要之均可称为有心学术或国家之作"。

杨成志指出，关于 nation 和 ethnic 的广泛混用（都译为"民族"），不仅在中国如此，"即在外国亦无不皆然"。若要将学术研究与国家建设统一起来，处理好边疆问题和民族问题，"必先就民族学研究之民族与国家政治权力之国族分开其不同之领域及其应彻底认识之立场不可。且学术之真价值，与国家

① 以上所引翦伯赞对顾颉刚的批评内容，均见翦伯赞：《论中华民族与民族主义——读顾颉刚续论"中华民族是一个"以后》，《中苏文化》1940 年第 6 卷第 1 期。

之生命，值此抗战建国期中，似乎应打成一片”。他极为清晰地写道：

至民族一词之真义，在缺乏民族学识之我国学术界中，常与“国族”（nation）、“国家”（state）、“国籍”（nationality）、“国民”（citizen）、“部族”（tribe）及小而至氏族（clan or sib）大而至种族（race）……含混谬用。尤其是近来关于“民族问题”（national problem）或“民族解放”（national emancipation）或“民族自决”（self determination）等，各新书出版后更使一般青年读者受其影响，动辄认凡关于国家政治问题，或国际关系问题，咸视为“民族问题”。不特青年如此，即号称为学术界中人，往往更分不开历史背景、文化交流、语言混化、宗教影响与风俗或仪式之传播与借用种种关系，误用“民族”二字混为一谈。就此诸端，综合言之，世人认同一传统或同一宗教，或同一文化政治，或同一语言，或同一惯俗，或同一意识或情感之某一人群或集团，即认为民族，此系普通之用法。若根据民族学狭义立言，“民族”一词之使用，与“人种”（race）相同，均限于生物学或生体学范围内，即系一种自然之集团，吾人藉以探讨民族集团（ethnic group）或民族（ethnic）之真谛，与普通所使用之“国族”（nation）或“民族”（nationality）含有多多少少之政治意义不同，故研究民族构成之一种专门学问不称为 nationalogy（国族学或民族学），而独称为 ethnology（民族学）者盖有由也。虽然民族学不仅研究人类集团之体质，至文化与语言亦同注重。①

杨成志强调，在区分清民族学意义上的“民族”和国家政治权力意义上的“民族”（或“国族”）之后，就应当明白，“以整个国家政治与国民义务关系而言”，中国所有“同生长于本国领土内之人民，均是中华民国国民，在理论上，实不必有民族之区分……况值此大中华民族正处危急存亡当中……

① 杨成志：《西南边疆文化建设之三个建议》，《青年中国季刊》1939 年第 1 期。

否则国之不存，族将焉附?"① 具体到"民族政策"和"民族研究"，杨成志则主张吸收德国、意大利、苏联和美国的经验教训，"不偏不倚、取长补短，最为上策"，如当"酌取苏联尊重其国内各民族固有之语言与文化至相当程度(即保优弃劣意）之方法……为促进我大中华民族团结之立场"；"采取美国国籍化之理论与实施，提高及普及中华国民教育到国内各族去，作汉化实施之方针"；等等。与此相一致，在民族研究方面，他明确反对那种动辄称各少数民族为Non-Chinese或Non-Chinois的做法，主张开展包含各民族文化在内的"中国文化圈之比较研究"，同时进行包括上述各族在内的"大中华民族体质型之普遍测量"，等等。② 由此可见，杨成志的思想关怀，其实与顾颉刚要更为接近。

当时，胡体乾也发表了《关于"中华民族是一个"》一文，参与到顾、费之争的讨论中。他认为，英文中race和nation的用法本来就是变化的和混杂的，"race的原义虽是体质团体，在使用习惯上，已经常被认为体质文化团体了。至于nation这个词，本义原是血统，和race相同，却一被引申为体质文化团体，再被引申为政治团体，其意义就更复杂了"。由此可知，顾颉刚和费孝通二位对于race和nation用法的理解，实际上"都非无根据"。而在中文里，"种族"和"民族"用法的分歧更不在英文之下，相对说来，"种族"一词指体质团体时多，指体质文化团体时少，算是要稍好一点。而中国人"更把当政治团体的nation有时译作民族，有时译作国家，更增加其分歧的程度。最奇的是民国十年至十五年间，民族主义与国家主义争得甚嚣尘上，而其英文译名却同是nationalism。只有蒋廷黻先生把nationalism译为族国主义，乃是避免用语混淆的办法"。他因此提议："将来若能把体质团体叫'种族'，把体质文化团体叫'民族'，把政治团体叫'族国'或'国族'，而把'国家'一词专

---

① 杨成志：《西南边疆文化建设之三个建议》，《青年中国季刊》1939年第1期。

② 参见杨成志：《西南边疆文化建设之三个建议》，《青年中国季刊》1939年第1期。

用以指政治团体的机构 state，或许可以免许多无用之争。”①

由将“民族”限定在“体质文化团体”的认识出发，胡体乾对顾、费二人的观点都提出批评，认为存在各自的思想偏向。顾颉刚强调国内各族原无界限、只因帝国主义利用“民族”的名词实行分化“才起了裂痕”的说法，不免忽略了中国各族之间的体质、文化差异早已存在了漫长岁月的事实。帝国主义的分化确实存在，但“族间裂痕并非全为民族一词所引起，也不能单因为民族一词用法的更正而消灭”。而费孝通则走上了另一个极端，费氏强调国内各族的体质文化界限不容否认，但却又错误地认为此种界限并不足以引起“政治的裂痕”，以为能真正引起政治裂痕的只是“政治上的不平等”。实际上，“体质文化的歧异和政治上的不平等，单独地或结合地都会引起族间的裂痕。体质文化的差异常能引起政治上的不平等，政治上的不平等也会加强体质文化上的歧异的。所以体质文化的同一，终是消灭民族裂痕的根本办法”。②

在胡体乾看来，“民族的界限本不是永恒固定的”。在世界范围内都存在各民族“不断同化”的事实。而在中国，古往今来，特别是近三百年来，民族同化的成绩更大。各族之间“打破了许多界限，增加了许多同一性”。民国以来因交通进步、经济发展、人口迁移、教育普及，各族之间“同化的进行”较之有史以来速度更快，虽彼此之间的差异依然存在，有的甚至还显露出“离心倾向”——或可称为“同化中的副作用”，也就是说“中华民族”目前可能还不是“一个”，但无疑已在“成为一个的进程中”。胡氏声言：“‘中华民族在成为一个的进程中’这句话，大致都可以同意的。”特别是在当时面临亡国危机的特殊时刻，“为加紧团结抵抗外患计，为广播文化、提高各族地位计，皆有促进各族同化的必要”。他因此表示：“提出‘中华民族是一个’的口号，广播各族血统文化混合的事实，以加强各族同化可能且必然的信念，

① 胡体乾：《关于“中华民族是一个”》，《新动向》，1939 年 6 月 30 日第 2 卷第 10 期。

② 同上。

这和以前‘天下一家、中国一人’‘五族同胞’等说法是一贯的，所以这口号是有用的。”正是因为这一点，他声言对顾颉刚提出“中华民族是一个”的用意感到钦佩。① 这里，胡体乾所谓“同化”大体是各族彼此同化之意，他因此看到了中国各族作为同一个政治体“国族”，必然会不断增强“同一性”的前途。但其言论中所包含的某种大汉族主义倾向，也是明显存在的。

从现有材料来看，顾颉刚对于翦伯赞的批评和杨成志、胡体乾等人的评论，似乎并未做出直接的回应，原因不得而知。抗战时期，顾颉刚建立在否认国内各民族为“民族”基础上的“中华民族是一个”的观点的确不无影响，甚至抗战胜利后，仍有一些刊物特别郑重地重新加以刊载，以广流传。如 1947 年，《西北通讯》第 1 期和第 2 期就分别重刊了顾颉刚的《中华民族是一个》和他回应费孝通的第一篇文字（改名为《我为什么要写“中华民族是一个”?》），该刊还特别加了“编者按”，写道：“顾先生此文，引证详博，议论正大，为促进中华民族团结最为有力之作。其热情洋溢，感人尤深。惟当发表之初，适在抗战期间，四方阻隔，流传未广，殊以为憾。本刊初创，特商请先生同意，重为刊布，想亦国人之所乐闻。先生尚有《我为什么要写“中华民族是一个”?》一文，对此问题，续有推阐，将于本刊下期刊载，兹并附告。”② 可见顾颉刚至此，其主要观点仍未改变。

2. 民族一元论的由来、其他形态与黄帝子孙说的新解释
——兼及吴文藻“文化多元、政治一体”之回应

应当指出的是，类似“中华民族是一个”，国内其他各族都不能单独称为“民族”的看法，却并不始于顾颉刚。如前所述，早在清末，一部分留日学生

① 胡体乾：《关于“中华民族是一个”》，《新动向》第 2 卷第 10 期，1939 年 6 月 30 日。
② 顾颉刚：《中华民族是一个》，《西北通讯》1947 年第 1 期。编者按语附在该文之后。

中就已出现中国各族为同一“民族”，单个言实均为“种族”的观念，不过尚未明确将其与现代“中华民族”符号直接结合起来而已。民国以后，特别是1923年以后至30年代初中期，这种观念在不少人那里也曾时隐时现，虽没有像顾氏这么直截了当地“剥夺”各具体民族的“民族”身份与资格，但实际上已在逐渐地趋于明确。前述1928年张慰慈、1929年蒋介石等的有关看法可以为证。1934年年底和1935年年初，作为国民政府特使前往西藏，参加追封、祭祀十三世达赖喇嘛活动的黄慕松①返京后不久，也发表过类似的意见。他强调：“我们与西藏完全是一整个民族，虽表面上分有汉、满、蒙、回、藏、苗等种族，其实很不容易分析，就是请人种学的专家来分析，来研究，很难详细的具体的划分，因为我们都是一个民族，我可以将西藏人民的衣、食、住、行风俗等略述，藉以证明我们都是一个民族，同时也可对永以西藏为其他民族的人，作一有根据的解释。”②

1935年10月，孙科创办的《中山文化教育馆季刊》登载留法归国的赖希如之《中华民族论》一文，事实上也较为明确地阐述了“中华民族是一个”、国内各民族当时均为“种族”的观念。不过，赖氏却并未像顾颉刚那样片面强调其中所谓“民族意识”的极端重要性，更没有强调“血统”在其中不重要的观点。相反，他明确声称：“中华民族是以诸夏血统及其文化为核心，由本系逐渐之藩衍发展，同时吸收其他蒙古种各支系之优秀成分，使之同化固结，而构成为一个极复杂极博大而极巩固之民族，此不仅为研究民族史实之结论，而且经现代科学家分区分析吾族血统之结果，复加以证明。”不仅如此，赖希如还以此认识为基础，进一步解说了他所理解的“中华民族”的概念内涵。文章一开篇就指出：

---

① 黄慕松（1884—1937），广东省梅州人，早年留日学习军事，1935年3月出任蒙藏委员会委员长。

② 张清云笔记：《由西藏返京后的感想——黄专使慕松在蒙藏学校演词》，《边事研究》1935年3月第1卷第4期。此条材料系杨思机博士先期发现和使用，参见杨思机：《指称与实体：中国“少数民族”的生成与演变（1905—1949）》，中山大学博士学位论文，2010年，第84页。

> 我们现在称“中华民族”，就狭义说，当然指的是中国境内民族的主体汉族。汉族古称夏族，然夏和汉，皆为朝代之名，非民族之本称，今民国已确定以“中华”为族国之全称，故用今名。复就广义说，中华民族是统指中国境内诸种族的全体而言。今日中国境内大别为六大种族，即汉、满、蒙、回、藏，及未开化之苗族。汉族及其他各族，就人类学上和民族学上，当然有显著的分别。惟汉族和其他各族，经数千年长期间的接触，辗转东亚大陆，互相交杂，在血统上早已混乱。若细加分析，汉族的血统中，实包含有其他五族的若干成分，如满族之东胡、鲜卑、契丹、女真；蒙族之匈奴；回族之突厥、回纥；藏族之羌。元、清两代，蒙族和满族之同化汉族，则尤为显著。至苗族如今云南之一部分进化的土司，亦渐已同化于汉族。此种同化，一方面是血统上的混合和生活上的同化，别方面是精神上接受汉族的文化，很自然地铸成了新中华民族固结的基础。故汉族实为中华民族的母体，自应代表中华民族之全称。①

1935 年 12 月，顾颉刚五四时期“新潮社”的同道好友、长期担任中研院历史语言研究所所长的傅斯年，也发表了题为《中华民族是整个的》一文，强调中国历来政治上崇尚大一统与“中华民族”不可割裂的整体性之关联。他的观点与顾颉刚有相通性。他认为，“‘中华民族是整个的’一句话，是历史的事实，更是现在的事实”。在历史上，自从秦统一后，中国的各民族就合为一家，成为中华民族：“我们中华民族，说一种话，写一种字，据同一的文化，行同一的伦理，俨然是一个家族。也有凭傅在这个民族上的少数民族，但我们中华民族自古有一种美德，便是无歧视小民族的偏见，而有四海一家的风度……到了现在，我们对前朝之旗籍毫无歧视，满汉之旧恨，随清朝之

---

① 赖希如（1899—1975），又名赖先声，广东省梅州市大埔县人。1922 年加入中国社会主义青年团，1925 年加入共产党。国共合作时期以个人身份加入国民党。曾任中共潮梅特委书记、国民党潮梅特委主席。1927 年后脱离中共，由国民党出资赴法留学，获巴黎大学法学硕士学位。1933 年回国后任教于大学。抗战期间，再度加入国民党。

亡而消灭。这是何等超越平凡的胸襟？所以世界上的民族，我们最大，世界上的历史，我们最长。这不是偶然的，是当然。”傅斯年对形成这一民族“一体”特征的中国人崇尚“大一统”之精神基础赞美有加。他充满激情地写道：

> 有时不幸，中华民族在政治上分裂了，或裂于外族，或裂于自身。在这时候，人民感觉无限痛苦，所渴望者，只是天下一统。未统一时，梦想一统；既统一时，庆幸一统；一统受迫害时，便表示无限的愤慨。文人如此，老百姓亦复如此。居心不如此者，便是社会上的捣乱分子，视之为败类，名之为寇贼，有力则正之以典刑，无力则加以消极的抵抗。①

傅斯年发表在《独立评论》上的这篇论文，由于强调中华民族整体性的宗旨本身，体现了全民族团结的时代愿望和精神祈向，故引起不少共鸣。一时间，“中华民族是整个的”呼声响成一片，尽管表述角度各有不同。② 如1936年《现代青年》杂志发表《中华民族是整个的》同名文章，就公开表示：

> “中华民族是整个的！”这是我们四万万同胞都应当有的一个认识。
>
> 因为中华民族是整个的，所以在行政上，不容有任何独立的系统，在对外上，也决不能再以寸土与人。在这国家兴亡正陷于十字路口的今日，我们应当发挥我们中华民族固有的精神，应当牢抱着祖产不可遗弃的坚决态度。中华民族在过去有数千年的光荣历史，有时虽也曾横遭夷狄侵袭，但最后还是保持一统，从来未分裂覆亡。到了现在，我们忍令国家长此衰弱或甚至灭亡吗！？……
>
> 总之，中华民族是整个的，我们要以铁与血来保护中华民国主权和

① 傅斯年：《中华民族是整个的》，《独立评论》第181号，1935年12月。

② 比傅斯年发表《中华民族是整个的》一文稍早，某一中学校刊也曾撰文表示：“中华民族是整个的，决不许任何人稍有携离，携离便是民族的罪人。打破民族的统一，便会斲伤国家的命脉……”见欧阳薇：《一九三六年的中华民族及中学生》，《一中校刊》1935年第3—4期。

疆土的完整!!①

又如，1936年年初，著名的中国基督教刊物《圣公会报》也发表了题为《中华民族是整个的》的同名文章，反映出一个中国基督教徒至诚可感的民族心声。他在文中写道：

我国自辛亥革命以来，虽然经过了不少的变化，但至少有一件事，可以说是革命的成功，就是人人都觉得中华民国是一个中华民族的国家。虽然经过了许多年的内乱，但民族仍是统一的。但自从九一八不幸的事件发生后，一部分民族及其所居住的土地——满族及其所住的东三省——遂被强邻攫取，与中华民国脱离了关系，这实在是使人感觉山河破碎的一件伤心的事。最近华北方面又有少数不肖在那里酝酿自治，希图脱离中央……若长此以往，各方纷起效尤，则中国不为俎上肉者几希！所以一般忧时之士，大声疾呼的说："中华民族是整个的！……否则蚕食不已，大好河山将完全变色矣。最有效的抵抗，非全国上下一心一德，彼此精诚团结，大家都觉得中华民族是整个的不可！基督徒本是服膺基督主义的，但同时也是中华民国的一份子，对于国事不可袖手旁观，尤其是处于现在情形之下，更应当有一种"我也是整个民族一份子的觉悟。"国存与存、国亡与亡，皮之不存，毛将焉附?! ……②

由此可见，当时"中华民族是整个的"观念已逐渐成为国人普遍之意识。

不过，傅斯年等人虽强调中华民族的"整个"性与"一体"性，最初却还没有公开明确否认构成这一整体的国内各民族之"民族"身份和地位，尽管两者之间有直接的关联。只是稍后几年，他们才更加明确后一认识的。据傅斯年的后人傅乐成回忆，1938—1939年间，傅斯年曾著《中华民族革命史稿》一书，书中认为，中华民族内部虽然在名称上有汉族、满族、蒙古族、

① 楚人：《中华民族是整个的》，《现代青年》1936年第5卷第3期。

② 瀚：《中华民族是整个的》，《圣公会报》1936年1月第29卷第1期。

回族、藏族等的说法，但事实上只为一族，如“汉族一名，在今日亦已失去逻辑性，不如用汉人一名词。若必言族，则皆是中华民族耳”。①

顾颉刚无论是写前述的《中华民族是一个》一文，还是为回应费孝通而准备的那两篇论文，其实都与傅斯年有过实质性的交流，甚至“中华民族是一个”的命题，还可能是傅斯年先明确提出来的。因为顾氏在《中华民族是一个》一文一开头曾特别提到，昨天接到一个老朋友来信，他以一腔爱国热情写道：“我们决不能滥用‘民族’二字以召分裂之祸。‘中华民族是一个’，这是信念，也是事实。我们务当于短期中使边方人民贯彻其中华民族的意识，斯为正图。夷汉是一家，大可以汉族历史为证，即如我辈，北方人谁敢保证其无胡人的血统，南方人谁敢保证其无百越黎苗的血统。今日之西南，实即千年前之江南巴粤耳。此非曲学也。”这里，顾所提到的这个老朋友就是傅斯年。1939 年 2 月 7 日的顾氏日记也记述说：“昨得孟真来函，责备我在《益世报》办《边疆周刊》，登载文字多分析中华民族的若干民族，足以启分裂之祸，因写此文以告国人，此为久畜于心之问题，故写起来并不难也。”②《顾颉刚日记》里还多次记录了其在草拟答复费孝通的两篇《续论“中华民族是一个”》的过程中，也曾经与傅斯年往复讨论和相互支持的有关情形。③

在费孝通与顾颉刚具有不同意见的文章发表之后，傅斯年还曾试图从行政上干预此事。在他看来，费孝通是人类学家吴文藻的学生，费文的写作显然受到吴氏的指使，而吴文藻当时是受中英庚款董事会的委派到西南地区工作的，于是他就直接致函此会董事长朱家骅和总干事杭立武，希望将吴文藻调往他处。该信写得很激动，信中指责吴、费等人否认“中华民族是一个”而将苗、藏等都视为“少数民族”，并强调其有民族“自决权”的不当，对那

---

① 有关内容，可见傅乐成：《傅孟真先生的民族思想》，王为松编：《傅斯年印象》，上海：学林出版社，1997 年，第 204—205 页。

②《顾颉刚日记》卷四，台北联经出版事业公司，2007 年，第 197 页。

③ 同上书，第 226 页。

种“为学问而学问，不管政治”的高调，也表示明确的反对和痛恨。信中写道：“夫学问不应多受政治之支配，固然矣。若以一种无聊之学问，其恶影响及于政治，自当在取缔之列。吴某所办之民族学会，即是专门提倡这些把戏的。他自己虽尚未作文，而其高弟子费某则大放厥词。若说此辈有心作祸，固不然，然以其拾取‘帝国主义在殖民地发达之科学’之牙慧，以不了解政治及受西洋人恶习太深之故，忘其所以，加之要在此地出头，其结果必有恶果无疑也。”①

吴文藻何以遭傅斯年如此之“痛恨”？他当时在这一问题上，究竟取何种认识与态度呢？查当时的报刊，知这位在云南致力于人类学研究的学者，的确有一种人类学和民族学的特有情结，对研习、传承、保护和发展各少数民族文化情有独钟，即便在抗战那样的特定时期也不例外。他当然也认同“中华民族”的整个性和一体性，但却并不认为“中华民族”是由一个单一民族所构成。在他看来，回族、苗族、瑶族等作为“民族”的存在，是应该正视的现实，而且这也并不妨碍大“中华民族”在政治上的团结统一。1939 年 3 月 17 日，吴文藻在《益世周报》上发表《论边疆教育》一文，就借机表达了自己作为一个人类学家的上述看法。此文发表的时间虽晚于顾颉刚《中华民族是一个》一个多月，但却应该不是专门针对顾文而发。当时，正值第三次全国教育会议在重庆召开，吴想趁此机会，较为系统地提出关于“边疆教育”的意见，希望“作公开讨论，以唤起舆论界对此问题的注意”。在此文中，吴文藻提出了三点主张：第一，“发展边疆各民族的文化，乃是建设现代化的民族国家之当前急务”；第二，“促进边疆教育，实为发展国内民族文化的基本工作”；第三，“边疆教育乃是一种特殊的教育，必须先建设一套边疆教育学的理论作为科学研究的张本，然后在应用一方面，始能根据确定一种或多种

---

①《傅斯年致朱家骅、杭立武》，该信全文见欧阳哲生编：《傅斯年全集》（七），长沙：湖南教育出版社，2003 年，第 206—207 页。主要内容，前引周文玖、张锦鹏《关于“中华民族是一个”学术论辩的考察》（《民族研究》2007 年第 3 期）一文已经谈到过。

比较适当的边疆教育政策”。此文不仅对边疆教育的内涵、学术文化意义阐发了独到见解，而且继社会学家杨堃等之后，较早明确提出“边疆教育学”的理念以及人类学和社会学者在这一领域将大有可为、“贡献独多”的前景。以往，学界谈到吴文藻先生在边疆研究方面的贡献时，一般都要提到他1942年所写的那篇《边政学发凡》的大作，其实，《论边疆教育》一文，也是其值得重视的思想篇章，可惜它却长期被学界同人所遗忘了。①

在《论边疆教育》一文中，吴文藻虽无意直接讨论“中华民族是一个”这类问题，但显然还是间接地表达了一些与顾颉刚和傅斯年等人所代表的观点有异的看法，也不妨说是一种间接回应，而且比其弟子费孝通的直接回应要早一个多月。他认为在我国边疆地区，“种族宗教复杂、语言文字歧异、经济水准不齐、文化程度不等”，且彼此感情隔膜不无相互猜忌之心的多民族存在，似并无否认之必要，只有本着“‘中华民国境内各民族一律平等’的要旨，晓示‘中华民族完成一个民族国家’的真义”，努力去扶植边地人民，改善其生活，开发其智识，才能统一思想，化除畛域，充实国力，巩固边疆。特别值得注意的是，吴文藻在此文中还明确提出了所谓“‘多元文化’和‘政治一体’”的现阶段中华民族建设构想。在各民族的“多元文化”中，又主张以汉文化作为“中心势力”，积极促成“向心运动”，将其“冶为一炉”，为将来实现“中华民族”的“一个民族国家”作长期的积极的努力。文章写道：

惟欲团结各族精神，使“多元文化”，冶于一炉，成为“政治一体”，当自沟通各族文化始。而欲沟通各族文化，必先发扬中国的民族文化及

① 王庆仁、索文清编的《吴文藻人类学社会学研究文集》（民族出版社，1990年）所附的“吴文藻著译目录”里，未收录此文。直到最近几年，笔者才见到有人提及此文。除杨思机博士2010年在其博士论文《指称与实体：中国“少数民族”的生成与演变（1905—1949）》中对此文内容有较详细介绍外，王炳根的《吴文藻与民国时期“民族问题”论战》（《中华读书报》2013年5月1日）一文，也专门评述过此文内容。不过笔者以为，此文内涵还可以进一步解读，尤其是在对其“文化多元”和汉语、汉文化关系思想的把握和理解方面。

时代精神，造成一个中心势力，有了中心势力，就可消极的防止离心运动，积极的促成向心运动。故孙总理主张以汉族为团结与开化的领导者，大家联合起来，组成一个强固有力的国族团体，而党国则宣言根据国家生存上共同的利益，诚心努力实行扶植各民族经济、政治、教育的发展，务期同进于文明进步之域。这是正大光明的理想，亦是解决国内民族问题合理的对策。与欧战以来民族自决自治的潮流极相契合。但战后倡行的民主自决主义，曾已几度发生流弊，尤以“一民族一国家”的分裂趋势为甚。自列宁阐明“民族自决”的真义及纠正“民族即国家”的误解以来，于是一国以内少数民族的问题，开始得到了具体解决的妥善办法。苏俄的民族政策就是：凡军事、外交、国家行政、国民经济，必须统一于中央；而关于语言文字、艺术文学，以及教育与文化上的设施，则委权各民族［自］行处理，予以高度发展个性的机会，务使充分表现本族文化的特长。换言之，苏俄对于政治经济事务，采取中央集权主义；对于教育文化事业，采取地方分权主义。党国权威，如能本此立场，定为国策，广示边民，积极推行，则不但敌人无法施用挑拨离间的诡计，来分化我们的力量，且可促使边民彻底觉悟，覆巢之下，绝无完卵，更加积极团结，一致拥护中央，共保中华民族！①

值得注意的是，吴文藻的方案，实际上既替少数民族的文化发展和切身利益考虑，也并不讳言在少数民族地区同时开展汉文化教育（他称之为“汉化教育”）的必然性和必要性（与人类学家杨成志等相似）。他认为国内“民族文化的发展，既以建立一个民族国家为职志，则关于边疆各族文化的振兴，必以实行发展教育为入手办法”。而在“经济文化比较落后的弱小民族地区”兴办教育事业，“应以各该地方的土著人民谋幸福为原则”。特别应该认清边疆民族地方对中央的关系，“不是殖民地的关系，不是藩属的关系，亦不是如

---

① 吴文藻：《论边疆教育》，《益世周报》，1939 年 3 月 17 日，第 2 卷第 10 期。

欧美人或日本人所说保护国和宗主权的关系，而是整个中华民族或一个中华民国地方与中央的关系。因此，我们所要提倡的边疆教育，也就不是日本人对于……东三省以及沦陷区内诸同胞的奴化教育，亦不是欧美人所讲的殖民地教育，而应是中国文化与土著文化双方并重同时并行的边地义务教育”。这里，吴文藻所用的“中国文化”一词与“土著文化”相对，显然有欠推敲、并不妥当，他实际上指称的乃是汉文化。因此，他提倡应在当时边疆少数民族经济文化落后地区开展的“边疆教育”，就是汉文化与少数民族文化并行并重的教育，用他的话来说也即是“汉化教育”与“土著教育”并存发展的“双重教育”。在本文里，吴文藻重点说明了为什么要格外重视“土著教育”的理由，其中最重要的理由就在于：“正当完善的教育，必以适应实际生活环境为目标”，“须以其固有的社会文化之背景为依据”。即便是在汉化教育程度较高的区域，依赖少数民族家庭和其他特有基层社会组织的那种“经验教育的力量还是活泼地发生作用”。因此，在他看来，“欲同时推行汉化教育”，也“必须使之与各该民族的生活密切配合，并努力发见各该民族的特性，使之与汉族的个性沟通相成，而互相地发扬光大起来。反是，汉化教育，若与原有生活背景完全脱节，则部落团结力的瓦解必然更快，文化绵续性的中断必然更速”。所以他强调：“为顾全双方利益计，在汉化与土化教育之间，必须力求协和融洽，作有意识的指导，谋有计划的调适，务使二者同时并进，相成不悖。如是可以减少土著个人心灵中可能的冲突，避免部落小区整体顿形纷乱的局面。而调适的焦点，即在尊重土著民族的价值观念。各民族有其一己的文化重心，例如宗教信仰、风俗习尚，务须同时加以相当注重。”①

如果我们将《论边疆教育》与1927年吴文藻《民族与国家》中的有关思想相比较，他除了继承发展了那种反对“一民族建立一国家”的思想，将中国国内的各民族明确概括为不可分割的“政治一体”之外，还尝试提出在保持

① 吴文藻：《论边疆教育》，《益世周报》，1939年3月17日，第2卷第10期。

发展国内各民族“多元文化”格局，在那些文化相对落后的少数民族地区同时需要实行一定程度的“汉化教育”的不可避免性。用他的原话来说就是：“汉化教育之增添，乃文化接触过程中必不可免的一部分。汉化教育的结果，可以提高土人原有的生活程度，使之超于一般水准之上，刺激其在经济上、政治上，及文化上的需要。”① 这应当说比其学生费孝通一个多月后在与顾颉刚的讨论中，只是简单僵硬地认定“谋政治的统一者在文化、语言、体质求混一”既不必要也“徒劳无功”，还是要略微高明一些，因为在各民族之间，势必需要存在一种起共同沟通作用的“common language”（族际共通语）。

三年后的1942年，吴文藻在《边政学发凡》一文里，对他此文的有关思想又有进一步的表达。他写道：

> 中国这次抗战，显然是整个中华民族的解放战争，而不是国族内某一民族单位的解放战争。全民族求得解放，达到国际平等地位以后，就须趁早实行准许国内各民族地方自治的诺言，而共同组织成为一个自由统一的（各民族自由联合的）中华民族。建设一个多民族国家，是我们现阶段的理想，而如何促成民族国家的组织，此种伟大事业，一部分就有赖于边政学的贡献。②

也就是说，在吴文藻看来，建立起复合性的“中华民族”之“多民族国家”，是“现阶段的理想”，而建立一个单一性的“中华民族”之民族国家，尽管是“伟大事业”，但显然还有赖于包括“边政学”建设在内的今后国人的努力。③ 笔者以为，民国时期，吴文藻从人类学角度所提出的“文化多元、政

---

① 吴文藻：《论边疆教育》，《益世周报》，1939年3月17日，第2卷第10期。

② 吴文藻：《边政学发凡》，《边政公论》1942年第1卷第5—6合期。

③ 吴文藻在《边政学发凡》一文中，明确提出“政治学”和“人类学”的两种建设路向，自觉摈弃人类学的“殖民主义”色彩，呼吁建设服务于中国、“以资政为要”的边政学，实际上表达的是以应用人类学为理论框架、整合政治学观点的边政观。可见他也多少受到傅斯年等批评的影响，带有思想互动后的反思特点。

治一体”的“中华民族”建设之初级阶段论，具有重要的思想意义。它在某种程度上，形成了另一种不同于蒋介石和顾颉刚等所代表的单一性“中华民族”观念的思想路向。它既吸收了苏联民族联邦的思想因素，又自觉放弃了苏联“加盟共和国”和“自治共和国”这样的“民族国家”之虚名（有名义，但没有独立国籍）①，这与中共在这一时期开始形成的民族区域自治的思想探索，是相向而行的。人们都知道费孝通先生后来提出的著名的“多元一体”的中华民族观，它将中华民族的历史形成与现实形态结合起来，深刻地揭示了其民族认同的不同层次之多元统一性，自然是较为成熟的理论。以往，讨论有关问题的学者们多强调该理论的最终形成与费孝通反思昔日与顾颉刚的争论，以及建国初期他亲身参与的民族大识别工作之密切相关性，而笔者以为，其实在那一论争过程中，费氏所得到的吴文藻先生的指点，特别是《论边疆教育》一文中所阐发的“文化多元、政治一体”的初级阶段的中华民族建设观，对其后来“多元一体”理论的形成也应当起到过某种直接的启发作用。但这一点，似乎被人们所忽略了，甚至吴文藻此文本身也长期受到了不应有的忽略。② 而忽略该文的有关看法，直接以吴文藻 1927 年发表的《民族与国家》和 1942 年所发表的《边政学发凡》两文为据，来阐述吴氏民国时期的核心民族思想，恐怕是不完整的，甚至还可能容易产生偏颇理解（如关于其对汉文化功能的认识方面）。

---

① 关于苏联的民族体制，可以参见郝时远：《斯大林的民族定义及其在苏联的实践》，《类族辨物：“民族”与“族群”概念之中西对话》，北京：中国社会科学出版社，2013 年，第 253—295 页。

② 比如，20 世纪 90 年代，新一代民族学的翘楚纳日碧力戈等在新的背景下重提“文化多元”与“政治一体”，并认为“多元一体”论中“‘多元’与‘一体’的关系应当表述为‘文化多元’与‘政治一体’的关系”时，就不曾提及早年吴文藻的这一发明（见纳日碧力戈：《民族与民族概念再辨正》，《民族研究》1995 年第 3 期）。当时，民族学界大多尚不了解吴文藻《论边疆教育》一文及其内容，故此并不足怪。不过就具体内容而言，纳日碧力戈的观点与吴文藻此文的看法，也还存在差别（比如在对待汉文化的问题上）。

1939 年前后，傅斯年之所以“痛恨”吴文藻的有关思想活动，除了不喜欢人类学特有的那种专以“保护”少数民族的权益及其文化特性为职志的“为学术而学术”的姿态，以为容易激发其离异意识，从而不利于民族融合和抗战建国之外，恐怕与吴氏本身并不讳言公开取法苏联的民族建设思路与模式，也不无关系。

从傅斯年上述的“中华民族是整个的”，到顾颉刚的“中华民族是一个”，可以说较为典型地反映了抗战时期时代思潮的强势流向和许多国人的情感归趋。相比之下，吴文藻和费孝通的这类复合式的中华民族结构论之声音，反而一度趋于低调和沉默。实际上，在顾颉刚发表《中华民族是一个》之前，为强调“中华民族”乃一个单一性民族，就否认各民族为“民族”的明确论调，便已屡见不鲜了。除了前文已经提到的“种族”论事例外，还可另举出一些代表性形态，像“支族”论、“部族”论等其他方面的例证。如 1938 年，教育学者汪少伦曾在《国是公论》上发表《中华民族的意义》一文，就已明确提出并论证了“汉、满、蒙、回、藏、苗”六大支族构成一个中华民族的“支族论”。该文指出：

> 所谓中华民族系指汉、满、蒙、回、藏、苗六大支族的化合或综合体。历来中外学者多认这六个支族为六个民族，实是一种错误。因为支族的特征在相信其出于共同的祖先。……而且这六个支族经过数千年来的互相接触、互相通婚、互换姓氏、互相模仿，已完成或大部分化为共同的一体。……上述各支族间互相同化在数千年前即已开始，现代每个中国人业已经过百余代，即现代每个中国人为无数万万祖先的产物。安知在这无数万万的祖先中不有几个各出于这不同的六族？所以最低限度，现代中国人大部分为这六族的共同产物，已不能断定谁为谁。至汉唐以来的中国文化多为此种共同产物的产物，更不能认其为某一族的文化。

接着，汪少伦从共同自然、共同文化、共同利害、共同价值和共同心灵等几个方面，进一步论证了六个支族构成一个中华民族的观点。他认为，各族实际上已经“化为共同自然——其著者如互相杂处、互通婚媾”，享有“共同文化——其著者如语言、文字、习惯、道德等的一致”，拥有“共同利害——其著者如当今对外的休戚与共”，显现“共同价值——其著者如外国人不问我们真正的来源若何，认为我们都是中国人，能力道德相似”，具有“共同心灵——其著者如我们自己亦多认为中国人，而不深究我们的来历的一体或民族，现所见者不过是些支族的遗迹与残余而已”。汪氏还强调，这种支族的遗迹和残余在欧洲至今也是存在的，不仅德意志民族和法兰西民族如此，英吉利和意大利民族也无不如此，“上述各民族既不因其各支族间尚有遗迹或残余被否认为整个的民族，则中华民族自亦不能因其各支族间尚有遗迹或残余被否认为整个的民族”。当然，汪氏论证“中华民族”整体论的目的，最终还是要服务于全民族的抗日战争需要，故他毫不含糊地写道：

> 中华民族既为汉满蒙回藏苗六大支族的化合或综合体，则目前中华民族生存与自由的问题实即这六大支族共同生存与自由的问题。而中华民国实为一个中华民族的国家，凡目前生活于中华民国境内的人，除掉俄、韩少数民族与其他外侨以外，均为现代中华民族的份子，……所以这些人为实现其历史的使命计，固不能不为中华民族而牺牲；为实现其本身生活计，更不能不力谋抗日战争的胜利。①

其实，这种“支族论”与顾颉刚的“种族论”之间，不过是大同小异而已。

顾颉刚等人关于“中华民族是一个”、各民族皆为“种族”的看法，当其

① 汪少伦：《中华民族的意义》，《国是公论》第13期，1938年。汪少伦（1902—1982），安徽桐城人。早年加入共产党，后脱党加入国民党。曾留学日本和德国，学习教育学。回国后，曾任中央政治学校教授、国立中央大学教授兼公民训育系主任。1940年后，曾任安徽省教育厅厅长、国民政府立法委员。后到台湾，任台湾师范大学教育学教授。著有《民族哲学大纲》《中国之路》等。

正式阐发之时，无疑受到时局的左右和孙中山有关民族思想的影响，但它们反过来是否直接影响到了国民党最高层的有关民族决策，目前尚缺乏具体深入的实证研究。但大体可以肯定的是，其作用无论如何不宜过于夸大，充其量只能说，他的有关论点与同时代的许多类似观点发生了共鸣，与国民党一度占主导地位的民族观倾向较趋一致，并因此得以推波助澜。

不错，在1938年至1940年前后，国民党内上述有关的思想倾向的确是迅速强化了，但这主要是国内抗日战争的形势和第二次世界大战中的一些相关国际因素影响的结果。就拿曾与傅斯年就此问题通过信的国民党高官朱家骅（时任国民党中央执行委员会秘书长、党务委员会主任）来说，他在1939年7月，就曾公开反对“少数民族”的称谓，声称“少数民族”纯粹是“外国的名词”，“在外国也有他存在的理由，在中国这种名词决无提起的道理。要知道捷克便是为这样的名词所误了，以致于灭亡。我们中华民族——国族，是有一体性的，是合体同命的”。[①] 从这里不难发现，1938年9月至1939年年初德国借口少数民族问题强迫捷克割让苏台德地区并最终占领捷克全境的事件，对于国内知识人和国民党的有关反应，显然也产生了相当直接的刺激作用。

就在顾颉刚发表《中华民族是一个》的同一天（1939年2月9日），国民党的《中央周刊》上也发表了著名清史专家萧一山的《中华民族问题》一文，这颇能表明国民党的态度。该文采用约翰·密尔（John Stuart Mill）对“民族”的解说，来论证各民族为同一个“民族”，表面上与顾颉刚采用何文康的民族定义略有差别，实则有异曲同工之妙。密尔这样定义“民族”：“民族是具有共同意识感情，因历史流传，政治上结合已久，各自愿隶属于一个政府下的人类集团。”这一定义既强调共同的民族意识和感情意愿的重要，又重视

① 朱家骅：《抗战两年来的教训》，王聿均、孙斌编：《朱家骅先生言论集》，台湾“中央研究院”近代史研究所，1977年，第468—469页。

与此密切相关的政治因素：政治上结合已久的意义，毋宁说这也是一种民族观的自觉选择。在《中华民族问题》一文中，萧一山还论证了历史上的各族人民早已互相融合为一体、难以分别的历史特征，并且以“萧”姓为例，对此作出极为生动的说明。他说：“譬如姓氏是代表民族血统的，然而现在的姓氏，最不可靠，以我的姓——‘萧’来说，本是殷民大族之一，封为萧而后得氏，可算是老牌的汉族了。五代时，契丹大将侵入开封，羡慕汉姓，让书记替他起一个名字叫萧翰，因此辽的后族，都姓萧，最有名的萧太后——和杨家将对垒的——也就是这一族人。有谁知道现在姓萧的，还是‘丰沛故家’，还是‘兰陵旧族’呢？还是‘契丹之后’呢？”① 应当说，以此例来说明中国历史上各族人民之间血缘的混杂难分，的确是相当具有说服力的。

受萧文影响，一年以后的1940年，著名刊物《民族公论》上又刊载了一篇引人注目的长文《论中华民族》，作者为姚江滨。该文不仅从萧一山前文中借用了约翰·密尔关于“民族”的定义，且继续此文的思路和论说方法，对历史和现实中的各族最终融合为一个中华民族的特点，进一步地加以揭示。文章指出，“中华民族的同化与演进，恰如水波，一起一伏，有一次的战争，就有一次的混合，就有一次的统合为前推后进，愈演愈广，愈演愈强，所混合的成分，也愈繁多；活动的范围，也就愈大，民族的努力，当然要渐渐的雄伟起来”。在作者看来，“‘中华’，既为国族的全称，那么我们就应该认清：建立‘中华民国’的人民，是‘中华民族’；‘中华民族’是统指中国史乘的各种人的全体而言，例如汉、满、蒙、回、藏、苗等”——她并非只是一个汉族的天下，其文化也并非只是汉族的文化。在语言文字、宗教信仰、血缘等方面，她都由“多元”构成。当时流行的所谓“汉奸”说法，也是不妥当的，应该称之为“华奸”或“国奸”，甚至“汉、满、蒙、回、藏”等名词，也有“取消的必要”，等等。在该文中，作者格外强调历史对于一个民族的极

① 萧一山：《中华民族问题》，《中央周刊》1939年第1卷第26—27合期。

端重要性，认为“一个民族在共同的历史过程中，有着共同的荣辱，共同的艰苦与幸福，共同崇拜的民族先哲圣贤，以及共同的目标和希望。因此，历史最能维系民族的感情，巩固民族的团结，统一民族的意志，发挥民族的力量”。① 可见姚氏这里的“多元”论，与承认各族为“民族”条件下的多元论又是有差别的。

与此相关，该文还特别提出了民族史上的“中心人物”以及民族共同祖先的问题，并给予专门阐释，这反映出当时中华民族认同的某种认知演进。作者认为，在中华民族早期的黄帝时代，中心人物其实并不止黄帝一人，此外还有炎帝和蚩尤。由于黄帝在战争中战胜炎帝和蚩尤，各民族遂得以融合，黄帝也最终历史地成为“整个民族的同一个领袖”，他“十足地代表着当时民族的中心，并且领导民族更广大的进行民族生活，使得万世的子孙流传下来。所以黄帝不单是所谓汉人的祖先，也是满、蒙、回、藏……同胞的祖先；而炎帝与蚩尤，也是大家的祖先。由此可以说：我们全中华民族，都是熏鬻、猃狁、畎夷、匈奴、东胡、鲜卑、突厥、氐羌……的子孙，而今日所谓汉满蒙回藏苗，根本就不能代表一个民族或种族”②。在作者眼里，种族与民族似乎仍然是一回事，而拥有共同祖先的中国各族人不仅不能单独称为“民族”，甚至也不能单独构成“种族”。这里存在的偏颇是显而易见的。但作者以历史上最早的“民族中心人物”的典型代表，来解释黄帝祖先说，却是别有意味。

谈到“黄帝子孙”问题，抗战时期还有一种从中华民族整体观角度为之辩护的有趣说法，不妨一提。该说是一位叫陈子怡的人在《西北史地季刊》

---

① 姚江滨：《论中华民族》，《民族公论》1940 年第 3 期。姚江滨（1915—2007），江苏泰兴人。1938 年夏考入国民政府教育部教科书编辑委员会，任“抗战建国教科书”编辑。1938 年 9 月发起成立中国大众文化社，任社长，曾致函国民政府社会部，呈请改正西南少数民族命名中带虫兽偏旁的现象。意见被采纳。后入经济部从事经济研究，成就颇大。业余致力于弘扬民族抗战精神，著有《中华民族与亚洲总解放》《民族文化史论》。1949 年后命运多舛，坚持写作不辍。

② 姚江滨：《论中华民族》，《民族公论》1940 年第 3 期。

上发表的。陈氏认为，后世之人之所以都自称“黄帝子孙”，“此中亦有道理在”：一则它与生活于母系向父系（作者称之为“女系”和“男系”）社会过渡时期的黄帝本人有关，“男系之初，离开女族以后，未得确定国基时，亦只有流寇生活而已……黄帝者，男系中开首成就大业者也”，史称黄帝“披山通道，未尝宁居”，东奔西跑，“迁徙往来无常”，东至于海，西至空桐，南至于江，北逐荤粥，合符斧山，且相传他又善“御女术”，故黄帝既在如此广阔的区域里四处留情，“必到处多有黄帝子孙，且其数无法稽考”。另外，“因人各有其身分，而黄帝之子，必多生于女系之后家，故自此之后，凡在中国得位者，皆黄帝子孙也。尔时男系中平民无姓，惟贵族有之，自然有姓者多是黄帝子孙。厥后贵族已衰，平民立姓，依附旧邑主为称，即某地之民，亦姓某也。因此非黄帝子孙者，皆纳入黄帝子孙之中，而无论何姓，皆黄帝子孙矣。厥后又婚姻相通，血液混合；底是各姓皆含黄帝血液，而此说更无法否认矣”。① 陈子怡的说法亦庄亦谐，夹杂荒谬，但倒也并不完全局限于血统立论，他实际上同时也看到了某种如今人王明珂所指明的那种后人热心“攀附”的现象和因素②。攀附，用今人的话来说，也就是一种主动认同的文化方式。

在陈子怡看来，“现在共认之中华民族，只是文化上之一名词。若加以分析，某是中华民族正系，某是中华民族别支，真所谓一塌糊涂，无法清理矣。现在所谓中华民族者，只有说凡祖居中国境内者，皆中华民族也，因血液上既不能分别，只有混而一之耳”。那么既然中国人血液如此混乱，又如何要称其都是“黄帝子孙”呢？陈子怡的回答是：“此正可以称黄帝之裔也。天下无论何民族，决无同姓自婚，以保持其纯粹血液，能得优生结果，永久竞得生

① 陈子怡：《中华民族，黄帝子孙，一耶？二耶？》，《西北史地季刊》1938年第1卷第1期。

② 可参见王明珂：《论攀附：近代炎黄子孙国族建构的古代基础》，《历史语言研究所集刊》第73本，2002年。

存者也。依此定律，进步之女系民族，血液上只有女族之半，男系亦然。故混合愈甚者，改良进步亦愈速……故凡优秀之民族，血液无不混合者。至混合后之优种，称为男族之裔可，称为女族之裔亦可。此则任人类意识上自记之耳。中华民族与他族混合后而大加改进，以成今日之东亚大民族，而史籍所传，惟记其始祖为黄帝，且有汉族文化以维护之，而永保其黄帝之裔之局面。今者不称黄帝之裔，将谁称耶？”① 陈子怡的这种解释，或可概括为中华民族的血缘早已混杂难辨，“黄帝子孙”说，不过是因历史文化记忆和既有延续性认同而加以追认的自然结论。

如前所述，“黄帝子孙”的说法早在秦汉时期已经存在，并非是清末民初才有的名词。据陈子怡所见，“扬州八怪”之一的郑板桥就曾致其弟书质云：“世人皆称是黄帝子孙，黄帝时之臣民安在哉！”而对此疑问，陈氏则解释说：“所谓当时臣民，固非灭绝，特为黄帝子孙所吸收耳。”② 可见抗战时期，那种维护中华民族人民皆为“黄帝子孙”说法的意识，在一些中国人那里已经是相当的自觉了。

民国时期，从思想的内在逻辑上看，“中华民族”观念中的那种“同宗共祖”说和“一元多流”论，似乎为各族人民均为“黄帝子孙”说留下了更多自然的空间，事实上也正是这一论点的秉持者们，将现代中华民族含义上的“黄帝子孙”说，喊得最为响亮。从戊戌维新时期的康有为、唐才常、严复，到立宪时期留学日本的满族留学生——那些创办《大同报》的八旗子弟，再到形式上统一全国后的蒋介石之国民党，都是如此。前文我们曾提到 1936 年体现国民政府民族政策的《绥蒙辑要》一书，可以说已将此一观点表述得非常完整。抗战全面爆发前后，又有人特别重视从蒙古族、藏族的血缘角度，来对此加以论说。其中最为典型的，乃胡石青的《蒙藏民族是否炎黄子孙》

① 陈子怡：《中华民族，黄帝子孙，一耶？二耶？》，《西北史地季刊》1938 年第 1 卷第 1 期。

② 陈子怡：《中华民族，黄帝子孙，一耶？二耶？》，《西北史地季刊》1938 年第 1 卷第 1 期。

和黄籀青的《西藏民族是黄帝子孙之后裔说》两文。① 此外，还有著名新儒家熊十力的《中国历史讲话》一书，书中对“汉满蒙回藏五族同源共祖”说也大加阐发，不仅维护“黄帝子孙”说，还将其与更远的祖先“北京人”结合起来，振振有词，慷慨激昂。他声言：

> 中华民族，由汉满蒙回藏五族构成之。故分言之，则有五族；统称之，则唯华族而已。如一家昆季，分言之，则有伯仲；统称之，则是一家骨肉也。
>
> 余以黄帝为中国五族之元祖，数千年信仰所集，故不能无辨。余坚确之信念，则庄子重言，既称黄帝，必古有其人；亦为世所共知有者，始可假其事与言，以为重。又凡有人名而无实人者，唯神话中之人名，则然。今诸书涉及黄帝者，多系正规典册，绝非神话性质，而所传名事，又非怪诞之谈。
>
> 我确信中国民族赅五族言，是一元的，是同根的。向怀此意，唯苦于中华民族之源本未有征据，不便楷定。及考古学家发见北京人以后，乃确信此最初之人种，是吾五族共同的老祖宗。其后支分派别，乃有今之所谓五族云。②

---

① 胡石青的《蒙藏民族是否炎黄子孙》（《经世》1937年第1卷第8期）一文，认为西藏人是炎帝的纯血子孙，蒙古人是黄帝比较纯血的子孙，汉族则是炎黄混合的混血子孙。民国以来的五族共和，未曾把各族的源流考明白，硬把各民族划出界限来，是错误的。帝国主义者遂得以借此挑拨离间。黄籀青的《西藏民族是黄帝子孙之后裔说》（《人文月刊》1937年8卷2期）一文，则认为黄帝入主中原之前曾发祥于西藏地区，并在此繁衍后代。西藏地名、语言文字，乃至冠服之制、佩带之章、相见之礼、歌舞之节、等级之分等，都与中国古代有相通之处。甚至认为：“我民族之来源于此，四千年前是一家，汉藏不分，一万里外同中国，重联同气，声光震耀全球。共树国威，民族纵横四海。”此两文虽反映了当时“中华民族”一体观念的强烈影响，但其所论说从纯学术角度而言，则多牵强附会之处，缺乏有力的实证。

② 熊十力：《中国历史讲话》，萧萐父主编：《熊十力全集》第2卷，武汉：湖北教育出版社，2001年，第622、659、645—646页。《中国历史讲话》一书，1938年最初由中央陆军军官学校石印，1940年又分别由正中书局和黄埔出版社重版。

熊十力反复言及“自考古学家发现北京人，而后知吾五族本自同源。易言之，即五族血统，同出于北京人”①。可见，对于他这样的哲学家而言，重要的是逻辑和信念，远古真相本身既难考证，似乎也不甚重要。

不过，将“种族”的概念既视为与“中华民族”同体的概念，又视为其下位概念，矛盾也依然存在。其实，也并非所有同宗共祖说者，都是死心眼、刻板僵硬的“血缘同一”论者，比如康有为，他实际上就是一个注重认同的泛血缘论的代表。在他看来，历史上长久以来，有些少数民族人士都自以为是“黄帝子孙”，而现今的革命党人却要强做分别甚至加以排斥，实在是昏聩糊涂，大可不必。

至于多元一体论或复合性的中华民族论者与“黄帝子孙”说的历史关系如何，也不能一概而论。从表面逻辑上看，两者确有矛盾，事实上秉持此论者，也有明确否认所有中国人均为“黄帝子孙”的人，较早一些的，如本书第一章提到的清末学者胡炳熊；稍晚一些的，如1928年《中华民族小史》的作者常乃悳等，都是如此。但我们也绝不能因此就认定，“多元一体”论者多属“黄帝子孙”说的反对者。事实上，延安时期的中共，既是复合性现代中华民族观念的有力倡导者，更是这一意义上的“黄帝子孙”说持续高亢的认同者和言说人。② 此一情形，实际至今也依然没有改变。就拿常乃悳来说，正如我们在前文所提到过的，他一方面说“中华民族，非一单纯之民族也；中华民族，非尽黄帝之子孙也”，但另一方面却又说：“然至于今日，则人尽自觉为中华民族之一员，人尽自觉为黄帝子孙，此无他，五千年来文化陶镕之所自也。”由此可见在情感上，常氏也并不排斥对“黄帝”这一象征性先祖的认同态度。

①《熊十力全集》第2卷，武汉：湖北教育出版社，2001年，第634页。

② 朱德、周恩来、任弼时等中共高层人士，抗战期间就习惯使用“黄帝子孙”一词。如1937年《中共中央给中国国民党三中全会电》中，即有“我辈同为黄帝子孙，同为中华民族儿女”等语。此不备举。

与“黄帝子孙”说同时，近代中国还有今人更为熟悉的“炎黄子孙”说也得到传播。如前文提到的胡石青《蒙藏民族是否炎黄子孙》一文，即为其代表。不过就当时的传播程度而言，“炎黄子孙”说（包括炎黄之胄、炎黄遗裔等说），似远不如“黄帝子孙”（包括黄帝遗胄等）之说来得流行。不仅抗战时期如此，整个近代恐怕也是如此。这是笔者在阅读过程中得到的明显印象。① “炎黄子孙”说在民族祖先的涉及范围上，较之“黄帝子孙”说要略为宽泛，它得到更为广泛的传播并远远超越“黄帝子孙”说，大约是1949年以后的事情，尤其是80年代之后。这与新中国成立后“民族政治”环境的变化不无关系。

笔者以为，抗战时期的“黄帝子孙”说或“炎黄子孙”说，不过是部分反映全民族同类认同和凝聚意愿的一种象征性说法而已。它在本质上，乃是以“泛血缘认同”为表现形式之一的政治和历史文化的整体认同。② 一些明知黄帝、炎帝和蚩尤等为历史中传说人物的历史学家，在抗战时期却也并不否认“黄帝子孙”或“炎黄子孙”认同的历史延续性、某种拉近情感的积极意图及其当时对于凝聚中华民族的政治文化意义，原因就在于，历经外族入侵的中国人，当民族危机异常强烈之时，实在迫切需要一种情感上的团结力。光是政治认同还远远不够，还需要一种带历史文化认同意义的“泛血缘”纽带的联结——“你中有我、我中有你”，可谓此种泛血缘联系最为生动形象的概括。这对于处在抗战时期的普通中国人尤其是广大汉族人来说，似乎是一种有益于凝聚为一体、易于相互传导和彼此感染的精神纽带。

至于这种说法的内在矛盾，当时却很少有人在意和深究。

---

① 利用有关晚清和民国报刊篇目数据库，特别是《申报》数据库，也能对此印象给以初步的证实，但由于数据库目前均不完善，数字很难精确。此略。感谢李爱军、朱星星在这方面的帮助。

② “泛血缘认同”的提法，笔者系得之于李乔先生的启发，他强调“炎黄子孙”之类的说法是历史形成的，应予尊重和正确界定。因为它“只是一种泛血缘意义和文化象征意义上的称谓”而已，其中，文化象征意义甚至占的比重更大。见李乔：《关于“炎黄子孙”这个词》，《北京观察》2010年第7期。

1939年年初，与顾颉刚发表《中华民族是一个》几乎同时或稍晚，《文化动员》杂志上也发表了何国雄的《谈中华民族》一文，同样不承认国内各少数民族为“民族”，而只认其为“种族”。作者明确表示：“一个民族的长成，通常是由氏族而种族，由种族而民族。我中华民族，一般人都说是由汉满蒙回藏五个民族结合而成，我以为所谓满蒙回藏充其量只能承认他是种族，决不是民族。”何氏还强调：“旧说所谓五族，在某种程度上说，实在是受了列强分划政策的影响。不客气的说一句，也可认为旧说的‘五族共和’我们实在上了当。如今我们明白了，我们不再附和任何分划的谬论，中华民族是整个的。”在民族称谓的相关问题上，何氏甚至还表现出一种极度的紧张，他主张为避免紊乱和以正视听计，不仅错误的民族理论要纠正，一些不正确的称谓也当立即废除。文章写道：

> 为了纠正许多不正确的观念，我们希望教育部照（民国）二十年公布“东北”一词的成例，立刻公布有关国家民族的各种名称。比方我们的民族，应当正式规定为“中华民族”，简称为华族。西南边省的山居人民，绝对废除“苗”的称呼！其余旧所谓蒙、回、藏，以及其他一切边省人民，以后只能称为“边省人民”，汉族也只能用“内地（或腹地）人民”的称号。蒙藏委员会、蒙藏学校之“蒙藏”二字，也宜以“边政”二字代之。此外，卖国求荣的汉奸，因“汉”字义狭，应该改名为“华奸”，不然就直接了当呼为卖国贼也可以。①

这种对国内少数民族称谓的高度敏感和警惕，也曾一度引起国民政府的共鸣和重视。1939年8月，国民政府行政院批准教育部的有关呈请，下令禁止滥用“少数民族”名词，要求此后“普通文告及著作品宣传品等对于边疆同胞之称谓，似应以地域为区分，如内某某省县人等。如此，原籍蒙古地方者，可称为蒙古人；原籍西藏地方者，可称为西藏人；其余杂居于各省边僻

---

① 何国雄：《谈中华民族》，《文化动员》1939年第1卷第7—8合期。

地方文化差异之同胞，似亦不妨照内地人分为城市人、乡村人之习惯，称为某某边地人或边县人民，以尽量减少分化民族之称谓”。①

值得一提的是，当时关于构成单一性“中华民族”的各个具体组成部分的称谓性质，除了前面提到的“种族说”和“支族说”之外，还有一种“部族说”。早在1934年年初，广西省政府设立特种教育委员会时，就曾将正加以“开化”的苗、瑶、侗等众多西南少数民族，统称为“特种部族”，此后多年一直沿袭不衰。② 当时的广西教育厅厅长雷沛鸿（字宾南），已经认为中华民国之内将来只能有一个民族——中华民族，但她可以包含许多不同的种族。雷氏曾留学英美多年，熟悉西方现代的民族思潮，也是国内较早对“民族”和“种族”概念有过一定研究的学者型官员，在他那里，“部族”和“种族”似乎是同一个层次的概念，他们都有别于“民族”。他强调：“民族是构成新社会的政治基础、经济基础，以至文化基础。将欲在中华民国中改建一个新社会，我们不可不先将全国民众组成一个民族，使形成一个中华民族。”也就是说，“中华民族的组织及功能应该类似一个大熔炉”，“满汉蒙回藏苗”等“种族”，“儒道佛回耶”等宗教，都在其中“尽被同化，成为一个化合体”。③

---

① 1939年8月15日行政院吕字第9222号文件。转见黄奋生：《抗战以来之边疆》，史学书局，1944年，第61—62页。其实，按“现在行政区划之地名”来称呼少数民族区域之人的建议，早在1935年10月近代史家郑鹤声就曾提出过，见其文《应如何从历史教学上发扬中华民族之精神》，《教与学》第1卷第4期。

② 著名广西少数民族文化研究者陈志良1940年至1942年就发表和出版了大量关于“广西特种部族”的论著。如《广西特种部族的新年》（《公余生活》1940年第3卷第8—9期）、《广西特种部族的舞蹈与音乐》（《说文月刊》1940年第2卷）等论文，以及流传很广的编著《广西特种部族歌谣集》（科学印刷厂，1942年）等。至于当时报纸杂志上称西南少数民族为“部族”者，就更多不胜举了。

③ 雷宾南：《民族的概念分析》，《新社会半月刊》1933年第2卷第7期。杨思机的博士学位论文《指称与实体：中国“少数民族”的生成与演变（1905—1949）》（中山大学博士学位论文，2010年，第100页）已先提及雷氏的有关思想。

这么说来，雷沛鸿也是较早将中华民族的各分支民族称之为“种族”的思想先行者了。只是在他那里，“种族”和“部族”还在彼此混用。

实际上，曾参与顾颉刚和费孝通有关“中华民族”问题讨论的徐旭生（当时写作“徐虚生”），也是喜欢使用“部族”一词的。顾颉刚可能受到徐氏的影响，在回应费孝通的第二封信中，偶尔也用“部族”一词来称满族、蒙古族等少数民族。

1940年完成、1942年年初出版的《我们的国族》一书的作者毛起鵕、刘鸿焕等，更是郑重而明确地称各民族为“部族”，并反复强调所谓中国“少数民族”的说法不对：“要知道中国境内，是没有西方那样的‘少数民族’问题的。我们也一再说过，汉、满、蒙、回、藏、苗……并不是民族单位，只不过代表中国境内生活、习惯稍有不同的各种人，他们都不过是组织中华国族的各支系，所以叫他们为部族，是最适宜不过的。”① 在同年发表的《民族、种族、国族》一文中，毛起鵕又表示，“部族”的含义与英文中的“nationality”大体相当，换言之，“‘nationality’应译为‘部族’，近似所谓‘少数民族’（minorities）”，但其与“少数民族”又有所区别。“民族”与“部族”可依两个标准来区分：一是“政治组织之有无”；二是“人数之多寡”。“民族为政治的结合，部族则为非政治的结合。政治的结合最高形态为国家为民族所应有，却非部族所必需”；“在一民族一国家里，民族就是人民的全体；在多民族的国家里，多数民族即可作为民族的代表，而少数民族便是部族”。② 毛起鵕的具体表述或许不无矛盾之点，但他愿意称中国国内各民族为“部族”，却是明白无误的。

在当时的中国，与上述看法相关，且最有影响和较为流行的说法，当然

① 毛起鵕、刘鸿焕编：《我们的国族》，独立出版社，1942年印行，第50页。

② 毛起鵕：《民族、种族、国族》，《军事与政治》1942年第2卷第5期。在该文中，毛起鵕同时又强调，中国的各族“彼此同一血缘者多，而非同一血缘者少”，因此严格说来，“以之比拟于西方国家中了［的］所谓部族（nationalities）或所谓少数民族（minorities），均属不伦”。

还是蒋介石那众所周知的“宗族说”，它直接促成了抗战中期关于单一性“中华民族”舆论宣传高潮的到来。

3. 蒋介石以“宗族说” 为基础的“中华民族” 一体观

作为国民党最高统帅的蒋介石，从20世纪40年代初开始，已公然地不愿再称各民族为“民族”。如在1942年8月27日发表的题为《中华民族整个共同的责任》的讲话和1943年出版的《中国之命运》一书中，他都明确地表明了这一点。只是蒋介石与顾颉刚等又有所不同，他这时已宁愿称各民族为“宗族”而不再愿意称其为“种族”了。因为他此时的看法已有所改变，明确意识到中国各民族并非为血统有别的异“种族”存在，而“本是一个种族和一个体系的分支”，是“同一血统的大小宗支”，“中华民族是多数宗族融合而成的”，“我们的各宗族，实为同一民族”。[①] 若以齐思和等人的前述观点来看，蒋肯定与孙中山一样，未能理解“民族”与“种族”的关键区别，甚至与孙中山比起来，他还要更有过之，但这已属于另一层面的问题。

可以肯定的是，蒋介石此时在民族问题上，已有一种新的“思想自觉”。他显然并不完全满意于像顾颉刚等人那样将“种族”与“民族”加以简单对立性区分、而把血统因素完全留给“种族”的做法。在他看来，顾颉刚等人的看法尚停留在他1929年发表《三民主义纲要》时的含混认知水平；“民族”和“种族”固然有差别，但也未尝不是意义上有所交叉重合的概念。这一点，当时实际上已多有学者加以辨析。如《我们的国族》一书的作者即曾指出：“虽然说民族和种族有着不同的性质，但我们一研究到民族时，总会牵连出种族的问题，因为种族毕竟构成民族的一重要因素，所以它和民族是保有兴衰隆替的密切的关系。此外还有许多民族的问题，也是由于种族问题而发生

---

① 蒋介石：《中国之命运》，中央训练团，1943年版，第2页。

的……德国人排斥犹太人，是极好的例证。历史告诉我们，这些事实是太多了。”① 应当说，蒋介石对现代西方民族概念的核心内涵并非一无所晓。对他来说，只是简单强调“种族”与“民族”的区别，而看不到或不愿强调两者之间关于血缘及血缘意识等多方面的密切联系，这在当时那种特殊的中国国情之下，对于“中华民族是一个”的整体认同恐怕并无益处，甚至倒还可能有点“别生枝节”的书呆之气也未可知。长期以来，学术界较多关注顾颉刚与蒋介石思想的同一性方面，乃至怀疑其有可能被蒋“御用”②，反而忽略当时两人彼此之间思想的差距，这其中恐怕存在失察之处。

当然，蒋介石选择“宗族”概念来界定“中华民族”的分支，也是直接受到孙中山 1924 年关于民族主义的演讲中所使用的那种“宗族”概念及其“用宗族为单位，改良当中的组织，再联合成国族，比较外国用个人为单位当然容易联络得多”思想的启发。他的确相信，以血缘为纽带的温情脉脉的传统宗族关系，即便在民国时期的中国，似乎也不缺乏其重要的社会凝聚功能与力量。

由于蒋介石在抗战时期的独特地位，他的以“宗族论”为基础的中华民族观曾得到广泛播扬、一度几成“正统”。以往民族史学者在谈及蒋介石有关民族思想的时候，多爱摘引其 1943 年年初《中国之命运》一书的片段言论加以批判，其实或许更值得注意的是，此前的 1942 年 8 月，他在西宁对“汉满

---

① 毛起鵔、刘鸿焕编：《我们的国族》，独立出版社，1942 年印行，第 3—4 页。

② 可能因为顾颉刚抗战时期的有关思想和学术态度较能体现国民政府意愿的缘故，蒋介石 1941 年 7 月 10 日和 17 日的日记中，曾记录他预定要约见顾颉刚，以及钱穆、熊十力和冯友兰“谈话”之事［《蒋介石日记》（未刊本），1941 年 7 月 10 日、7 月 17 日］。从《顾颉刚日记》来看，1941 年 7 月 13 日，在朱家骅等的安排下，顾氏的确与陈立夫、陈布雷等一道到黄山谒见过蒋介石。不过所谈为“经学”和“整理中国古籍事”（《顾颉刚日记》第 4 卷，台北联经出版事业公司，2007 年版，第 557 页），似未及“民族”问题，否则以顾颉刚的性格，不会没有记录。此前日记中就多次记录过有关事情。

蒙回藏士绅、活佛、阿訇、王公、百千户”所发表的讲话——《中华民族整个共同的责任》中，就已经相当集中，甚至更为简洁清楚地谈到了有关论说的主要观点，并且当时还出版了单行本，得到广泛传播。鉴于蒋氏此论在抗战时期的重要影响力、极端代表性和以往论者某种程度上的忽略，兹将其论说详细引录于下：

> 我们中华民国，是由整个中华民族所建立的，而我们中华民族乃是联合我们汉、满、蒙、回、藏五个宗族组成一个整体的总名词。我说我们是五个宗族而不说五个民族，就是说我们都是构成中华民族的分子，像兄弟合成家庭一样。《诗经》上说“本支百世”，又说“岂伊异人，昆弟甥舅”，最足以说明我们中华民族各单位融合一体的性质和关系。我们集许多家族而成为宗族，更由宗族合成为整个中华民族。国父孙先生说：“结合四万万人为一个坚固的民族。”所以我们只有一个中华民族，而其中各单位最确当的名称，实在应称为宗族。我们中华民族聚居于东亚大陆广大肥美的土地，经过五千年来历代祖先惨淡经营的结果，直到我们国父领导我们革命，才建立了现在这个伟大庄严的中华民国。历史的演进，文化的传统，说明我们五大宗族是生命一体。不只是荣辱与共，而且是休戚相关。我们中华民族是整个的，我们的国家更是不能分割的。我们这次对日寇抗战，奋斗到五年以上，能够造成这样一个胜利的基础，这完全是由于我们全国同胞，不论宗族，不分宗教，大家都知道我们五千年来中华民族的根源及其不可分离的关系，都知道抵御外侮、复兴民族是我们人人应负的使命和应尽的责任，因而精诚团结，牺牲奋斗，才能得到今天这样光荣的历史。我们过去既然有了这种伟大的表现，今后自然更要认识我们自己的地位和我们大家对整个中华民族与中华民国的关系。就我们对于整个中华民族的关系言，我们无论属于汉满蒙回藏哪一宗族，大家同是中华民族构成的一分子，犹如一个家庭里面的兄弟手足，彼此的地位是平等的，生死荣辱更是相互关联的。就我们对于国家

的关系而言，我们人人都是中华民国的国民，都是中华民国的主人，对于建立中华民国，大家都负有共同的责任，都应该尽到共同的义务，亦都能享受平等的权利。至于国内各种宗教，都是我们民族文化构成的一种要素，政府自然要保障人民信教的自由，而无所轻重。各位同胞们明白了这个根本要旨之后，则今后在精神上更须团结一致，在感情上更要亲爱精诚，彼此密切提携，共同奋斗，来驱逐我们当前的敌寇，恢复我们锦绣的河山，等到抗战胜利，建国成功之日，我们汉满蒙回藏全体同胞，就可以真正享到平等自由的幸福……切盼各位同胞领袖……一致努力，唤醒民众，认清我们中华民族是整个的，我们大家都是痛痒相关、生死与共的，我们都要爱护自己的国家，服从政府的法令，来尽到我们抗战建国的职责，才能共同完成我们复兴中华民族的大业！①

蒋介石的这篇讲话具有明显的偏见和误识，但也不乏精彩之处。在该篇讲话中，他从中华民族与中华民国的关系，中华民族成员之间平等的、荣辱与共的“整体”关系（包括政治上的权利义务关系、宗教信仰上的自由平等关系等），以及这种关系认知的现实必要等各个方面，反复说明了他对“中华民族”整体认同的理解，其核心就在于论证“中华民族是一个”，其各个组成部分都不能单独称为“民族”。他虽然并没有直接阐述自己对“民族”概念的定义，但其所谓“历史的演进，文化的传统，说明我们五大宗族是生命一

---

① 中国国民党革命军事委员会委员长侍从室：《中华民族整个共同的责任》。笔者 2003 年年底在哈佛燕京图书馆得见此书 1942 年 8 月版的单行本时，同时获知，30 多年之后，得到国民政府重视的陈大络《中华民族融合历程考述》（1979 年台湾编译馆中华丛书编审委员会编印、发行）一书，仍以“先‘总统’蒋公训词”的名义，专门将此讲话列在其书首，不无感慨。该书还特别设有《中华民族血统之合流》一章。可见蒋介石当时一度代表的强势观点，至此仍有延续。（张知本、梁寒超等国民党大佬曾分别为陈大络的书作序，刊登在台湾《中央日报》和《中华日报》上，均认为其“立论正确”，堪称有意义之作。时张知本已 95 岁，“将届期颐，不欲为文；唯嘉其诚，勉为序焉”。

体”，似乎表明了其对“民族”概念那种血缘、历史文化和政治团体的综合理解。在这点上，他的确是煞费苦心。早在1939年，为了增强全民族抗战的凝聚力，他就开始了否认回族为一个“民族”的过程，① 此论不过是其思想在新的抗战形势下的一个系统化极端发展罢了。

全面抗战时期，不愿或避免称少数民族和汉族为“民族”，以免与整体的“中华民族”发生矛盾，并非是1940年前后蒋介石一个人的意向，而是国统区不少人共同的关切，在一段时间内，它甚至一度几乎占据了国民党和国统区舆论的主导地位。前文我们曾提到汪少伦的“支族说”，顾颉刚等人的“种族说”，以及《我们的国族》一书里的“部族说”，等等，都体现了这一关切。蒋介石的“宗族说”，似乎很想在这方面再大胆地向前迈进一步。这在他本人，也未尝不是对孙中山晚年民族主义思想的长久体会和反思的结果。值得注意的是，蒋介石何以此时有此民族理论“创造”的冲动？这应当与1942年前后中国国际地位的改变和蒋本人国际国内威望的提升都不无关系。不平等条约的废除、新疆军阀盛世才的“归诚”，中共“新民主主义”理论的挑战，等等，都使得此时的蒋介石既有信心又急于对“中国向何处去”等抗战建国的一系列重大问题发表系统看法。何况“民族”问题还是其治理新疆正面临的紧迫的实践需要，自然不能加以回避。不过，蒋氏对自己理论创造的实践价值之自我期许，显然还是有些过高了。

蒋介石的“宗族论”抛出之后，特别是1943年《中国之命运》一书对“宗族论”予以更系统阐发之后，国民党《中央日报》等报刊广为宣传，有的吹捧其为“精确的南针”“光明的灯塔”；有的认为其“以‘宗族’替代‘民族’含有深切的意义，这在三民主义的理论上是一个新发展”，称赞其有审时

① 蒋介石不仅在1939年开始否认“回族”为一个“民族”，而且将昔日孙中山“回教虽众，大多汉人”的观点推到极端，认为“中国的回教，是汉族信仰回教”，有时甚至不承认其为独立的“种族”。（《蒋委员长对回教代表训词》，《回教论坛》，1939年7月30日，第2卷第2期）

度势的思想智慧和敢于面对现实的理论勇气。因为以“宗族”代替“民族”，“不仅表示事实发展的趋势，并指示我们努力的方向”，既然各族国民已经结为一体，“我们亦何必拘泥于若干形式的不同，而尚保持民族的畛域，授敌人或汉奸以分化与离间的机会呢？”① 更有人为蒋氏的思想做全面阐释，称赞其已构成“新民族政策”的理论基础。这里，我们不妨以当时的边疆问题研究专家黄奋生的《“中国之命运”与新民族政策》一文为例，来看看这些赞同蒋介石观点的人，当时究竟如何言说。以往，我们的民族思想和民族政策史研究者们，大多都不厌其详地谈到中共等方面的批判意见，而对于被批判方意见的揭示，诚不免过于忽略了。

黄奋生（1904—1960），江苏沛县人。曾长期担任《蒙藏周报》《蒙藏旬刊》编辑和主编，还曾担任过九世班禅行辕秘书。1941年，他与顾颉刚、马鹤天等创办中国边疆学会，致力于边疆民族问题研究。曾著有《蒙藏状况》《蒙藏新志》《边疆政教之研究》等。② 蒋介石的《中国之命运》出版后，黄奋生著文《“中国之命运”与新民族政策》，称赞该书“为抗战建国之宝典，博大精深，其影响中国之前途，将无可限量”，认为该书的第一章“将中华民族历史的演进，各宗族文化的交融，生活的互依，命运的共同都有扼要正确的指示，提出了新民族政策的历史背景和奠定了新民族政策的坚固基础”。文章专门有一节为“‘宗族’的正名”，强调中国的“五族一家”，不仅是政治上的，而且是种族上的。中国的各族人民都是黄帝子孙，藏族也不例外。他

① 可分别见《中央日报》1943年2月1日社论《“中国之命运”》和罗刚《读〈中国之命运〉》（《中央日报》1943年4月27日）。这一点请参见杨思机：《指称与实体：中国“少数民族”的生成与演变（1905—1949）》，中山大学博士学位论文，2010年，第4章第2节“蒋介石的宗族论”，第211页。

② 1949年后，黄奋生任教于西北大学、西北民族学院和兰州大学历史系，讲授边疆民族问题。又出版有《藏族史略》（1985年）等。见南海：《杰出的蒙藏研究开拓者——记黄奋生教授》，http：//www. xbmu. edu. cn/frontContent. action？siteId=1&articleClassId=116&articleId=232。

说，藏族在古代叫羌，《旧汉书》谓：“西羌之本，出自三苗，姜姓之别也。”《路史》谓：“蚩尤姜姓，炎帝之裔，逐帝自立，僭称炎帝。”蚩尤为九黎之君，黎就是苗，“是知藏族乃炎帝之后代。姜羌藏为一音之转，黄帝为少典之后，与炎帝神农氏同族，世称‘炎黄之胄’，即指此义，因此我们可以说藏族也是黄帝的子孙”。

黄奋生由此认定，蒋介石“建立这个‘宗族’的名称以代替以往国内各‘民族’的称呼，就是为正本清源，为切合中国民族构成的历史要素”。他写道：

> 领袖说：“人群的组织，由家族而宗族，由宗族而民族。”现在的汉满蒙回藏各族，就是由同源于一个始祖的家族，而析离孽乳婚姻互通结成的几个宗族。现在的中华民族，就是由这几个宗族组织成的民族。以往国父虽是对国内的各“宗族”曾称之为“民族”，但他对于中华民族就称之为“国族”……但在两个场合的用语比较上，宗族等于民族，民族等于国族，在习惯应用上，“中华国族”究不若“中华民族”来得普遍明了，在民族的构成上，称各“宗族”以“民族”，不若称各“民族”为“宗族”来得恰贴符合。其命名虽有不同，而领袖和国父对于中国民族构成的根本看法，还是一贯的。不过这个“宗族”名称的建设，使国内各宗族，都能直觉的明了他们自己是中华民族的同一血统的一个宗支，有共同的命运，这于民族团结上，将会收到莫大的效益，并可免“民族”二字的误用，尤其可以免去帝国主义者对于各宗族挑拨分化的口实。①

黄奋生的此种“宗族论”解释，大概真正符合蒋介石本人及其高参们在改“民族”为“宗族”问题上的意识形态意图。当时，公开赞成这种“宗族论”的学者，实大有人在。如著名学者罗家伦，民族学者俞剑华、岑家梧，

---

① 黄奋生：《“中国之命运”与新民族政策》，《新中华》复刊第2卷第2期，1944年2月。在本文结论部分，黄氏继续强调，“‘宗族’名称的建立，既符合中国的史实，又关系中华民族之团结甚大”，且与孙中山所称的“民族”相比，“其意义相同，而后者的命名更为明了易解，不致为人误用”云云。

边疆教育研究者曹树勋，语言学者罗常培，民俗学者陈国钧，历史学者金毓黻、姚薇元，教育学者汪通祺等，都明确表示过对蒋氏“宗族论”的认可、欣赏乃至赞佩。① 如罗家伦在《新民族观》一书中，就表示：蒋介石“特别提出‘宗族’一个名词，也极为精当而切于事实”；认为“我们国内的民族问题，最好说是宗族问题，实在比较单纯”。② 俞剑华的《中华民族史》则干脆以“宗族论”为基础展开全书。岑家梧此前遇到这一类名词时，虽一般用“种族”，但总觉还是无所适从。直到蒋介石提出“宗族”一词时，他感到“这个问题，才得到正确的解决”，认为用“宗族”统称中华民族以内的各族，比较“民族”“种族”“部族”等任何一种名词“都要恰当”，也“最能表现中华民族的同一性，最能道出中华民族演进的史实”。③ 金毓黻也认为，蒋介石在《中国之命运》一书中“概称中华民族的五六个大族为宗族，而不称他为种族，为民族，这是十二分妥当的一个名辞”。因为他向来主张“中华民族一元论”，认定各民族同出一源，为同一种族而不是不同种族。只有将各民族称为“宗族”，才能“明其为整个中华民族的分支，或为其一部”，“凡言同一民族内各宗族，仍含有大部分血缘相同的意味在内”。④

概言之，上述诸人之所以欣赏蒋的“宗族论”，除了认为它“解决”了大民族套小民族的矛盾问题之外，还在于它协调或理顺了与流行的“黄帝子孙”说或“炎黄子孙”说之间的关系问题。

---

① 杨思机的博士学位论文《指称与实体：中国“少数民族”的生成与演变（1905—1949）》（中山大学博士学位论文，2010 年），对蒋介石“宗族论”出笼后各方反应的论述详细而深入，涉及人物和评论亦多，有关岑家梧、曹树勋、罗常培、陈国钧、金毓黻、姚薇元和汪通祺等的具体评论，均可以参见该论文第 211—232 页。另外，金毓黻的观点，可另见其论文《中华民族与东北》，《东北集刊》第 6 期，1944 年 1 月。

② 罗家伦：《新民族观》，商务印书馆，1946 年 2 月初版，第 55、29 页。

③ 岑家梧：《论民族与宗族》，《边政公论》1944 年第 3 卷第 4 期。

④ 金毓黻：《中华民族与东北》，《东北集刊》1944 年 1 月，第 6 期。

应当承认，抗战中后期，在民族危机的强烈刺激下，人们力图摆脱“民族套民族”的外在“逻辑”矛盾，急切否认包括汉族在内的所有子族的“民族”身份，以实现团结抗战和一体凝聚的那样一种“中华民族”整体认同，虽直接、间接地体现了蒋介石政府的政治意志和文化高压的影响，但也确实成为那一时代应对时局、寻找民族和国家出路的不容忽略的民族文化思潮之一。

不过，具体到蒋介石的“宗族论”来说，其思想本身的缺陷却也相当明显。尽管他在实际论说中并没有把“宗族”限定在狭隘的血统范围内，而是强调了血统和文化的融合（这一点甚为明白），但毕竟在汉语中，“宗族”一词乃“家族”的放大，其血缘性基层社会组织的本质含义难以被超越，以之指称像汉族、蒙古族和藏族这样有深厚历史文化传统，其自身结构又很复杂的民族，甚至是指称今人所谓的“族群”（ethnic group），实在都很不恰当，它太过小化和矮化了人类学、民族学乃至社会学意义上的国内各民族的文化、政治地位与应有形象。正因此，当中共方面的陈伯达特别选择以“民族血统论”为靶子，将其斥为“法西斯主义糟粕”而加以讥嘲和政治批判①的时候，你可以说他难免带有党际斗争的“曲解”策略，但也不能不说仍然是抓住了要害。

与此同时，蒋之“宗族论”大胆置早已流行开来的国内各民族为“民族”的既成说法于不顾，在民族政治极为敏感的年代，也很容易造成简单粗暴地否认各族人民特别是少数民族人民已经取得的原有“民族”地位与现实身份的不良印象，不免表现出一种缺乏政治智能的生硬特征和霸道性格。甚且其未能将有关立论建立在明确说明“民族”概念内涵之严密学理基础的郑重努力之上，既因袭社会上流行已久的“民族”含义，又得出有悖于社会新常识的断案，其自身还经历过一个从“承认”到“否认”的前后矛盾过程，这对

① 陈伯达《评〈中国之命运〉》一文经毛泽东修改，发表在1943年7月21日的《解放日报》上。很快印成几万本小册子，版本很多，传播很广。蒋介石曾下令查禁，称其为“陈逆伯达”。后来，陈伯达在批蒋方面意气风发，写出更有影响的《人民公敌蒋介石》和《四大家族》等宣传名作。

于一个国家的最高领导人来说，实在有欠明智和审慎。诚然，如果拿西方现代 nation 概念的政治内涵来衡量，一个现代国家内的各民族或族群，都不能具有独立建国的政治权利，从防止、制约或反对国内民族分裂的严峻形势来看，避免称少数民族为政治上各自完足独立的 nation，其政治正当性之顾虑与考虑亦属十分自然，但问题在于，在拥有共同宪法的现代国家——中华民国里，对于那些具有各自历史文化传统的少数民族的人民，除单独建国权不得享有之外，其他方面的权利、利益，特别是其文化诉求和政治尊严，亦绝非所谓“宗族”的身份所能直接赋予或全部满足！蒋介石所谓“宗族”，名义上虽也包括汉族在内，但作为民族共同体多数的汉族人和各少数民族人民，其有关处境和顾虑又怎可没有差异？也正因此，周恩来代表中共要谴责蒋介石国民党搞“大汉族主义”，批判“他简直将蒙、回、藏、苗等称为边民，而不承认其为民族”①，强调必须承认“在中国人或中华民族的范围内，是存在着汉蒙回藏等民族的事实”② 等，也就显得义正词严，并因此能够得到国内少数民族人士的同情。

实际上，即便只是在纯粹民族学和人类学的意义上来使用“民族”，在中国实际的现实生活（而不是机械的概念逻辑）里，也并非是认同了整体的“中华民族”，就一定得否认其所属国内各族的具体“民族”身份不可。就少数民族人士来说，他们对大小民族的双重认同现象不仅长期存在，而且也很自然。何况当时的“中华民族”概念所主要体现的乃是作为现代 nation 之国民部分的核心内涵，其中诉诸文化和族裔融合的那一部分内涵，不少还属于对于未来的期待呢！（正如前述胡体乾所谓“中华民族在成为一个的进程中”）留日和留法归国的人类学家和民族学家卫惠林，就因此而不赞成蒋介

① 周恩来：《论中国的法西斯主义——新专制主义》，《周恩来选集》上卷，北京：人民出版社，1980 年，第 147 页。

② 中共中央统战部编：《民族问题文献汇编》，北京：中共中央党校出版社，1991 年，第 729—730 页。

石“宗族说”所代表的“中华民族一元论”，他认为与其满足于“空唱民族统一”，鼓吹什么“民族一元论”，还不如承认和面对边疆那些“有其独自的语言、文化与特殊政教制度”的少数民族存在之客观现实，切实地搞好边疆民族建设，为国内民族的进一步融合创造条件。因为“无论国内民族是否改成宗族，或从历史考证上是否可以证明此等少数民族与汉族同源，皆不足以变动问题之真实性”。① 此类公开批评“宗族论”的言论，在当时虽不多见，却很能反映人类学和民族学的某种典型思路。

“宗族论”阐发之后特别是战后制宪国大期间，少数民族精英自身的“民族”意识不仅没有衰落，反而与整体的“中华民族”意识一样得到强化的表面“矛盾”之现象，以及后来连蒋介石本人也不得不实际搁置“宗族论”的最终结局等，均有助于今人去反思此种观点内在的缺失和不当。笔者以为，无论是就思想本身来说，还是从实际的政治结果来看，“宗族论”都只能算是一种基本失败的“尝试”。

不过，长期以来，人们以为蒋介石的“宗族论”就是抗战时期国民党民族思想或政策的全部，这也是一种错误的印象。其实，在国民党高层内部，有关这一问题的意见并不完全一致，也并非所有人都认为“宗族论”符合“总理遗教”，因此今人讨论 1949 年以前国民党和国民政府的民族思想与政策时，切不可被“宗族论”彻底障蔽视野。对此，我们在下一章里还会详细谈到。与此相一致，自然也不能像过去某些不严谨的教科书那样，武断地认为，国民政府只会实行民族歧视和压迫，从而看不到其同时在有些方面，也曾为改进国内民族不平等的现状做出过努力。比如，在废除对少数民族带有歧视意味的族称符号之原有汉字书写上，他们的作为就很值得称赞。1939 年 1 月

① 卫惠林：《如何确立三民主义的边疆民族政策》，《边政公论》1945 年 1 月第 4 卷第 1 期。卫惠林（1904—1992），山西阳城人，毕业于早稻田大学和巴黎大学。在台湾地区，曾访问 40 多个少数民族部落，写出不少有价值的论著，在海内外产生重要影响。

至 1940 年 2 月，国民政府教育部、社会部和中央研究院等，曾就改订西南各少数民族带有歧视性的称谓用字问题，反复研讨，最终于 1940 年 1 月拟订出“改正西南少数民族命名表”。同年 2 月，教育部发出《修正西南少数民族虫兽偏旁命名令》，直接通令全国学校遵照执行。10 月，行政院也向全国颁发了《改正西南少数民族命名》的训令。这次改订少数民族命名的主要原则是，凡属虫兽偏旁之命名，一律改为“人”字旁；不适应此条者，则改为同音假借字；有些称谓少数民族生活习惯的不良形容词，也必须废止，等等。① 于是，像猺、猓、猡、獠、獞等带“犭”字旁的字和“蜑族”的“蜑”这样带“虫”字旁的字等，在民国汉字里就都有了相应的替代字。这些替代字尽管还未必完善，有的也未必最后流行开来，且国人对少数民族称谓及其实际尊重习惯的养成，也还有一个发展过程，但是在这方面，国民政府毕竟迈出了其不失真诚和切实努力的一步，有利于国内各民族的团结和凝聚。因此，在国内民族关系史和现代中华民族观念及其认同史上，此事理当占有一定的历史地位。

过去，国内不少学者在谈到有关国民党的民族思想和国民政府的民族政策时，往往立足于“批判”，只谈其中一面，忽略甚或故意掩盖另一面，这是昔日政治斗争的不当延续，有不完全符合历史事实的地方，它无助于今人准确认知和了解民国时期那段复杂的民族关系及其相关的思想史，自然也不利于今人和后人深刻地总结历史的经验和教训。

---

① 芮逸夫：《西南少数民族虫兽偏旁命名考略》，《中国民族及其文化论稿》（上），台湾艺文印书馆，1972 年，第 73—79 页。另据笔者所见，民族学家谢康在《民族学与中华民族的认识》（《建设研究》1940 年第 3 卷第 3 期）一文中，也提到这件事并说明这三条改订原则，并强调，“关于（西南）各特种部族的名称，在汉字字典上，过去曾有以虫兽偏旁命名的错误观念，这也是数千年来汉民族轻视四邻各小民族的人种偏见，很早就应当改正过来的”。作者还认为，“经过这番正名的工作，对于民族政策的推行，当必有很大的补益。不过要改正各个特种部族的名称，必须有民族学的知识作根据，才能够斟酌至当，免于错误同时也便于学术上的研究和教育上的工作”。由此也可见其重要性及其在民族关系方面的积极影响。

三、“中华国族”入宪讨论与芮逸夫的“中华国族”解

谈到抗战前后的“中华民族”观念和大民族的整体认同问题，还有一点值得特别指出，那就是在国民政府内部及其所影响的学者中间，虽然早就有人感觉到国内各具体民族单位与整个全民族共同体意义上的“中华民族”之间难免有“矛盾”，认为这有碍于全民族进一步的一体性融合，但一开始，他们也并不都是从考虑调整各具体民族单位的“民族”称谓这一个角度着眼，有的恰恰是从相反的方向致思的。也就是说，有一部分人曾直接或间接地尝试去调整各民族共同体的整体称谓，如自觉将“中华民族”改称“中华国族”，或更确切地说，将“中华国族”与“中华民族”配合起来、相间使用。毋庸置疑，后者同样属于现代中华民族观念及其认同问题中不容忽视的重要组成部分，不过是努力路径不同罢了。在这方面，以孙中山之子孙科为代表的部分国民党大员及其有关“立宪”活动，或许应当引起研究者格外关注。因为它迄今为止不仅长期被学界所忽略，而且还涉及今人所关心的“中华民

族”概念入宪的有关问题。①

在讨论孙科等人将“中华国族”入宪的尝试之前，有必要先简单考察一下“中华国族”一词和概念在民国时期的传播、运用情形及其内涵。

受孙中山思想的直接影响，1924 年后特别是 1928 年国民党夺取全国政权后，“国族”一词在中国的使用逐渐增多，“中华国族”一词和概念也已开始出现。尽管“国族”一词运用于当时的中国人，整体指的自然就是“中华国族”，但“中华国族”作为一个正式的词汇和概念，其出现还是要较“国族”略晚，并且实际的使用也要少得多。笔者查阅《申报》数据库得知，1931 年“九一八”事变之前，该报似乎仅两次使用过“中华国族”：一是 1928 年 4 月 2 日，江苏大学民众教育学校的开学典礼上，其中一副对联里曾有使用。该对联为“造中华国族新生命，放世界人类大光明”。② 二是 1930 年 1 月，国民政府蒙藏会议期间，《申报》的有关报道中曾有使用。一篇题为《蒙藏会议提案标准》的《要闻》报道写道：“本会议一切提案，均应尊奉总理遗教及本党历次宣言决议案，以扶植蒙藏民族，使之能自决自治，与国内各民族实行团结，为整个的大中华国族为目的。”③ 如果说 1928 年那副对联中的“中华国族”含义还难以确切把握，尚无法确认其如何看待构成“中华国族”的国内各民族之身份，那么 1930 年的“中华国族”用法，则显然以明确承认国内各民族的“民族”身份为前提。

就目前笔者集中阅读有关资料的体验来看，“中华国族”一词和概念的社会化使用，是在 1931 年之后特别是在国民党“五五宪草”起草、临时公

---

① 可参见李占荣：《论“中华民族”入宪》，《社会科学战线》2008 年第 10 期；常安：《“中华民族”入宪有利于维护祖国统一》，《中国民族报》2009 年 11 月 20 日等。在中国民族学学会会长郝时远先生看来，“中华民族成为宪法概念也是迟早的事情”。见郝时远：《类族辨物：“民族”与“族群”概念之中西对话》，北京：中国社会科学出版社，2013 年，第 305 页。

②《江大民众教育学校开学礼记》，《申报》1928 年 4 月 2 日第 11 版《要闻》栏。

③《蒙藏会议提案标准》，《申报》1930 年 1 月 20 日第 6 版《要闻》栏。

布和公开讨论的过程中逐渐增多的。因此，要了解“中华国族”概念的运用及其命运，增加对抗战前后“中华民族”观念传播和影响的认识，我们不妨详细考察一下民国时期“中华国族”和“中华民族”概念入宪的那段特殊历史。

1. 孙科等人与“中华国族”入宪的努力

正如已有研究者敏锐指出的，1943年蒋介石《中国之命运》将“宗族论”高调阐发之后，孙科等却并不附和，或者说根本不予理睬。是年11月15日，他在国民党中央训练团党政班演讲“宪政要义”问题时，仍旧强调：“中国是多民族的国家，其中占最大多数的当然是汉族。”① 这实际上也是他体会其父遗教并多年坚持不变的观点。在孙科看来，把中国各族融化成一大“中华民族”固然是目标，但在目前各民族依然存在，却也是必须正视的现实。

孙科

孙科早年留学美国，对宪政有所诉求。1931年前后，他就曾公开表达对于蒋介石独裁统治的不满，呼吁国民党应尽快结束“训政”，开始“宪政”，并有志于为中华民国创制一部宪法。1932年12月，他出任国民政府立法院院长之后，立即成立了宪法起草委员会，延聘国内36位著名法学家参加，自己兼任委员长，亲自主持起草工作。经过几年的反复研讨和修改，最终完成了《中华民国宪法草案》，并于

① 孙科：《宪政要义》，商务印书馆，1944年2月初版，第16—17页。此条资料系杨思机告知，特此致谢。

1936年5月5日，由国民政府公布出来，亦称“五五宪草”。由于立意要贯彻“三民主义”原则，该宪草在结构上势必涉及“民族”问题专节，这就为“中华民族”概念的入宪，提供了更多的机会。此前民国制定的各种宪法，多只从国民角度，提“中华民国人民”“中华人民”和“中华民国国民”等概念，尚没有从民族问题角度涉及“中华民族”及其类似概念者。

在1936年公布的“五五宪草”中，“中华国族”一词首次被正式写入了第一章“总纲”。该章的第五条明确规定：“中华民国各民族均为中华国族之构成分子，一律平等。”这显然是有意借用了孙中山有关“国族”的概念。正如我们在本书前面曾提到过的，孙中山在《民族主义第一讲》中，曾矛盾地认为，中国早就是一个民族造成一个国家，民族与国家在中国，早已合二为一。这在世界上也是一大奇迹，所以在中国，中华民族就是“国族”，民族主义就是国族主义。孙中山的这一“国族”论，实际上造成两种不同的理解：一种是将“国族”完全等同于“民族”，趋向于认同单一中华民族论。20世纪40年代初，有的单一性中华民族论者，即乐于在这一特定的含义上使用“中华国族”，如1942年出版的《我们的国族》一书的作者，就是典型代表。他们声称，其之所以将此书题为“我们的国族”而不是“我们的民族”，正是得之于孙中山上述“这一独特天才的启示”。所以在该书的章节标题上，他们反复使用“中华国族”概念，并特别指出：“国父中山先生体认了中华民族的这一特点，赋予了一个特创的名词——国族”；“国族是什么呢？我们以为它和民族在某种情况下，是同一个东西，是同一的范畴。我们以为凡是一个民族，如果具有‘一民族一国家’（one nation one state）的这一特点，这民族便可算是国族”。由此出发，他们直接否认了国内各少数民族为“民族”，而是将其称为“部族”，认为“汉、满、蒙、回、藏、苗”等称呼，“严格的说，已经不能代表民族的名称。因为它们并没有因血统等关系而形成另外的组织而单独的存在。他们每个不个［过］中华民族的支派或组成的一个分子。实际历史已经把他们铸成一个同命的不可分离的结合体，而今我们只可说仅有一个‘中华国族’，汉、满、蒙、回、藏、苗等的名词，是不必要的了”。①这里，作者所谓“中华国族”与“中华民族”一样，无疑属于一种“单一性”民族构成的政治概念。

但是显然，孙科主持制订的宪草中的“国族”概念的使用，却与此狭隘用法存在区别：他直接就强调了这一“国族”之下有多“民族”存在的事实。在笔者看来，孙科的认识理当被视为对孙中山“国族”论内涵的另一种理解和把握。就此而言，他的确体现出了某种与后来蒋介石所阐发的“宗族论”明显有别的思想旨趣。

可以肯定，“五五宪草”中“中华国族”一词的使用，与孙科个人的偏爱有关。他要贯彻自己一贯坚持的“国内各民族一律平等”的原则，而又能同时在字面上避免“民族套民族”的称谓矛盾。本来，1933 年在宪法起草委员会副委员长吴经熊所起草的《中华民国宪法草案初稿试拟稿》里，最初使用的是人们更为习惯的“中华民族”一词，而不是“中华国族”。吴经熊的拟稿分总则、民族、民权、民生诸篇。民族篇的第一章为“民族之维护”，第一条即为“国内各民族均为中华民族之构成分子”；第二条为“中华民族以正义、和平为本，但对于国外之侵略强权，政府应抵御之”，等等。② 1934 年 6 月 30 日，以吴稿为基础多方修改，由初稿审查委员会拟定的《中华民国宪法草案初稿审查修正案》里，总纲部分新增第五条为：“中华民国各族均为中华民族之构成分子，一律平等。”1934 年 10 月 16 日，立法院通过的《中华民国宪法草案》里，第五条则被改为：“中华民国各民族均为中华国族之构成分子，一律平等。”具体提出这一关键修改意见的人物，据笔者查证，当是立法委员陈

① 毛起鵕、刘鸿焕合编：《我们的国族》，独立出版社，1942 年印行，第 2 页。

② 夏新华、胡旭晟整理：《近代中国宪法历程·史料荟萃》，北京：中国政法大学出版社，2004 年。转见常安：《中华民族认同与国家建构》，《湖北民族学院学报（哲学社会科学版）》2010 年第 1 期。这是笔者见到的对近代中国“中华民族”入宪问题有所涉及的论文。不过讨论的内容不多，有些材料内容与笔者所见尚有出入，待考。

长蘅。

陈长蘅（1898—1987），四川荣县人，著名人口学家，1911 年赴美留学，1917 年获哈佛大学硕士学位归国。1928 年至 1935 年曾任国民政府第一至四届立法委员。1934 年 9 月 21 日，立法院召开第 67 次会议研讨宪法草案问题，陈氏为出席会议的 74 人之一。该会由立法院院长孙科任主席。会上，陈长蘅针对原第五条“中华民国各族均为中华民族之构成分子，一律平等”，发表了专门的修改意见。虽然不知这位深知英文中 nation 现代内涵的学者究竟表达了怎样的具体见解（如今已经难得全知），但他显然主张明确称国内各少数民族为“民族”，而同时把“中华民族”改为“中华国族”。这一意见，无疑得到了主席孙科和其他在场人士的基本认可。因为当天的国民政府“中央社电”明确报道说：原草案中的第五条，“照陈长蘅之提议，改为中华民国各民族均为中华国族之构成分子，一律平等”。次日的《申报》也曾据此给予报道。一年后的 1935 年 10 月 25 日，立法院再次会议讨论修正过的草案内容时，此条表述仍然保持未变，① 一直到“五五宪草”正式公布。

不过，将“五五宪草”中关于“中华国族”的表述和承认国内各民族存在的事实，仅仅归结为孙科、陈长蘅等立法院人士或者孙科一系的坚执之果，恐怕还过于简单。事实上，20 世纪 30 年代中后期，国民党高层内部，在要不要承认国内各少数民族的“民族”身份问题上，意见始终是分歧不定、缺乏强有力共识的。类似孙科之思想者，还有多人。以冯玉祥的有关思想为例，1935 年前后，他就受苏俄民族政策影响较大，主张承认少数民族的“民族”身份，并著文公开批评国民政府的边疆政策无异于愚弄“边疆民族和人民”，呼吁“对于各民族的待遇一律平等而优待，绝不加以歧视”。② 而当时他不仅

---

① 立法院中华民国宪法草案宣传委员会：《中华民国宪法草案说明书》，中正书局，1940 年 7 月版，附录三“立法院历次所拟宪草各稿条文”，第 186、208、228 页。

② 冯玉祥：《中国与第二次世界大战》，《冯玉祥选集》上卷，北京：人民出版社，1998 年，第 222—223 页。

与孙科一道，同为国民党五届一中全会中央执行委员会的常委之一，还是国民军事委员会的副委员长，次年又与孙科一道，共同列名为国民党五届二中全会的九名主席团成员。不仅如此，甚至于国民党的五全大会正式通过的宣言，也令人惊异地包含了公开承认少数民族之“民族”名义的内容，据说其草拟者竟然还是一年前公开反对这一观点的戴季陶其人，而国民党元老于右任和张继，也联署表示了支持。他们的意思：一是承认现存各民族名义；二是各民族参政应纳入地区范围，而不以民族为单位。在此前提下，可以享受特殊待遇、适当增加代表名额等。① 这一改变，可能与华北危机之后国民党逐渐明确的“联苏抗日”之外交策略，不无关系。而蒋介石个人，即便当时不愿意接受少数民族为“民族”，至少对“五五宪草”中的总纲第五条以及五全大会宣言中的有关表述，也还是一度给予了容忍。

值得注意的是，同承认国内各少数民族的“民族”身份相一致，这一时期，强调各民族政治上不可分离的整体概念——“国族”之使用，在国民党的官方文件中也越来越多。据笔者的阅读印象，大约在 1931 年“九一八”事变之后，“国族”一词已不断地出现在国民党的官方文书里，1935 年时已经是相当正规而不容忽视了。如国民党“五大”宣言及其五届一中全会重要决议案里，就都反复使用了“国族”概念，前者宣称“吾人必须团结四万万人民为一大国族，建设三民主义强固之国家”，“重边政、弘教化，以固国族而成统一”，特别强调“必须扶助国内各民族文化经济之发展，培养其社会及家族个人自治之能力，尊重其宗教信仰与社会组织之优点，以期巩固国家之统一，

① 见《戴季陶先生文存续编》，第 236—237 页，《戴季陶传记资料》（二），第 30 页，转引自杨思机：《指称与实体：中国“少数民族”的生成与演变（1905—1949）》，中山大学博士学位论文，2010 年，第 86 页。有意思的是，张继此人还喜欢公开攻击孙科、冯玉祥和于右任等“亲共”。有一次，他正攻击之时，蒋介石竟当着许多人的面痛斥他这种言论虽表面“爱党”，实则“害党”。后在日记中，蒋又表示过于严厉而后悔。见吕芳上主编：《蒋中正先生年谱长编》第 6 册，“国史馆”、中正纪念堂、中正文教基金会，2015 年，第 519—520 页。

增进国族之团结”；后者则要求党员“团结国族，共赴国难……增进边区人民国家民族之意识”，等等。“国族”概念在国民党政治话语中的时兴，不管与孙科本人地位的提升与思想倾向有无关联，都肯定为他在宪法草案的起草中直接使用“中华国族”概念并得到认可，创造了条件。

1937年，青年党骨干常乃悳发表《国族的血》一文。这位崇尚国家主义的著名学者，在抗战时期已很喜欢使用“国族”一词，而在此文中，他还迅速而敏感地把握到“五五宪草”里采用“国族”概念和“中华国族”表述的特殊意义，并予以积极的解读：

> 中国今日已经超越了民族社会时代而逐渐进到国族社会的建设时代。最近立法院的中华民国宪法草案，明定国族与民族的区别，实在是一件比较进步的认识。但是在中华国族的轮廓之内，依然有汉满蒙回藏苗夷各民族的单位存在着，这些民族在事实上不能分离而各自建设一独立的国族……①

1938年3—4月，国民党召开临时全国代表大会，其对“民族主义”进行重新解释时，也特别强调“中国境内各民族，以历史的演进，本已融合而成为整个的国家”②。可见依然在“国族”概念之下，承认国内各少数民族存在的事实。

由于抗战全面爆发，立宪活动被迫延后。1938年秋，为集思广益，团结各方力量，国民政府在武汉成立政治协商机关国民参政会，依照左舜生、张君劢等人意见，组成了包括国民党、共产党、民盟人士在内的宪政期成会以修改“五五宪草”。1940年3月30日，国民参政会上通过了《中华民国宪法草案（五五宪草）修正草案》，也就是所谓“期成宪草”。该草案对“五五宪

① 常燕生：《国族的血》，《国论》1937年第2卷第10期。

② 有关详细内容，见荣孟源编：《中国国民党历次代表大会及中央全会资料》下册，北京：光明日报出版社，1985年，第467—468页。

草”中的总纲第五条和其他章中涉及少数民族权利的部分，均提出了修改意见。其中关于第五条中的“中华国族”提法，陶孟和与章士钊都不太认同，故其草案“附记”中特别注明：“陶参政员孟和、章参政员士钊主张将‘中华国族’改为‘中华民国’。”① 关于“人民之权利”的条款部分，则要求写明：“聚居于一定地方之少数民族应保障其自治权。”

对于“期成宪草”的上述修改建议，时任国民参政员的陈长蘅曾作文加以反驳，认为“五五宪草”的总纲第五条为“表示中华民国各民族无论其为多数或少数，均为中华国族之构成分子，彼此利害相同，休戚与共，不得任意脱离，亦不得互相歧视，比之协商会议所拟修改原则仅保障少数民族之自治权一点，实远较完善周妥”②。他显然是要维护昔日他曾发挥过重要作用的宪草成果。本年4月，国民参政会一届五次大会在重庆开幕，正式讨论宪草修正案。蒋介石主持大会，孙科则介绍了“五五宪草”的起草经过并对有关内容进行了特别说明。在说明中，孙科专门提道：“第五条规定中华民国各民族均为中华国族之构成分子，一律平等，充分表现出民族主义中国国内民族一律平等的原则。”③ 为了表达对“期成宪草”的不满及对陶孟和与章士钊等修改意见的不认同，孙科会后还特别让立法院编辑了《中华民国宪法草案说明书》，于1940年7月公开出版。在这份说明书中，我们可以看到孙科对于“中华国族”“中华民族”以及“中华民国”之关系的完整理解。鉴于此前似未曾见到有人提及此事，这里不妨较为详细地引录如下：

民族主义之目的，对外在求国家之平等，对内在使国内各民族一律

① 中国国民党河北省党部编：《中华民国宪法草案及各方研讨意见》（河北党务丛刊之十五），第24页。具体出版时间不详。

② 参见中国国民党河北省党部编：《中华民国宪法草案及各方研讨意见》（河北党务丛刊之十五），第52、76页。

③ 孙科：《关于宪草制定之经过及内容之说明》，立法院中华民国宪法草案宣传委员会：《中华民国宪法草案说明书》，中正书局，1940年7月，第161页。

平等。中华民族，系由汉、满、蒙、回、藏……族所构成。分而言之，则为“各民族”，合之则为整个之“国族”。国父曾言“在中国，民族就是国族”。故特著为专条，以明中华民族之构成分子，而示民族团结平等之精神也。外国立法例如苏联宪法，亦有类似之规定。有谓此种规定为《中华民国临时约法》《训政时期约法》及历来各次宪草所无，“中华国族”宜改为“中华民国”，不知本条所定，乃指“国族”之构成分子，非指“国家”之构成分子而言。国族之构成，以民族为单位；而国家之构成，则以个人为单位。本条所定各民族一律平等，与第八条所定“……人民在法律上一律平等”其涵义固不同也。①

从上文可知，在孙科等人看来，“国族”还是有别于“国民”的，后者以个人为单位，前者以民族为单位。但蒋介石本人显然并不同意孙科等人的意见。正如前文所提到的，他曾明确反对称国内各民族为“民族”，认为中国只有一个民族即中华民族，其他所谓民族都只能称为“宗族”。这一国民党内一度强势的单一性中华民族观念，自然也影响了抗战时期地方政府对《中华民国宪法草案》的修改意见。如 1944 年 5 月，新疆省民政厅宪草研讨会就提出有关宪法草案的修正案，并上呈省政府，主张“‘中华民国各民族’应将‘民族’改为‘宗族’，又同条‘中华国族’之‘国’字应该为‘民’字”②。这无疑抱持的仍是蒋介石 1943 年在《中国之命运》中所阐发的那一影响深远的“宗族论”看法。

笔者以为，对于孙中山 1924 年的民族主义思想而言，如果说蒋介石的发挥走的是从“宗族”到“民族”之路，那么孙科的继承，则走的是从“民

① 立法院中华民国宪法草案宣传委员会：《中华民国宪法草案说明书》，中正书局，1940 年 7 月版，第 8 页。

②《新省民政厅呈报成立宪草研讨会情形并附呈提案》，1944 年 5 月 23 日，新疆维吾尔自治区档案馆档案，政 2-2-620。转引自王晓峰：《民国时期新疆地方宪政研究》，北京：中国政法大学出版社，2013 年 8 月，第 234—235 页。

族”到“国族”之途。前者重视各族之间血统的交融与统一性而漠视其独立的“民族”性存在，而后者则正视各民族依然存在的现实，希求得国家层面的平等团结、进一步的深入融合以及政治上的不可分离。从思想来源来看，孙科显然较多受到苏联民族政策和宪法理念的影响，① 这使他在这一点上，似与中共及吴文藻、费孝通等人类学家的观念，反有接近之处。过去，学界一谈到国民政府有关“中华民族”的民族政策或民族观，总是只提蒋介石的“宗族论”思想，而看不到以孙科为代表的国民党内另一思想路线的长期存在及其势力。这是亟须加以纠正的。不过，无论是蒋介石还是孙科，他们都强调和认同“中华民族”的一体性，与此同时，他们也都共同维护国民党的政治利益。

由于蒋介石和孙科都不满意于“期成宪草”，因此制定宪法的任务只能继续后拖。直到抗战胜利以后，它才再度被提上议事日程。不过，在这期间，民间对于“五五宪草”进行“修正”或“补订”的热情，也未曾中断。笔者就曾见过一份《大中华民国宪法草案补订案》的“非卖品”印刷物，这里不妨略加介绍，以窥“中华民族”入宪愿望不绝如线之一斑。该“补订案”为江苏学者乔一凡（1896—1994）努力参政议政之“杰作”。乔氏乃江苏宝应人，1927年曾主持南京教育会，30年代创办过《南京日报》，抗战全面爆发后入重庆工作，曾作《武汉退却后上蒋委员长书》，抗战胜利后当选为国民政府立法委员。乔一凡的这一“补订案”，印刷于1940年5月，也就是前述国民参政会讨论“期成宪草”前后。它给笔者印象最深的地方有三：一是全篇

---

① 在将国内各民族的“民族平等”入宪的问题上，孙科受到苏俄宪法精神影响较大是显而易见的。他在“外国立法如苏联宪法，亦有类似之规定”处，特别做一注释，译出其具体规定内容：“不论民族及人种，苏联人民在经济、国家及政治社会所有各生活方面之平权，为不变之法律”；“公民权利之任何直接及间接限制，或反之由于其民族及人种差别之直接及间接特权之规定，暨人种或民族排外或仇视及侮慢之一切仙［迁］播，均受法律之惩治。”立法院中华民国宪法草案宣传委员会：《中华民国宪法草案说明书》，中正书局，1940年7月版，第8页。

标示“大中华民国”和“大中华民族”；二是明确提出宪法须“规定正月朔为大中华民族节”；三是在“宗族”问题上大做文章，要求将“宗族”建设入宪，但又与蒋介石的“宗族论”意旨大别，可谓别生谐趣。蒋介石明明是要以“宗族”取代以往对国内各民族之“民族”称谓，而乔氏不仅公开承认各族的“民族”地位，还偏强调这各民族乃均以“宗族”为重要的基层组织。该方案的第二章题为“民族”，其中第七条为：“大中华民国各民族均为大中华民国构成之份。”第八条为：“大中华民国各民族之宗族得依其习惯设族长以教其族人。”在所附的说明中，乔一凡大讲孙中山从“宗族”入手进行“国族”建设的高明之处，认为“此条入宪，实无异为国家添数千万管教人员”；且抓住了“中国文化的核心”，既可“示人生正确之观念”（非个人主义），亦可“奠民族文化独立之基础”。① 这一源自孙中山思想启示的国内“各民族之宗族”入宪说，在笔者看来，对蒋介石试图加以改造以代替国内各民族称谓的“宗族论”，恰恰形成某种悖论性的解构效果。

1946年年底，国民党与青年党、民社党等合作，联合召开了没有共产党和民主同盟参加的“制宪国民大会”（后来通常被称为“伪国民大会”）。会议期间和前后，国内各少数民族代表围绕着本族的权利与义务，据理力争、绝不妥协的民族意识，得到毫不含糊的彰显。他们有的坚决要求民族自治，有的反复吁求本民族代表名额的增加，有的强调本民族的名称必须写进宪法，同时呼吁政府扶持弱小民族，尊重少数民族，等等，慷慨陈词，毫不退让。② 一时间各类报刊争相报道，给当时的政党代表、知识分子和政府官员留下了极为深刻的印象。在这种大势所趋的情况下，蒋介石若还要坚持否认中华民族之下存在不同民族，已经几无可能。因此，制宪国大期间，蒋介石一反常

① 乔一凡：《大中华民国宪法草案补订案》，重庆市沙坪坝印刷生产合作社代印，1940年5月，第10、36—38页。乔一凡：《武汉退却后上蒋委员长书》，中国民生教育学会，1938年。

② 可参见杨思机：《指称与实体：中国“少数民族”的生成与演变（1905—1949）》，中山大学博士学位论文，2010年，第233—284页。

态，被迫接受了国族之下存在各“民族”的事实，不得不暂时收起了他那套“中华民族一元论”的宗族论。

相比之下，“五五宪草”中的“中华国族”说之基本精神，反得到了较多同情。如国大代表赵炳琪就认为，“明白规定各民族皆为国族之构成分子，不仅表明我国数千年以来，国内各民族血统相混、文化交流、彼此相互融合之事实，亦指明今后逐渐融为国族之趋向，以提高各民族一致团结之精神，而加强其向心力之力量！”① 以往，学界同人过于夸大了蒋介石“宗族论”的影响，实际上它在政治思想界的公然传播和绝对主导地位，也就只有不过三四年而已。

1946年12月25日，制宪国大最终通过了民社党党魁张君劢等以“五五宪草”为基础起草的《中华民国宪法》，1947年元旦，由国民政府加以公布，宣布当年12月25日起正式实施。该宪法第一章总纲第五条最终定为：“中华民国各民族一律平等。”其中，既没有“中华民族”，也没有“中华国族”，不免令许多究心“中华民族”整体认同者感到失望。但毕竟，国内各“民族”的现实地位得到了明确承认，“民族平等”的原则也被庄严地写入宪法，这总还是体现了时代的进步。因此，1947年8月，由国民代表李楚狂编著、正中书局权威出版的宪法解读书《中华民国宪法释义》中，郑重点明：“本条之规定，系以民族为主体，而保障各民族在政治上之地位平等。与本宪法第七条所定人民在法律上一律平等之以个人为主体，而保障个人在法律上之地位平等者，意盖有别。”②

更值得注意而今人多未注意，似乎当时人也未必真广泛在意的是，1947年9月，也就是一个月后，由孙科题写书名的《中英对照中华民国宪法》

---

①《国民大会代表对于〈中华民国宪法草案〉意见汇编》上册，国民大会秘书处印，第28页。无具体出版时间，估计为1946年年底制宪国大期间和会后所印。中国人民大学图书馆藏。

② 李楚狂：《中华民国宪法释义》，正中书局，1947年8月版，第18页。

——一部旨在对外宣传，以彰显中国民主建设伟大成就的宪法之英译文本，也由商务印书馆权威推出。此条的英文翻译表述为：All the races of the Republic of China shall be equal。① 不知这一将中华民国各民族（包括汉族）译成“races”（种族或种族的扩大）的翻译，究竟达成了谁的心愿。显然不完全是蒋介石的，似乎也不全合孙科的主张，倒是比较符合顾颉刚和谢康等人的认知。至于这样的翻译如何形成，由哪些专门的国家组织和机构曾真正严肃地加以对待，这已经不是笔者目前的研究所能回答的了。

两年后的1949年，中国人民政治协商会议在北京召开，这是中国共产党领导的新中国成立的标志。但其所通过的“共同纲领”也只谈到国内各民族的平等团结，民族区域自治和保护少数民族政治、经济和文化发展权等内容，同样没有使用现代意义的“中华民族”概念。也就是说，在整个民国时期，尤其是抗战时期及其后，包括国内各民族在内的“中华民族”这一总的民族共同体概念符号，尽管传播很广、关系重大，但却因为认识和理解上的分歧，始终都未能正式入宪。“中华国族”也不例外。这是研究者不能不指出的事实。

2. 芮逸夫的“中华国族”解说

“中华国族”概念及相关认识，无疑是近代“中华民族”观念及其认同思想史上不容忽视的重要问题和内容。该概念在民国时期特别是抗战时期有一定的传播，特别是1936年公布，至少在中国流传和被期待了十年的《中华民国宪法草案》（“五五宪草”）将其正式列入总纲第五条之后。前文我们曾提到1940年夏孙科在《中华民国宪法草案说明书》中对这一概念与“中华民国”和“中华民族”之关系有过粗略说明，当时很多人见到这一说明后，未

① 赫志翔译：《中英对照中华民国宪法》，商务印书馆，1947年9月初版，1947年11月再版。

必都能满意。人类学家和民族学家芮逸夫，就是其中很有代表性的一个。1942年12月，芮逸夫发表《中华国族解》一文，便试图从理论上较为系统地专门阐释“中华国族”概念，以形成与流行的“中华民族”概念的某种调和，可以说理论上具有一定的自觉性和典型性。由于类似的思想努力在民国时期并不多见，故笔者以为值得格外关注。

芮逸夫（右）在云南边疆调查时与土司合影

芮逸夫（1898—1994），江苏溧阳人，长期任职于中央研究院历史语言研究所，是民国时期较早注重田野工作的著名人类学家和民族学家之一。1933年，他与凌纯声等一起赴湘西南考察，写成《湘西苗族调查报告书》，被认为是我国最早一份正式的苗人调研报告。后来，在考察和改定西南少数民族汉字族称方面，他也曾做出过重要贡献，并积极致力于提高少数民族参政权的工作。1942年9月，芮逸夫写成《中华国族解》一文，3个月后发表在“中国人文科学社”所主办的《人文科学学报》上。该文认为：“国族之名，创自孙中山先生……由我国的情形说，国族和民族是相同的；而民族和国家也是相同的；其在西文，本同作一词：拉丁文作Nationem，英、德、法文并作Nation。所以我尝以为中华国族、中华民族和中华国家三个称谓，可以说是‘三位一体’。”他这一认识的得出，应当受到过清末时章太炎先生《中华民国解》一文有关看法的启发。章氏强调华、夏、汉等传统称谓，尽管最初的本义有别，但后来却含义交叉互摄，所谓“华云、夏云、汉云，随举一名互摄三义。建汉名以为族，而邦国之义始在；建华名以为国，而种族之义亦在。此中华民国之所以谥”。不过，芮逸夫却认为章太炎“对于中华民族之义，似乎不很了解。他对于所谓金铁主义者之说，驳斥不遑。其实所谓金铁主义者对于中华民族的见解，虽不尽然，却颇有相当的是处”。他肯定金铁主义者杨度认为“中华”不是“一血统之种名，乃为一文化之族名”的观点“正合乎现代民族学者所采民族分类的标的”。因为“民族与种族，虽然相关，但不容相混。前者是文化的融合，而由于社群的团结；后者是体质的联系，而由于血统的遗传”。种族是“天然的，是有史以来生成的”；民族则是“人为的，是在历史的过程中由人类的思想、感情、意志造成的，是经过长时期的努力获得的”。他还指出：“一个种族可以分裂为几个民族，一个民族也可以包含几个种族。我国民族乃是经过几千年，融合古今来好些个种族，及其思想、感情、意志而成。本文所称的中华民族，即指此义。”

在芮逸夫看来，“中华国家”“中华民族”和“中华国族”虽然是“三位一体”，但彼此之间又是各有分际：“和种族为生物学及人种学上的名词一样，民族为社会学及民族学或文化学上的名词，国家为政治学及法律学上的名词。换句话说，即由社会的及文化的观点来说，应称中华民族；由政治的及法律的观点来说，应称中华国家；而中华国族则为兼由社会的、文化的，及政治的、法律的种种观点而称说的名词。所以中华国族的第一义，我们可以省作中华国家和中华民族联成的一个复合词的简称解。”① 由此出发，他将“中华国族”具体析成四义，即“地域的中华国族”“人种的中华国族”“语言的中华国族”和“文化的中华国族”，并一一解析了其内涵。

在讨论“文化的中华国族”的时候，芮逸夫特别提到，全国各地风俗习惯大同小异，“只有蒙古、西藏、新疆，差异稍大，然其化而为大同小异，也只是时间问题而已”。在强调“一个种族可以分裂为几个民族，一个民族也可

① 认为“国族”是民族与国家两相结合的看法，民国时期也较流行。如胡一贯在《国族之神圣与动力》一文中就认为：“民族与国家的结合，是神与圣的结合。分而言之，曰民族，曰国家；合而言之，曰国族，曰神圣。所以国族是神圣的。”胡一贯：《国族之神圣与动力》，《三民主义半月刊》1946 年第 3 期。

以包含几个种族”这一点上，他与人类学家吴文藻等的认知颇有相似之处，但芮文只称各民族为“种族”或“族类”，并主张中国国内各族文化应不断融合，认为“中华民族”的概念，与千年混成的“中华国族”之文化层面的内涵一致；而“中华国族”之所以不断壮大，恰得益于本民族“中庸之道”的文化精神。

不仅如此，芮逸夫还对“中华国族”的多元一体特点，做出了自己独特的总结：

> 我中华国族在任何意义上都是多元的：领土兼具多种地形，人种混凝多数族类，语言包含多数支派，文化融合多数特质。然此种种，早已混合同化，而归于一。秦、汉的统一，是我国族的初步形成；两晋时五胡的乱华，而突厥种人同化于我；两宋时辽、金的南侵，而通古斯种人同化于我；后来蒙古满洲，先后以武力主宰中原，然终被华化，而各各成为今日中华国族的重要成分。正如江海的不辞细流，所以能成中华国族之大。①

芮逸夫显然懂得现代 nation 概念的内涵，故能在“国家”政治整合的基础上，复提出语言文化和血统进一步融化的整体诉求，并强调中国历史上国家与民族曾不断互动，取得阶段性政治、文化和血统等的融合成果之综合延续性。这种试图调和“中华国族”与“中华民族”说的“多元一体论”，不仅将国家和民族统一起来，而且把历史和现实联系起来，显示出宏阔的视野和一定的灵活性。不过，芮逸夫的这种调和论最初并没有将传统国家与近代宪政国家及其人民加以区分（对他来说，有所区分是 1947 年以后才有的事情），且完全以回到孙中山的“国族”说为其立论基点，只是重新加以解释而已。在这点上，他本人似乎受到前文提到的《我们的国族》一书的某种影响（如果仔细对读两者，不难发现此点）。但芮逸夫毕竟是专业的民族学家和人

① 芮逸夫：《中华国族解》，《人文科学学报》，1942 年 12 月，第 1 卷第 2 期。

类学家，且有较强的理论阐释兴趣，因此在对待国内少数民族的称谓问题上，他也没有走上绝对否认其“民族”身份或特征的地步，只是尽量避免了“民族”的提法，一般从“种族”构成成分角度加以涉及而已，尽管他同样强调“中华民族”的一体性和整个性。

三年后的1946年4月，芮逸夫在《民族学研究集刊》上发表《再论中华国族的支派及其分布》一文，对他自己称之为“急就章”的《中华国族解》一文的有关内容，又有所补充。一方面，他从人种学（包括体质遗传特征研究和血液型研究）与民族学两个角度，将此前的观点进一步条理化，把“中华国族”具体析成“六支三十组”的支派，强调“构成我们国族的因素大体是相同的，但这是就构成分子的‘共相’而言；若就各分子的‘自相’来说，我们知道一个娘胎里生不出两个完全同样的弟兄。我们的国族人口有四亿五千万之众，分布有一千一百万方公里之广，当然不会没有差异。况且数千年来渐次加入的新分子，其同化程度也各各不等。由于地理和其他环境的不同，自然而然发生不少差异”。不仅如此，芮逸夫还将中华国族因“共相”而“凝聚同化而归于一”的主要原因，归结为其主体汉族“文化的优越和文字的统一”，归结为其“包容力含孕之力极大”一点。在这点上，他基本接受了孙中山的汉族中心观和“同化融合”说，与其顶头上司傅斯年的观点大体保持一致，至少不与之直接冲突。他明确表示，今后国人必须“赓续祖先的遗业来创新，来求进步，就国族的融合一端来说，祖先之业已经给我们做到百分之九十五以上了，其余不足百分之五的支派，不容讳言，尚有待于进一步的融合，这进一步融合的责任，我们就应该负起来”。具体而言，就是应该对这些“支派”进行扶植，“使他们达到现代的文化水平，同进于文明之域。扶植之道，首先要把我们的优越的文化，统一的文字，普及于各支各组各族的国民，使他们都有‘同声之应’‘同气之求’，且得‘同文之便’。本着我们的祖先传来的‘中庸之道’，配合着‘三民主义’，使他们心悦情愿地向心同化”。①

这里，或许值得注意的还有芮逸夫如何称谓国内各少数民族的问题。1942—1946年间，芮氏在构筑“中华国族”说的时候，不妨说采取了一种含糊其辞的回避态度。如果按照其所信服的民族学或人类学见解之内在逻辑，既然视“民族”为一种社会历史文化之群体，那么各少数民族便依然可称为“民族”。在这点上，他当时应该说是有所顾虑，故而前后难免有所矛盾，而宁愿在“种族”意义上谈论各族。1942年前他称国内少数民族为“民族”自不待言，此后他虽多从“种族”角度加以谈论，却也仍有保留称其为“民族”的时候，如1943年，他发表《西南民族的语言问题》一文时，就仍称西南少数民族为“民族”，由此可见其矛盾心态。直到确认国内各少数民族为“民族”的《中华民国宪法》公布之后，芮逸夫才最终克服这种矛盾，明确称国内各少数民族为“民族”而不再改变。在1947年9月发表的《行宪与边民》一文中，他明确写道：“本文所称的边民，是指全国的边疆各民族，也就是全国的边疆国民。所以称他们为民族，只是说他们各有其文化的特征。我们知道，中华国族的文化是凝聚多数特征而成的。概括地说，边民的特征是：口操非汉语，写读非汉文，或没有文字，信仰某一种宗教，或仅保存原始的灵气信仰……在这个边民的含义之下，蒙古和西藏两族也是包括在内的。”②

这样，芮逸夫的“中华国族”论就与承认国内少数民族为“民族”的那种“中华民族”论完全统一了起来，且此后不再有大的变化，即认为中华国族是由中华国家和中华民族合构而成的混合体，而中华民族之下暂时还存在各个分支民族。“国族”与“民族”的差别，实际表现在前者建有统一的国家

---

① 芮逸夫：《再论中华国族的支派及其分布》，《民族学研究集刊》1946年第5期。1972年，芮先生出版的《中国民族及其文化论稿》中所收录的《中华国族的分支及其分布》一文，是根据1946年《再论中华国族的支派及其分布》版本修改而成。其中缺失的那几个字也修改了。将“向心同化”改成了“现代化”。

② 芮逸夫：《行宪与边民》，《边政公论》1947年第6卷第3期。

政权作为基础。① 这种观点，颇能体现民国时期民族学或人类学界有关的主流思想倾向。② 1947 年之后，作为国民政府立法委员的芮逸夫，在为国内少数民族争取政治地位、权利和文化融合方面，做了很多努力。他主张“依据宪法民族平等的精神”，在边疆地区可以实行“民族平等的边疆地方自治”，“依各民族人口的比例，确定其实行选举的各级民意机构组成分子的名额”。③ 在芮氏看来，1947 年 1 月公布的《中华民国宪法》中对少数民族地区的国民大会代表和立法委员名额规定之优待办法，在世界各国中都不曾有过，若仅就此方面而言，“可以说是世界上最民主的宪法了”。当然，他认为国民政府还可以做得更好，如对于边疆地区少数民族的各级代表和议员的名额，还可以“采加倍优遇方法”④，等等。至于在少数民族聚居的边疆地区如何开展地方自治，他则进一步提出了“服从多数、尊重少数”的原则：“因为各民族的多寡不等，必不免引起多数民族（不一定是汉人，有很多地方是边民占多数的）排斥少数民族（不一定是边民，有很多地方汉人占少数的）的问题”，只有实

---

① 1971 年，芮逸夫主编《云五社会科学大辞典》第 10 册《人类学》，撰写“民族与国族（nation）”时，仍然保持此种看法，不过写得更为简洁明白：“‘民族’与‘国族’二词，在西方只是一词，所以都可解说为由共同文化与共同意识结合而成的最大的人群。……至于二者的存在，虽同为历史上的结合和文化上的联系，但也略有区别：即民族可不必有政治上的自治权及国家的形态，如过去的犹太民族是；而国族则必须有国家的实质，如中华国族是。”（编者按：“国族”是国父孙中山先生所创用，详见民族主义第一讲，民国 13 年。）见该书台湾商务印书馆 1971 年版，第 94 页。

② 关于“民族”和“国族”的区别，早在 1946 年，国民政府蒙藏委员会委员、民族学研究者李寰在《边铎月刊》上，也明确表达了与芮逸夫大体相同的看法，认为：“考民族一语，在英文中为 Nation，意即民族国家，亦有谓为国族者，后因含义不明，遂另制‘民族’（Nationality）一字，专指同语言与同习俗之人群，而国族则指有主权政治国家之人民，以为区别。”李寰：《国族与宗族》，《边铎月刊》1946 年第 7—8 期。李寰（1896—1989），重庆万县（今万州）人，曾任国民政府贵州省政府秘书长和国大代表。

③ 芮逸夫：《行宪与边疆地方自治》，《边疆通讯》1948 年第 5 卷第 2—3 期。

④ 芮逸夫：《行宪与边民》，《边政公论》1947 年第 6 卷第 3 期。

行“服从多数、尊重少数”的原则，给少数民族“相当限度的否决权”，“而后少数民族的意见遂不致永远在被牺牲之列，而后才能做到大家都尽义务，大家同享权利，共同从事边疆地区的建设”。当然，这种以地域为单位的地方自治，同中共后来实行的以民族为单位的区域自治，仍存在一定的差别。芮氏认为，在边疆地区实行民族平等的地方自治，加深不同族类彼此的了解和文化的协调，是先决条件。而要做到这一点，“实有赖于与内地文化的交流融合，使同趋于现代化，首先应开辟边疆地区的主要公路和铁路，使边疆和内地的交通日臻便利，并振兴教育以提高边民的文化的水准，……宪政前途，实利赖之”①。他此时已经不再讲少数民族文化与汉族文化“同化”，而是讲“同趋现代化”了。这在 1946 年制宪国民大会通过《中华民国宪法》之后，似乎成为一种较为普遍的思想潮流和现象。

大约在 1946 年至 1948 年间，与边疆自治问题相关，谈边疆民族文化“国族化”或“中国化”的人也多了起来。且谈论者一般都注意将其与“汉化”或“同化”论划清界限，而强调“共同进化”和“现代化”，从而显示出时代的进步。如 1948 年，国民政府蒙藏委员会委员李寰就撰文强调，中华民国的各族人民当“共同努力于文化及其他有益事业”，也即“共同进化”。他写道：

> “共同进化”一词，一般人多误解为“同化”之变名，其实两者是两样含义，各不相同。如以民族文化为例，“同化”是以一族优良之文化、制度，来同化于其他族落后之文化、制度，不管他族是否适合，而亦同化变更之，可说是含强制性。共同进化则不然，是配合时代需要，采取各族之优点文化，创立新的典章制度，是一种顺应自然之方式。在今天言，共同进化，最适合于国情，最惬洽乎民心，因边地同胞，保存有几千年来之优良文化，大可彼此交流，酌情采用，融洽成整个国族文

---

① 芮逸夫：《行宪与边疆地方自治》，《边疆通讯》1948 年第 5 卷第 2—3 期。

化，于国于民，皆有利焉。

在李寰看来，这种“共同进化”的实现，实有赖于厉行一种“中国化运动”。“中华民国，为中华民族全体建立之国家，中华国族系由国内各宗支族所组合而成，亦称中华民族”，要想文明程度不一的各族“同心协力”，非实行“中国化运动”不可，否则不足以促进彼此的精诚团结和共同进步。“所谓中国化运动，凡属中华国籍之人民，无论属于任何宗支族，其衣食住行、语言文字、行为思想等，必须合于一种中国化之公式。”这种公式的具体内容如何，作者没有说明，但他却强调其必须“是采取各族之优点，交流各族之文化而成”。这种“中国化”同学习西方文化采用民族形式的那种流行的“中国化”说法有别，实际上是“国族化”的同义语。①

当时，另有研究边疆民族的学者撰写《论边疆文化的国族化》一文，声言应当使全国人民特别是边疆同胞形成如下三点认识：“第一是今日的国族文化，不是中原民族独创的文化，而是国内各民族文化汇融的结晶，现在却正在积极地现代化；第二是国族化不是汉化，是国族底现代化，旨在发扬边疆固有的优良文化，提高边疆文化生活水平，以便加速国族文化现代化；第三是文化国族化，不是地方或民族便没有自决自治的权利……每一个民族的文化国族化，与他的政治制度没有什么绝对的关连。每一个地方或民族，尽管自治，甚至于成为自治邦……它的文化还须要国族化的。”② 这大体上反映了抗战结束后国内主流的民族思想。

应该指出的是，当时使用“中华国族”概念的人，很多时候都是和孙中山一样，是在强调中华民族的独特性时才乐于这样用的，并非是着意要取代“中华民族”概念。因此使用者往往同时并用或在基本相同的意义上使用这两个概念。如 1941 年，国民政府的要员、回族高官白崇禧在对蒙回藏慰劳抗战

---

① 李寰：《论共同进化与中国化运动》，《边铎月刊》1948 年第 1 期。

② 张汉光：《论边疆文化国族化》，《边疆通讯》1947 年第 4 卷第 3 期。

将士团的讲话中的有关使用，就可视作典型。他说：“总理在《民族主义》里面曾经说过‘民族主义就是国族主义’，换一句话说，民族主义不仅在打倒满清政府，而是要在打倒了满清政府之后，做到汉满蒙回藏五大民族团结，成世界上一个最伟大的中华民族，也就是一个精诚团结的中华国族。中华民族或中华国族的造成，不是用武力霸道去压迫国内任何民族，而是顺适自然，本共同生产共同开发的原则来达到的。”① 又如更早的1932年，胡石青在民社党的《再生》杂志上曾撰文声称：“吾中华民族亦全世界国族之一。”② 同样在相同的意义上使用两词。类似的例子前文实已多有呈现，不必赘言。

虽然，“中华国族”的说法在字面上为各民族的“民族”称谓留下了某种程度的空间，但由于当时很多使用者多将其与“中华民族”的概念完全等同使用，也并非所有“中华国族”论者都认可国内少数民族的“民族”地位和身份。前文提到毛起鵔等编的《我们的国族》一书的思想倾向，便是突出例子。甚至在确认各少数民族“民族”地位的《中华民国宪法》得以颁布之后，依然有人坚持这一观念。如前文提到的李寰一方面喜欢使用“中华国族”的整体概念，而另一方面仍愿意把各民族称为“宗族”，即为例证。

实际上，无论是“国族”还是“中华国族”，在抗战时期乃至1949年以前的中国，其传播虽有逐渐增多之势，但毕竟都还不能说已在社会上真正广泛地流行开来，“中华国族”一词使用尤少。特别是中共方面，几乎不用。从纯语言使用效果上来看，“国族”和“中华国族”对于当时的中国普通民众来说，与“国家”及其主体“国民”之全体相比，似并无什么特别不同之处，因此很难显示出超越于纯政治范畴的“国家”及其主体“国民”之上更深一步的民众凝聚力之意义（尽管使用者往往也有超越“国民”政治概念的文化意图）。而“中华民族”一词，一方面既可以在“中华国族”概念意义上使

① 白崇禧：《实现总理的国族主义》，《边疆月刊》1941年第3期。

② 胡石青：《“九一八”之回顾与展望》，《再生》1932年第1卷第5期。

用，另一方面因其涵括了“民族”，同时又凸显了一种历史文化融合乃至涵容泛血缘混杂意义（你中有我、我中有你）的社会文化内涵，也即民族学和人类学意义上的“民族”内涵，从而更易形成一种族类亲近感、历史纵深感和文化黏合力，这就是当时“中华民族”作为一个带有自我身份认同意义的总体符号，仍具有某种不可替代性，并为政治家、思想家和一般国人普遍乐于使用的原因。

四、中国共产党的“中华民族”观及其与其他各方之互动

全面抗战前后，“中华民族”深化认同还有一个重要的现象，那就是这一时期中国共产党对于“中华民族”一词和概念的使用已经成为习惯，对于“中华民族”作为一大多民族共同体的整体性的体认进一步加深，并且以此为思想前提还主动同国民党进行了再度合作，这对于此期乃至此后一体化的现代中华民族认同之继续深化，产生了不容忽视的重要影响。

1. 抗战时期中国共产党“中华民族” 观念的变化

如前所述，关于“中华民族”观念，在国共两党之间是存在差异的。中共并不像国民党中的蒋介石派那样，追求实现一种当下的“单一性民族”的“民族一体化”，而只是认同一种多民族平等存在与融合而成的“复合性”的一大民族共同体而已。这实际也是其至今依然坚持的政策和目标。正因为如此，对于国民党的民族政策，中共便时常采取一种批评态度。如 1943 年，周恩来就明确谴责蒋介石以“宗族”视国内各少数民族的行为为“民族歧视”，

指出："蒋介石的民族观，是彻头彻尾的大汉族主义。在名义上，他简直将蒙、回、藏、苗等称为边民，而不承认其为民族。在行动上，也实行民族的歧视和压迫。"① 由此可见其分歧所在。

然而在整个民国时期，中共的"中华民族"观也并非一成不变。1935年前后的情况可以说就略有不同。大体说来，此前由于受到苏俄和共产国际思想的更多影响，中共既注重民族解放斗争，更注重阶级斗争，因此只是一味强调国内各民族政治上的"国家"或"国民"一体性，对于多民族历史文化的相关性和一体性尚重视不足，从而也影响到其对于"民族"共同体整体性程度的体认和表达。这一点，不仅表现在有关的民族政策上②，从中共文件对于"中国民族"和"中华民族"两词的使用中，也可以见及某种间接的反映。

九一八事变甚至1935年以前，在中共的正式文件中，"中华民族"和"中国民族"两词往往是交替使用的，且后者的使用还远比前者为多。1935年前后，因受到日本侵华所造成的巨大民族危机的刺激，同时也鉴于"中华民族"一词已在国统区舆论界较为流行和国共合作需要共同语言等原因，中共文件和报刊中对于"中华民族"一词的使用才猛然增加，并逐渐成为习惯用语。

---

① 周恩来：《论中国的法西斯主义——新专制主义》，《周恩来选集》上卷，北京：人民出版社，1980年，第147页。

② 如中共为了与国民党进行政治斗争，一面强调国内各少数民族统一于"中华"或"中国"，一面又鼓励各少数民族建立各自独立于国民党"中华民国"的政权，然后再与中共的苏维埃政权建立"联邦"，直到国共合作正式开始以前都是如此。这反映了当时中共在理论建设上尚不成熟。可见"瓦窑堡会议决议"等中共中央文件。大体说来，中共的民族政策，在抗战全面爆发前后，经历了一个从主张少数民族"自决"独立、与汉族政权建立"联邦"，到认同少数民族实行"区域自治"的转变。参见王柯：《民族与国家：中国多民族统一国家思想的系谱》，北京：中国社会科学出版社，2001年，第245—266页。也可参见留美华裔学者刘晓原的英文著作（《边疆通道：民族政治与中国共产主义的兴起》）（Xiaoyuan Liu, *Frontier Passages: Ethnopolitics and the Rise of Chinese Communism, 1921-1945*, Stanford University Press, 2004）。

这一变化，与中共将以阶级斗争为主暂时调整为以民族解放斗争为主的政策转换是基本一致的。在 1935 年 8 月著名的“八一宣言”中，中共就提出了停止内战、一致抗日的主张，呼吁“中国是我们的中国！中国民族就是我们全体同胞!”“一切不愿做亡国奴的同胞团结起来”“为民族生存而战!”并高呼“大中华民族抗日救国大团结万岁”等口号。① 1935 年 12 月底，在瓦窑堡会议的决议中，中共又明确提出建立“最广泛的反日民族统一战线”，以争取“中华民族的彻底解放”的策略，同时做出许多政策调整，包括改“苏维埃工农共和国”为“苏维埃人民共和国”等，以适应新的斗争形势。在决议中，中共中央政治局对此还做了明确的说明：“这些政策的改变，首先就是在更充分的表明苏维埃自己不但是代表工人农民的，而且是代表中华民族的。中华民族的基本利益，在于中国的自由独立与统一。”② 1936 年 8 月，在《中国共产党致中国国民党书》中，中共更直接地表示：“我们要为大中华民族的独立解放奋斗到最后一滴血！中国决不是阿比西尼亚！四万万五千万的中华民族，终会有一天，在地球上的东方，雄壮地站起来。”③ 1937 年 4 月，在阐释自己主张的诚意时，中共又明确认证：“中国共产党确是把争取中华民族的彻底解放，当作了他目前的唯一任务。中华民族的解放，是每一个黄帝子孙，每一个中华儿女的责任，也是中国无产阶级政党的责任。彻底解放中华民族，就是无产阶级当前的最高利益。”同时声称：“这丝毫不表示我们的‘投降’，而正表示我们的无成见，我们的不念旧恶，我们大中华民族的气概。为了中

① 中央档案馆编：《中共中央文件选集》第 10 册，北京：中共中央党校出版社，1991 年，第 518—525 页。

②《中央关于目前政治形势与党的任务决议（瓦窑堡会议决议）》，中央档案馆编：《中共中央文件选集》第 10 册，北京：中共中央党校出版社，1991 年，第 598—623 页。

③《中国共产党致中国国民党书》，中央统战部、中央档案馆编：《中共中央抗日民族统一战线文件选编》（中），北京：档案出版社，1985 年，第 245 页。

华民族的彻底解放，我们愿意牺牲一切过去的争执，共同奔赴伟大的前程。”① 1940 年 2 月，中国共产党发布《中共中央关于目前时局与党的任务的决定》，确定了 14 个常用的政治宣传鼓动口号，其中最后一个就是：“中华民族解放万岁！”②

可以说 1936 年以后，在中共的各种正式文件中，“中华民族”一词作为表示国内各民族一体化的整体性概念，或者说作为表示具有历史延续内涵的社会文化层面之中国人的总体概念，其使用已经基本上稳定了下来（尽管偶尔也还会有指代汉族的使用③）。正是与这种对“中华民族”一词和概念逐渐增多及至习惯性使用相一致，中共对于国内各民族及其人民之间政治、经济、文化和命运一体性的整体认识与揭示，也进一步地加深了。

从表面上看，民国后流行的“中国民族”和“中华民族”两词，都强调了其各组合民族成分之间的统一性和整体性，但就其汉字语言传播效果而言，“中华民族”的说法无疑更相对淡化了国家政治的强制性，而强化了历史与文化的连续性和同一性，或者更确切地说，它在保持了其国家政治认同性的基础上，又进一步强调或强化了其历史与文化的整体认同性。因此，“中华民族”在汉语中，是比“中国民族”一词更能有机地体现一大“民族共同体”性质的概念。

中共的“中华民族”观念内涵所发生的上述微妙变化，自然有其策略性考虑的一面，但从根本上说，还是 1935 年以后随着民族危机的空前加深，其

---

① 洛甫（张闻天）：《迎接对日直接抗战伟大时期的到来》，中央统战部、中央档案馆编：《中共中央抗日民族统一战线文件选编》（中），北京：档案出版社，1985 年，第 456、460 页。

②《中共中央关于目前时局与党的任务的决定》，《解放》1940 年第 98—99 期。

③ 可参见郑大华：《民主革命时期中共的“中华民族”观念》，《史学月刊》2014 年第 2 期。不过，1935 年以后至 1938 年年底，中共有时将“中华民族”与各少数民族并列相提，很多时候已是在不同层次上使用“民族”概念，并不意味着广义“中华民族”不包括这些少数民族在内，这样并列，只是为了特别突出和强调后者而已。

自身的文化民族性意识强烈觉醒之后才得以逐渐实现的自然转变。① 这种觉醒的文化民族性意识，能够将历史和现实更为紧密地结合起来，从而增强了整体性的民族认同。不过对于这一观念的转变本身，中共当时似乎并没有很清楚的自我意识。这就导致了一种比较复杂的情况。一方面，它对国民党所倡导的建立在否认境内各民族“民族”资格基础上的单一性“中华民族”的观点，一如既往地保持警惕并不断提出批评，强调“中华民族”统一体的多民族构成特点，甚至在与国民党的争论中，为了批驳国民党的“大汉族主义”，有些代表人物还声称“中华民族”一词本身就是“中华各民族”之意。如陈伯达1943年在《评〈中国之命运〉》一文中就写道：“平日我们习用的所谓‘中华民族’，事实上是指中华诸民族（或各民族）。我们中国是多民族的国家，这本来是不用多辩的。”他批评蒋介石等“以血统立论”，“捏造这种单一民族论，其目的就在于提倡大汉族主义，欺压国内弱小民族”。1947年，中共党员、著名马克思主义史学家吕振羽在《中国民族简史》中，也表达了相似的看法。②

而另一方面，在对“中华民族”一词的固定化习惯性使用（有时也喜使

---

① 1935年以前，中共过于强调文化的时代性，而较为轻视文化的民族性，全面抗战时期才得以发生根本改变。这一改变的重要政治和思想文化意义，可参见黄兴涛、刘辉：《抗战前后中国共产党文化“民族性”意识的觉醒及其意义》，《北京档案史料》2002年第1期。

② 如1947年，吕振羽在《中国民族简史》中写道：“‘中华民族’或‘中国民族’的用语，是从马克思、列宁、斯大林的著作中译来的，马列斯这个用语的本来意义是‘中华诸民族’或‘中国的民族’。但中国封建的买办的法西斯主义者，曾从大民族主义的立场来窃用这个神圣的用语。他们颠倒黑白，歪曲历史事实，无耻地只承认汉族是一个民族，说国内其他民族如满、蒙、回、藏、苗等等，都只是所谓‘宗支’或‘宗族’。”（吕振羽：《中国民族简史》，北京：生活·读书·新知三联书店，1950年，第1—2页）应该指出，吕振羽上述说法中恐怕问题颇多。且不提马、列、斯所谓“中华民族”是否就一定是“中华各民族”之意，实际上国民党等使用“中华民族”，也没有理由说就是“窃用”了马、列、斯等人的用法。此外，说蒋介石国民党只认汉族为“民族”，其他国内少数民族均为“宗族”等，亦有失准确，因为他们同时也强调汉族同样只是“宗族”的一支。吕氏等人的观点，毋宁说反映了当时国共两党政治斗争的需要，是毫不奇怪的。最近，笔者查读毛泽东著作时发现，1945年毛的《论联合政府》一文中曾有言：“国民党反

用“大中华民族”一词）[1]之中，这一时期的中国共产党人特别是其高级领导人，又常常自觉或不自觉地去揭示各民族不仅在政治上而且在历史文化方面的整体性和一体性，清楚地表明对“中华民族”这一大“民族”共同体整体的自然认同。在这方面，毛泽东堪称典型代表。1938 年年底至 1940 年年初，毛泽东在《论新阶段》《中国革命和中国共产党》《新民主主义论》等人们耳熟能详的名著中对“中华民族”概念的有关使用，就显示出这一点。如其 1939 年年底出版的小册子《中国革命和中国共产党》（张闻天等也参与了起草），其第一章第一节就题为“中华民族”。这也是中国共产党首次正式表达对“中华民族”具有模式意义的官方见解。文章一开篇就写道：

（接上页注释②）

人民集团否认中国有多民族存在，而把汉族以外的各少数民族称之为‘宗族’。”（《毛泽东选集》第 3 卷，北京：人民出版社，1991 年，第 1083 页）可见，吕振羽等人的类似说法，也可能受到毛泽东此一当年的国共政治斗争用语之影响。

遗憾的是，如今不少民族史著作在谴责蒋介石的“宗族”观时，也直接或间接地袭用吕振羽的说法，只提蒋视各少数民族为“宗族”，而不提他同时也视汉族为“宗族”这一事实。许多论著甚至明确说蒋“视汉族以外的少数民族为宗族”，作为学术表述这就不太全面和严谨了。

①如 1934 年 4 月中共组织的“中华民族武装自卫委员会筹备会”发布《中国人民对日作战的基本纲领》，其文最后就有“大中华民族解放万岁！”这样的口号。（中央统战部、中央档案馆编：《中共中央抗日民族统一战线文件选编》（上），北京：档案出版社，1984 年，第 250—256 页）不过，这里使用的“大中华民族”一词，其含义既不同于具有帝国主义性的“大日耳曼民族主义”那种意义上的“大中华民族”，也有别于具有大汉族主义性的同化国内各少数民族意义上的那种所谓“大中华民族”，而指的只是由众多民族组成的一个更“大”民族之意而已。对于前述那两种意义上的“大中华民族”的概念，中共一直是明确反对的。早在 1925 年，在《对于民族革命运动之决议案》中，中共就声称反对“以对外拥护民族利益的名义压迫本国无产阶级，并且以拥护自己民族光荣的名义压迫较弱小的民族，例如土耳其以大土耳其主义压迫境内各小民族，中国以大中华民族口号同化蒙藏等藩属”等行为。参见中央档案馆编：《中共中央文件选集》第 1 册，北京：中共中央党校出版社，1989 年，第 330 页。不过当时，中共仍称“蒙藏”为中国“藩属”是十分不恰当的。

我们中国是世界上最大国家之一，它的领土和整个欧洲的面积差不多相等……从很早的古代起，我们中华民族的祖先就劳动、生息、繁殖在这块广大的土地之上……

我们中国现在拥有四亿五千万人口，差不多占了全世界人口的四分之一。在这四亿五千万人口中，十分之九以上为汉人。此外，还有蒙人、回人、藏人……共有数十种少数民族，虽然文化发展的程度不同，但是都已有长久的历史。中国是一个由多数民族结合而成的拥有广大人口的国家。

中华民族的发展（这里说的主要是汉族的发展），和世界上别的许多民族同样，曾经经过了若干万年的无阶级的原始公社的生活……在中华民族的开化史上，有素称发达的农业和手工业，有许多伟大的思想家、科学家、发明家、政治家、军事家、文学家和艺术家，有丰富的文化典籍。在很早的时候，中国就有了指南针的发明。还在一千八百年前，已经发明了造纸法。在一千三百年前，已经发明了刻板印刷。在八百年前，更发明了活字印刷。火药的应用，也在欧洲人之前。所以，中国是世界文明发达最早的国家之一，中国已有了将近四千年的有文字可考的历史。

中华民族不但以刻苦耐劳著称于世，同时又是酷爱自由、富于革命传统的民族……中华民族的各族人民都反对外来民族的压迫，都要用反抗的手段解除这种压迫。他们赞成平等的联合，而不赞成互相压迫。在中华民族的几千年的历史中，产生了很多的民族英雄和革命领袖。所以，中华民族又是一个有光荣的革命传统和优秀的历史遗产的民族。①

这就是我们今天再熟悉不过的“中华民族”权威叙述模式的由来：她有幅员辽阔的国土，有众多的人口和多民族的构成，有悠久的历史和包括四大

① 毛泽东：《中国革命与中国共产党》，《毛泽东选集》第2卷，北京：人民出版社，1991年，第621—623页。

发明在内的灿烂的文化，以及光荣的革命传统，等等。可以说，这一叙述模式一直延续至今。

在不久之后发表的《新民主主义论》里，毛泽东更是大谈“中华民族的政治”“中华民族的经济”和“中华民族的文化”。如关于中华民族新文化，他便写道：

> 这种新民主主义的文化是民族的。它是反对帝国主义压迫，主张中华民族的尊严和独立的。它是我们这个民族的，带有我们民族的特性。①

从毛泽东的上述文字中，我们可以清楚地看到中华民族是“一个”大民族共同体整体的意思，同时也可看出，该词与带有从古至今历史文化延续性内涵的“中国人”一词基本上是近似语。② 这种表述，同蒋介石国民党所谓的一个单一性民族当然存在区别，它所指称的乃是建立在与外来侵略民族相对立基础上的国内各民族联合组成的一大复合性民族共同体，是以承认国内各民族现有的“民族”资格与地位为前提的。

抗战时期，中共最高层的理论家张闻天、王明等对于“中华民族”概念的郑重使用，也反映了类似的观念。以张闻天为例，他这一时期就在包含中国各民族的总体意义上，频繁地、激昂慷慨地使用“中华民族”概念，而且为了强调这一概念与“全体中国人”所指涉范围的同一性，他一般都是将两者连在一起使用，习惯地称之为“中华民族与中国人民”。如 1938 年 6 月 17 日，作为中共中央最高负责人之一的张闻天写就的《中国共产党十七周年纪念》一文中，就连续刻意使用了“中华民族与中国人民”三十几处，不仅如此，该文还是最早对中国共产党与“中华民族”的关系自觉进行理论说明的代表之作。

---

① 毛泽东：《新民主主义论》，《解放》1940 年 2 月 25 日第 98—99 合期。

② 关于中华民族与人民和革命的关系，在毛泽东那里也较早就得到表述。1925 年，毛泽东在《政治周报》发刊词中就强调指出：“为什么要革命？为了使中华民族得到解放、为了实现人民的统治，为了使人民得到经济的幸福 。”

首先，张闻天特别提到包含“推翻国际帝国主义的压迫，达到中华民族完全独立”“中国境内少数民族一律平等”等六条内容在内的中共二大纲领的意义，指出它“在中国历史上第一次这样明确地给中华民族与中国人民指出了一条自求解放的道路与共同奋斗的目标”；接着强调，“十七年来中国共产党为建立民族独立、民权自由、民生幸福的民主共和国而英勇奋斗的历史，充分的证明了：中共是代表中华民族与中国人民的全体利益的党，中共是最彻底的、最坚决的、最一贯的为中华民族与中国人民的利益而奋斗的党”。然后声言，中共之所以能做到这一点，乃是因为中共不仅是“中国工人阶级的党”，也是“马克思列宁主义的党”。在中共看来，“只有没有人剥削人的制度存在的共产主义的胜利，才是中华民族和中国人民的最后解放，也是中国工人阶级的最后解放”，而当下中华民族的抗日战争，正是走向这一最后解放的必要的历史阶段。这一特殊使命就决定了中国共产党必然成为抗日救国的“重要因素”和“伟大力量”，其“独立存在与发展都是绝对必要的”，“是中国社会发展的必然的产物”，也“是从中国社会的血肉中生长出来的”，因而“它在中国社会中是根深蒂固牢不可破的”。

在此文中，张闻天还特别强调马列主义的引入“大大的提高了中国的思想与文化的水平”，不仅是“世界革命的科学”，也代表着中国文化的发展方向。但他同时还认定，“马克思列宁主义不是教条，而是行动的指南。对于马克思列宁主义，真理不是抽象的，而是具体的”。① 这实际上等于已率先提出了延安时期那“把马克思主义的普遍真理与中国革命具体实践相结合”的重大的思想理论命题，从而显示出张氏本人在中共这一重大理论建设中的某种思想先行性。②

---

① 洛甫（张闻天）：《中国共产党十七周年纪念》，《解放》1938 年第 43—44 期。

② 关于张闻天在这一时期中共思想建设中的其他方面的理论贡献，可参见刘辉：《中国共产党人的文化自觉：新民主主义文化思想再研究》，北京：中共党史出版社，2008 年，第 176—210 页。

1940年10月7日，张闻天与王明、朱德等共同出席延安“回民文化促进会”成立大会，在会上他发表讲话，更明确阐述了对于“中华民族”的理解。他强调指出：“中华民族是一个伟大的民族，它包涵的民族是很多的，由汉满蒙回藏所谓‘五族共和’，实际上不只五族，还有苗夷等族。”又表示：“敌人要中华民族内各民族分裂，我们就要各民族间团结，我们要用各种方法来揭破敌人挑拨离间各民族团结的阴谋。”① 这就大体确立了抗战时期中共的“中华民族”观之基盘。

谈到延安时期中共对民族问题的理解和“中华民族”观时，有个叫杨松的理论家的专门思考，也值得引起今人格外的注意。杨松（1907—1942），化名吴平，湖北大悟人。1927年曾赴莫斯科中山大学学习，精通俄语，懂英文。1938年至1940年，在延安任中共中央宣传部副部长兼秘书长。1941年春创办《解放日报》，兼任总编辑。次年病逝于延安，年仅35岁。

1938年8月至9月，杨松在《解放》周刊上连续发表了三篇关于“民族殖民地问题讲座”，即《论民族》（第47期）、《论资本主义时代民族运动与民族问题》（第49期）、《论帝国主义时代民族运动与民族问题》（第52期）等。在这些讲座中，他阐述了斯大林关于民族属于近代历史范畴的见解，强调历史只有发展到近代，民族才由部落、种族等进化而成，且其终有衰亡消失之一日。他严厉批判德国法西斯主义者的“种族论”，认为其“反科学反历史”，“硬要用种族或人种的概念去代替近代的民族概念，……表面上好像挂着‘科学’的招牌，骨子里却暗藏着民族侵略主义之真正内容”，从而也把“民族”与“种族”区别开来。在民族观方面，杨松是一个地道的“斯大林主义”者，他不仅完整地引用和解释了斯大林的民族定义——“民族是历史上形成的一种有共同语言、共同领土、共同经济生活以及在共同的文化上表现出共同心

①《边区回民代表大会、回民文化促进会、回救边区分会同时开幕》，《新中华报》1940年10月20日。

理结构的固定集团”，还以此为标准，驳斥了日本帝国主义者所鼓吹的“中国人不是一个民族，中国不是一个有组织的国家，而是一个地理概念”等论调，并由此论证“中国人是一个近代的民族”、日本和中国并非为“同文同种”的同一民族等观点。

杨松关于“中华民族”的那部分论述，自然很值得我们关注。他认为，“近代的中华民族像法兰西、北美利加、德意志、意大利、英国等等近代民族之形成一样，乃是由各种不同的部落、种族等等共同组成的。近代的中国人是从汉人、满人、汉回人、汉番人、熟苗人、熟黎人及一部分蒙古人（土默特蒙古人）等等共同组成的……已同化了的满人、回人、番人、苗人、蒙古人、黎人等等在经济生活、语言、风俗、习惯等等方面已与汉人同化，并且已与汉人杂居，因而失去构成民族的特征，但是在风俗、习惯上仍与汉人有些分别，他们既非原来的种族，也非汉人，而是一个新形成的近代民族——中华民族”。不仅如此，在反抗日本侵略的抗战实践中，中国人能够不分阶级、党派、信仰、籍贯、性别等不同，“民族内部团结一致，去抵抗异民族日寇之侵入”，这“已在实际行动上证明了和证明着中国人是一个近代的民族”。因此，无论从理论上还是从实际上看，中国人都已经是一个近代民族。“日本军阀法西斯蒂说中国人非民族，中国非国家，这是对于中华民族及中华民国的侮辱。这是日寇企图欺骗全世界的社会舆论，以为日寇侵华之‘理论’根据，而证明日寇是东亚的‘安定因素’”的阴谋。

不过，杨松的论述，又是具有内在矛盾的。他所谓“中华民族”，似乎还不是中华民国境内所有民族的总称，而是广大的已经逐步与汉族“融化”的那些民族人民之总体。但他同时又强调指出：“就对外来说，中华民族代表中国境内各民族，因为它是中国境内各民族的核心，它团结中国境内各民族为一个近代的国家。”也就是说，对外而言，“中华民族”实际上是中国境内所有民族的“代表”，也可说是“代称”。在这个意义上，“中国人”全体则又与“中华民族”有着基本对应的概念内涵，特别是当它与侵略民族——日本对立使用的时候，指的就是中华民国境内各民族的命运共同体——全体国民。杨松还特别加以分辩，指出“中国人是一个近代民族”，并不意味着“中国只有一个民族”，在中国境内“还存在着少数民族”，如蒙古族、回族、藏族等，“这些蒙古人、西藏人、回人等等，就民族来说，是各个不同的民族；但就国籍来说，都是中华民国的国民，都是共同祖国的同胞，而且都是日寇侵略之对象”，他们彼此之间也只有联合起来，建立各民族抗日统一战线，共同保卫中华祖国，才能实现各民族自身的解放，然后“建立一个各民族自由联合统一的中华民主共和国”。① 显然，杨松是在以他特有的方式，表述着并理解着“中华民族”概念的内涵和矛盾，但无疑地，他的认知与理解，却又格外彰显出这一概念在内涵上实存的“层次”之差，以及从政治学概念走向民族学概念所需要的那种进一步融合的“时间”差。

杨松的这种“中华民族”观，虽然包含着部分走向成熟的因子，但因其所说的“中华民族”尚没有涵盖中国境内的“全部民族”，且仅具有“对外”的主体代表意义，故未能成为抗战时期中共“中华民族”观的权威性看法或主流观点。后来成为中共权威或主流意见的看法，是认为中华民族乃一大复合型的、命运与共的民族共同体。而这一意见，较早得到清晰明确的表达，是在1939年12月八路军政治部编辑出版的《抗日战士政治课本》中。该课本写道：

> 中国有四万万五千万人口，组成中华民族。中华民族包括汉、满、蒙、回、藏、苗、瑶、番、黎、夷等几十个民族，是世界上最勤苦耐劳、最爱和平的民族。
>
> 中国是一个多民族的国家，中华民族是代表中国境内各民族之总称，

① 杨松：《论民族》，《解放》第47期，1938年8月。日本学者松本真澄较早专门谈及杨松的民族观，见松本真澄著，鲁忠慧译：《中国民族政策之研究——以清末至1945年的“民族论”为中心》，北京：民族出版社，2003年，第224—227页。

四万万五千万人民是共同祖国的同胞，是生死存亡利害一致的。①

同这一“中华民族”的现代观念相一致，中共还有一个贯穿始终的民族思想与政策，那就是既反对汉族歧视少数民族的“大汉族主义”，也反对各少数民族人士的“狭隘民族主义”。如1941年，中共在延安编定出版的《回回民族问题》一书里，就在充分肯定回族对于中华民族抗日战争的重要地位和作用的同时，明确提出了反对“大汉族主义”和“狭隘回族主义”倾向的双重任务。大汉族主义的表现很多，包括不尊重少数民族的宗教信仰、风俗习惯，忽视少数民族平等的参政权和其他各方面权利，尤其是传承发展其自身民族语言文字的权利，等等。而关于狭隘回族主义的表现和实质，该书亦有深入的揭示。它写道：

> 狭隘回族主义倾向的实质，就在于力谋离开中华民族解放运动的总潮流，而把自己关闭在自己民族的外壳以内；就在于力谋排斥一切外来的但是进步的东西，而保持自己的一切落后的东西；就在于只关心那可以使回、汉民族彼此隔离的东西，而不关心那可以使回、汉民族彼此接近联合起来的东西；就在于极力闭塞自己民族大众的耳目，使他们盲目的反对大汉族主义，以保卫自己在民族中的特权……回族中的狭隘民族主义，还表现在以大回族主义的压迫政策去对待它自己的统治区域内的各少数民族，如藏人、撒拉人、蒙古人以及汉人……这种狭隘回族主义的倾向，同样，已经被日寇利用作为挑拨回、汉恶感，诱惑回族的武器。②

抗日战争时期及其之后，中共复合型的“中华民族”共同体观念，就是在反对大汉族主义和少数民族的狭隘民族主义的双重斗争中得以形成、传播、发展和巩固的。

---

① 八路军政治部编：《抗日战士政治课本》，中央统战部编：《民族问题文献汇编》，北京：中共中央党校出版社，1991年，第807—808页。

② 民族问题研究会编：《回回民族问题》，民族问题研究会，1941年4月15日初版，第112—113页。

2. 国共两党和其他各方的观念互动及其结局

在认知抗战时期现代中华民族观念的时候，国共之间存在着分歧并进行斗争一点固然需要重视，但同时我们也应看到，“九一八”事变特别是全面抗战爆发后，在使用和认同“中华民族”这一整体性称谓，也就是将“中华民族”作为所有中国人的集体身份认同标志，表明各族人民共同的命运和目标，以便与共同的外来民族敌人战斗到底这一无可置疑的凝聚符号一点上，国共双方又是完全一致的，且彼此相互支持。尤其是国共合作宣言等一系列震动全国、激动人心的政治文件中对于“中华民族”概念的共同使用和对全民族“整个性”的一致强调，它们对于现代中华民族观念认同所产生的影响，更是不能低估。

1937 年 7 月 15 日，中共代表周恩来将起草好的“国共合作宣言”正式交付国民党。9 月 22 日，国民党中央通讯社以《中共中央为公布国共合作宣言》的形式将其公开发表。这一简短的宣言，竟在全民族整体的意义上四次使用了“中华民族”概念，强调国共合作对于伟大的中华民族的前途，具有极为“重大的意义”，认为它使得“民族团结的基础已经定下”，“民族独立自由解放的前提也已创设”，并激情万丈地呼吁：“寇深矣！祸亟矣！同胞们，起来，一致地团结啊！我们伟大的悠久的中华民族是不可屈服的……胜利是属于中华民族的。”①

对此一宣言，国民党中央通讯社还特地加了按语，强调说明：“此次中国共产党发表之宣言，即为民族意识胜过一切之例证。”1937 年 7 月 17 日，蒋介石在初次回应中共合作建议的著名“庐山讲话”中，也明确强调了“中华

① 中共湖北省委党史资料征集编研委员会等编：《抗战初期中共中央长江局》，武汉：湖北人民出版社，1991 年，第 63—64 页。

民族”观念。他沉痛地表示：“战争既开之后，则因为我们是弱国，再没有妥协的机会，如果放弃尺寸土地与主权，便是中华民族的千古罪人！那时便只有拼全民族的生命，求我们最后的胜利。”① 1938 年 10 月，毛泽东在中共扩大的六中全会政治报告《论新阶段》中，对于来之不易的抗日民族统一战线的建立对中华民族的意义，更是豪情满怀地宣称：“现在全中国全世界的人都明白：中华民族是站起来了！一百年来受人欺凌、侮辱、侵略、压迫，特别是九一八事变以来那种难堪的奴辱地位，是改变过来了。全中国人手执武器走上了民族自卫战争的战场，全中国的最后胜利，即中华民族自由解放的曙光，已经发现了。”②

这些曾经使处在亡国灭种关头的中国人激动不已的宣言、决议和讲话，对于国人“中华民族”整体意识的凝聚、强化之意义，实在不容忽视。因为全国各族人民从中清楚地看到，国共这对生死搏斗十年的冤家对头，正是在“中华民族”这面神圣的旗帜下停止了内战，再次开始了合作。这一事实，不仅在当时极大地鼓舞了全民族人民抗战胜利的信心，促进了现实的民族融合，而且其本身还被视为中华民族凝聚力和生命力的某种象征。正如两年后《中共中央为国共关系问题致蒋介石电》中所指出的：“中外人士皆认此为抗战必胜、建国必成之主要根据；此不仅为两党同志之光荣，抑且显示中华民族之伟大。因此，凡关心中华民族命运者，无不企盼国共两党之巩固的与长期的合作。”③

对于中国共产党自身来说，它也正是以抗战特别是国共合作为契机，更加坚定地举起了“中华民族”和“马克思主义中国化”的大旗，并从文化之根上开始树立起自己作为中华民族优秀传统的继承者，其根本利益和诉求的

---

① 彭明主编：《中国现代史资料选辑》第 5 册，北京：中国人民大学出版社，1989 年，第 25—26、215—216 页。

② 毛泽东：《论新阶段》，《解放》1938 年第 57 期。

③ 中央档案馆编：《中共中央文件选集》第 12 册，北京：中共中央党校出版社，1991 年，第 17 页。

可靠代表者，以及从中国国情出发的实事求是的革命者形象，从而为自己的事业赢得了更多知识分子的支持。① 此后，当它发出“中国共产党为中华民族进步之力量……反共即反对中华民族解放之事业”②，中共之“所以产生，所以发展，所以没有人能把它取消得掉，那是因为中华民族的历史发展要求有这样一个政党，犹之乎中华民族的历史发展要求有一个革命的资产阶级政党一样”③ 这类宣言时，也才能显得更加地自然而然和气壮如牛。

抗战时期及其前后，正如我们在前文已经略有提及的，社会上广泛流行、国共两党乃至其他爱国的政治派别和文化集团都普遍认同的“抗日民族统一战线”“民族救亡”和前面已多谈及的“民族复兴”，乃至“民族英雄”和“民族败类”等概念，其中的“民族”，指的也多是全民族总体意义的“中华民族”，借用当今有的民族学者的说法，即为“宏观民族单位”而不单指某一具体的“基本民族单位”。④ 这一政治和思想文化史的事实同时也表明，从整个的“中华民族”共同体（无论是单一性还是复合性民族共同体）的角度来考虑全局问题，此时已经基本内化为中国许多政治家、知识分子乃至一般中国人致思国内民族命运的思维习惯了。

抗战全面爆发前夕，一位研究西藏问题的学者曾从国民政府的角度，对现代中华民族观念的发展加以总结说：“自（民国）12 年一直到现在，中华民族的思想渐渐成熟，尤其是九一八以后，国人对这种观念尤为明了，且求

---

① 参见黄兴涛、刘辉：《抗战前后中国共产党文化“民族性”意识的觉醒及其历史意义》，《北京档案史料》2002 年第 1 期。

②《中国共产党与中华民族》，《解放日报》1943 年 7 月 1 日社论，为纪念中共成立 22 周年而作。

③ 同上。

④ 此处借用的是郑凡的概念。可参见郑凡等：《传统民族与现代民族国家——民族社会学论纲》，昆明：云南大学出版社，1997 年，第 111—112 页。

之甚切！所以民国12年到现在才是中华民族萌芽的时期。”① 其关于“中华民族萌芽时期”的观点，当然可以商榷，因为中华民族的形成与现代中华民族观念的成熟，毕竟还不完全是一回事。但他关于“中华民族的思想”社会化发展成熟期的看法，却不能不说是一种相当真切的观察。1939年年底，一位回族知识分子也曾深深地感到“卢沟桥的炮火已经把中华民族四万万五千万条心融冶成一座坚实的牢固不破的整体”了②。这个由各阶层、各民族所共同构筑成的“心”体，也就是基于“中华民族”共同命运和整体观念认同的那种情感统一体。所以有学者正确地指出：“从激发民族主义情绪的功用而言，中华民族符号系统里还没有超过抗日战争的。”③

人们常说，是抗日战争重新再造和锻铸了中华民族。诚然。实际上最终把一体化的现代中华民族观念牢固地确立在最为广大的中国民众和海外华侨的脑中与心中的，也是这场持久而壮烈的抗日战争。

抗战时期和抗战胜利之后，在现代中华民族观念问题上，尽管蒋介石一系国民党官方的观点借助媒体强势，一度声音较大，但在国民党内有关的认识即不统一，而在全国各种不同政治势力之间，彼此的理解更有不尽一致之处，因此最终在中国，关于“中华民族”的社会化认知，其实仍然是一种多方互动的结果。在这方面，共产党、国民党、其他党派以及各少数民族精英之间，就“少数民族”这一概念的认知与使用达成某种妥协性共识，最后将

---

① 陈健夫：《西藏问题》，商务印书馆，1937年2月初版，第142页。陈健夫在此书中还列了一个“中华民族演进表”，认为春秋至清代为中华民族演进的“第一时期”，也即“国境内各族互相攘夺，文化沟通时期”；民国建立后至他写作此书之时为中华民族演进的“第二时期”，其中民国元年至民国12年为“中国境内各族互助、文化调和时期”；民国12年至他出版此书之时为“中华民族萌芽，各族界限消灭，文化开始统一时期”。见该书第143页。这也是民国时期关于“中华民族”观念的一家之言。

② 马天铎：《三民主义与回教青年》，《回教论坛》1939年第2卷第9期。

③ 徐迅：《民族主义》，北京：中国社会科学出版社，1998年，第142页。

承认各少数民族为“民族”的条文正式列入《中华民国宪法》之中，可以视为这一“多方互动”说最为典型而有力的证明。

据杨思机、金炳镐等学者研究，“少数民族”一词，早在1905年就曾在汉语里出现，汪精卫在《民族的国民》一文中已有较早的使用。（载《民报》1905年第1期）它最初服务于“排满”革命的浪潮，以显示作为多数民族的汉族的“排满”的正当性。从1919年开始，“少数民族”被用来对译英文中的minority，以描述欧洲民族问题。国民革命时期，它又和从共产国际“被压迫民族”概念转化而来的“弱小民族”一起，被国共两党用作非汉民族的泛称。中共首次在自己的文件中使用“少数民族”概念是在1926年，此后的使用日益广泛并逐渐固定化。但国民党蒋介石系因为坚持单一民族论的“中华民族”说，不愿称各民族为“民族”，故一度也不愿或忌讳使用“少数民族”一词。1939年3月，由陈立夫任部长的国民政府教育部召开第三次全国教育会议，还曾一度下令禁止使用“少数民族”名称。1942年，国民政府正式将“少数民族”改称“边疆民族”，意为中华民族在边疆之部分，简称“边民”“边胞”。① 这显然体现了蒋介石的意志。然而与此同时，抗战时期的中共因坚持复合性民族的“中华民族”观，对“少数民族”概念的使用却更加自觉而坚定，并通过战后的积极宣传，影响到民主党派和少数民族人士的自我认识，最终迫使国民党内原来反对承认少数民族的“民族”身份的人如蒋介石、傅斯年等，也不得不被动使用这一名词，被迫接受其为“民族”的说法。

抗战胜利后，“少数民族区域自治”的声浪日高，在这一过程中，中共将其作为自己明确的民族政策主张加以倡导，发挥了重要的政治推动作用。1946

---

① 可见杨思机的《“少数民族”概念的产生与早期演变——从1905年到1937年》（《民族研究》2011年第3期）和《民国时期“边疆民族”概念的生成与运用》（《中山大学学报（社会科学版）》2012年第6期）两文。更可见其以“少数民族”概念为研究主题的博士学位论文《指称与实体：中国“少数民族”的生成与演变（1905—1949）》。亦可参见金炳镐的《我国“少数民族”一词的出现及其使用情况》（《黑龙江民族丛刊》1987年第4期）等文。

年1月15日，参加政治协商会议的中共代表提出和平建国纲领草案，其中“地方自治”一节就明确表示：“在少数民族区域，应承认各民族的平等地位及其自治权。”① 1月25日，政协会议通过了关于宪草问题协议，议定在宪法修改原则中，关于人民权力的部分有一条规定：“聚居于一定地方之少数民族，应保障其自治权。”次日通过的《和平建国纲领》，虽没有提少数民族区域自治权，但却也规定“边疆少数民族”可以在各自治地方按民族比例参政。值得注意的是，两者都明确使用了“少数民族”概念。1946年3月，国民党召开六届二中全会，其党内虽有人如张其昀等仍强烈反对使用“少数民族”的名词，② 但会议最终的决议还是承认了各少数民族的“民族”身份。也就是说，抗战胜利之后，被迫恢复承认国内各“民族”存在，允许其在同一个区域内平等参政，但却不准以民族为单位划分行政区划，成为当时国民党逐渐修正以应对时局的政策立场。③

1946年11月至12月，国民政府组织的制宪国民代表大会在南京召开，共产党和民盟代表均未参会。会上，各少数民族的代表不仅积极争取自身的民族权力，要求自治，而且主动接受并开始习惯以“少数民族”自称。他们呼吁把各少数民族的名称写入宪法，主张“宪法上应承认少数民族的地位”④，甚至还彼此联合起来，以“少数民族”的名义，共同表达自身的政治诉求。如在国大会议上，由蒋介石本人邀请的满族代表溥儒就联合各少数民

---

①《党的民族政策文献资料选编（1922. 7—1949. 10）》，中国社会科学院民族研究所民族问题理论研究室，1981年，第98页。

② 参见张其昀：《“少数民族”名词的纠正——并论中国边疆问题》，《申报》1946年3月24日“星期论坛”。

③ 参见杨思机：《指称与实体：中国“少数民族”的生成与演变（1905—1949）》，中山大学博士学位论文，2010年，第五章，第229—300页。此处关于“少数民族”概念内容的绍述及相关资料，多参引杨文。

④ 余国光：《察哈尔的代表们》，《中央日报》1946年12月1日；《蒙民的愿望》，《大公报》1946年11月24日。

族代表34人，共同完成了一份提案，吁请政府明令禁止那些刊载有“污蔑国内各少数民族”内容的书刊和影剧的刊行与出演。① 由此可见，此时的“少数民族”已经由他称完全转变为自我认同的重要符号了。与此同时，面对少数民族人士不容置疑的“民族”及其“自治”诉求，原来一度强烈反对称各少数民族为“民族”的傅斯年等人，此次国民大会上竟也出人意料地撰文主动承认各少数民族为“民族”，强调“中华民国内最大多数人——汉人——有在经济上文化上政治上提携少数民族的义务，不特平等而已”，并建议宪法中给予蒙古族充分的参政权。② 甚至连蒋介石本人，在国会期间也被《大公报》报道称其使用了“少数民族”概念。③ 由此可见当时的舆论氛围之一斑。

1946年12月25日，制宪国大通过并于次年元旦公布了《中华民国宪法》，其中有关民族问题的条款，最终并没有体现蒋介石原“宗族论”倾向的看法。如第一章“总纲”的第五条就明确写“中华民国各民族一律平等”——它不仅明确承认了国内各少数民族的“民族”地位，甚至连1936年公布的“五五宪草”中关于“中华国族”的提法，也被删除，这显然是被动接受了此前中共主张的影响，部分地遵从了少数民族代表意愿的结果。至此，可以说，蒋介石以“宗族论”为基础的“中华民族”观基本上是失败了，或者说连他自己也不得不被迫将其搁置了起来。这一点提醒今天的研究者们，以往学界把蒋介石的“宗族论”视为整个民国时期国民党民族政策的全部或基石，视其1942年至1946年间公开鼓吹的“宗族论”之中华民族观为整个民国时期主导型的中华民族观念，肯定有误。

---

①《第一届国民大会第一次会议提案原文》第15册，国民大会秘书处1946年版。

② 傅斯年：《内蒙自治问题——驳盟等于省旗等于县说》，欧阳哲生编：《傅斯年全集》（四），长沙：湖南教育出版社，2003年，第337—343页。

③《蒋主席告国民党代表保持宪草重要原则》，《大公报》1946年12月17日。其记述蒋介石之言道：“少数民族在宪法中地位问题，宪草规定各民族一律平等，如再对少数民族问题有所规定，反而显有民族不够平等之象征。”

1948年，叶绍钧等人所编的小学教材《中国的民族》一书，其有关表述在民国时期“中华民族”观念的社会化传播方面，具有某种体现前此蒋介石国民政府官方意志的总结性意义，但也注意到有限反映某些一般的社会共识，以便能与后者保持一种相对的协调或平衡，或至少不与之公然冲突。该书为中华书局所出版的“中华文库”小学教材系列的第一集，专供小学高年级学生使用。在这本专门化的全国通行的正规教材中，关于“民族”的定义，编者采用了孙中山以血统、生活、语言、宗教和风俗五种“自然力”综合形成的人类集团之看法，同时强调民族是一种有别于国家这种“政治机关”的“社会集团”，也就是特别凸显民族的“社会性”或“文化性”。而关于“中国的民族成分”，也即“我们中国，究竟只有一个民族呢，还是有几个民族”的问题，该书则做出了如下回答：

> 中国从古到今，时常由一个民族作主干的。其他的民族起先和这主要的民族互相竞争，或竟征服这主要民族；但是到后来反被这主要民族同化了，混合成一个新的民族。
>
> 就这种历史的趋势看来，中国的民族是一个继续扩大的单一民族，我们可以叫他做中华民族。
>
> 中华民族就现状而言，还可以分为几族，就是汉族、满族、回族、蒙族、藏族和南方各族。这几族都是中华民族的一分子。①

作者在书中并未明确否认各族为“民族”，而是在历史和现实两方面都曲折地予以承认。② 因为从古至今，既有“主干民族”，必有“枝干民族”。其在分别介绍各族的情况时，事实上也是按人口、居地、生活、语言文字、宗教风

① 叶绍钧、吴研因、王志瑞等编：《中国的民族》，中华文库，小学第1集（高级），1948年1月初版，第1—3页。

② 书中的“瑶”，当时均写作“傜”，类似的称谓改动还有“倮㑩”。作者自觉将以往该字词带有歧视意味的“犭”旁一律改为“亻”旁，以示尊重。见叶绍钧、吴研因、王志瑞等编：《中国的民族》，中华文库，小学第1集（高级），1948年1月初版，第18—19页。

俗等通常所谓的民族构成因素来逐一展开的，书中还就“中国地理与民族分布的关系”等问题，谈到了各民族之间的融合和彼此仍然存在着的差异问题。但在具体表述时，又不得不小心谨慎地体现国民政府的政治意旨，往往回避直称某族为“民族”，并且明确强调其“历史的趋势”和前途，乃是各民族不断与主干民族化合后形成的“单一民族”——中华民族。作者指出：“中国的民族分布，总括起来，可以分作两大组：第一组是汉族、满族和其他各族的一部分，大家都把汉族做中心融成了一片。第二组是蒙、回、藏和南方各族，大家都保守着自己的生活、语言、风俗等等，和汉族很有不同。这个原因大概是为了各族的进化先后不同；但和地理的情形，也有重大的关系。”① 书中强调“中华民族的主要部分是汉族”，并大略勾勒了历史上汉族与各少数民族不断“混合”的特点，认为“中华民族的历史就是不绝的发展和不绝的融合”，而每经过一次“民族大混合”，中华民族的大家庭里就“添进了不少新鲜的成分”。②

在《中国的民族》一书的最后一节里，作者还谈到近百年来中华民族作为“弱小民族”受到帝国主义列强侵略和压迫的悲惨遭遇，以及“中华民族誓死抗战”，最终提高国际地位、获得全民族解放的光辉历史。该书的结束语这样写道：

> 从今以后，包含在中华民族中的各成分，就是汉族、满族、蒙族、回族、藏族及南方各族，要更能融和，更能团结，化合为真正平等自由的中华民族。③

显然，该书还保留了国民政府某种“汉化”论的民族偏见和陈述中的内在矛盾，但它同时也清楚地表明，作为政治学意义上的“中华民族”或“中

---

① 叶绍钧、吴研因、王志瑞等编：《中国的民族》，中华文库，小学第1集（高级），1948年1月初版，第20—21页。

② 同上书，第28、24页。

③ 同上书，第31页。

华国族”的奠立与发展，虽为其内部各民族的文化融合创造了前所未有的条件，但人类学和民族学意义上的“中华民族”，当时似乎还处在一种既完成而又未完成的复杂状态。换言之，就当时整个中华民族共同体自身的建设来说，各民族的政治整合固然还需加强，但更需要努力的，还在于国内各民族文化之间彼此的深入融合。这种既完成而又未完成的意识，可谓当时许多认同现代中华民族观念的思想者深藏于心的忧虑所在。他们一方面把“真正平等自由的中华民族”视为一种根基已备但尚未能完全实现的理想目标来追求，另一方面往往又急于求成，低估了文化涵化的长期性和复杂性。这不妨说也是民国时期现代中华民族观念的重要特点之一。

毫无疑问，国内各民族间文化融合的深化，是一个长期而温和的文化涵化过程，它需要各族人民持久和坚韧的共同努力，而且最终的理想也不应是消除各民族的个性，而是要在保持和发扬其各自优美特性的同时，也不断增强彼此之间文化的共性内涵。实际上，这也是至今仍然困扰全球多民族国家的世界性难题。

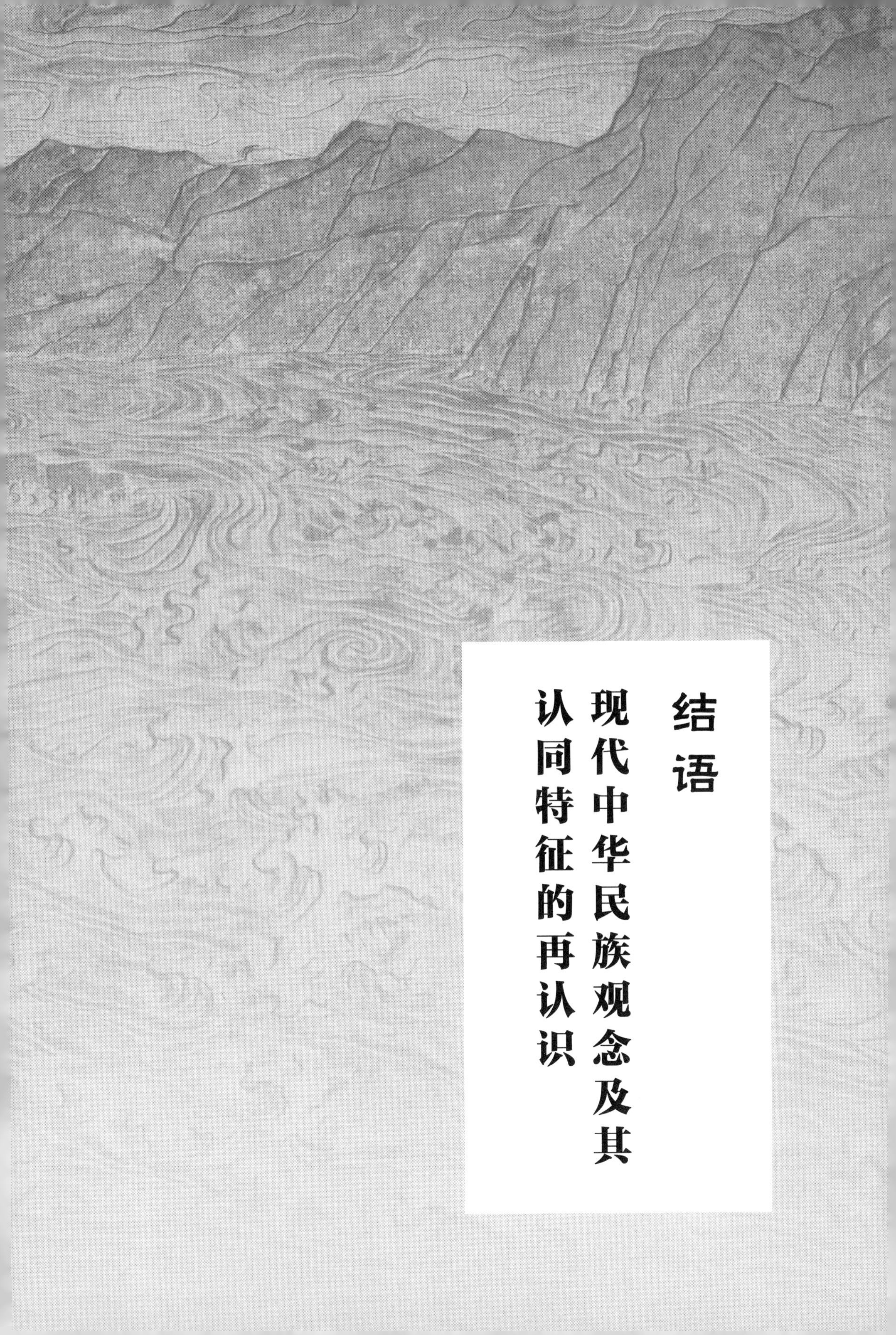

结语 现代中华民族观念及其认同特征的再认识

在本书前述各章中，我们对清末民国时期现代中华民族观念之演变和发展，进行了粗细相间的历史勾勒和必要分析。这或许可以作为本书的主要目标。100多年前，王国维在《国学丛刊序》中曾说："凡事物必尽其真，而道理必求其是，此科学之所有事也；而欲求知识之真与道理之是者，不可不知事物道理之所以存在之由与其变迁之故，此史学之所有事也。"① 对于"史学"的功能及其与一般科学之关系的阐发，此论可谓言简意赅、耐人寻味。不过，即便依王氏此说，从"知事物道理之所以存在之由与变迁之故"的角度来看，本书的任务也还并未完成，就更不必提史学那种内在的"求真求是"的"人文科学"追求了。

比如，清末至民国时期逐渐建立起来的现代中华民族观念，究竟是一种人类学意义上的"民族"认同观念，还是像有些学者所说的那样实质上只不过是一种纯政治性的"国民"全体认同观念呢？此一认同赖以支撑的理论依据和认知基础，有何值得注意的明显特点？再比如，该观念产生、传播和社会认同的过程本身又具有何种重要特征，单纯用"建构论"来概括其长期存在的历史过程之性质是否妥切、恰当等问题，实都仍需我们做出进一步集中的探讨和回答。

---

① 吴无忌编：《王国维文集》，北京：北京燕山出版社，1997年，第413页。

一、Nation 内涵的历史性、复合性与现代中华民族认同之特质

要想回答上述问题，我们不得不首先回过头来，重新检视一下使用和认同现代中华民族观念符号的人们对于“民族”概念的基本理解，以及对于“中华民族”的历史——现实结构之总体特点的一般认知等历史内涵。而在做这种检视之前，对于西方特别是英文里 nation 概念的确切含义及其历史演变做一集中说明，又是很有必要的。这不仅因为现代汉语中流行开来的“民族”一词，最初就是从日本引进的对西文特别是英文和德文中 nation 的翻译概念，“中华民族”概念从其诞生之日起，其权威和公认的英文对译也一直就是 the Chinese Nation。而且从前文的有关梳理中还可得知，它在传入中国之后，对中国人的实际“民族”观念及其“中华民族”认同，也已产生过直接、重要而复杂的影响。

在西方文字里，nation 作为概念，其内涵实际上也经历过一个历史演变的过程，大体可以区分为前现代和现代两个阶段。民国时期，国人谈论有关 nation 概念内涵的时候，个别熟悉西方文化的学者尽管有所涉及，但当时却很少有人做出过明确的区别与说明。

据英国著名学者雷蒙·威廉斯的权威研究，英、法、德文里的 nation 一词，均来源于拉丁文的 nationem，意指人种、种族。13 世纪末期时，该词已在英语中流行开来。其最初的主要含义乃是种群（racial group），而非“政治组织群体”（a politically organized group）。“其作为一种政治构成物（a political formation）的那种占支配地位之现代含义的出现，在时间上不易确定，因为在这些含义之间，存在着显而易见的交迭部分。”但他还是指出，nation 明显的政治用法出现于 16 世纪。17 世纪末这一用法已经流行开来。从 17 世纪早期开始，它还出现了一种与国中某些部分群体相对而言的、指称“一个国家的全体人民”之意的用法。①

另据英国史家乔治·科尔顿（George Gordon Coulton）研究指出，法语中的 nation，其拉丁语词源 natio、nationis 意为“被生出”“种属”和“族部”。因此 nation 一词在欧洲古代和中世纪的很长时间里，都用来表示一个人的出生和出生地，并且单指非政治组合的族类。中世纪晚期时，教皇主持的宗教会议采用的 nation 概念，开始指称具有表决权的下属族群。② 正如方维规教授所指出的，这多少为近现代以政治认同为主导和以国民为核心的 nation 概念的生成开了先河。在他看来，“欧洲前现代 nation 概念，指的是历史形成的，与地域、语言、习俗密切相关的社会文化所决定的‘族类’或‘居民’等”。与这一传统的 nation 概念相伴随，在欧洲曾导致许多“方言和文化共同体”的认同，形成“法国人”或“意大利人”等的意识。这和现代 nation 认同之间并非完全没有延续性。“随着现代共和政体与公民意识在法国、美国和英国的崛起，现代 nation 概念的内涵才真正开始显露出来，而原先那种多少带有‘自然

---

① Raymond Williams，*Keywords：A Vocabulary of Culture and Society*，London，Fontana，1983，pp. 213-214.

② George Gordon Coulton，Nationalism in the Middle Ages，*Cambridge Historical Journal*，Vol. 5，1935/1937，pp. 15-40. 转引自方维规：《近代思想史上的“民族”及相关核心概念通考》，孙江、陈力卫主编：《亚洲概念史研究》第二辑，北京：生活·读书·新知三联书店，2014 年，第 8 页。

而然’意味的语言文化共同体则逐渐淡化。取而代之的是另一种共同体的抽象观念，也就是国籍观与所有公民理想组合体的观念，以及公民对‘他们的国家形态’及‘他们的共和国’的认同。”①

这里，笔者想要补充的一点是，前现代的nation概念，往往也包括血缘或泛血缘的族群在内。大体相当于民族学（ethnology）和人类学意义上的体质文化团体。人类学里有体质人类学和文化人类学之分，而对历史文化的重视，乃成为现代人类学之魂。在本书第一章中，笔者曾经指出，同现代化起步较早、宪政民主发展较为成熟的英法两国相比，后进的德国基于一种心理反弹，更多地强调其中的文化（种族、历史）共同体的传统意涵。也就是说，19世纪的德语中，nation一词曾一度较多地保留了其前现代的含义，这也是赫尔德的文化（型）民族主义率先产生在德国的原因。而在西欧的英法等国，反映卢梭“主权在民”精神的nation之政治（法律）共同体的含义被突出，体现了以民主国家来界定民族的新趋向。当然这也是相对而言。20世纪之后，德国与占主流地位的英、法、美等国的现代民族概念用法，日益趋同。

西方现代nation概念是基于政治学的。其真正产生较大影响，与1789年法国大革命中现代民族国家意识的勃兴有关。这一意识，首先关乎国家和社会内部，而非针对外国和外族。但随后拿破仑的对外扩张引发一系列争取自由、独立和政治自决等的反抗行动，nation的现代意义遂在对外层面得以伸张。因此笔者曾认为nation具有双向“主权”的内涵，即对内是国民或公民主权，对外是独立自主的国家主权，这也就是nation何以能与“民主”价值理念实现同构并形成一对孪生体的原因。

那么，现代以国民或公民为核心的nation（下面暂按通行译法，译作民族）概念，到底包含些什么具体内容呢？对于这一问题，1991年英国伦敦经

---

① 方维规：《近代思想史上的“民族”及相关核心概念通考》，孙江、陈力卫主编：《亚洲概念史研究》第二辑，北京：生活·读书·新知三联书店，2014年，第8—11页。

济学院的教授安东尼·史密斯在其名著《民族认同》一书中，给了今人富有启发性和影响力的回答。史密斯认为，作为一个现代的范畴，西方 nation 及其认同主要由以下四个方面的内涵构成：（1）它首先是一个空间或领土的概念，必须有明确的地理边界，人群与其传统居住的土地（即历史形成的领土）之间有着密不可分的关系；（2）它必须是具有单一的政治意愿的一个法律与制度的共同体；（3）其所有成员都具有法律保障的、包括参与政治等在内的各种平等的“公民权”（citizenship）；（4）它还具有共同的文化和意识形态。史密斯称具有这几个特点的民族共同体为西方的“公民（或市民）的民族模式”（a civic model of the nation），与他所谓亚洲和东欧的“族群（或族裔）的民族模式”（a ethnic model of the nation）正好区别开来。①

在以上四个方面中，为了机械地凸显其所谓两种民族模式间的明显差异，史密斯教授显然太过忽略，至少是轻视了前述威廉斯所强调的西方“民族”概念中原有的那种与“政治构成物”相重叠的“族群或族裔”方面的内涵。或许是意识到这一概括尚存不足的缘故，在稍后接着通论东西方民族认同的共同特征部分时，他对此表述又不得不有所调整。在他看来，“民族及其认同的结构非常复杂，包含一些相互关联的组成部分，如族群或族裔（ethnic）、文化、领土、经济和法律政治诸方面”。与此相应，他还将前面所提到的四个特征改换成五个，除把原有的第二和第三两个特征加以合并外，又增加了反映传统族群（或族裔）历史因素和经济特征两方面的内容。这五个特征分别为：（1）历史形成的领土；（2）共同的神话传说和历史记忆；（3）共同的大众公共文化；（4）所有成员所共享的法律权利与义务；（5）与领土变动相伴

① Anthony D. Smith, *National Identity*, Penguin Books, 1991, pp. 9-11. 本文对安东尼·史密斯观点的摘录，也可参见马戎：《评安东尼·史密斯关于“nation”（民族）的论述》，《中国社会科学》2001 年第 1 期。笔者最早得以关注安东尼·史密斯的民族学说，实受到马戎先生此文的启发。

随的共同的经济。①

史密斯的这一调整并非是不经意的，特别是他对与“族群或族裔”因素相对应的“共同的神话传说和历史记忆”内容的补充，更是如此。他曾反复说明，“民族”在概念上虽包含了两组特征，一组是“公民的”和“领土的”，另一组是“族群与血缘谱系的（genealogical），但在实际社会的个案中，民族认同总是多维度的，上述两组认同的具体成分往往以不同的比例混合在一起，有的情况是第一组比较重，有的情况则是第二组比较重。他甚至还以法国为例，说明即便在同一个“民族”发展的不同阶段，也会出现有时强调“公民的”和“领土的”因素，有时又强调“血缘族裔的”和“文化的”因素的复杂情形。② 可见在他看来，“血缘族裔的”和“文化的”因素，无论如何也是构成现代“民族”及其认同不可缺少的组成部分，即便在他所谓的“公民的民族模式”中，也不例外。也就是说，在东西方的现代“民族”及其认同之中，并不是其基本构成因素有什么不同，而只不过是这些因素的实际组合方式即“具体比例”有所差异罢了。

笔者以为，史密斯调整后的概括应当说更为可取，也更能揭示西方现代民族的真实特征。可惜，在他那里，这种对现代民族各因素间不同“组合方式”的复杂分析法，似乎并没有能够贯彻到底。实际上，即便孤立地称西方现代意义的“民族”为“单一的政治共同体”也是明显不够的，因为它同时也未尝不是一个具有共同文化认同的共同体，或至少是带有同一性文化认同因素的共同体。如果说前者彰显的是它有别于传统族群、族类或族裔的现代性政治品格，那么后者则表明的是其与传统族群或族裔相联系，即与之相因相续同时也发生过现代变革的历史文化内涵。任何一个现代“民族”（nation），如果缺少了以上两个方面内涵的立体融合，都是难以成立的。当然

① Anthony D. Smith, *National Identity*, Penguin Books, 1991, p. 14.

② Anthony D. Smith, *National Identity*, Penguin Books, 1991, pp. 13-14.

也不可否认，在这两方面因素构成的现代西方“民族”认同模式中，“公民的”和“领土的”政治因素，诚如史密斯所言，又占有着某种优先性和主导性地位。

但是，从社会性品格来说，“民族”得以维系和发展，终究不是靠政治强制，而是要依靠社会文化包括现代政治文化的涵化功能。这就是同样作为“政治共同体”，它既有赖于又有别于作为强制性“公共机构”之现代“国家”（state）的原因。正如史密斯所指出的：“‘民族’的成员分享共同的文化传统，与国家公民间存在的纯粹法律和科层纽带是完全不同的。”① 所以，人们通常忠于自己的“民族”，但却不一定忠于执政的国家政权，维克多·雨果因为痛恨法国政府而长期流亡在外，但他却始终热爱“法兰西”，就是一个例子。

实际上，西方现代意义上的 nation 内涵的构成，体现了政治学与人类学理解的某种内在矛盾与互动融合。它的形成、发展不仅具有区别于前现代的历史性，在内涵结构上又具有一词多义、多层次性和复合性的特点。这就决定了在中文里选择某个词来精准、简洁地传达其复杂的内涵，是相当困难甚至是不可能的。

近 30 年来，国内学术界对于 nation 概念的中文翻译问题，仍时有探讨。除了传统译为“民族”，也有的主张应译为“国民”②，还有的认为当译为“国家”，近 10 余年来更多有主张译为“国族”的，但究竟将其译作何词为妥，迄今并无定论。实际上，这也是清末以来就一直困扰中国人的问题。

笔者曾查考 19 世纪 80 年代以前来华传教士和中国人自己所编的各种英汉字典，发现 nation 一词多译为“国、邦国”，少数词典除此之外，另列有“民、百

---

① Anthony D. Smith, *National Identity*, Penguin Books, 1991, pp. 14-15.

② 如朱伦先生就主张译 nation 为“国民”，见朱伦：《人们共同体的多样性及其认识论》，《世界民族》2000 年第 1 期。这里转见于马戎：《评安东尼·史密斯关于“nation”（民族）的论述》，《中国社会科学》2001 年第 1 期。

姓”等译词，几乎没有译为“族”的。“族、类”等词，多被用来对译 race（种族）。[①] 20 世纪初年一些传教士所编的此类字典，往往也是如此。“民族”译词流行开来，主要是戊戌以后受日本影响的结果。但有关的歧异，也出得很早。如前文我们曾提到的，早在 1907 年乌泽声就从反对狭隘民族主义的角度出发，指出将 nation 译为“民族”，是日本人不察英法此词与德文有别而又“慕德风之流弊”的缘故，主张 nation 应译为“国民”。至于民国以后，持类似或相近看法者就更多了。青年党中及其前身“国家主义派”的许多人干脆就将 nationalism 译成“国家主义”。像 20 世纪 30 年代的常乃悳就公开强调，nation 实为“国家”之意，而 state 则当译为“政邦”，他因此很喜欢使用以国家作为政治依托的国民全体之“国族”一词来对应 nation，并认为“国族”代表着比“民族”更高的社会发展阶段。[②] 本书前述各章中也都有主张译现代 nation 概念为“国族”的，如杨成志、胡体乾等皆是。另外，还有人将其译为“族国”（如蒋廷黻）等，不一而足。这些都已成为我们今天反思 nation 中译的历史资源。

受芮逸夫谈“国家”“民族”和“国族”三位一体论的启发，方维规则提出了“国”“族”“民”三位一体说。他认为从国、族、民这三个方面来思考对应，是中文翻译西方现代 nation 概念复合内涵的“顺理成章”之事。现今的各种英汉双语词典中，nation 也依然有“民族”“国家”和“国民”三个主要译词，并非无故。方氏还以此为线索，细致地梳理了清末民初现代世界体系中的中国国家意识自觉、种族民族主义昌盛和国民观念勃兴等三者与早期民族主义传入的历史关系，[③] 这对今人认知 nation 的内涵，实不无裨益。

笔者以为，理解西方现代 nation 概念的关键，在于把握内蕴于其中的“民

---

① 黄兴涛：《“民族”一词究竟何时在中文里出现?》，《浙江学刊》2002 年第 1 期。

② 黄敏兰：《学术救国——知识分子历史观与中国政治》，郑州：河南人民出版社，1995 年，第 174 页。

③ 参见方维规：《近代思想史上的“民族”及相关核心概念通考》，孙江、陈力卫主编：《亚洲概念史研究》第二辑，北京：生活 · 读书 · 新知三联书店，2014 年，第 12—37 页。

族与国家两相契合”的理念。就族性而言，它是一种“国民（公民）民族”或“国家民族”，与西方前现代 nation 概念所表示的“种群（族裔）民族”（亦大体即后来民族学和人类学意义上的 ethnic group）相对；就国性而言，它则是一种民族国家或国民国家，有别于传统的专制帝国和独裁君主国。如果从汉文角度来说，nation 也就是“民族国家”与“国民民族”二者的统一体，或者亦可称之为二位一体。借用蒋廷黻的译法，民族国家或国民国家，或可简称为“族国”，但这一用法至今并未流行；“国民（公民）民族”或“国家民族”，亦可简称为“国族”，该简称民国以来已有相当程度的使用，但众所周知，更为流行的译法还是“民族”。这样，the Chinese Nation，也就是中华国民民族或中华国家民族，它既可像长期以来约定俗成的那样，简称“中华民族”，亦可简称为“中华国族”。

从字面上看，“国族”一词在表达现代 nation 特有的以全体国民为“族”的族性内涵方面，似乎较“民族”一词要更为准确，因为其中既包含了“国家”，又体现了“族类”。而在传统汉语里，“民族”与更常用的“族”“族类”等词一道，主要用于指称血缘、社会和文化方面的群体，字面上与国家政治、国民或公民整体之类含义并无直接关联，这也是迄今为止，似乎越来越多的海外学者愿意使用“国族”和“国族主义”，来分别翻译 nation 和 nationalism 的原因。但清末以来，“民族”和“民族主义”既然已分别被广泛用来对译 nation 和 nationalism，它们的活跃不仅成为思想观念史的事实，而且实际参与并极大地影响了民国时期社会政治运动的历史进程，因此今天的历史学家，更需要重视的当然不是如何翻译才更为准确，而理应是如何理解这种翻译的由来、使用及其历史成因和影响所在。

在笔者看来，清末民初的国人之所以会选择以“民族”译 nation，除了日本的影响等其他因素，与“国族”一词在“族”字的构词上多少显得有些别扭、生硬也不无关系。正因为传统的“族”字有太强的血缘社群含义，所以“家族”“宗族”等体现血缘关系和“贵族”“皇族”等体现血统关系的词汇，在古代中国很流行。“民族”一词在古代中国虽并不常用，但“民”毕竟属人，“民族”两字连起来亦属自然，而“国”字则不同，它完全就是一个超越“族”的纯政治组织，称“族”总有不自然之感。在日本，现代汉字词里面也基本没有“国族”一词，至少不通行，或许可以佐证这一点。至于“国家”和“国民”两个政治概念，在汉语中本身都具有独立的、明确的含义，无法直接传达出 nation 中由传统贯穿到现代的那一层“族类”之义。特别是“国家”，不仅与传统“族类”意识全不相干，且不具备“共同体”成员总合的基本含义，还不如“国民”。① 而在这方面，“民族”一词着实能显出其独特的优势。事实上，如果自觉从政治学与人类学的分异与互动角度，取一个较长时段的视野，将 nation 作为一个从传统到现代有变化也有延续内涵的“基本概念”来贯通把握——既涵括其前现代的族裔或种群含义，又容受其近现代的国民或国家民族的内涵——那么将 nation 译成“民族”亦自有其妙处，至少不无理由。尽管在另一层面，也难免会因此同时带来类似西文中 nation 一词之传统与现代含义那样的矛盾和冲突。

“国民”一词在表现 nation 的现代政治含义方面，有明显的优长，但对于现代民族的全体成员来说，这一“国民”的政治身份仍只是其核心的必要条件，而非充分条件。此外，共同的历史记忆、文化传统等与传统族群或族裔相“交迭”的那一部分内容，也就是其共同的“文化”身份，也并不可少。

---

① 关于 nation 与 state 的差别及其常被混淆的原因，石元康在《民族与民族自决》一文中曾作解释。他指出，在英文中，nation 与 state 是两个不同的字，许多人认为它们为同义词是不对的。“由于 state 这个字在英文中不能变化为形容词，所以当我们在英文中要说‘国家的’时候，我们就常用 national 这个字，例如 national insurance、national debt 等。但是，有些例子又显示出，nation 与 state 是含有不同意义的字，否则英文中就不应该出现 nation-state 这个词了。……如果它们是完全同义的话，民族主义的问题，一个民族应该建造一个国家也就不会发生了。”见石元康：《从中国文化到现代性：典范转移?》，北京：生活·读书·新知三联书店，2000 年，第 252 页。实际上，只就“国家”而言，英文中的 country 主要是从地域和住民的角度去谈，state 是从行政管理和机构运行的角度去谈，而 nation 则是从民族的角度去谈。

而“国民”一词在传达这一方面内涵时，就显得相当不足。该词实在太缺乏历史的纵深感和延续性的文化内涵了。比如，当我们说“法兰西”和“法国人”，与说“法国国民”时，感觉就很不一样。“国民”的政治身份，在中文里并不能直接显示出一种文化的凝聚意义，从而带给人一种悠久感。同样，我们说“中华民族”“中国人”，与说“中华国民”时，感觉也是如此。尤其是“中华民国”建立的时间短，其“国民”身份就更明显地不如“民族”身份来得深沉厚重了，自然地，就其对所属群体的凝聚力而言，“民族”一词也要远远大于“国民”。

这很容易使笔者想起本书第二章中曾提到的光昇在民初时对于“民族”与“国民”关系的独特“处理”。光昇显然相当熟悉传统民族向现代民族转换的内涵，故他一方面认为“自罗马之世界国家亡，而近世民族国家代之以兴，民族即国民也”。但另一方面他却又并不愿直接以“国民”取代“民族”，而是将其换成“国民性”一词，直至其行文别扭难通而在所不惜（“学者或舍民族旧名而改称曰国民性，即能为一国民之集合体之性质也”）。其实此无他，只因“国民”一词在中文里难以有效反映超越政治之外的历史文化认同方面的一致性内涵，太缺历史纵深度和文化涵融力，包容不广、运转不灵故也。

相比之下，“国族”一词确乎要更胜一筹。尽管其构词不免有生硬之处，但后因政治等多方面的原因，它在民国时期还是得到了相当程度的传播。不过，就其语言使用的实际效果而言，正如本书前章所指出的，它对于当时的中国普通民众来说，由于“国”字当头，且字面上失去了主权的平等主体——“民”的构成词素，那个“族”字的内涵其实亦不易彰显，很难收到超越于“国家”和“国民”这两个纯政治范畴之上更进一步凝聚民众的社会历史文化效应，因此也不能算是一个令人十分满意的理想译词。不过，民国时期，“国族”一词的传播和“中华国族”一词的存在与运用，却不乏思想意义。它在精英思想阶层，对于缓和与调节“民族”与“国家”之间观念的张力和矛盾，作用显著，对于现代中华民族观念的形成、传播来说，也发挥过疏解矛盾，有助于理解、把握汉族和其他少数民族之间整体性和统一性的积极功能。当然同时，它也带来了有关概念分辨新的困扰。

在现代英文里，为克服 nation 使用中传统和现代词义的矛盾，一般表达血缘、文化意义上的民族或族群，多采用民族学和人类学的概念，或用 ethnic group，或泛用 race 等，而一国之内的民族或族群，则使用 nationality（取其非“国籍”、非“国民性”或“民族性”的政治义）、national minority（少数民族）、ethnic majority（多数民族）等。现代民族学或人类学，最早以族裔民族或种群民族（古希腊词 ethnos）为基本对象，20 世纪 60 年代中叶以来，在西方学术界，为淡化其生物学意义的 race 色彩，强调其社会历史文化共同体的含义，其流行的英文专用词汇逐渐变成 ethnic group，现一般多译作“族群”。

概言之，无论是将 nation 译为“民族”还是“国族”，是译为“国家”还是“国民”，现代西方的 nation 概念都深深地影响了近代中国的历史。笔者讨论 nation 在西方的古今含义以及在近代中国的翻译和使用情形，既不意味着中国现代“民族”概念在西方的影响下诞生后，其在自身的社会运行中的实际内涵与其在西方的本义出现差异为不正常现象；更不意味着我们只能以西方的标准，来评判中国现实中出现的民族认同运动乃至观念的得失。只是相信其有关辨识，能够有助于我们去更好地参照、认知和分析清末民国时期那些认同“中华民族”的人们对于“民族”的实际理解及其认知特征而已。

在前面各章考察“中华民族”观念的时候，我们曾顺便提到过乌泽声、梁启超、杨度、顾颉刚、杨成志等许许多多人关于“民族”概念的有关见解。如果更为广泛地浏览民国时期认同“中华民族”的人们的“民族”观，则可以发现，这些观点虽有各种各样的具体表现形态，对构成民族的诸多成分的认识不尽一致，强调的重点也有不同，但总的来看或者说合而观之，它们却并没有忽视和偏废通常被今人所提及的那些民族构成要素，如共同的地域（或称领土）、血统联系、语言沟通、风俗、生活方式、政治法律制度（包括平等的公民权），以及经济生活、共同的民族自我意识、历史记忆、文化心理素质（或国民性），等等。也就是说，在阐发和认同“中华民族”观念的各种论说里，这些因素都被程度不同地考虑到了。但与此同时，有一点也很明显，那就是在这当中，又存在着前现代民族观念和现代民族观念之间，或者说民族学、人类学意义上的民族观念同政治学意义上的民族观念之间，彼此混杂并存、交互影响的现象，它们既矛盾抵牾，又相互牵引作用，在与清末民国社会政治现实的复杂互动的过程中，共同促成了独特的现代中华民族观念形态的产生与发展。

前文我们曾提到，安东尼·史密斯的《民族认同》一书将民族及其认同划分为两种模式：一为“公民（或市民）的民族模式”，二为“族群（或族裔）的民族模式”。他认为前者可以西欧和北美为代表，后者则以亚洲和东欧为典型。从表面上看，他关于两种民族概念类型的划分，似与西方现代和前现代 nation 概念内涵两相对应、重合，其实却存在着不同之处。因为他清楚地看到了两种模式之间的相对性，即彼此的各种构成要素总体相似，只是组合方式和“比例”存在差别而已。不过细究起来，其有关的具体分析仍不免失之于简单化和机械化。比如，在史密斯看来，作为亚洲国家的中国，其民族及其认同特性明显属于“族群的民族模式”，这一模式具有三个特点：一是对血统和谱系的重视超过对领土的认同，二是在情感上有强大的感召力和动员效果，三是对本土文化的重视超过法律。① 此种概括是否适于整个亚洲和东欧各国的具体情况，可暂置不论，单就近代中国“中华民族”观念及其认同根据而言，就很难说完全符合事实。其简单化和机械化之弊，从史密斯将“血统”与“领土”、“文化”与“法律”简单对应甚至对立起来考虑问题的思路一点，即可了然。实际上，对于秉持现代中华民族观念的人们来说，其心目中对“领土”与“血统”、“文化”与“法律”的关注程度，究竟何者为高，也就是说哪一个更为重要的问题，是没法给予简单化判断和回答的。

---

① 参见 Anthony D. Smith, *National Identity*, Penguin Books, 1991, p. 12。

清末民国时期，传播现代中华民族观念的人们本身，既有持“公民的民族模式”的民族概念者，也有持“族群的民族模式”的民族概念者，难以一概而论。与其像史密斯那样，将他们心中的民族概念笼统归结为所谓“族群的民族模式”，还不如将其视为上述两种模式的民族概念彼此互动、复杂影响的混合产物更加恰当，也更为符合历史真实。一方面，揆诸当时社会上广泛流行和运用的中文“民族”概念，我们不难发现，很多时候它们的确都是在人类学意义上被使用，也就是说，不少人从理论上接受了人类学和民族学有关知识和价值的理念，认可历史文化因素在民族构成中居于极为重要的地位。这也是国人愿称各民族为“民族”的原因。此种认知结果，在清末民国时期是极其自然的，因为它完全符合中国传统族类认同观的精神。换言之，这一层面的民族含义，其实也体现了中国传统族类观的延续和直接影响。

但另一方面，近代中国人“民族”概念的实际运用，又没有局限在历史文化的层面，而是同时实现了超越，引入了共同体成员平等的国民和公民政治身份的内涵并将其置于基础性地位。笔者所谓现代民族概念在中国得以形成，正是此义。换言之，表面上看，人类学意义上的“民族”认知，与强调民族成员为平等“国民”或“公民”身份的西方现代民族概念认知，似乎构成分歧乃至对立，但在近代中国人的实际运用中，却又并非如此简单。那些传播“中华民族”整体观念者，有的可以说是纯粹的现代政治民族论者，有的不妨说仍是主要秉持传统的民族概念或人类学民族概念的人，而后者可能同时接受对国内族群也称“民族”，只不过“中华民族”为大，各民族为小而已。但在近代中国，无论是秉持人类学民族概念者，还是秉持政治学民族概念者，只要他认同并传播中华民族一体观念，就都会格外强调国内各族人民已具有同一的国民、公民身份这一点，并将其视为全民族整体认同的基本前提，然后又认为仅此还远远不够，进而呼吁在文化上实现进一步的融合。由此可见，文化上加深融合的急迫感，实际上构成为当时强调现代中华民族观念及其整体认同的直接思想动源。

当然，此种新旧民族概念的混杂，也难免导致一些思想者关于中华民族观念的内在矛盾。以李大钊为例，这位高举现代中华民族旗帜的先驱者，一方面明确声称“凡隶籍于中华民国之人，皆为新中华民族”，强调所属成员建立共同的政治法律制度、同做平等国民的重要性；另一方面却又认为：“民族的区别由其历史与文化之殊异，故不问政治、法律之统一与否，而只在相同的历史和文化之下生存的人民或国民，都可归之为一民族。”① 其民族观的内在矛盾如此，在近代中国尚非个别现象。但值得注意的是，此种认知矛盾却并没有妨碍李大钊本人对中华民族的积极认同，以及他对现代中华民族观念的真诚倡导。他发表上述意见的时间为1924年，其对甲午以后被日本强行割去的宝岛台湾及其人民的格外眷顾，毋宁说折射的正是其内心深藏的现代“领土”意识及其对帝国主义侵夺领土的愤慨之情。此种中华民族整体观念，在1945年台湾回归后才得以同现代民族概念的主体内涵基本统一起来。

与此同时，也正是基于现代“国家”和“国民”认同还不足以凝聚国人、保住疆土的隐忧，“中华民族”观念的倡导者、传播者和认同者们，有的还极为看重国内各族昔日的“血缘或泛血缘”联系，强调“你中有我、我中有你”，并不惜笔墨做了大量的论证和揭示工作。这一现象，与近代中国“民族”一词始终具有浓烈的种族、族裔含义，也是一致的。具体说来，近代中国认同“中华民族”的人们对各族之间血缘或泛血缘联系的强调，也还存在着不同的表现程度。像蒋介石等人，乃是其中相当偏激的一类。更多的人，

① 李大钊：《人种问题》，《李大钊文集》，北京：人民出版社，1999年，第427页。这种“文化的”民族观在民国时期相当普遍，属于文化人类学的基本认识。后来徐文珊的《中华民族之研究》（自己发行，台湾商务印书馆等经售，1969年版，第30—37页）一书对此亦有系统总结。他认为组成“民族”有三要素：血缘、地缘、文化缘。“人们心理上对先天的血缘地缘的相异，远不如后天文化相异的印象鲜明而深刻，并且是多方面的。而血统的同异则仅是肤色和体格的差异，不足构成民族间鸿沟之界。惟有言语、文化、生活习惯、食衣住行、文化思想等等，才是民族间显然的界限，合作的障碍。因此我们可以说，文化实在是民族的灵魂。”

虽也重视泛泛揭示各族间血缘联系的持久性与广泛性，却往往更愿意强调彼此间共同的历史记忆和文化的统一性，而有意无意地将血缘交流视为综合性历史联系的一部分来看待，习惯把它纳入“历史与文化”因素中去总体考量，这一点，实际上也恰好得到了主流人类学取向的支持。

“民族”及其认同问题是一个世界性的难题。如何定义民族和认知民族认同，至今众说纷纭，莫衷一是。① 民国时期中国人的有关理解和实践既带有中国性，也具有世界性意义，无法简单地套用某一家现存的“民族”界说来随意臧否它们。从本质上说，“民族”的概念只能由其被使用的实际历史来定义。因此，充分尊重和正视既存的各民族历史，与充分尊重和正视“民族”概念在各国政治、文化中被使用的历史，从某种意义上说，对于民族思想史研究中把握和认知“民族”，都具有同样的重要性。

通观清末民国时期的现代中华民族观念及其符号认同，不难发现，它是一种受到西方人类学和政治学双重意义上的民族思想与政治现实综合影响的中国产物，也是在特有的民族格局和历史处境中得以出现和形成的政治文化现象。换言之，20 世纪前半期现代中华民族的认同运动，正是在中与西、历史与现实、人类学与政治学的民族观等之间复杂互动的结晶。

从清末民国时期中国人所使用的“中华民族”符号中“民族”概念的实际内涵来看，现代中华民族观念的持有者所要表达的，显然不能说只是一种单纯意义的当下国家政治认同意愿，而是建立在现代国家即中华民国的政治基础之上，进一步谋求一种基于社会文化层面一体化的大民族共同体的认同。换言之，在这一过程中，虽然可能有不少人，特别是有些少数民族人士，其有关的认同直接建立在归从当时中华民国的国家政权层次上，尚停留在现代

① 关于“民族”概念的分歧，可参见魏鸿鸣、张谋、马守正：《建国五十年来关于民族概念的研究》，《黑龙江民族丛刊》1999 年第 2 期。另见埃里克·雷布斯鲍姆著，李金梅译：《民族与民族主义》，上海：上海人民出版社，2000 年，第 9—13 页。雷布斯鲍姆甚至认为，民族主义先于“民族”而建立。

“国民”政治身份认同的水平，这是事实。但不可否认的是，更多热心使用“中华民族”概念的中国人，或者说“中华民族”论的主流，则不仅以现代中华民国认同为现实基础，更以中国文化的不断融合、历史（包括泛血缘）的密切联系为深厚依托，从而超越政权认同和传统族裔认同的界限，在两者的张力和互动之中，追求一种包括各少数民族在内的大民族共同体整体认同，也即独具内涵的“中华国族”认同；一种以数千年延续不断的共同体称谓“中国”或“中华”为标志符号，建立在作为平等公民集合体的现代“中国人”认同基础之上，并有进一步融合期待的政治与文化认同；一种现实和理想交织、既完成而又未完成的认同；在一部分极端者那里，它甚至还是一种国内各现存民族已然同化或正在实现的单一性民族的不切实际的偏激化认同。

这就是我们在这一认同的过程中，虽然会经常看到“中国人民”“中华民国人民”“中华民国国民”，甚至“国族”“中华国族”一类词语或概念，但它们通常都是出现在与“中华民族”概念相间使用的文字里（从本文前面的有些引文即可有所见及），构成对“中华民族”一词和概念符号的某种补充，而不是也无法将其彻底取代的根本原因所在。如果仅仅从用语习惯的角度来解释这一现象，显然是缺乏说服力的。

二、“一元”抑或“多元”?“建构”还是“演化”?

除了“民族”观，整体的“中华民族”如何构成，或换言之，“中华民族”的历史和现实结构的总体特点究竟怎样，其来源如何，等等，也是当时言说“中华民族”的学者们所不能不考虑的难题所在。它不仅成为现代中华民族观念的有机组成部分，还构成这一观念赖以成立、引发广泛社会认同的知识基础。因此弄清“中华民族”的结构与来源问题，对于认识清末民国时期现代中华民族观念的历史根基和认同的特质，也是很有意义的。

综观近代中国的各种议论与著述，关于这一点可以说大体存在着两种主要思路：一种不妨称之为“一元多流”说，另一种则可姑且称之为“多元一体”论。与之相伴随的，当然还有各式各样的混杂形态。从本文前面的有关述介中，对于上述两种核心思路我们已不难有所体察。但这却并不构成什么新的“发现”。早在抗战时期，已经有学者对此做过很清楚的概括了，如1941年张大东在《中华民族发展史大纲》一书中，就曾明确指出：

> 中华民族者，非吾族以往历史上之名词，乃中华民国以内之数个民族，结合而成为一个民族之总名词，关于此总名词含义之揭示，约有二

义，分述于后：

一派主张，中华民族内之若干支，自古实同一祖先；经过五千年之流转迁徙，种种演变，固曾分为若干不同之名称，迄今尚有一部分各异之痕迹，但追溯有史以来之血统，仍为一元的……（汉满蒙回藏苗等）皆为黄帝子孙。此一派以熊十力氏主张最力。熊氏著有《中国历史讲话》，其立说之根据，大抵择取我国史家之记载，一部分加以推论。拥护斯说者，近来颇不乏人，文字散见于杂志及通讯小册中，不复一一征引矣。

另一派主张，则谓今日之中华民族，系由有史以来，若干不同之民族，互相接触之结果，逐渐循着自然之趋势，陶熔结合而成为今日之一个庞大民族。在过去中国历史上之若干民族中，当然以华夏系（即后之汉族）之文化为最高，故同化工作上，亦以华夏系为主干，逐渐将华夏之文化，向东西南北四面发展，最后从语言文字，风俗习惯，宗教信仰，以及生活血统各方面，将四围之外族，同化吸收，使之加入华夏系之中，而消弭民族之界限差别于无形。故今日之中华民族，实积历史上若干不同之民族血统，混合凝结而成者。此一说，一般史学家，及稍有常识之人，大致均无异义。①

不过，且不说这两种观念的混合形态，即便是“一元多流”论和“多元一体”论各自的表现形式本身，也并不完全一样。一元论有像蒋介石所倡言的那种典型的“分枝宗族”论，也有像顾颉刚等所秉持的那种中国始终为“一个民族”的“种族汇合”论，还有熊十力等人所主张的那种一般性的“同一祖先”论（均为黄帝子孙，以北京人为远祖）。同时，其关于各族血统联系

① 见张大东：《中华民族发展史大纲》，军训部西南游击干训班，1941 年 2 月印，第二章第二节“中华民族释义”，第 21—22 页。另，张书 1942 年 9 月又曾在桂林由文化供应社印行，署名“张旭光著”，书名也略有差异，为《中华民族发展史纲》。

的具体观点，也不尽相同。至于“多元一体”论，其在关乎中国历史上多民族不断融合、一体化范围逐渐扩大并将继续融合下去这一主旨上并无分歧，但在对待现存中国各民族特别是各族文化的态度上，却还存在差异：有的主张现存各子民族（包括汉族）在互相融合的过程中，将会而且已经在迅速“化合”为一，甚至已经基本上“化合”为一了（同时也还存在着很少的差异），即前文所提及过的以强调“多元”的不断消失为前提和特征；有的则希望在现时代仍然能够保持一种多民族并存、以平等的自然融合为趋向的“一体化”民族共同体。晚年的梁启超就基本上属于前者，而费孝通和抗战以后中共的“中华民族”观则大体上属于后者，尽管他们当时还并未能对此做出清楚准确的阐释。

实际上，在清末和民国的那一特定历史时期，“中华民族”一体观念的“一元论”和“多元论”，往往复杂乃至矛盾地绞合在一起，其彼此之间的界限并不十分明晰。绝大多数文化人甚至对此种分辨都缺乏自觉，更甭提一般老百姓了。也就是说，在民国时代，就一般的社会认知而言，是一元论、多元论两者及其介于它们之间的各种混合形态，共同支撑了一体化的“中华民族”概念和观念符号，并由此推动了整体化的中华民族现代认同。它们彼此之间，内在的分歧和矛盾固然存在，但由于其具有共同的情感主体、认知动机特别是共同的认同目标，故当时能在实际上和睦相处、互相支持。如它们对各族人民共同的“国民”平等身份的执定，对各族相互融贯的共同历史文化因素的强调，对其泛化的彼此血缘相混事实的揭示，对其遭受外敌入侵和需要合作发展的共同民族命运之分析，等等，在社会上就显然联合发挥了引导“中华民族”整体认同的积极功能。

关于这一点，有一个事实或许应引起研究者的注意，那就是在当时，即便是对此中分际有着一定自觉的研究专家和著作者们，一般也往往并不急于或在意于要去分辨两者之间的是非曲直。如前述《中华民族发展史大纲》的作者张大东在介绍了“多元”和“一元”两种不同观点后，就这样写道：“以上二说，孰是孰非？吾人不必遽下断语。惟当知前一主张，对于中华民族之统一与团结上，颇有良好之影响。后一主张，对于民族之奋斗发展，与同化结合之迹象，易作明显之说明……亦足以振奋民族精神也。”① 这表明，在民国时代，要想分辨清中华民族的整体结构究竟是“多元一体”还是“一元多流”，其学术条件和现实环境都还不够成熟。不过，在逻辑上或事实上，“多元一体”论却无疑已经显示出相对更强的历史解释力和现实说服力。

民国时期，“一元多流”说和“多元一体”论的矛盾及其共存本身，从一个侧面也证实了前述“中华民族”概念和一体化的共同体认同观念的那种复杂性和独特性。但无论是前者还是后者，它们所表达的认同对象都超越了或者说不限于那种单纯政治意义的“国家”认同性质——不管是传统国家，抑或是近现代国家，也不管是就起源而论，还是就当时的现实而言。

作为一个历史的过程，清末至民国时期现代中华民族观念的萌生与确立，是与整个中国现代化的运动相联系的，尤其是与西方民族主义思潮的传入所引发的理想的现代“民族国家”之追求，以及形式上的此种国家即“中华民国”形成与发展的实际历史运动相伴随。自由、平等、独立和解放等现代理念，既是启动现代民族意识的基本价值观念，也构成了“中华民族”观念的现代价值起源（包括对内、对外两方面）。从这个意义上说，“中华民族”的一体认同观念本身，无疑带有一种现代性。

由于近代中国现代化发展的前提是实现中国自身的独立与完整，它必然内在地需要一个既能整合国家、社会和文化，又能有效地连接历史与现实的关于全疆域内人民的现代统一体概念，以便承担起独特的社会动员的时代使命，于是“中华民族”概念及其相应的一体认同观念便应运而生。就其上述符号功能意义的要求而言，它实在是“中华民国”“中国”“中华各族”“中

① 见张大东：《中华民族发展史大纲》，军训部西南游击干训班，1941 年 2 月印，第二章第二节“中华民族释义”，第 22—23 页。

华国民”乃至“中国人民”等概念所无法比拟和替代的。因此，这一概念的诞生和流播，的的确确属于时代需要的产物。它并且因此成为生息在中国这块古老土地上的各民族实现从其自身的传统形态向其共享的现代形态转化的鲜明标志。

但“中华民族”这一符号所内聚的现代观念同时也是中国有史以来，特别是清代以来历史发展的结晶。因为具有现代民族国家形式的“中华民国”的建立，同样与这种历史发展尤其是清末宪政运动紧密相关。如果没有历史上各族人生活在同一块地域范围的制约因素，没有政治经济上广泛深入的联系和血缘上长久而复杂的交流，以及共同的历史记忆和文化熏陶，这一概念和相应观念的形成与广泛认同是根本无法想象的。换言之，作为一种历史存在，那种具有独特联系的尚处于“自在”阶段或古代状态的族群共同体之存在，及其向近现代演化的内在可能与趋势，对于“中华民族”概念及其与之相应的一体认同观念的形成来说，也是最为重要的决定性因素。且不提清朝以前的漫长时期，即拿民国以前的清朝时期来说，作为整体认同对象的“中华”和“中国”两词或概念本身，就已经具有了带现代性因素的历史文化共同体与国家政治体符号性质的客观内涵（见本书第一章），这一点对于我们理解“自在”的中国人和“自觉”的中华民族共同体之间的内在关联，便不无某种豁然开朗的启发效果。当然，此处所谓“自觉”，还并不只是对以往那种各民族整体性联系之“自在”状态的简单觉悟和感知，而是一种基于现实环境和诸多现代性因素（特别是现代公民政治因素）作用背景下的能动反映，甚或其本身，就理当包括林毓生先生所谓的“创造性转换”在内。

在这个问题上，我们必须摒弃那种将现代性和前现代性因素绝对对立和完全割裂的机械论观念。就拿儒家的“天下观”为例来说，它与清末民国时期“中华民族”的民族主义观念的关系，也并不像有的学者所强调的那样，完全处于简单对立状态（它诚然与民族主权观念有直接冲突的一面）。在历史上，儒家的“天下主义”、大同观念不仅成为古代华夏民族能够不断汇聚各族、发展壮大的重要历史文化因素，即使到清末民国时期，正如前文所提到的，它依然发挥过协调和凝聚国内各族人民的不容忽视的文化功能。同时，这种观念本身，事实上还成了现代中华民族崇尚和平、心胸博大的民族优越感、民族自信心和自尊自重的民族主义的情感源泉之一，也即它参与过现代中华民族情感统一体的形构过程。①

时下，认为“民族”为想象的共同体（imagined communities）和依赖于这一认知途径的所谓“建构”说，正流行一时。② 从学术角度来讲，这些说法的确有助于人们较为充分地了解现代民族形成和发展过程中主体的能动性作用，有助于较多地洞悉其中话语与权力之间某些历史关系的生动复杂面相，从而扩大我们思考民族问题的空间，但在笔者看来，它实际上与近代以来那些过于强调“民族意识”和自我认同精神的各式主观论“民族”观点，也不乏一脉相承之处，甚至在夸大“主观性”方面并没有本质的差别。从根本上说，这样的定义和理解无疑走向了偏颇。比如，在那些民族“建构”观者看来，关乎现代民族赖以依托的历史上和现实中既存的一切，都只不过是可供建构主体进行选择的“资源”而已，而这些“资源”如何“呈现”和发挥功能，完全取决于“建构”主体如何进行“选择”。可是，正如著名哲学家陈先达先生所指出的那样，“人的活动的选择性是以不可选择为前提的”③。“因

① 本书第二章所引1918年《民国日报》社论《吾人对于民国七年之希望》对中国“世界主义”传统的称赞，以及与“中华民族”观念的有机联结，就是很好的说明。

② Benedict Anderson, *Imagined Communities*: *Reflections on the Origin and Spread of Nationalism*, Revised Edition, Verso, 1991; or London, 1983. 安德森全书的看法其实远比今人常引述的要复杂。但其最出彩而引人注目的还是其“想象共同体”的观点。该观点影响很大，被广泛引用。国内早已有了中文译本。另可参见尹健次著，武尚清译：《近代日本的民族认同》，《民族译丛》1994年第6期。其实，与其说“民族”是“想象的共同体”，不如说它是带有“想象”性因素或成分且这种因素或成分在其中发挥特殊重要作用的共同体。参见黄兴涛：《“话语”分析与中国近代思想文化史研究》，《历史研究》2007年第3期。

③ 陈先达：《漫步遐思》，北京：中国青年出版社，1997年，第211页。

此，选择，在任何时候都是对可以选择东西的选择。”①

具体到清末民国时期“中华民族”一体认同观念的形成和发展，不仅历史上各民族之间实际融合关系的历史“联系性”和演进趋势具有某种潜在的不可选择性，现实的政治、经济和文化关系的基本走向，同样具有某种不可选择性。这就是“排满”思潮虽一度时兴但却不得不最终消歇，国内民族分裂主义者始终不得人心，帝国主义的种种分裂挑唆和吞并阴谋终究大多难以如愿，各种对立的大政党无论政见如何分歧，最终却都不得不高举“中华民族”整体性旗帜的深层原因。清末民国时期“中华民族”一体认同观念的萌生、发展与确立，固然与国人趋利避害的主动选择不无关系，然就其本质而言，它又是受到社会历史条件的根本性制约的。

从主观方面看，在清末民国时期，“中华民族”一体认同意识或观念的萌生和发展，不妨说乃是中国各族人民在帝国主义列强的侵略和欺压之下，在西方民族主义思潮的传入和直接影响之下，在“现代民族国家”的现实运动之中，对于其当下和未来的共同命运、前途、利益的感知和体验过程；更是其对彼此之间长期形成的历史联系和一体性演化趋势不断自觉和深化认识的过程；同时，也是一个经由“先知先觉”的认知、揭示、启发、倡导、鼓吹，到全民广泛认同的发展历程。而从客观方面或者主客观互动合一角度来看，它则是帝国主义侵略与中国各族人民致力于全民族独立与解放运动相互作用的产物，是西方和日本的近现代“民族”思想与中国传统的以文化认同为主要取向的“族类”观互相作用，尤其是其与清末民国时期中国的社会政治现实相互作用的产物。同时，它也是中国各民族长期以来不断融合的历史之延续和发展，是民国建立以后这种融合又加速进行和进一步深化的事实在思想观念上的即时反映。

这样一种“精英和大众、历史和现实、传统与现代深刻互动”之果的

---

① 陈先达：《静园论丛》，北京：中国人民大学出版社，2000 年，第 111 页。

“一般思想”观念①及其认同历史，这样一个客观与主观长期复杂互动的社会过程本身，如果必须对其整体性质进行概括，而且非要在“演化论”同“建构论”二者之间择一不可的话，那么笔者宁愿选择前者，尽管后一种表述目前更加时髦。虽然在这一过程中，无疑包含着无量的主观努力和“建设”尝试，不可避免地激发出种种想象甚至于出现“神话”或“迷思”，但这只能说明它不是一个纯“自然化”的社会性历史过程而已。同历史“演化论”相比，“建构”一词实在是太过于张扬了人的主观性，乃至容易被人凸显某种随意性，而实不免轻忽了不以人意志为转移的社会历史因素的能动力量，以及这种力量与人的选择之间“互动”的客观性方面。因此，用“建构”一词来参与分析这一过程的人为努力部分，应当是必要的和有意义的（重视“过程”的意义本身，也是“建构论”者的重要特征），但只用它来单面性地概括这一长期的历史过程之总体性质，却并不妥当。

应该坦承，对于清末民国时期的“中华民族”及其认同观念来说，就笔者的本意而言，其实更愿意在“演化论”与“建构论”之间，走一条折中的道路，即将其视为历史的延续演化和主观能动建构彼此互动的产物。因为毕竟像有的族群从近代中国分离出去这样的历史事实，是无论如何也无法单一用一般的历史“演化论”来加以有效解释的。也就是说，在历史解释之中，强调主观能动选择的“建构论”因素，也的确存在其合理性的一面，不能全然加以漠视。实际上，寻求两者之间的某种调和，或许乃是更为稳妥的做法。这是笔者较之十六年前，愿意在认识上所做出的一点调整。

正是基于此种认识，本书才取名为“重塑中华”，认定现代中华民族观念的形成、传播与认同，乃是一个延续与创造辩证统一的历史过程。

---

① 黄兴涛：《近代中国新名词的思想史意义发微——兼谈对于“一般思想史”之认识》，《开放时代》2003 年第 4 期。

三、一点感悟

在近代中国，现代意义的“中华民族”这一认同符号的形成、确立及其内含的一体性观念之萌生、演变与社会化传播，乃是中国历史上的一件大事。其实际认同在清末民国时期已然奠定了最为重要的基础，但却并没有终结这一过程。就各少数民族的认同来看，1949 年中华人民共和国的成立和整合，也具有极为重要的意义。一定程度上甚至可以说，该过程至今也仍然处在某种延续和自觉深化之中。从 20 世纪 80 年代以来广泛播扬的“中华民族多元一体论”，到 90 年代后激荡神州的“中华民族伟大复兴”的时代强音里，我们都分明可以听到此一认同进程的历史回声。

现实是历史的延续。作为一个关切自己民族国家乃至人类前途的中国人，当他回望近代中国的坎坷命运，品味“亡国焦虑”与“再生渴望”的国人心态史的时候，定能强烈感受到那种平等一体的主导型中华民族观念及其认同的来之不易，从而备感珍惜。在当今中国，强化中华民族或中华国族的整体认同，无疑仍是时代的使命和当务之急，而与此同时，自觉而有效地维护少数民族的权利，努力保持各民族的文化个性和多样化发展，也同样是迫切而持久的需求——如何在两者之间保持一种张力与平衡，实在既需要国人平静的理性、深入的调研，又需要长远的眼光和智慧的创造。

从以上关于近代中国“中华民族”观念的历史考察中，我们常常可以看到政治学与人类学视角的歧异和矛盾，也能见及两者之间的交互作用与影响。而要想真正处理好国内民族问题，包括与国外民族的交往问题，不妨说又期待着思想者和实践者同时拥有政治学与人类学的双重关切与复合智慧，去积极探寻同政治一体格局相互涵容、既着眼于长远而又切实有效的文化融合之道。实际上，不仅是民族问题，还有环境问题、边疆问题等诸如此类问题，都需要我们既坦诚地面对现实，又要理性地反思过去和清醒地面向未来。唯有在与历史不懈的对话之中，自觉求取和保持一种多元一体、团结统一、人文时尚、和谐发展的民族格局，未来才有可期。国家的命运与人类的前途，端赖于是。这，就是笔者多年研究这一问题之后，最后想要表达的一点感悟。

情感、思想与运动：近代中国民族主义研究检视[①]

关于近代中国民族主义的研究，成果很多，而且大有持续兴旺之势。近年来，学界对20世纪90年代以来的有关研究，也屡有“综述”出现。[②] 但在

① 本文系应日本东京大学村田雄二郎教授等邀请为其主持的“20世纪中国史系列”所写的专稿。载饭岛涉、久保亨、村田雄二郎主编：《中华世界与近代》“21世纪中国史系列”第1辑，东京大学出版会，2009年，第185—205页。日译者为小野寺史郎。征得主编同意，本文曾以中文在国内发表于《广东社会科学》2009年第3期，此次收录本书，个别地方略有文字调整并补充两个注释。

② 综述主要有王春霞、王颖的《近十年来关于“中国近代民族主义”的研究综述》（《中州学刊》2002年第4期），萧守贸的《近年来中国近代民族主义研究概述》（《历史教学》2003年第3期），暨爱民的《20世纪90年代以来中国近代民族主义研究述评》（《教学与研究》2006年第1期），崔明德、曹鲁超的《近十年来中国民族主义研究述评》（《烟台大学学报（哲学社会科学版）》2006年第1期）。关于近代中国民族主义的研究专著不少，有些文中会提到或引用，此不备举。2000年以来的专题论文集较有代表性的有两种：一种是郑大华、邹小站主编的《中国近代史上的民族主义》（社会科学文献出版社，2007年），另一种是李世涛主编的《知识分子立场：民族主义与转型期中国的命运》（时代文艺出版社，2000年）。

笔者看来，目前的有关研究和综述仍然存在一些被忽视或重视不足的问题点值得注意。本文试图在把握近年来有关近代中国民族主义研究动向的基础上，再以扼要的形式提出几个重要的学术焦点问题略做解析，以期拓展同人思路，推进相关研究的深化。

1. 从传统“民族”意识到近（现）代“民族主义”：不容忽视的历史过程与内涵转换

民族主义是一个近代性或现代性的范畴。它是一种建立在“主权”观念基础上的民族自我意识，一种追求、保护本民族利益和发展壮大自身的主体自觉状态。它对外贯注着反抗压迫、维护国权的主权诉求，对内则充溢着国民平等而又团结统一的精神感召，并凝聚为建立和发展现代民族国家的持久冲动。民族主义不仅是一种普遍存在的情感取向、一种思想原则，并表现为多姿多彩的观念形态，还往往作为一面政治大旗被弱小民族和国家公然揭橥、不断挥舞，成为一种合法而强势的意识形态。与此同时，它还通常直接构成和导致所在民族与国家现实的政治、经济、文化运动和社会实践。因此，作为历史现象的民族主义无疑是复合型的、多层次的、立体的和动态的。不过，由于各民族主体的自身历史、当时的国际地位和其他现状的不同，在近代不同时期和不同国家，民族主义出现与活跃的特点也必然存在种种差异。

在近代中国，民族主义的兴起是多种因素综合激发的产物。从思想来源上说，它既包括传统族类意识、华夷观念、“大一统”和“正统”、“道统”观念的延续作用，更包括近代西方种族、主权观念，历史、地理和政治法律等方面的其他相关新知乃至专门的民族主义“学理”输入的观念启导。从现实刺激方面看，作为“他者”的欧美、日本等近（现）代强势民族和印度、越南、波兰等弱小民族的命运参照和比鉴之效也显而易见，而列强对中国不断进行的军事侵略、政治讹诈、经济掠夺以及文化与种族歧视所导致和强化的民族现实危机，更成为驱动近现代民族主义在中国兴起、发展的直接动力。

有学者认为，与民主主义的思想主要来源于西方不同，近代中国的民族主义主要来源于传统的族类观念，特别是“华夷之辨”的传统民族观①，这种见解值得商榷。要辨析这一点，必须首先了解中国传统民族意识与近现代民族主义在内涵上的区别与历史关联问题。早在20世纪70年代初，王尔敏先生就曾敏锐地指出，中国近代民族主义实际上由三种自觉意识组成，一种是族类自觉意识，一种是文化自觉意识，一种是近代国家“主权”自觉意识。前两种东西中国自古并不缺少，只有“主权”观念乃属近代时从外新来，并且构成近代中国区别于中国古代民族意识（他称之为古代民族主义）之特色所在。他以王韬、曾纪泽等几个“思想先知”为代表，勾勒了19世纪60年代之后近代“主权”意识在中国逐渐觉醒的历程。同时还以戊戌时期的学会活动为依据，对此期以“保国、保种、保教”三者并提且以“保国”的主权意识为首的近代民族主义勃兴的情形，给予了清晰揭示。②

应当说，王先生简洁、朴实而睿智的看法，对今人了解传统中国民族意识与近现代民族主义之间的关系富有启发意义。不过，笔者对王先生的见解虽多表赞同，却觉得其中也仍有不甚完备之处。一则，他把“主权”观念仅局限在外交层面，实忽略了现代民族国家“主权”的拥有者主体是平等、自主的“国民”，而不是专制君王或传统意义上的“臣民”这一基本连带意涵。孙中山先生后来强调国内各民族一律平等的民族主义价值，正是基于这一层面的内涵。这涉及主权在国内如何取得合法性和怎样应用的问题。换言之，

---

① 参见冯天瑜：《中国近世民族主义的历史渊源》，《湖北大学学报（哲学社会科学版）》1994年第4期。

② 王尔敏：《清季学会与近代民族主义的形成》，载《中国近代思想史论》，北京：社会科学文献出版社，2003年，第177—197页。

“民族”的主权关切不仅存在对外维度，也存在其对内维度，它在近代西方民族主义的原发意义上，与“民主”实本有同构之处和交集之点。① 二则，他在讨论这一问题时，对清初尤其是晚清以来西方传入的新的种族知识、政治和文化观念（包括现代意义的“种族”“民族”“国民”和“民族（国家）主义”等概念）及其由此带来的变化与影响似也不甚重视。这些不足，不免会妨碍我们更为全面准确地认知相关问题。

在笔者看来，今人探讨近代中国民族主义兴起问题时，应不能忽略两个历史过程：一个是前清以来尤其是晚清以来中国就与早已进入现代民族国家行列的欧美各国及其人民打交道的历史过程；另一个是西方“种族”、历史和地理、政治法律（如国际公法和议会民主）等新知识、新思想和价值观念传入中国，并与传统民族意识互动而发生作用，导致相应变化的历史过程。这两个过程之间又是不可分割的。

比如，就中国人带有明显现代性因素的国家疆域和边界意识而言，我们就不能说从戊戌时期才开始，甚至也不能说从 19 世纪 60 年代初《万国公法》翻译成中文出版，现代“权利”特别是“主权”概念以及国际法知识得以正式形成和传播才开始，实际上至少从康熙皇帝与欧洲国家打交道的时候就已

---

① 姚大力教授就曾精彩地指出：“民族国家的形式，最初正是通过将权力主体转移到全体国民一方，也就是形成所谓人民主权而实现的。权力在民以及各不同阶层民众之间的基本平等乃是现代民族国家观念的精髓，同时这也正是民主的基本原则。在这个意义上，民主与民族的意识同时诞生。十八世纪西方的民族主义，在极大程度上是一场限制政府权力、确保公民权利的政治运动。……民族主义在它的原发地是民主政体的催发剂。但它在向其他不同地区传播时，它与民主原则的最初同等性很可能消失。”（姚大力：《中国历史上的民族关系与国家认同》，《中国学术》2002 年第 4 期）这里，如果将 18 世纪西方民族与民主原则的“最初同等性”改为“最初同构性”；“很可能消失”改为“很可能大为削弱”，或许要更为准确。实际上，在 18 世纪以前，欧洲民族国家形成过程中，也经历过一个打破教会垄断势力和拉丁文主导地位的“君主专政”时期。可参见张慰慈：《民族主义与帝国主义》，《东方杂志》第 25 卷第 15 号，1928 年 8 月 10 日。也可参见钱乘旦：《欧洲民族问题的历史轨迹》，《中国社会科学季刊》1996 年秋季卷。

经开始了。康熙和雍正两朝通过与俄罗斯无数次的近代式谈判，以一系列条约形式划定了长达数千俄里的边界线的行为众所周知，乾隆在给英国国王的敕谕中更是明确宣称："天朝疆界严明，从不许外藩人等稍有越境搀杂……天朝尺土俱归版籍，疆址森然，即岛屿沙洲，亦必划界分疆，各有专属。"① 1820年完成的《嘉庆重修大清一统志》不仅在前朝几部"一统志"的基础上增添了划界与边疆统部辖境内容，还明确绘有全国总图，并标明了与邻国之边界。可以说，这些无疑都是鸦片战争前近代国家（领土）主权意识因素在中国不断积聚的重要证据。②

又比如，鸦片战争前后中国人开始部分见证、传播，清末民初大肆流行开来的新"人种"知识，其对近代中国民族意识形成的推动作用也不能忽视。早在1853—1854年传教士慕维廉编著的《地理全志》一书中，有关世界人种就被分为白人、黄人、红人、黑人、铜色人（又称"棕色人"）五种，且附有人种形象插图，③ 此后关于这些人种的外形特征、他们的历史和风俗文化，以及在世界各地的不同命运等信息和知识，也随之逐渐流传。正是因此，中国人那种以"黄种人"自我定位、自我期许的民族意识得以逐渐形成，并构成了清末民初中国人"亡国灭种"危机意识和奋发进取的民族自信之重要组

①《清高宗实录》卷1435，乾隆五十八年己卯，北京：中华书局，1986年影印版。

② 有的学者甚至认为当时的中国实际上已是近代民族国家。参见于逢春：《论中国疆域最终奠定的时空坐标》，《中国边疆史地研究》2006年第1期。还有学者指出，早在宋代，由于北方辽、西夏和后来的金、元等异族政权的先后崛起，唐以前汉族中国人关于天下、中国和四夷的观念才被打破，明确的边界意识开始出现。这种意识有别于欧洲近代民族国家意识，但却"成为中国近世民族主义思想的一个远源"。参见葛兆光：《宋代"中国"意识的凸显——关于近世民族主义思想的一个远源》，《文史哲》2004年第1期。

③ 图题为《人类形貌图》，见慕维廉：《地理全志》卷8，上海墨海书馆，1853—1854年铅印本。冯客（Frank Dikötter）著的《近代中国之种族观念》（*The Discourse of Race in Modern China*）一书（江苏人民出版社，1999年，杨立华译），对晚清西方种族知识的传播研究较早，有贡献但也有不足，如连1903年林纾、魏易合译出版的重要著作《民种学》一书也未曾提及。

成部分。戊戌时期，生物和社会进化论之所以发挥如此巨大的作用，也不能说与这种建立在新“种族”知识基础上的民族自我意识无关。在这方面，梁启超于1897年发表的那篇具有民族自觉宣言性质的《论中国之将强》一文可以为证。在此文中，梁氏民族自信的一个重要理由就是所谓黄种人的“优越性”。他慷慨激昂地说：

吾请与国之豪杰，大声疾呼于天下曰，中国无可亡之理，而有必强之道……彼夫印度之不昌，限于种也。凡黑色红色棕色之种人，其血管中之微生物，与其脑之角度，皆视白人相去悬绝，惟黄之与白，殆不甚远，故白人所能为之事，黄人无不能者。日本之规肖西法，其明效也。日本之种，本出于我国，而谓彼之所长，必我之所短，无是道也……

夫全地人类，只有五种，白种既已若是，红种则湮灭将尽，棕黑两种，其人蠢而惰，不能治生，不乐作苦，虽芸总犹昔，然行尸走肉，无所取材。然则佃治草昧，澄清全地者，舍我黄人末由也。今夫合众一国，澳大一洲，南洋一带，苟微华人，必不有今日。今虽获兔烹狗、得鱼忘筌，槟之逐之，桎之梏之，鱼之肉之，奴之仆之，然筚路蓝缕之功，在公论者终不没于天下……殆亦天之未绝黄种，故留此一线，以俟剥极将复之后，乃起而苏之也。①

由此可见西方种族知识对于中国近代民族自觉影响之一斑。

与此同时，进化论还改变了中国传统的“文明”和“文化”观念，将“竞争”“尚武”和物质层面发展的内涵也纳入其中，② 并由此使中国人同时感受到一种前所未有的文化危机意识。凡此，都成为影响近代中国民族主义的完整形态最终发生于甲午战争以后的重要因素。

---

①《时务报》光绪二十三年六月初一日，《强学报·时务报》（3），北京：中华书局，1991年影印版，第2073—2079页。

② 可见黄兴涛：《晚清民初现代“文明”和“文化”概念的形成及其历史实践》，《近代史研究》2006年第6期。

当然，清末民初现代民族主义成熟思想形态的出现，也是梁启超、康有为、蒋智由、汪精卫、孙中山、陶成章等先进知识分子从日本接受现代“民族”“民族主义”“帝国主义”等思想概念，“收拾西方学理”（章太炎语），并结合传统的民族意识资源，借用传统民族象征符号，加以创造性发挥和动员的结果。① 他们的有关思想文本，遂成为近代中国民族主义理论自觉的直接象征。

2. 近代中国民族主义值得深入透视的几个现象与特点

整体把握近代中国民族主义，总不免要对其特点加以思考。然而一旦真正探讨起这个问题来，才发现已有的说法虽有不少，但真正得到学界较为认同的观点其实并不多。由此也可见该问题的难度。在笔者看来，以下几个现象，或许可以为我们进一步思考这一问题提供些许启示。

首先，在近代中国，民族主义作为一种对列强欺压和侵略予以自觉响应的现代性思潮和运动，其勃兴、发展和高涨始终都与“日本因素”特别是其连续不断的侵华活动密切相关。长期以来，这样一个似乎相当明显的事实和特点，从近代中国民族主义思潮全局的角度加以把握者并不多见，从“民族主义”的心理、思想和运动“三位一体”的角度来自觉进行整体性剖析的，就更为少见了。实际上，同为“黄种”，过去深受中国文化影响但不为中国所

① 沈松侨的《我以我血荐轩辕——黄帝神话与晚清的国族建构》（《台湾社会研究季刊》1997 年第 28 期）与《振大汉之先声——民族英雄系谱与晚清的国族想象》（吉林人民出版社，2003 年，贺照田主编的《学术思想评论》第 10 集）等文，对这方面的问题有过专深的研究。王明珂、石川祯浩和孙江有关 20 世纪初年中国“黄帝”的论文也可资参考。见王明珂：《论攀附：近代炎黄子孙国族建构的古代基础》，《历史语言研究所集刊》第 73 本，2002 年；石川祯浩：《20 世纪初年中国留日学生“黄帝”之再造——排满、肖像、西方起源论》，《清史研究》2005 年第 4 期；孙江：《连续性与断裂——清末民初历史教科书中的黄帝叙述》，王笛主编：《时间·空间·书写》，杭州：浙江人民出版社，2006 年。

重的日本通过学习西方，成功改变自己被列强欺辱的民族命运，并最终发动甲午战争打败中国，不仅成为刺激中国现代意义的民族主义勃然兴起的标志性开端，随后大批中国人到日本留学和由日本大量转输西方新式文化资源，还孕育出清末第一批完全自觉的民族主义者。日本在军国主义的支配下加入列强行列，对“同文同种”的中华民族不断实施侵略、掠夺与歧视的残酷打击，可以说成为近代中国民族主义最为重要和持续性的动力来源，同时也塑造了这一民族主义耻愤交加、空前奋发和最终在绝境中通过涅槃获得重生与自信的情感品格和精神素质。“中华民族复兴”这一近代中国民族主义最具象征性的论题之提出及其思想建设，中共文化“民族性”意识觉醒并将“民族性”置于新民主主义文化特性之首的重要转变①，现代中华民族观念的普及和认同的基本形成，也都是在九一八事变日本占领东北、1935 年日本入侵华北和全面抗战爆发之后才得以实现的。

对于日本与近代中国民族主义发展关系的研究，美国学者柯博文（Parks M. Coble）于 1991 年出版的《走向“最后关头”：中国民族国家建构中的日本因素 1931—1937》② 一书，是一部有价值的著作。该书对国民党政权的有关努力及其与民族主义意识形态之间的冲突与一致关系的审视，尤为难得，不过其探讨的时段主要限于日本大规模侵华时期。③ 最近，有中国学者著文尝试从甲午战后中日关系全局的角度来整体把握近代中国的民族主义，显示出将

① 参见黄兴涛、王峰：《民国时期“中华民族复兴”观念之历史考察》，《中国人民大学学报》2006 年第 3 期；黄兴涛、刘辉：《抗战前后中国共产党文化“民族性”意识的觉醒及其意义》，《北京档案史料》2002 年第 1 期。

② 该书英文版 1991 年于哈佛大学出版，中译本由马俊亚译，2004 年由社会科学文献出版社出版。

③ 更早一些日本学者池田诚编著的《抗日战争与中国民众——中国的民族主义与民主主义》（中国人民抗日战争纪念馆编研部译校，求实出版社，1989 年），也在相同时段讨论了相关问题。此书日文原本 1987 年由京都法律文化社出版。

中日关系的事件史与民族主义的思想史结合起来的可贵自觉。① 该文以 1895、1905、1915、1925、1935、1945 年六个关键年度为视点，考察了伴随中日关系的中国近代民族主义的演变历程，透视了各个时间点民族主义的特征及其与日本因素的关系。当然，这一问题所涉范围极为广泛，难度不小，作者的有些分析似还存在可以商讨的余地，如作者认为中国近代民族主义形成于 1905 年，就未必妥当；而他认定 1945 年抗战胜利后这一民族主义就走向了“基本的终结”之结论，恐也难以服人。在笔者看来，此后以“沈崇事件”为标志，以反美帝侵略为主题，以致不少典型的自由主义者也都卷入其中的民族主义浪潮，应该才是鲜明地体现了该思潮时代特色和历史功能的终结标志。②

其次，近代中国民族主义包含“抗议与建设的两面”，总的说来两者是“相辅相成而不可分割”的关系，③ 但与前述现象相关，它也表现出“反抗”或“抗议”的一面更受关注并凸显、“建设”的一面相对发展不足的特点。“反抗”“抗议”本身，既彰明了中国近代民族主义的“防御”性质、政治正当性和激烈悲壮的道义色彩，同时巨大的生存危机对“民族自信力”的本能呼唤，又为“文化民族主义”的繁蘖创造了条件。而另一方面，民族主义“建设”面向的展开，则蕴含了其与民主主义、自由主义等思潮复杂胶合的历史多面性及其内在张力。其中“自由民族主义”的思想选择，至今仍是一个亟须重视和深入研究的课题。

---

① 臧运祜：《近代中日关系与中国民族主义》，郑大华、邹小站主编：《中国近代史上的民族主义》，北京：社会科学文献出版社，2007 年，第 412—432 页。

② 甲午以后，除日本外，美国和俄国等是对近代中国民族主义影响较大的国家。关于美国与中国近代民族主义的关系，王立新的《美国对华政策与中国民族主义运动》（中国社会科学出版社，2000 年）一书的研究，颇有价值。

③ 这里借用了罗志田教授的提法。见罗志田：《近代中国民族主义的史学反思》，《二十世纪的中国思想与学术掠影》，广州：广东教育出版社，2001 年，第 104 页。下文提到他的有关见解，也都出自此文，不另注明。

由于始终不断的救亡逼迫，对内建设“民族国家”的许多任务不及着手，遑论完成？近代中国民族主义与民主主义、自由主义建设因此发生现实矛盾乃至思想冲突，实不足怪。但如果仅以此来认识两者之间的历史关系则是偏颇的。从理论上说，民族主义的最终价值根据恰恰是独立和平等的民主原则，这一点也恰恰体现了两者之间内在的相关性和交叉性；而从历史上看，近代中国民族主义一开始就以激昂的声音呼唤“新国民”，无论是提出“三民”思想的严复，还是鼓吹“新民说”的梁启超，实际上都已成了基于自由民主价值自觉的民族主义思想先驱。

不过，关于“自由民族主义”的提法在西方学术界虽早就存在，国内的研究者在相关民族主义分类中也早有提及，而有关近代中国“自由民族主义”的系统深入的专题研讨却一直相当缺乏。这与近代中国文化民族主义研究的热闹情形恰成对照。在这方面，许纪霖教授2005年发表的《在现代性与民族性之间——现代中国的自由民族主义思想》① 一文，颇值得关注。该文不仅认真梳理了从梁启超到张君劢的自由民族主义思想的发展历程，而且细致论析了其内部由政治民族主义向文化民族主义演化的思想脉络和该思潮的一些重要特点。其自觉将文化民族主义置于自由主义的框架里而不是以往学界通行的文化保守主义的框架下来认识，的确对今人认知近代中国民族主义的特质和复杂性有所助益。不过，对于近代中国“自由民族主义”的研究也不能情绪化，有学者不分时段，也不具体问题具体分析，总是一厢情愿地把那顶“理性民族主义”的桂冠戴到那些身份待定且不断游移的所谓“自由民族主义者”头上，这种简单化的做法本身就未必是“理性”的和符合当时历史实际的。

回到“反抗”与“建设”的关系上来。事实上，在有的自由民族主义者看来，自觉、持久、有组织、有准备地“对抗”过程不仅是“建设”即民族

---

① 许纪霖此文前三节载《社会科学》2005年第1期，第四节载《学海》2005年第1期。

建国的前提，甚至其本身就是“建设”的一部分。傅斯年和张君劢等人就都曾具有以“反抗”求“建设”的自觉意识。如日本占领东北后，傅氏就曾激动地声言：“大规模的抵抗便是中国受严格的国民训练之开始。中国之彻底腐败，非借机锻炼一下子不可的。譬如打铁，钢是打出来的。以局势论，这是中国人挺起身子来做人的机会；以力效论，这是我们这老大国民再造的机会。打个落花流水，中国人才有翻身之一日。”① 可见对于傅斯年等人来说，“反抗”只不过是“建设”的一个手段而已。

在民族主义“建设”的面向里，尤其是在强烈不满政治文化现状的“未来取向”的思路中，还会自然出现程度不同的所谓“反传统”倾向问题。明确提出“反传统”是近代中国民族主义“特殊形态”并由此引人深思两者之间“历史”关系的，仍然是罗志田教授（见前引文）。不过对此一断言，笔者虽大体接受，却以为尚需要做点分辨。

在近代受外来列强欺压而又专制严重，缺乏近代民族传统的弱小民族里，民族主义者通常都不会绝对不反“传统”，他们也会干着“以传统反传统”，或确切地说“以此传统反彼传统”，以历史反现实，以“复兴”相号召的事情。但真正思想上自觉的民族主义者，尤其是“文化民族主义”者却一般不笼统地、全方位地、整体性地“激烈反传统”，而是在批评某些传统的同时，又特别自觉、有选择地积极强调、阐发和弘扬主流传统或至少是部分传统文化的意义与价值。只有少数强烈认同现代民族国家价值的“政治民族主义”者，在民族危机相对弱化的特定时期，才会有全盘激烈反传统的异常之举，故罗志田称之为中国近代民族主义的“特殊形态”，笔者也表示认可。但是，

---

① 傅斯年：《中国做人的机会到了!》，《独立评论》第35号，1933年1月。有关分析可见张太原：《建立一个民族的国家：自由主义者眼中的民族主义》，郑大华、邹小站主编：《中国近代史上的民族主义》，北京：社会科学文献出版社，2007年，第259页。

这与有些学者将“激烈反传统”径直归为“文化民族主义”者的认识①，实在仍存在差别。

关于这一问题，笔者还愿从“爱国主义”与“民族主义”的异同角度，再略做一点发挥。

在笔者看来，若暂不考虑“爱国主义”与“民族主义”思想的西方来源，仅就两者汉字字面和近代中国人的习惯用法而言，它们当属既有密切关联和重合内涵，又有一定区别的概念。“爱国主义”大体可以与“政治民族主义”的有关诉求相对应，但其也不排斥文化民族主义的有关诉求。由于“民族”（或译为“国族”）主要是一个带有政治性的社会文化范畴，故“民族主义”必然含有一种与生俱来的对其主体历史延续性的固执强调，而“爱国主义”则不。“爱国”主要是一个带有文化性的政治范畴，作为政治范畴的“爱国主义”并不必然要求对“传统”的忠诚。换言之，爱传统和反传统，都可以构成“爱国主义”的表现，但激烈的全面的反传统，即便在当时也难以被“民族主义”同道所容纳，甚至连激烈反传统者自身也不会去进行这种自我身份认同。这就是那些批评民族主义或至少不愿认同民族主义价值的人，却可以、也愿意声称自己是一个“爱国者”或不是“非爱国者”的原因。② 在这方面，五四时期以激烈反传统著称的陈独秀、鲁迅，20 世纪 20 年代后期和 30 年代初期鼓吹“全盘西化”的陈序经和胡适等，可谓突出代表。值得注意的是，他们在激烈和全方位反传统之际，恰恰并不以“民族主义”相标榜（却也不妨以“爱国”自我辩护），而明明自觉地认同于与民主民族建国取向并不必然

① 参见曹跃明、徐锦中：《中国近现代民族主义之路》（《天津社会科学》1996 年第 5 期）。他们认为：“所谓文化民族主义应当具有下面两层含义：1. 以传统文化为民族国家的象征和根本命脉；2. 不论是发扬和攻击传统文化，都认为只有从思想观念入手才能解决民族问题。”这其中，两者间似不无矛盾之处。在目前讨论近代中国文化民族主义的论著中，类似的矛盾所在多有。

② 关于近代中国爱国主义的历史研究，可参见李文海主编：《中国近代爱国主义论纲》，北京：中国人民大学出版社，1991 年。

矛盾的“世界主义”。

在近代中国，如果说改革导向的“国语”运动更多地体现了政治民族主义的文化关怀，那么保守取向的“国学”运动则较多地反映了文化民族主义的学术追求和时代特色。这有助于我们理解两者之间的差别与联系。

最后，在近代中国民族主义思潮和运动中，以“中华民族”为主要符号标志，在通常所谓的“大民族”与“小民族”之间存在着一种矛盾统一的双重认同并存的局面，这也可以说是近代中国民族主义的一大现象和特色。这种双重认同曾不免造成一定程度的政治困扰，不过在抗日战争的血火洗礼中，其整体认同最终还是得以形成并不断趋于巩固。值得指出的是，在国共两党之间，对于“中华民族”的理解也曾有所差别。抗战时期，国民党政权中的蒋介石一系为了增强民族凝聚力，曾一度机械地按照西方现代民族国家观念，在将整个中华民国的国民全体称为“中华民族”的同时，把国内包括汉族在内，自清末以来特别是民国之初即已普遍取得现代“民族”称谓和身份的各少数民族①转称为“宗族”，结果遭到许多抵制；相比之下，中共在基于长期历史文化和血缘交流关系的政治命运共同体的意义上使用“中华民族”概念，似更显政治智慧；② 而潘光旦等一些社会学家在介于“种族”和“国家”之间互动内涵的“民族”意义上使用“中华民族”概念，则表现出中国特色的

① 关于国民党曾经提倡五族共和，认可五族为“民族”，后来又转而放弃五色旗等的认识和行为变化，可见村田雄二郎：《辛亥革命时期的国家想象——五族共和》，《现代中国研究》2001 年第 9 号，第 20—26 页。

② 关于国共两党民族观及其演变和差异，可见松本真澄著，鲁忠慧译：《中国民族政策之研究：以清末至 1945 年的“民族论”为中心》，北京：民族出版社，2003 年。

学理创造性。① 当然，也还存在着其他的一些理解。不过，不管当时作为认同主体的中国人所秉持的“民族”概念有何差别，也不论学者们对此认同过程如何认识和评价，“中华民族”的共同符号的确最终成了现代中国各民族普遍认同的身份象征，完全独立的现代民族国家也终于诞生。这无疑是近代中国民族主义一个最为重要的政治成果。

在“中华民族”的现代认同问题上，笔者不太赞同那些过于夸大认同者的主观人为性“建构”努力，而较为轻视历史文化重要影响和制约因素的认识倾向。其实在中国历史上，传统意义上的少数“民族”，许多也曾具有双重“民族”认同的历史，一方面他们要建立自己独立的政权，维护本民族的利益和文化；另一方面又无不想或实际上入主内地和中原，接受或至少是部分接受汉族的制度和文化，从而表现出对包含庞大汉族在内的“大中国”的认同。这一点，在满族建立的清代的历史中体现得最为充分。雍正皇帝亲撰并发布的《大义觉迷录》可谓这种双重认同的绝佳文本。清末，在西方现代“民族”观念传入中国之初，不仅在梁启超、杨度等汉族知识分子那里激起一种各民族基础上建成“大民族”共同体的构想，在一些少数民族的留日学生那里，也同时出现过类似的观念。这种现象便实在绝非偶然，② 它对把握近代中国民族主义历史基础的意义是至关重要的。

① 潘光旦认为：“同是一种结合，国家是有政治、经济、法律等意味的，种族是生物学与人类学的，民族却介乎二者之间。一个结合，在种族的成分上，既有相当混同划一的性质，而在语言、信仰以及政治、法律、经济等文化生活方面，又有过相当持久的合作的历史——这样一个结合，就是一个民族。”潘光旦：《民族特性与民族卫生》，《潘光旦文集》第 3 卷，北京：北京大学出版社，1995 年，第 43 页。

② 关于“中华民族”观念及其传播和认同的研究，可见黄兴涛：《民族自觉与符号认同：“中华民族”观念萌生与确立的历史考察》，《中国社会科学季刊》2002 年第 1 期创刊号。

3.“新文化史”研究方法的运用与思想分析的强化问题

长期以来，近代中国的民族主义都是吸引中外学者共同兴趣的学术领域，特别在西方汉学界，作为一种认知工具的“民族主义”，还一直是专攻中国近代史的史学家们最惯见而又常常能使其研究新见迭出的视角。但20世纪90年代之后，随着深受后现代思潮影响的“新文化史”方法的介入，有关近代中国民族主义的研究开始发生一些重要变化。总体而言，“民族主义”由原来的政治史、思想史、文学艺术史等传统史学领域分别研究的问题，逐渐变成了一个真正跨领域综合把握的历史对象。

所谓“新文化史”或称社会文化史的一个重要特点，就是从“文化”的大视角出发，始终关注文化与政治、社会一体化互动的主体“实践”（Practice）史，重视揭示思想观念的社会化过程及其功能。就其追求而言，它乃是一种力图将传统的思想史、文化史和社会史关怀结合起来的史学研究方法与路径。①

这种新的方法引入之后，对“近代中国民族主义”的研究所产生的影响是显而易见的。过去的研究通常是将民族主义作为一种社会心理和思想形态来把握，“问题意识”是认知它如何形成，又如何具体渗透和影响到上述政治、经济和文化各具体领域历史发展的进程；而“新文化史”的有关研究，则不仅将民族主义视为社会心理和思想形态，同时还将它直接视为一种连接心态、思想，并贯通政治、经济和文化诸领域的主体社会化“实践”，研究者除了原有的那些问题意识并对其加以调整，某种程度上还特别关心政治和文

---

① 关于“新文化史”的总体特点，笔者相对全面一点的认识，可见拙编：《新史学》第三卷《文化史研究的再出发》“序言”，中华书局，2009年。但这里强调的综合性“主体实践”，或亦可补充前者。

化诸领域如何因“民族主义”而互动的历史情形。

虽然，自觉或不自觉地大体以这种“新文化史”的追求来观照近代中国民族主义课题的学者及其研究成果，也是五花八门、互有差异，① 但总的说来，这种方法的引入还是有助于克服以往思想史研究的不足，使相关的探究更加丰富多彩，更加充满活力，不仅扩展了关注范围，提高了综合深度，也在整体上推进了研究的进展。这是因为，“新文化史”方法的综合性，正好与近代中国民族主义现象集社会心理、价值倾向、思想意识形态和社会实践运动于一身，合政治、经济、文化现象于一体的综合特点，一拍即合。

在以新文化史的方法来综合研究近代中国民族主义的论著中，澳大利亚学者费约翰（John Fitzgerald）所写的《唤醒中国：国民革命中的政治、文化与阶级》和任教英国牛津大学的葛凯（Karl Gerth）所著的《制造中国：消费文化与民族国家的创建》两书，最见风采。《唤醒中国：国民革命中的政治、文化与阶级》一书以寓意深刻的“睡狮”或“巨人”被唤醒作为一语双关的民族主义隐喻，以国民革命的领导集团如何“唤醒”中国民众为研究主题，从立体角度全方位展开分析和论述，它既注重领导人的有关思想、政治和文化活动，更注重政府宣传机关和部门的结构、运作与功能，并将许多关于民族主义重要的思想问题如“阶级”与“民族”关系、民族利益的“代表”及其资格，以及“封建主义”等政治概念如何发挥民族主义作用等问题，置于一个动态的实践过程中去把握，同时还通过对一些涉及中外关系的特别事件如“临城劫车案”、美国新闻记者甘露德（R. Y.

① 有的学者后现代关怀更为鲜明和强烈，喜欢以“话语实践”理论来处理民族主义及其分支论题（如“国民性”），强调主体之间“权力”博弈的文化“建构”功能，有的则力图淡化“话语”分析的偏颇性，努力吸收其分析法的长处。有的在以安德森（Benedict Anderson）民族为“想象的共同体”的理论解构近代中国民族主义“话语”的同时，还致力于建构自己的理论。如杜赞奇（Prasenjit Duara）构建史学研究的“复线历史”（bifurcated history）观，刘禾（Lydia H. Liu）构建“跨语际实践”（translingual practice）理论等。

Gilbert）具有民族歧视性的著名作品《中国怎么了》等引起的风波之意义透视，来综合揭示此间“民族觉醒”的全息图景。笔者阅读此书，对“新文化史”那种纵横捭阖、综合立体的研究风格留下极深印象。应当承认，许多思想问题的民族主义意涵，也的确只有在这种多维历史关系的实际透析中，才能更好地了解与把握。①

葛凯所著《制造中国：消费文化与民族国家的创建》一书，则从近现代“消费文化”的兴起与“民族国家”创建之历史关系的独特角度，生动地揭示了民族主义在近代中国的成长及其影响问题。② 该书关于“男性形象的民族化”“女性消费群体的民族主义化”的讨论，将社会史的性别关注与传统思想文化史的“民族主义”关怀有机结合起来考察，给人的印象相当深刻。此外，该书以民族资本家吴蕴初为例对“塑造爱国企业家”问题的讨论，以“民族主义商品展览会”为例对所谓“民族主义视觉认知”问题的论析等，也多新颖独到、别具匠心。特别是书中精心选配的各种精彩的图片，不仅有助于揭示研究主题的内涵，还能使读者展开相关联想。这也是新文化史研究能格外吸引人的魅力所在之一。

关于近代中国民族主义兴起史的研究，近年来也有两部带有新文化史研

---

① 费约翰著，李恭忠、李里峰等译：《唤醒中国：国民革命中的政治、文化与阶级》，北京：生活·读书·新知三联书店，2004年。

② 葛凯著，黄振萍译：《制造中国：消费文化与民族国家的创建》，北京：北京大学出版社，2007年。在该书导论中，作者明确表示：“本书论证，消费主义在民族主义明晰化过程中扮演了一个基本角色，同时，民族主义对于界定消费主义也是如此。对所有商品进行‘本国’和‘外国’的区分，有效地产生了‘叛国的产品’和‘爱国的产品’这两个概念，这就使得民族主义塑造出了萌芽中的消费文化的基本形态。这种民族主义化了的消费文化就变成了一个表达场所，在这个场所里，‘民族’这个概念和中国作为‘近代民族国家’的概念是相关联的，他们都在被制度化，以及在被实践着。经由民族观念来解释商品消费，不但有助于形成‘近代中国’的真正概念，而且也成为中国的老百姓开始认为自己是近代国家的公民这个概念化过程的主要途径。”该段文字不仅清楚说明了本书主题，也典型地反映了新文化史的方法和研究旨趣，故特引录于此。

究风格的著作值得一提，一部是美国学者柯瑞达（Rebecca E. Karl）的《登上世界舞台：20世纪初中国的民族主义》①，另一部是日本学者吉泽诚一郎的《爱国主义的创成——从民族主义看近代中国》②。前者从全球化环境和世界空间的形成，全球观念、世界意识与中国民族主义关系的角度，对20世纪初中国民族主义的兴起进行了独特透视。著作探讨了“太平洋”和“夏威夷”是如何成为“中国民族主义空间”的，菲律宾反美革命是如何被服务于中国人认知“殖民主义”目标的，布尔战争及其国民话语又是如何成为提升中国民族的知识和手段的，同时还涉及“种族”“殖民”“亡国”“膨胀主义”等概念建制如何被用于上述书写这些全球性事件，以激发中国民族主义意识和运动的，等等。一言以蔽之，即以一种世界的视野和综合的眼光，来生动地揭示当时中国民族主义的知识和话语生产的情形。后者则从海外移民与人种主义、都市秩序与国家意识、地理概念与历史认知、身体与文明化之关系、悼亡爱国者等多重视角出发，并围绕同胞团结意识的形成、中国一体性的追求等问题，探讨了近代中国民族主义形成的过程与特点，也不乏自己的独到之处。

其实，早在多年前，相关内容陶绪教授在《晚清民族主义思潮》③一书中也有过扎实的探讨，不过因缺乏类似的方法和视野，其所提供的问题意识和造成的认知效果，实与之有着相当的不同。

当然，目前以新文化史方法研究近代中国民族主义的不少著作，也存在某些不能让人完全满意的地方。除因后现代意识过强所造成的偏颇之外，有

---

① Rebecca E. Karl, *Staging the World: Chinese Nationalism at the Turn of the Twentieth Century*, Duke University Press, 2002.

② 吉澤誠一郎：『愛國主義の創成　ナショナリズムから近代中国をみる』，岩波書店，2003年。

③ 陶绪：《晚清民族主义思潮》，北京：人民出版社，1995年，第75—113页。此前，俞旦初在《二十世纪初年外国爱国人物在中国的介绍和影响》（后收入《爱国主义与近代中国史学》，中国社会科学出版社，1996年）等文中，也曾多涉及于此。

些论著还普遍表现出“主题”思想讨论相对分散，归纳性研讨少，发散性思辨多，往往是火花四闪而论题频频转移，涉及内容庞杂众多而讨论难以深入。笔者以为，救济之法，可能是自觉将传统思想史研究的固有长处融合进来；或许也可以以传统思想史为主体，将目前新文化史的一些优点适当收容进去。总之，强化思想分析的力度，恐怕乃是目前近代中国民族主义研究的迫切任务之一。

在提升研究的思想力度方面，目前实有很多基础的工作亟须推进。比如，关于近代西方民族思想在华传播的问题，学界迄今只是做过一些零散的研究，从没有系统地进行过清理。即便是关于“民族”概念的认知，也是如此，① 更不用说那些系统的思想著作和当时关于民族主义思想的相关研究成果了。② 而这对于深化近代中国民族主义思想研究的意义却是不言而喻的。与此相关，一些与民族主义紧密相关的重要概念、观念和思想范畴，如“帝国主义”“殖民主义”“国际主义”“世界主义”和“爱国主义”等，也需要对其在华传播

① 比如，我们知道李大钊、吴文藻等人都在历史文化族群的意义上理解“民族”，1914 年光昇在《论中国之国民性》（《中华杂志》1914 年创刊号）一文中，也介绍了柏哲士的同样观点。最近笔者在阅读五四时期的有关资料时发现，美国思想家杜威在 1920 年年初的中国也传播过相同思想。他在中国的一次演讲中指出“国家”（state）与“国”（country）和“民族”（nation）的不同时说：“‘国’只要土地人民就够了，‘国家’的重要成分却不仅在土地人民，而且在行使职权和能力的机关。这权力对外可以抵抗防御，对内可以执行法律。这便是国家的特性。‘国家’又与‘民族’（nation）不同。有相同的语言、文字、文学，及大同小异的风俗、习惯、思想，就可以算一个民族了。但民族不是国家。试看欧洲波兰等民族，久在那里想变成一个国家。这可见民族可以变成一个国家，却未必就是国家。有对内对外的威权，才是国家的特性。”（杜威讲演，伏庐笔记：《社会哲学与政治哲学》，《晨报》1920 年 1 月 21 日）

② 如被公认为西方民族主义研究两大开山之师之一的海斯的有关著作内容在华传播的情况，就缺乏关注。早在 20 世纪 30 年代初，海斯（Carlton Hayes）的名著 *The Historical Evolution of Modern Nationalism* 就被译作《族国主义论丛》在华出版，译者为著名人物蒋廷黻，他与近代自由民族主义的关系极为特殊。蔡乐苏、金富军的《蒋廷黻外交思想探悉》（《清华大学学报》2005 年第 1 期）一文，对蒋氏翻译此书情形有所介绍。

和被中国各阶层人理解、运用的近代历史，进行专题的考察和系统的研究。它们不仅影响今人对于近代中国“民族主义”概念的认知，实际也是当时中国人进行民族主义动员、激发民族主义情绪的有力思想工具。

同时，从一般思想史角度着眼，对那些具有近代中国时代特色和深刻民族主义思想内涵的流行观念、理念、信念和命题等加以进一步关注和深入透视，也是提升目前民族主义研究思想水准的不容忽视的方面。除“中华民族复兴”理念和已深受关注的“国学”观念等之外，当时更为一般性的关于“民族自信力”的议题与讨论等，也具有深入挖掘的思想价值。

在近代中国这样一个因落后被欺压的国家里，特别是在屡遭外来军事侵略、政治压迫、经济掠夺、种族和文化歧视的时代背景下，“民族自信力”问题的重要性显而易见。该问题在近代中国究竟如何被意识、被提出、被讨论，不同的政党、思想派别又如何认识它并提出怎样的应对方案等，至今仍是近代中国民族主义思想史领域缺乏专门研究的课题。

即便是广受关注，如今人们似乎早已厌烦的“国民性”（又称“民族性”，还称“国性”）问题，也还有从心态、思想和实践相结合的民族主义角度加以整合研究的必要。以往我们只关注“改造国民性”思潮及其文学渗透等问题，如今又乐于一味对其进行解构。其实许多问题都还没有进行深入细致的研究。不说别的，仅就这一问题的中、西、日三方互动关系及其对中国民族主义的影响而言，就有不少重要的文本迄今尚无人讨论。

至于中国人的西文著述，作为直接向西方抒发民族主义情怀，进行民族主义辩护，阐发民族主义思想的重要民族主义载体，目前就其整体而言，基本上还处于被忽略的境地，而它对我们认知近代中国民族主义的特征本应是大有裨益的。

全面加强中国近代民族主义的研究，当然不仅是一个提升思想分析能力的问题。如前所述，现今许多充满活力的民族主义研讨，恰恰是在那单调的“思想”把握之上，又添补和掺入了活生生的社会心理与政治文化实践等方面的内涵。不过，这却并不意味着可以从以上任何一个层面即能单独确定某种意识、思想和行为的民族主义性质。比如，我们判断一种思想属不属于民族主义范畴，就不仅要看其主体者的心理层面，起码还要看其在思想层面是否认同民族主义的基本价值目标，是否使用现代民族主义的基本概念和词语，甚至还要看其思想主体者的相关行为。在这个意义上，笔者不太认同罗志田教授将那种主张所谓“超人超国”的近代思想现象也直接归结为民族主义范畴的观点，尽管其视角独特，无论是对于理解近代中国“超人超国”思想流行现象的形成、传播，还是对从心理层面来认知近代中国民族主义都有启发意义。同时，我们也不会不看心理和行为，就天真地给那些标榜“曲线救国”的思想及其思想者以“民族主义”的身份。

实际上，在研究近代中国民族主义的时候，既需避免仅停留在民族心理和情感层面，将民族主义泛化的理解和处理方式，① 也要避免不深究思想内涵和历史的实际存在情形，仅满足于一味从逻辑上进行分类且乐此不疲的“理论”癖。适度地将情感、思想形态和社会实践结合起来认知，乃是近代中国民族主义历史现象所提出的内在要求，也是我们今后的研究需要进一步努力的方向。

① 耿云志先生在《中国近代思想史上的民族主义》一文中的意见与笔者类似，他曾强调：“民族主义会牵及民族感情，甚至可以承认，民族主义有其心理和感情的基础，但绝不可以因此将民族主义归结于感情，或停留在感情的层面上。”见李文海、耿云志等：《“中国近代史上的民族主义”笔谈》，《史学月刊》2006 年第 6 期。

参考资料

一、清代、民国时期的有关报刊文章、时人著作

（包括今人重新编辑的有关当时人的史料汇编、文集等）

爱汉者等编，黄时鉴整理：《东西洋考每月统记传》，北京：中华书局，1997 年影印本。

八路军政治部编：《抗日战士政治课本》（上、下），中央统战部编：《民族问题文献汇编》，北京：中共中央党校出版社，1991 年。

白崇禧：《实现总理的国族主义》，《边疆月刊》1941 年第 3 期。

北京师范大学图书馆编：《北京师范大学图书馆藏稀见方志丛刊》，北京：国家图书馆出版社，2007 年。

《边区回民代表大会、回民文化促进会、回救边区分会同时开幕》，《新中华报》1940 年 10 月 20 日。

步陶：《杂评二》，《申报》1914 年 3 月 9 日。

曹亚伯：《武昌起义》，《中国近代史资料丛刊·辛亥革命》（五），上海：上海人民

出版社，1957 年。

岑家梧：《论民族与宗族》，《边政公论》1944 年第 3 卷第 4 期。

长风：《汉奸新论》，《创进》1937 年第 1 卷第 2 期。

常乃悳（燕生）：《中华民族小史》，爱文书局，1928 年 5 月初版。

常燕生：《国族的血》，《国论》1937 年第 2 卷第 10 期。

陈伯达：《评〈中国之命运〉》，《解放日报》1943 年 7 月 21 日。

陈登原：《陈氏高中本国史》上册，世界书局，1933 年。

陈健夫：《西藏问题》，商务印书馆，1937 年 2 月初版。

陈敬第：《满汉问题之解决》，《中国新报》1907 年第 1 卷第 5 号。

陈立夫：《民族复兴与复古不同》，《河南政治月刊》1934 年第 4 卷第 8 期。

陈启天：《新国家主义与中国前途》，《少年中国》1924 年第 4 卷第 9 期。

陈旭麓、郝盛潮主编：《孙中山集外集》，上海：上海人民出版社，1990 年。

陈旭麓主编：《宋教仁集》，北京：中华书局，1981 年。

陈训慈：《民族名人传记与历史教学》，《教与学》1935 年第 1 卷第 4 期。

陈伊璇：《民族英雄应具的特性》，《遗族校刊》1935 年第 2 卷第 4 期。

陈仪讲，台湾国语推行委员会编选：《民国三十四年民族复兴节广播词》，台湾书店，1946 年。

陈雨耕：《认清中国的现代来找民族英雄》，《遗族校刊》1935 年第 2 卷第 4—5 期。

陈玉甲编：《绥蒙辑要》，编辑印刷时间不详，据考时间为 1937 年（一说 1936 年）。

陈垣整理：《康熙与罗马使节关系文书影印本》，北平故宫博物院 1932 年套红影印版。

陈志良编著：《广西特种部族歌谣集》，科学印刷厂，1942 年。

陈志良：《广西特种部族的新年》，《公余生活》1940 年第 3 卷第 8—9 期。

《陈专员祭海演说词纪略》，《蒙藏旬报》1932 年 10 月 10 日第 6 卷第 1 期。

陈子怡：《中华民族，黄帝子孙，一耶？二耶？》，《西北史地季刊》1938 年第 1 卷第 1 期。

楚人：《中华民族是整个的》，《现代青年》1936 年第 3 期。

《辞海》子集，中华书局，1938 年。

大车：《谁是汉奸》，《新中国》1938 年第 1 卷第 1 期。

戴季陶：《国民革命与中国国民党》，军事委员会政治训练部，1928 年。

戴季陶：《孙文主义之哲学的基础》，上海民智书局，1925 年。

《党的民族政策文献资料选编（1922. 7—1949. 10）》，中国社会科学院民族研究所民族问题理论研究室，1981 年。

邓长耀：《五族联欢歌》，《绥远月刊》1925 年第 1 卷第 3 期。

《第一届国民大会第一次会议提案原文》第 15 册，国民大会秘书处，1946 年。

丁俊贤、喻作凤编：《伍廷芳集》上册，北京：中华书局，1993 年。

丁文江、赵丰田：《梁启超年谱长编》，上海：上海人民出版社，1983 年。

杜威讲演，伏庐笔记：《社会哲学与政治哲学》，《晨报》1920 年 1 月 21 日。

《对于湘阴农村建设之商榷》，《湘涛》1936 年第 1 期。

《俄蒙交涉档案》，《申报》1912 年 12 月 20 日。

《二中全会通过之三要案》，《申报》1929 年 6 月 19 日。

《发刊词》，《藏文白话报》1913 年创刊号。

范晓珊：《中华民族万万岁》，《新音乐》1941 年第 3 卷第 5 期《新人曲选》栏。

《防奸续议》，《申报》1894 年 9 月 4 日。

费孝通：《关于民族问题的讨论》，《益世报・边疆周刊》，1939 年 5 月 1 日，第 19 期。

冯玉祥选集编委会：《冯玉祥选集》，北京：人民出版社，1998 年。

傅斯年：《内蒙自治问题——驳盟等于省旗等于县说》，欧阳哲生编：《傅斯年全集》（四），长沙：湖南教育出版社，2003 年。

傅斯年：《中国做人的机会到了！》，《独立评论》第 35 号，1933 年 1 月。

傅斯年：《中华民族是整个的》，《独立评论》第 181 号，1935 年 12 月。

傅运森编纂，高凤谦、张元济校订：《共和国教科书新历史》（高等小学用），商务印书馆，1911 年。

傅振伦编：《民族抗战英雄传》，青年出版社，1935 年初版，1945 年再版。

高材世雄：《民族主义之教育——此篇据日本高材世雄所论而增益之》，《游学译编》第 10 期，1903 年。

龚书铎主编：《中国通史参考数据 · 近代部分》，北京：中华书局，1980 年。

古城贞吉：《土耳其论》，《时务报》1896 年 11 月 15 日。

故宫博物院明清档案部编：《清末筹备立宪档案史料》，北京：中华书局，1979 年。

顾潮编著：《顾颉刚年谱》，北京：中国社会科学出版社，1993 年。

顾颉刚：《如何可使中华民族团结起来》，《西北文化》1947 年 5 月 15 日创刊号。

顾颉刚：《我为什么要写“中华民族是一个”?》，《西北通讯》1947 年第 2 期。

顾颉刚：《西北回民应有之觉悟及其责任》，《抗敌旬刊》1937 年 12 月。

顾颉刚：《续论“中华民族是一个”：答费孝通先生（续）》，《益世报 · 边疆周刊》，1939 年 5 月 29 日，第 23 期。

顾颉刚：《续论“中华民族是一个”：答费孝通先生》，《益世报 · 边疆周刊》，1939 年 5 月 8 日，第 20 期。

顾颉刚：《“中国本部”一名亟应废弃》，《益世报 · 星期论评》1939 年 1 月 1 日。

顾颉刚：《中华民族的团结》，《申报 · 星期论坛》1937 年 1 月 10 日。

顾颉刚：《中华民族是一个》，《益世报 · 边疆周刊》，1939 年 2 月 13 日，第 9 期；《西北通讯》1947 年第 1 期。

顾颉刚著：《顾颉刚日记》，台北联经出版事业公司，2007 年。

光昇：《论中国之国民性》，《中华杂志》1914 年 4 月 16 日创刊号。

广东省社会科学院历史研究所等合编：《孙中山全集》第 7、9 卷，北京：中华书局，1985、1986 年。

《广西特种部族的舞蹈与音乐》，《说文月刊》1940 年第 2 卷。

郭士立：《古今万国纲鉴录》卷 16，新嘉坡坚夏书院藏板，1838 年。

郭士立：《救世主耶稣基督行论之要略传》，新嘉坡坚夏书院藏板，1834 年。

《国家学上之支那民族观》，《游学译编》第 11 期，1903 年 10 月 5 日。

《国民必读课本》（甲编）下，学部图书局，1910 年。

《国民大会代表对于〈中华民国宪法草案〉意见汇编》上册，国民大会秘书处印，未标明具体出版日期。

《国民党宣言》，《民立报》1912 年 8 月 18 日。

海斯（C. J. H. Hayes）著，蒋廷黻译：《族国主义论丛》，新月书店 1930 年。

瀚：《中华民族是整个的》，《圣公会报》1936 年 1 月第 29 卷第 1 期。

何国雄：《谈中华民族》，《文化动员》1939 年第 1 卷第 7、8 合期。

何立山编选：《民族呼声集》（最新歌选），山东歌曲研究会，1937 年 4 月初版，1937 年 5 月再版。

《河北回民的奋斗精神》，《回民言论》第 7 期。

赫志翔译：《中英对照中华民国宪法》，商务印书馆，1947 年 9 月初版，1947 年 11 月再版。

恒钧：《中国之前途》，《大同报》1907 年第 1 号。

胡炳熊：《论中国种族》，《东方杂志》第 2 卷第 8 号，1905 年。

胡汉民：《胡汉民先生归国后之言论》（四），先导社，1936 年。

胡石青：《“九一八”之回顾与展望》，《再生》1932 年第 1 卷第 5 期。

胡石青：《蒙藏民族是否炎黄子孙》，《经世》1937 年第 1 卷第 8 期。

胡体乾：《关于“中华民族是一个”》，《新动向》第 2 卷第 10 期，1939 年 6 月 30 日。

胡伟国：《民族自觉与蒙古独立》，《醒狮周报》第 41 号，1925 年 7 月 18 日。

胡一贯：《国族之神圣与动力》，《三民主义半月刊》1946 年第 3 期。

湖南省社会科学院编：《黄兴集》，北京：中华书局，1981 年。

黄奋生：《抗战以来之边疆》，史学书局，1944 年。

黄奋生：《“中国之命运”与新民族政策》，《新中华》复刊第 2 卷第 2 期，1944 年 2 月。

黄欣周编，沈云龙校：《常燕生先生遗集》第 2 卷，常燕生先生七旬诞辰纪念委员会，1967 年初版。

黄籀青：《西藏民族是黄帝子孙之后裔说》，《人文月刊》1937 年 8 卷 2 期。

季陶：《东方民族与东方文化》，《新亚细亚》第 2 卷第 1 期，1931 年 4 月。

翦伯赞：《论中华民族与民族主义——读顾颉刚续论“中华民族是一个”以后》，《中苏文化》第 6 卷第 1 期，1940 年。

剑云：《“民族复兴”与“民族解放”》，《北大旬刊》1936 年第 2—4 合期。

《江大民众教育学校开学礼记》，《申报》1928 年 4 月 2 日第 11 版《要闻》栏。

江湘：《延安各界举行成吉思汗夏季公祭》，《新中华报》1940年7月30日。

姜义华、张荣华编校：《康有为全集》，北京：中国人民大学出版社，2007年。

蒋坚忍：《日本帝国主义侵略中国史》，上海联合书店，1930年。

蒋天枢：《陈寅恪先生编年事辑》，上海：上海古籍出版社，1997年。

蒋维乔、庄俞等编，荣德译：《满蒙汉三文合璧教科书》卷4，内府抄本，1909年。

《蒋委员长对回教代表训词》，《回教论坛》第2卷第2期，1939年7月30日。

《蒋介石日记》（未刊本），1941年7月10日、7月17日。

蒋中正：《三民主义纲要》，《中央周报》1929年第63期。1930年，它又以《三民主义的纲要》为题发表于《中央半月刊》第2卷第24期。

蒋中正：《中国之命运》，中央训练团，1943年。

《蒋主席告国民党代表保持宪草重要原则》，《大公报》1946年12月17日。

绛央尼马：《对于民族扫墓之意见》，《大公报》1935年4月8日。

教育部教科用书编辑委员会编：《初级中学历史》第1册，国定中小学教科书七家联合供应处印行，1946年版。

《解散汉奸说》，《申报》1885年3月6日。

《今日市执委会招集市民代表大会》，《申报》1929年4月18日。

金毓黻：《中华民族与东北》，《东北集刊》1944年1月第6期。

《旧金山华侨空前之大群众运动》，《申报》1922年1月10日。

举安：《复兴中华民族的重心——西康》，《康藏前锋》1933年第3期。

《卷头语》，《东方杂志》，1929年，第26卷第20号“民族运动号”。

《康藏民众代表慰劳前线将士书》，《新华日报》1938年7月12日。

康有为：《救亡论》，《不忍》1912年第7期。

《抗战三周年纪念感言》，《中国回教救国协会会刊》，1940年7月，第2卷第6、7期合刊。

雷宾南：《民族的概念分析》，《新社会半月刊》1933年第2卷第7期。

黎洁华、虞苇：《戴季陶传记资料》（二），天一出版社，1985年。

李楚狂：《中华民国宪法释义》，正中书局，1947年。

李大钊：《民彝与政治》，《民彝》1916年5月15日创刊号。

李大钊：《人种问题》，《新民国杂志》第 1 卷第 6 期，1924 年 6 月 20 日。

李寰：《国族与宗族》，《边铎月刊》1946 年第 7—8 期。

李寰：《论共同进化与中国化运动》，《边铎月刊》1948 年第 1 期。

李璜：《国家主义正名》，《国家主义论文集》第 1 集，中华书局，1925 年。

李清悚、蒋恭晟编：《初中本国史》第 4 册，大东书局，1937 年。

李宗仁：《民族复兴与焦土抗战》，民团周刊社，1938 年南宁版。

立法院中华民国宪法草案宣传委员会编：《中华民国宪法草案说明书》，中正书局，1940 年 7 月。

立斋（张君劢）：《穆勒约翰议院政治论》，《新民丛报》1906 年第 18 号，总第 90 号。

利玛窦、金尼阁著，何高济等译：《利玛窦中国札记》，北京：中华书局，1983 年。

梁启超：《历史上中国民族之观察》，《新民丛报》，1905 年 3—4 月第 65—66 号。

梁启超述，贾伸笔记：《中华民族之研究》，《地学杂志》1922 年第 2—3 期，1923 年第 1—2 期、第 3—4 期。

梁启超：《中国学术思想变迁之大势》，《新民丛报》第 5 号，1902 年。

梁漱溟：《东西文化及其哲学》，商务印书馆 1922 年 1 月初版，1987 年影印版。

林森：《中华民族的正气》，《路向》1938 年第 4 期。

刘炳藜编：《民族革命文选》，上海前途书局，1933 年初版。

刘德岑：《对于编纂历史故事的商榷》（续），《建国与教育》1939 年第 4—5 期。该文第一部分载该刊 1939 年第 2 期。

刘觉：《中国历史上之民族英雄》（上、下卷），商务印书馆，1940 年初版，1945 年三版。

刘揆一：《汉满蒙回藏民党联络意见书》，《民立报》1911 年 3 月 11—12 日。

刘揆一：《提倡汉满蒙回藏民党会意见书》，章开沅、罗福惠、严昌洪主编：《辛亥革命史资料新编》第 6 册，武汉：湖北人民出版社，2006 年。原件藏日本外务省档案馆。

刘晴波编：《杨度集》，长沙：湖南人民出版社，1986 年。

刘苏选编：《五大民族共和联合会章程》《平民党宣言书暨暂行章程》，《北京档案史料》1992年第1、3期。

刘苏选编：《五族国民合进会史料》，《北京档案史料》1992年第2期。

《刘廷琛维持礼教之片奏》，《申报》1911年4月4日。

鲁格夫尔：《来函两封》，《益世报·边疆周刊》第21期，1939年5月15日。

洛甫（张闻天）：《边区回民代表大会、回民文化促进会、回救边区分会同时开幕》，《新中华报》1940年10月20日。

洛甫（张闻天）：《中国共产党十七周年纪念》，《解放》第43—44期，1938年。

吕振羽：《中国民族简史》，北京：生活·读书·新知三联书店，1950年。

《论治上海事宜》，《申报》1972年8月24日。

罗刚：《读〈中国之命运〉》，《中央日报》1943年4月27日。

罗家伦：《新民族观》，商务印书馆，1946年2月初版。

罗家伦：《中华民族生存之路》，《大公报》1933年2月29日。

罗梦册：《中国论》，商务印书馆，1943年。

骆叔和：《民族复兴运动中的中国共产党问题》，《新创造》1932年第1卷第6期。

马国贤著，李天纲译：《清廷十三年——马国贤在华回忆录》，上海：上海古籍出版社，2004年。

马鸿逵：《西北之两大问题》，郭维屏主编：《西北问题研究会会刊》，正中书局，1934年。

马鸿逵：《要用信教精神挽救中国民族的沦亡》，《回教大众》1938年创刊号。

马君武：《华族祖国歌》，《复报》第9期。

马天铎：《三民主义与回教青年》，《回教论坛》1939年第2卷第9期。

《满洲人权之保护者》，《申报》1912年6月14日。

毛起鵕、刘鸿焕合编：《我们的国族》，独立出版社，1942年印行。

毛起鵕：《民族、种族、国族》，《军事与政治》1942年第2卷第5期。

毛泽东：《论新阶段》，《解放》第57期，1938年。

毛泽东：《新民主主义论》，《解放》第98—99合期，1940年2月25日。

《毛泽东选集》第3卷，北京：人民出版社，1991年。

《蒙藏回族慰劳抗战将士团告全国同胞书》，《蒙藏月报》1938年第2期。

《蒙藏会议提案标准》,《申报》1930年1月20日第6版《要闻》栏。

蒙藏委员会编印:《蒙藏委员会法规汇编》,蒙藏委员会,1930年。

《蒙藏旬报》1932年第6卷第1期。

《蒙民的愿望》,《大公报》1946年11月24日。

《蒙旗同胞的责任》,《中央日报》1939年2月17日。

民族问题研究会编:《回回民族问题》,民族问题研究会,1941年4月15日初版。

《民族英雄》,《蒙藏旬刊》第7卷第1期,1932年11月10日。

《命令》,《申报》1915年1月3日。

《慕韩文集》,《民国文集丛刊》第1编第123册,文听阁图书有限公司,2008年。

慕维廉:《地理全志》卷八,上海墨海书馆,1853—1854年铅印本。

穆都哩:《蒙回藏与国会问题》,《大同报》1907年第5号。

《南京中执委会宣传部电一》,《申报》1928年10月7日。

欧阳薇:《一九三六年的中华民族及中学生》,《一中校刊》1935年第3—4期。

欧阳哲生编:《傅斯年全集》(七),长沙:湖南教育出版社,2003年。

潘乃穆、潘乃和编:《潘光旦文集》第3卷,北京:北京大学出版社,1995年。

裴芷:《伟大的中华民族》,《国风》1939年9月第3期。

彭明主编:《中国现代史资料选辑》第5册,北京:中国人民大学出版社,1989年。

齐思和:《民族与种族》,《禹贡》第7卷第1—3合期,1937年。

岂凡:《中华民族和民族英雄》,《革命空军》1936年第3卷第1期。

钱穆:《国学概论》,北京:商务印书馆,1997年。

黔首:《国际法上之国家》,《二十世纪之支那》第1期,1905年6月。

《强学报·时务报》,北京:中华书局,1991年影印版。

乔一凡:《大中华民国宪法草案补订案》,重庆市沙坪坝印刷生产合作社,1940年印。

乔一凡:《武汉退却后上蒋委员长书》,中国民生教育学会,1938年印。

《清德宗实录》卷13,北京:中华书局,1986年影印版。

《清高宗(乾隆)御制诗文全集》第10册,北京:中国人民大学出版社,1993年。

《清高宗实录》卷784,北京:中华书局,1986年影印版。

《清高宗实录》卷 1435，北京：中华书局，1986 年影印版。

《清圣祖圣训》卷 52，北京：中华书局，1985 年影印版。

《清圣祖实录》卷 270，北京：中华书局，1985 年影印版。

《清世宗实录》卷 130，北京：中华书局，1985 年影印版。

《全美华侨一致为外交奋起》，《申报》1922 年 1 月 10 日。

阙名：《仇一姓不仇一族论》，《民报》1908 年第 19 号。

阙名：《中国民族论》，《湖北学生界》1903 年第 4 期。

荣孟源编：《中国国民党历次代表大会及中央全会资料》（上、下册），北京：光明日报出版社，1985 年。

芮逸夫：《行宪与边疆地方自治》，《边疆通讯》1948 年第 5 卷第 2—3 期。

芮逸夫：《行宪与边民》，《边政公论》1947 年第 6 卷第 3 期。

芮逸夫：《再论中华国族的支派及其分布》，《民族学研究集刊》1946 年第 5 期。

芮逸夫：《中华国族解》，《人文科学学报》第 1 卷第 2 期，1942 年 12 月。

芮逸夫主编：《云五社会科学大辞典》第 10 册《人类学》，台北：台湾商务印书馆，1971 年。

裳：《华奸》，《救国》1933 年第 4 期。

上海商务印书馆编译所编纂：《大清新法令（1901—1911）》第 1 卷，北京：商务印书馆，2010 年。

上海商务印书馆编译所编纂：《大清新法令（1901—1911）》第 3 卷，北京：商务印书馆，2011 年。

申悦庐：《行健室文存》，石门县立中学 1943 年印行，1948 年重印本。

申悦庐：《中华民族特性论》，《宗圣学报》1917 年 12 月第 2 卷第 8 期。原未曾署名，1943 年该文又重刊于《东方杂志》第 39 卷第 19 号，署名“申悦庐”。

沈吕巡、冯明珠主编：《百年传承、走出活路》，台北“故宫博物院”，2011 年。

沈明达：《本国史中补充“民族英雄史实”教材的拟议》，《浙江教育月刊》1936 年第 1 卷第 5 期；另见《绍中校刊》1936 年第 2 期。

沈勇：《论汉奸》（上），《抗议》1939 年第 5 期。

沈云龙主编：《近代中国史料丛刊》初编第 82 辑，文海出版社，1972 年影印版。

沈云龙主编:《近代中国史料丛刊续编》第25辑，文海出版社，1976年。

沈宗执:《大中华民族建设论》,《新认识月刊》第3卷第2期。

施瑛:《中国民族史讲话》，世界书局，1934年11月版。

《十一月三日大总统告令》,《申报》1914年11月6日。

史维焕:《中华民族复兴的基础》,《时事类编》1939年第31期。

《世宗宪皇帝上谕内阁》卷56,《影印文渊阁四库全书》第414册，台北：台湾商务印书馆，1986年。

束荣松:《怎样编辑中华民族英雄传记？对于中华民族爱国魂及中华民族英雄故事集之批评和意见》,《天风》1937年第1期。

宋延庠、蒋子奇、刘祖泽、聂家裕编:《初级中学历史》（教育部审定)，国定小学教科书七家联合供应处，1946年印行。

《苏州大会宣言》,《少年中国》第4卷第8期。

孙伯謇:《中华民族的现代性》，刘炳藜编:《民族革命文选》，上海前途书局，1933年初版。

孙科:《关于宪草制定之经过及内容之说明》，立法院中华民国宪法草案宣传委员会编:《中华民国宪法草案说明书》，正中书局，1940年7月。

孙科:《孙科文集》第1册，台北：台湾商务印书馆，1970年。

孙绳武:《第二期抗战与西北》,《回民言论》第1卷第6期。

孙绳武:《再论中华民族与回教》,《回民言论》第1卷第12期。

孙绳武:《中华民族与回教》,《回民言论》第1卷第7期，1939年4月。

孙颖荑:《二十世纪的民族英雄》,《遗族校刊》1935年第2卷第4期。

孙正容编:《高中新本国史》，世界书局，1947年印行。

谭少惠:《民族英雄的界说》,《遗族校刊》1935年第2卷第4期。

汤志钧编:《陶成章集》，北京：中华书局，1986年。

唐炎:《我国历史上民族英雄之题名录》,《衡湘学生》1933年第6期。

《通俗教育会二次开会训词》,《申报》1915年11月18日。

汪荣宝编纂，张元济校订:《中国历史教科书》（本朝史）（中学堂、师范学堂用），商务印书馆宣统元年（1909）六月初版，宣统三年（1911）四版。

汪少伦：《中华民族的意义》，《国是公论》第13期，1938年。

王光祈：《少年中国运动》，中华书局，1924年。

王健生编：《民族生存》，中国民生学社，1937年。

王启汾：《中华民族的研究——依据近代学者的成绩》，《光华期刊》1927年第1期。

王庆仁、索文清编：《吴文藻人类学社会学研究文集》，北京：民族出版社，1990年。

王栻主编：《严复集》，北京：中华书局，1986年。

王铁崖编：《中外旧约章汇编》，北京：生活·读书·新知三联书店，1957年。

王桐龄：《中国民族史》，北平文化学社，1928年。

王聿均、孙斌编：《朱家骅先生言论集》，台湾“中央研究院”近代史研究所，1977年。

王晓峰：《民国时期新疆地方宪政研究》，北京：中国政法大学出版社，2013年。

王之平：《民族复兴之关键》，1935年作者自刊。

卫惠林：《如何确立三民主义的边疆民族政策》，《边政公论》1945年1月第4卷第1期。

乌泽声：《大同报序》，《大同报》1907年第1号。

乌泽声：《论开国会之利》，《大同报》1907年第4号。

乌泽声：《满汉问题》，《大同报》1907年第1号。

无妄：《中国存亡问题系于民族之离合》，《大公报》1911年11月19日。

《吾人对于民国七年之希望》，《民国日报》1918年元旦。

吴定良：《中华民族优秀问题的讨论》，《毕节周刊》1943年第10期。

吴赓恕：《中国民族复兴的政策与实施》，青年评论社，1933年。

吴贯因：《五族同化论》，《庸言》1913年第1卷第8—9号。

吴鉴：《零言碎语——短评三则》之二《“汉奸”应正名为“华奸”》，《志成月刊》1936年第6期。

吴雷川：《基督教对于中华民族复兴能有什么贡献》，《真理与生命》第9卷第2期，1935年。

吴雷川：《基督教与中国文化》，上海青年协会书局，1940年。

吴其昌等：《中华民族复兴论》，黄埔出版社，1940年。

吴文藻：《边政学发凡》，《边政公论》第1卷第5—6合期，1942年。

吴文藻：《论边疆教育》，《益世周报》第2卷第10期，1939年3月17日。

吴文藻：《民族与国家》，《留美学生季报》第11卷第3号，1927年1月20日。

吴无忌编：《王国维文集》，北京：北京燕山出版社，1997年。

吴研因：《国歌谈》，《音乐界》1923年10月第10期。

《五族国民合进会会启（附简章）》，1912年，中国人民大学图书馆藏线装小册。

伍子建：《军人精神改造论》，台山胥山学会，1938年。

武汉大学中国近代史教研室编：《辛亥革命在湖北史料选辑》，武汉：湖北人民出版社，1981年。

希夷：《本馆新屋落成几纪言》，《申报》1911年7月15日。

熙斌：《种族同化论》，《中国同盟会杂志》第3期。

夏德渥：《中华六族同胞考说》，1917年湖北第一监狱石印。北京师范大学图书馆藏1920年重版本。

夏新华、胡旭晟整理：《近代中国宪法历程·史料荟萃》，北京：中国政法大学出版社，2004年。

萧萐父主编：《熊十力全集》，武汉：湖北教育出版社，2001年。

萧一山：《中华民族问题》，《中央周刊》1938年第1卷，第26—27合期。

撷华书局编：《宣统己酉大政纪》第16册，卷13，沈云龙主编：《近代中国史料丛刊续编》第25辑，文海出版社，1976年。

谢康：《革命文学与中华民族复兴运动》，《新广西旬报》1927年第3期。

谢康：《民族学与中华民族的认识》，《建设研究》1940年第3卷第3期。

《新省民政厅呈报成立宪草研讨会情形并附呈提案》，1944年5月23日，新疆维吾尔自治区档案馆档案，政2-2-620。

《信阳市民大会情形》，《申报》1925年6月18日。

熊十力：《中国历史讲话》，最初于1938年在重庆中央陆军军官学校石印行世，1940年由黄埔出版社、正中书局等重版，收入萧萐父主编：《熊十力全集》第2卷，武汉：湖北教育出版社，2001年。

虚谷：《“九一八”对中华民族复兴上的意义》，《新新周刊》1938年第18期。

徐虚生（徐旭生自署名）：《用历史的观点对鲁格尔夫先生说几句话》，《益世报·边疆周刊》第24期，1939年6月12日。

徐用仪：《五千年来中华民族爱国魂》（一名《五千年来中华民族爱国史的观察》）第一卷，天津大公报社，1932年。

徐有朋编：《袁大总统书牍汇编》，上海广益书局，1914年。

许可经：《救亡歌曲集》，重庆，个人刊，1937年11月初版。

阎锡山：《复兴民族须先复兴发展富强文明的原动力》，太原绥靖公署主任办公处，1936年。

杨成志：《西南边疆文化建设之三个建议》，《青年中国季刊》1939年第1期。

杨度：《金铁主义说》，《中国新报》1907年第1号。

杨松：《论民族》，《解放》第47期，1938年8月。

杨天石、王学庄编著：《南社史长编》，北京：中国人民大学出版社，1995年。

杨筱农：《伊犁革命回忆录》，《天山》1934年第1卷第1期。

杨幼炯：《我国民族运动之理论与实际》，《东方杂志》第26卷第20号“民族运动号”，1929年。

杨幼炯主编：《中国农村问题》，中国社会科学出版部，1934年。

杨周熙：《中华民族复兴的原动力》，《南大周刊》第31期，1926年。

姚江滨：《论中华民族》，《民族公论》1940年第3期。

姚薇元：《中华民族之整个性》，《边疆通讯》第3卷第1期，1945年1月。

《姚锡光等发起五族国民合进会启》，《申报》1912年6月11—12日。

叶绍钧、吴研因、王志瑞等编：《中国的民族》，中华文库，小学第1集（高级），1948年1月初版。

《一周间：日本侵华与抗战情报》，《青年向导》1936年第1卷第1期。

倚冈：《也来谈谈中华民族复兴》，《南大周刊》第105期，1931年。

佚名：《回回民族英雄、中华民族英雄马本斋同志》，《祖国呼声》1944年第2期。

佚名：《由表彰民族英雄说到张骞西征》，《军事杂志》1937年第104期。

易君左：《中华民族英雄故事集》，镇江江南印书馆，1933年印行。

荫昌：《中国雄立宇宙间》，《政府公报》第1095号，1915年5月26日。

隐青：《民族精神》，《东方杂志》第16卷第12号，1919年12月15日。

友琴：《汉奸释义》，《华北评论》1937年第1卷第2期。

于右任：《黄帝功德记》，南京仿古印书局，1935年排印版。

余国光：《察哈尔的代表们》，《中央日报》1946年12月1日。

余家菊：《国家主义概论》，《新国家》第1卷第8期，1927年8月。

余家菊：《教会教育问题》，《少年中国》第4卷第7期，1923年阴历九月。

裕端：《大同义解》，《大同报》1907年第2号。

《杂志启示》，《再生》1932年第1卷第2期。

曾今可作词，周大融作曲：《中华民族的复兴》，《江西地方教育》1939年第159—160期合刊。

张大东：《中华民族发展史大纲》，军训部西南游击干训班，1941年2月印版。张书1942年9月又曾在桂林由文化供应社印行，署名“张旭光著”，书名也略有差异，为《中华民族发展史纲》。

张汉光：《论边疆文化国族化》，《边疆通讯》1947年第4卷第4期。

张君劢：《国家社会主义》，发行人冯今白，1938年初版，1939年三版。

张君劢讲，成炳南记：《中华民族复兴之精神的基础》，《再生》1934年第2卷第6—7期。

张君劢讲，王世宪记：《民族复兴运动》，《再生》1932年第1卷第10期。

张君劢：《我们所要说的话》，《再生》1932年第1卷第1期。

张君劢：《张君劢集》，北京：群言出版社，1993年。

张君劢：《中华民族之立国能力》，《再生》1932年第1卷第4期。

张君劢讲、杨祖培记：《中华新民族性之养成》，《再生》1934年第2卷第9期。

张梦九：《中华民族独立与国民大学》，《少年中国》第4卷第11期。

张枬、王忍之编：《辛亥革命前十年间时论选集》，生活·读书·新知三联书店出版，其中第一卷出版于1960年，第二卷出版于1963年，第三卷出版于1977年。第一至二卷1978年第二次印刷。

张难先：《湖北革命知之录》，武汉大学中国近代史教研室编：《辛亥革命在湖北史料选辑》，武汉：湖北人民出版社，1981 年。

张品兴主编：《梁启超全集》第 1、2、6、7、10 册，北京：北京出版社，1999 年。

张其昀：《黄帝子孙》，《妙中月刊》1941 年第 23 期。

张其昀：《“少数民族”名词的纠正——并论中国边疆问题》，《申报》1946 年 3 月 24 日“星期论坛”。

张其昀：《中国民族志》（新中学文库），商务印书馆，1938 年 7 月初版，1947 年 4 月三版。

张其昀主编：《蒋“总统”集》，国防研究院中华大典编印会，1968 年。

张其昀撰述，邵元冲校阅：《中国民族志》，商务印书馆，1933 年。

张岂之主编：《五千年血脉——黄帝及黄帝陵史料汇编》，西安：西北大学出版社，1993 年。

张清云笔记：《由西藏返京后的感想——黄专使慕松在蒙藏学校演词》，《边事研究》1935 年 3 月第 1 卷第 4 期。

张慰慈：《民族主义与帝国主义》，《东方杂志》第 25 卷第 15 号，1928 年 8 月 10 日。

张秀山编：《最新中等音乐教科书》，琉璃厂宣元阁，1913 年。

《章炳麟拟国歌》，《教育部编纂处月刊》第 1 卷第 3 册，1913 年 4 月。

章开沅、罗福惠、严昌洪主编：《辛亥革命史资料新编》，武汉：湖北人民出版社，2006 年。

赵澍：《养成民众的民族观念和把爱国作为最高道德的建设》，《民国日报》副刊《觉悟》1925 年 8 月 4 日。

赵玉森：《（共和国教科书）本国史》上册，商务印书馆，1913 年。

甄克思著，严复译：《社会通诠》，北京：商务印书馆，1981 年。

震东：《回教民族英雄——左宝贵》，《绿旗》1939 年第 1 卷第 3 期。

郑鹤声：《近三百年来中华民族融合之趋向》，《边政公论》1944 年第 3 卷第 2 期。

郑鹤声：《应如何从历史教学上发扬中华民族之精神》，《教与学》，1935 年 10 月 1 日，第 1 卷第 4 期。

郅志选注：《猛回头——陈天华邹容集》，沈阳：辽宁人民出版社，1994 年。

中共湖北省委党史资料征集编研委员会等编：《抗战初期中共中央长江局》，武汉：

湖北人民出版社，1991 年。

《中共中央关于目前时局与党的任务的决定》，《解放》第 98—99 期，1940 年。

中共中央统战部编：《民族问题文献汇编》，北京：中共中央党校出版社，1991 年。

中共中央文献编辑委员会编：《周恩来选集》上卷，北京：人民出版社，1980 年。

中共中央文献研究室、中共湖南省委《毛泽东早期文稿》编辑组编：《毛泽东早期文稿》，长沙：湖南出版社，1995 年。

中国藏学研究中心等编：《元以来西藏地方与中央政府关系档案史料汇编》，北京：中国藏学出版社，1994 年。

《中国大事记》，《东方杂志》第 9 卷第 4 号，1912 年 8 月 1 日。

中国第二历史档案馆编：《中国民主社会党》，北京：档案出版社，1988 年。

中国第二历史档案馆编：《中华民国史档案资料汇编》第 5 辑，南京：江苏古籍出版社，1999 年。

中国第二历史档案馆、中国藏学研究中心合编：《九世班禅内地活动及返藏受阻档案选编》，北京：中国藏学出版社，1992 年。

《中国共产党与中华民族》，《解放日报》1943 年 7 月 1 日。

《中国国籍法草案》，《东方杂志》第 6 卷第 2 号，1909 年 2 月。

中国国民党革命军事委员会委员长侍从室：《中华民族整个共同的责任》，中国国民党中央执行委员会宣传部，1942 年。

中国国民党河北省党部编：《中华民国宪法草案及各方研讨意见》（河北党务丛刊之十五）。

《中国回教救国协会四川省万县支会宣言》，《中国回教救国协会会刊》第 1 卷第 2 期。

《中国回教救国协会云南省分会成立宣言》，《清真铎报》1939 年新 1 号。

《中国回教民众拥护抗战》，《大公报》1937 年 12 月 16 日。

《中国回民青年战地服务团近讯》，《回教论坛》第 2 卷第 10 期。

中国李大钊研究会编注：《李大钊全集》，北京：人民出版社，2006 年。

中国李大钊研究会编注：《李大钊文集》，北京：人民出版社，1984 年。

中国人民政治协商会议湖南省委员会文史资料研究委员会编：《湖南文史资料选辑》

第1辑，长沙：湖南人民出版社，1962年。

中国社会科学院历史研究所清史研究室编：《清史资料》第4辑，北京：中华书局，1983年。

中国史学会编：《中国近代史资料丛刊·辛亥革命》（四、五），上海：上海人民出版社，1957年。

《中国伊斯兰青年会成立大会宣言》，《中国回教救国协会会刊》第1卷第9期。

《中国移民概数之新调查》，《申报》1914年4月29日。

《“中国之命运”》，《中央日报》1943年2月1日。

《中华民族大同会支部成立纪事》，《申报》1912年6月9日。

《〈中华民族英雄故事集〉经已出版、风靡一时》，《侨务月报》1934年第1卷第4期。

中华书局编辑部、李书源整理：《筹办夷务始末》（同治朝），北京：中华书局，2008年。

中华：《元太祖成吉思汗的一生：一个中国民族英雄》，《和平月刊》1939年第6期。

中山大学历史系孙中山研究室编：《孙中山全集》第5卷，北京：中华书局，1985年。

《中央党部欢宴蒙代表》，《中央日报》1930年6月2日。

中央档案馆编：《中共中央文件选集》第1册，北京：中共中央党校出版社，1989年。（该社出版该书版本极多，根据所用版本注明，未能统一版本）

中央档案馆编：《中共中央文件选集》第9册，北京：中共中央党校出版社，1986年。

中央档案馆编：《中共中央文件选集》第10册，北京：中共中央党校出版社，1991年。

《中央命令：大总统告令》，《浙江警察杂志》1914年第11期。

中央统战部编：《民族问题文献汇编》，北京：中共中央党校出版社，1991年。

中央统战部、中央档案馆：《中共中央抗日民族统一战线文件选编》（上、中、下），北京：档案出版社，1984、1985、1986年。

《中央文化事业委员会表彰历代民族英雄》，《浙江教育》1937年第2卷第7期。

《中央宜确立适当之民族政策》，《世界日报》1933年10月27日。

中央执行委员会宣传部编：《国旗释义》，《中国国民党周刊》第42号，1924年10月26日。

钟毓龙：《（新制）本国史教本》第1册，中华书局，1914年。

钟月秋：《高中本国史》，长沙湘芬书局，1932年。

仲实：《民族大团结》，《抗战》1938年第61号。

周彬：《十个民族英雄：八、郑和》，《进修》1939年第10期。

周佛海：《精神建设与民族复兴》，上海新生命书局，1935年。

周辑熙：《复兴民族之路》，独立出版社，1943年。

诸青来：《三民主义商榷》，正谊社1927年初版，箴文书局1930年再版。

二、参引的今人中文论著和译著

埃里克·霍布斯鲍姆：《民族与民族主义》，李金梅译，上海：上海人民出版社，2000年。

岸本美绪：《“中国”和“外国”——明清两代历史文献中涉及国家与对外关系的用语》，《覆案的历史：档案考掘与清史研究》，台湾“中央研究院”，2013年。

敖光旭：《1920—1930年代国家主义派之内在文化理路》，《近代史研究》2006年第2期。

敖光旭：《1920年代国内蒙古问题之争——以中俄交涉最后阶段之论争为中心》，《近代史研究》2007年第4期。

巴斯蒂：《辛亥革命与20世纪中国的民族国家》，中国史学会编：《辛亥革命与20世纪的中国》（中），北京：中央文献出版社，2002年。

巴斯蒂：《中国近代国家观念溯源——关于伯伦知理〈国家论〉的翻译》，《近代史研究》1997年第4期。

蔡乐苏、金富军：《蒋廷黻外交思想探析》，《清华大学学报（哲学社会科学版）》2005年第1期。

曹新宇、黄兴涛：《欧洲称中国为“帝国”的早期历史考察》，《史学月刊》2015年第5期。

曹跃明、徐锦中：《中国近现代民族主义之路》，《天津社会科学》1996年第5期。

常安：《清末民初宪政世界中的“五族共和”》，《北大法律评论》2010年第11卷第2辑。

常安：《中华民族认同与国家建构》，《湖北民族学院学报（哲学社会科学版）》2010年第1期。

常建华：《国家认同：清史研究的新视角》，中国人民大学清史研究所编：《“清代政治与国家认同”国际学术研讨会论文集》，2010年。

陈波：《“中国本部”概念的起源和建构：1550年代至1795年》，《学术月刊》2017年第4期。

陈红梅：《民国时期回族的自我认同与国家认同》，《北方民族大学学报（哲学社会科学版）》2010年第2期。

陈理、彭武麟主编：《中国近代民族史研究文选》，北京：社会科学文献出版社，2013年。

陈连开：《中华民族研究初探》，北京：知识出版社，1994年。

陈先达：《静园论丛》，北京：中国人民大学出版社，2000年。

陈先达：《漫步遐思》，北京：中国青年出版社，1997年。

池田诚编著：《抗日战争与中国民众——中国的民族主义与民主主义》，中国人民抗日战争纪念馆编研部译校，北京：求实出版社，1989年。

迟云飞：《清末最后十年的平满汉畛域问题》，《辛亥革命与20世纪的中国》（上），北京：中央文献出版社，2002年。

村田雄二郎：《孙中山与辛亥革命时期的“五族共和”论》，《广东社会科学》2004年第5期。

邸永君：《“民族”一词非舶来品》，《中国民族报》2004年2月20日。

丁守和主编：《辛亥革命时期期刊介绍》，北京：人民出版社，1983年。

定宜庄、欧立德：《21世纪如何书写中国历史：“新清史”研究的影响与回应》，彭卫主编：《历史学评论》第一卷，北京：社会科学文献出版社，2013年。

杜赞奇著，王宪明译：《从民族国家拯救历史：民族主义话语与中国现代史研究》，北京：社会科学文献出版社，2003 年。

方素梅：《从〈回部公牍〉看民国前期回族人的政治参与活动》，《民族研究》2010 年第 1 期。

方维规：《近代思想史上的“民族”及相关核心概念通考》，孙江、陈力卫主编：《亚洲概念史研究》第二辑，北京：生活 · 读书 · 新知三联书店，2014 年。

方维规：《论近代思想史上的“民族”、“nation”与中国》，《二十一世纪》2002 年 4 月号。

费孝通主编：《中华民族多元一体格局》，北京：中央民族学院出版社，1989 年。

费约翰著，李恭忠、李里峰等译：《唤醒中国：国民革命中的政治、文化与阶级》，北京：生活 · 读书 · 新知三联书店，2004 年。

冯客著，杨立华译：《近代中国之种族观念》，南京：江苏人民出版社，1999 年。

冯天瑜：《中国近世民族主义的历史渊源》，《湖北大学学报（哲学社会科学版）》1994 年第 4 期。

傅乐成：《傅孟真先生的民族思想》，王为松编：《傅斯年印象》，上海：学林出版社，1997 年。

高翠莲：《清末民国时期中华民族自觉进程研究》，北京：中央民族大学出版社，2007 年。

高强：《炎黄子孙称谓的源流与意蕴》，西安：三秦出版社，2006 年。

高全喜：《立宪时刻：论〈清帝逊位诏书〉》，秀威资讯科技股份有限公司，2012 年。

葛凯：《制造中国：消费文化与民族国家的创建》，黄振萍译，北京：北京大学出版社，2007 年。

葛兆光：《宋代“中国”意识的凸显——关于近世民族主义思想的一个远源》，《文史哲》2004 年第 1 期。

葛兆光：《宅兹中国——重建有关“中国”的历史论述》，北京：中华书局，2011 年。

耿云志：《孙中山民族主义思想的历史演变》，《广东社会科学》2007 年第 1 期。

耿云志：《中国近代思想史上的民族主义》，李文海、耿云志等：《“中国近代史上的民族主义”笔谈》，《史学月刊》2006年第6期。

关志钢：《新生活运动研究》，深圳：海天出版社，1999年。

郭成康：《清朝皇帝的中国观》，《清史研究》2005年第5期。

郭双林、王续添编：《中国近代史读本》，北京：北京大学出版社，2006年。

韩东育：《日本拆解“宗藩体系”的整体设计与虚实进路——对〈中日修好条规〉的再认识》，《近代史研究》2016年第6期。

韩建业：《早期中国：中国文化圈的形成和发展》，上海：上海古籍出版社，2015年。

郝时远：《类族辨物——“民族”与“族群”概念之中西对话》，北京：中国社会科学出版社，2013年。

郝时远：《中文“民族”一词源流考辨》，《民族研究》2004年第6期。

何志虎：《中国得名与中国观的历史嬗变》，西安：三秦出版社，2002年。

胡阿祥：《伟哉斯名："中国”一词古今研究》，武汉：湖北教育出版社，2000年。

黄爱平：《清代的帝王庙祭与国家政治文化认同》，中国人民大学清史研究所编：《“清代政治与国家认同”国际学术研讨会论文集》，2010年。

黄克武：《民族主义的再发现：抗战时期中国朝野对“中华民族”的讨论》，《近代史研究》2016年第4期。

黄敏兰：《学术救国——知识分子历史观与中国政治》，郑州：河南人民出版社，1995年。

黄兴涛：《“圆”字漫说》，《光明日报》2004年12月21日。

黄兴涛：《“话语”分析与中国近代思想文化史研究》，《历史研究》2007年第3期。

黄兴涛：《话“支那”》，《文史知识》1999年第5期。

黄兴涛：《简述民国时期国内各民族文化的新交融》，《文化史的视野》，福州：福建教育出版社，2000年。

黄兴涛、刘辉：《抗战前后中国共产党文化“民族性”意识的觉醒及其意义》，《北京档案史料》2002年第1期。

黄兴涛、刘正寅：《“中华民族”观念形成和中华民族伟大复兴》，《北京日报》2002年11月11日。

黄兴涛：《民国各政党与中华民族复兴论》，《近代史研究》2014 年第 4 期。

黄兴涛：《“民族”一词究竟何时在中文里出现》，《浙江学刊》2002 年第 1 期。

黄兴涛：《民族自觉与符号认同：“中华民族”观念萌生与确立的历史考察》，《中国社会科学评论》（香港）2002 年创刊号。

黄兴涛：《清代满人的“中国认同”——对美国“新清史”的一种回应》，《清史研究》2011 年第 1 期。

黄兴涛：《清末民国时期“中华民族”观念认同性质论》，《北京档案史料》2004 年第 2 期。

黄兴涛：《清末现代“民族”概念形成小考》，《人文杂志》2011 年第 4 期。

黄兴涛：《晚清民初现代“文明”和“文化”概念的形成及其历史实践》，《近代史研究》2006 年第 6 期。

黄兴涛、王峰：《民国时期“中华民族复兴”观念之历史考察》，《中国人民大学学报》2006 年第 3 期。

黄兴涛：《文化史研究的省思》，《史学史研究》2007 年第 3 期。

黄兴涛：《现代中华民族认同史小议》，《北京日报》2010 年 4 月 19 日。

黄兴涛：《“中华民族”观念萌生与形成的历史考察——兼论辛亥革命与中华民族认同之关系》，《浙江社会科学》2002 年第 1 期。

黄兴涛：《自省与“他者”：明恩溥与清末民国的民族性改造话语》，《近代文化研究》2007 年第 1 辑。

黄兴涛、黄娟：《清末“国语”的概念转换与国家通用语的最初构建》，载《近代史研究》2022 年第 6 期。

即实：《契丹文字字源举隅》，《民族语文》1982 年第 3 期。

姜萌：《族群意识与历史书写——中国现代历史叙述模式的形成及其在清末的实践》，北京：商务印书馆，2015 年。

江沛：《自由主义与民族主义的纠缠——以 1930—40 年代“战国策派”思潮为例》，《安徽史学》2013 年第 1 期。

蒋红艳：《民族复兴与新中国建设学会》，《湖北社会科学》2013 年第 11 期。

金冲及：《辛亥革命和中国近代民族主义》，中国史学会编：《辛亥革命与 20 世纪的中国》（中），北京：中央文献出版社，2002年。

金冲及：《辛亥革命研究论文集》，北京：生活·读书·新知三联书店，2011年。

金观涛、刘青峰：《观念史研究——中国现代重要政治术语的形成》，香港：香港中文大学出版社，2008年。

柯博文：《走向“最后关头”——中国民族国家构建中的日本因素（1931—1937）》，马俊亚译，北京：社会科学文献出版社，2004年。

孔飞力：《中国现代国家的起源》，陈兼、陈之宏译，北京：生活·读书·新知三联书店，2013年。

雷蒙·威廉斯：《关键词：文化与社会的词汇》，刘建基译，北京：生活·读书·新知三联书店，2005年。

李帆：《以“中华”为族称：辛亥革命前后的民族认同》，《北京师范大学学报（社会科学版）》2011年第5期。

李国栋：《民国时期的民族问题与民国政府的民族政策研究》，北京：民族出版社，2007年。

李华兴等：《索我理想之中华：中国近代国家观念的形成与发展》，合肥：安徽教育出版社，2005年。

李济著，李光谟、李宁编：《中国民族的形成》，南京：江苏教育出版社，2005年。

李列：《民族想像与学术选择：彝族研究现代学术的建立》，北京：人民出版社，2006年。

李乔：《关于“炎黄子孙”这个词》，《北京观察》2010年第7期。

李文海、耿云志等：《“中国近代史上的民族主义”笔谈》，《史学月刊》2006年第6期。

李文海：《“振兴中华”口号的由来》，《人民日报》1982年4月30日。

李文海主编：《中国近代爱国主义论纲》，北京：中国人民大学出版社，1991年。

李永伦：《试析孙中山民族平等的思想》，《云南教育学院学报》1996年第4期。

李占荣：《论“中华民族”入宪》，《社会科学战线》2008年第10期。

林同奇：《“民族”“民族国家”“民族主义”的双重含义——从葛兆光的〈重建“中国”的历史论述〉谈起》，《二十一世纪》2006年4月号，总第94期。

刘超：《现代中华民族观念的形成——以清末民国时期中学中国历史教科书为中心》，《安徽史学》2007 年第 5 期。

刘冬梅：《对民国中学中国史教科书的考察》，北京师范大学博士学位论文，2009 年。

刘辉：《中国共产党人的文化自觉：新民主主义文化思想再研究》，北京：中共党史出版社，2008 年。

刘文鹏：《内陆亚洲视野下的“新清史”研究》，《历史研究》2016 年第 4 期。

刘学铫编：《中国历代边疆大事年表》，台北：金兰文化出版社，1979 年。

刘正寅：《试论中华民族整体观念的形成》，《民族研究》2000 年第 6 期。

刘作忠：《中国近代国歌小史》，《寻根》2007 年第 4 期。

路康乐：《满与汉：清末民初的族群关系与政治权力（1861—1928）》，王琴、刘润堂译，北京：中国人民大学出版社，2010 年。

吕芳上主编：《蒋中正先生年谱长编》第 6 册，“国史馆”、中正纪念堂、中正文教基金会，2015 年。

罗新：《黑毡上的北魏皇帝》，北京：海豚出版社，2014 年。

罗志田：《近代中国民族主义的史学反思》，《二十世纪的中国思想与学术掠影》，广州：广东教育出版社，2001 年。

罗志田：《乱世潜流：民族主义与民国政治》，北京：中国人民大学出版社，2013 年。

马承源：《何尊铭文初释》，《文物》1976 年第 1 期。

马戎：《评安东尼·史密斯关于“nation”（民族）的论述》，《中国社会科学》2001 年第 1 期。

马戎、周星主编：《中华民族凝聚力形成与发展》，北京：北京大学出版社，1999 年。

马戎主编：《“中华民族是一个”——围绕 1939 年这一议题的大讨论》，北京：社会科学文献出版社，2016 年。

马玉华：《国民政府对西南少数民族调查之研究（1929—1948）》，昆明：云南人民出版社，2006 年。

缪昌武、陆勇：《〈大清国籍条例〉与近代“中国”观念的重塑》，《南京社会科学》2012 年第 4 期。

纳日碧力戈：《民族与民族概念再辨正》，《民族研究》1995 年第 3 期。

南海：《杰出的蒙藏研究开拓者——记黄奋生教授》，http：//www. xbmu. edu. cn/frontContent. action？siteld = l&article-Classld = 116&articleld = 232。

欧立德：《关于“新清史”的几个问题》，中国人民大学清史研究所编：《“清代政治与国家认同”国际学术研讨会论文集》，2010 年。

欧立德：《满文档案与“新清史”》，《故宫学术季刊》2006 年第 2 期。

彭刚：《历史地理解思想：对斯金纳有关思想史研究的理论反思的考察》，丁耕主编：《什么是思想史》，上海：上海人民出版社，2006 年。

戚学民：《严复〈政治讲义〉研究》，北京：人民出版社，2014 年。

钱乘旦：《欧洲民族问题的研究轨迹》，《中国社会科学季刊》（香港）1996 年秋季卷。

瞿林东主编：《历史文化认同与中国统一多民族国家》，石家庄：河北人民出版社，2013 年。

饶怀民：《刘揆一与辛亥革命》，长沙：岳麓书社，2010 年。

茹莹：《汉语“民族”一词在我国的最早出现》，《世界民族》2001 年第 6 期。

芮逸夫：《中国民族及其文化论稿》，台湾艺文印书馆，1972 年。

桑兵：《中国的“民族”与“边疆”问题——本期专栏解说》，《中山大学学报（社会科学版）》2012 年第 6 期。

桑兵：《辛亥前十年间“汉奸”指称的转义与泛用》，收入清华大学人文学院历史系、中国社会科学院近代史研究所政治史研究室合编：《第七届晚清史研究国际学术研讨会——中国近代制度、思想与人物研究论文集》（下），第 614—632 页，2016 年 9 月。

沙培德：《战争与革命交织的近代中国》，高波译，北京：中国人民大学出版社，2016 年。

邵丹：《故土与边疆：满洲民族与国家认同里的东北》，《清史研究》2011 年第 1 期。

沈松侨：《我以我血荐轩辕：黄帝神话与晚清的国族建构》，《台湾社会研究季刊》，1997 年 12 月，第 28 期。

沈松侨：《振大汉之先声——民族英雄系谱与晚清的国族想象》，贺照田主编：《学术思想评论》第 10 集，长春：吉林人民出版社，2003 年。

石川祯浩：《20世纪初年中国留日学生“黄帝”之再造——排满、肖像、西方起源论》，《清史研究》2005年第4期。

石元康：《从中国文化到现代性：典范转移?》，北京：生活·读书·新知三联书店，2000年。

松本真澄：《中国民族政策之研究——以清末至1945年的“民族论”为中心》，鲁忠慧译，北京：民族出版社，2003年。

宋君荣：《有关雍正与天主教的几封信》，杜文凯编：《清代西人见闻录》，北京：中国人民大学出版社，1985年。

孙宏云：《汪精卫、梁启超“革命”论战的政治学背景》，《历史研究》2004年第5期。

孙江、陈力卫主编：《亚洲概念史研究》第2辑，北京：生活·读书·新知三联书店，2014年。

孙江：《连续性与断裂——清末民初历史教科书中的黄帝叙述》，王笛主编：《新社会史（3）：时间·空间·书写》，杭州：浙江人民出版社，2006年。

孙喆：《康雍乾时期舆图绘制与疆域形成研究》，北京：中国人民大学出版社，2003年。

唐仕春：《绥远土默特摊差交涉：五族共和下的蒙汉族群互动（1911—1928）》，《中国社会科学院近代史研究所青年学术论坛》2005年卷，北京：社会科学文献出版社，2006年。

陶绪：《晚清民族主义思潮》，北京：人民出版社，1995年。

汪晖：《现代中国思想的兴起》，北京：生活·读书·新知三联书店，2004年。

汪荣祖主编：《清帝国性质的再商榷——回应新清史》，“中央大学”出版中心、远流出版事业股份有限公司，2014年。

王炳根：《吴文藻与民国时期“民族问题”论战》，《中华读书报》2013年5月1日。

王尔敏：《清季学会与近代民族主义的形成》，《中国近代思想史论》，北京：社会科学文献出版社，2003年。

王建朗：《中国废除不平等条约的历程》，南昌：江西人民出版社，2000年。

王柯：《“汉奸”：想象中的单一民族国家话语》，《二十一世纪》2004年6月号。

王柯：《“民族”：一个来自日本的误会》，《二十一世纪》2003年6月号。

王柯：《民族与国家：中国多民族统一国家思想的系谱》，北京：中国社会科学出版社，2001年。

王立新：《美国对华政策与中国民族主义运动》，北京：中国社会科学出版社，2000年。

王明珂：《华夏边缘：历史记忆与族群认同》，北京：社会科学文献出版社，2006年。

王明珂：《论攀附：近代炎黄子孙国族建构的古代基础》，《历史语言研究所集刊》第73本，2002年。

王铭铭：《民族与国家——从吴文藻的早期论述出发》，《云南民族学院学报》1999年第6期，2000年第1期续载。

王奇生：《革命与反革命：社会文化视野下的民国政治》，北京：社会科学文献出版社，2010年。

王树民：《中华名号溯源》，《中国历史地理论丛》1985年第1期。

王先明：《传统民族主义与近代民族主义的历史界标》，《史学月刊》2006年第7期。

王宪明：《语言、翻译与政治：严复译〈社会通诠〉研究》，北京：北京大学出版社，2005年。

魏鸿鸣、张谋、马守正：《建国五十年来关于民族概念的研究》，《黑龙江民族丛刊》1999年第2期。

魏万磊：《20世纪30年代“再生派”学人的民族复兴话语》，北京：中国社会科学出版社，2011年。

文明超：《中华民族建构中的政治斗争：以中国共产党为中心》，中山大学博士学位论文，2009年。

翁独健：《中国民族关系史纲要》，北京：中国社会科学出版社，2001年。

翁贺凯：《张君劢宪政民主思想的起源——以〈穆勒约翰议院政治论〉为中心的考察》，《清华大学学报（哲学社会科学版）》2008年第5期。

乌云毕力格：《清史研究岂能无视满文文献》，《东方早报·上海书评》2016年6月19日。

吴密：《“汉奸”考辨》，《清史研究》2010年第4期。

吴义雄:《民族主义运动与华南基督教会的本色化》,《学术研究》2004 年第 12 期。

喜饶尼玛:《近代藏事研究》,拉萨:西藏人民出版社、上海:上海书店出版社,2000 年。

夏明方:《多重变奏中的灾异论与清代王朝认同——以〈大义觉迷录〉为中心》,中国人民大学清史研究所编:《"清代政治与国家认同"国际学术研讨会论文集》,2010 年。

小森阳一:《日本近代国语批判》,陈多友译,长春:吉林人民出版社,2003 年。

小野寺史郎:《平衡国民性与民族性:清季民初国歌的制定及其争议》,《中山大学学报(社会科学版)》2009 年第 1 期。

小野寺史郎:《国旗·国歌·国庆:近代中国的国族主义与国家象征》,俊宇译,北京:社会科学文献出版社,2014 年。

谢贵安:《〈清实录〉稿底正副本及满汉蒙文本形成考论》,《史学集刊》2008 年第 2 期。

徐文珊:《中华民族之研究》,徐文珊自己发行,台湾商务印书馆、三民书局等经售,1969 年。

徐迅:《民族主义》,北京:中国社会科学出版社,1998 年。

许纪霖编:《现代中国思想史论》,上海:上海人民出版社,2014 年。

许纪霖:《在现代性与民族性之间——现代中国的自由民族主义思想》,前三节载《社会科学》2005 年第 1 期,第四节载《学海》2005 年第 1 期。

许纪霖:《作为国族的中华民族何时形成》,《文史哲》2013 年第 3 期。

许小青:《1903 年前后新式知识分子的主权意识与民族国家认同》,《天津社会科学》2002 年第 4 期。

许倬云:《说中国——一个不断变化的复杂共同体》,桂林:广西师范大学出版社,2015 年。

杨昂:《清帝〈逊位诏书〉在中华民族统一上的法律意义》,《环球法律评论》2011 年第 5 期。

杨国强:《衰世与西法:晚清中国的旧邦新命和社会脱榫》,北京:中华书局,2014 年。

杨梅:《"中华民族"概念在民国教科书中如何演变》,《中华读书报》2016 年 11 月

23 日。

杨念群：《何处是江南：清朝正统观的确立和士林精神世界的变异》，北京：生活·读书·新知三联书店，2010 年。

杨思机：《民国时期“边疆民族”概念的生成与运用》，《中山大学学报（社会科学版）》2012 年第 6 期。

杨思机：《“少数民族”概念的产生与早期演变——从 1905 年到 1937 年》，《民族研究》2011 年第 3 期。

杨思机：《指称与实体：中国“少数民族”的生成与演变（1905—1949）》，中山大学博士学位论文，2010 年。

杨天宏：《清帝逊位与“五族共和”——关于中华民国主权承续的“合法性”问题》，《近代史研究》2014 年第 2 期。

杨天石：《从“排满革命”到“联满革命”》，《团结报》1988 年 2 月 9 日。

杨天石、王学庄编著：《南社史长编》，北京：中国人民大学出版社，1995 年。

姚大力：《不再说“汉化”的旧故事——可以从“新清史”学习什么》，《东方早报·上海书评》2015 年 4 月 12 日。

姚大力、孙静：《“满洲”如何演变为民族——论清中叶前“满洲”认同的历史变迁》，《社会科学》2006 年第 7 期。

姚大力：《中国历史上的民族关系与国家认同》，《中国学术》2002 年第 4 期。

叶碧苓：《九一八事变后中国史学界对日本“满蒙论”之驳斥——以〈东北史纲〉第一卷为中心的讨论》，《“国史馆”学术集刊》2006 年第 11 期。

尹健次：《近代日本的民族认同》，武尚清译，《民族译丛》1994 年第 6 期。

于逢春：《论中国疆域最终奠定的时空坐标》，《中国边疆史地研究》2006 年第 1 期。

于逢春：《时空坐标、形成路径与奠定：构筑中国疆域的文明板块研究》，哈尔滨：黑龙江教育出版社，2012 年。

俞旦初：《爱国主义与中国近代史学》，北京：中国社会科学出版社，1996 年。

俞祖华：《民族主义与中华民族精神的现代转型》，北京：社会科学文献出版社，2012 年。

俞祖华：《“中华民族复兴”观念源流考》，《北京日报》2013 年 12 月 9 日。

臧运祜：《近代中日关系与中国民族主义》，郑大华、邹小站主编：《中国近代史上的民族主义》，北京：社会科学文献出版社，2007 年。

扎奇斯钦：《蒙古之今昔》，“中华文化出版事业委员会”，1955 年。

张海鹏主编：《中国近代通史》，南京：江苏人民出版社，2013 年。

张寿安：《清儒凌廷堪（1755—1809）的正统观》，中国人民大学清史研究所编：《“清代政治与国家认同”国际学术研讨会论文集》，2010 年。

张太原：《建立一个民族的国家：自由主义者眼中的民族主义》，郑大华、邹小站主编：《中国近代史上的民族主义》，北京：社会科学文献出版社，2007 年。

张永江：《清代藩部研究——以政治变迁为中心》，哈尔滨：黑龙江教育出版社，2014 年。

章开沅：《排满与民族运动》，《近代史研究》1981 年第 3 期。

章清：《清季民国时期的“思想界”》，北京：社会科学文献出版社，2014 年。

章永乐：《旧邦新造（1911—1917）》，北京：北京大学出版社，2016 年。

赵飞飞、殷昭鲁：《民初国歌的多重符号价值——以〈五旗共和歌〉为中心的考察》，《唐都学刊》2014 年第 1 期。

赵刚：《新清史可以无视史学规范吗？——评柯娇燕对清代皇帝中国观的新说》，《中国社会科学报》2016 年 10 月 13 日。

赵海霞：《“缠回”更名“维吾尔”时间考》，《甘肃民族研究》2011 年第 2 期。

赵永春：《试论金人的“中国”观》，《中国边疆史地研究》2009 年第 4 期。

赵永春：《试论辽人的“中国”观》，《文史哲》2010 年第 3 期。

郑大华：《近代“中华民族复兴”之观念形成的历史考察》，《教学与研究》2014 年第 4 期。

郑大华：《论晚年孙中山“中华民族”观的演变及其影响》，《民族研究》2014 年第 2 期。

郑大华：《民主革命时期中共的“中华民族”观念》，《史学月刊》2014 年第 2 期。

郑大华：《张君劢学术思想评传》，北京：北京图书馆出版社，1999 年。

郑大华、邹小站主编：《中国近代史上的民族主义》，北京：社会科学文献出版社，2007 年。

郑凡等：《传统民族与现代民族国家——民族社会学论纲》，昆明：云南大学出版社，1997 年。

郑师渠、史革新主编：《历史视野下的中华民族精神》，广州：广东人民出版社，2014 年。

郑信哲、周竞红主编：《民族主义思潮与国族建构》，北京：社会科学文献出版社，2014 年。

钟焓：《非汉文史料中所见“中国”一名及“中国意识”辑考》，中国人民大学历史学院编：《“写历史：实践中的反思”系列会议之二：“差异与当下历史写作”国际学术研讨会论文集》，2016 年 10 月。

周淑真：《中国青年党在大陆和台湾》，北京：中国人民大学出版社，1993 年。

周文玖、张锦鹏：《关于“中华民族是一个”学术论辩的考察》，《民族研究》2007 年第 3 期。

朱伦：《人们共同体的多样性及其认识论》，《世界民族》2000 年第 1 期。

庄国土：《“华侨”一词名称考》，《南洋问题》1984 年第 1 期。

庄钦永、周清海：《基督教传教士与近现代汉语新词》，新加坡青年书局，2010 年。

邹振环：《西方传教士与晚清西史东渐》，上海：上海古籍出版社，2007 年。

左玉河：《立宪乎，共和乎：辛亥革命前后杨度的心路历程》，《安徽史学》2013 年第 4 期。

三、参引的外文文献

Anthony D. Smith, *National Identity*, Penguin Books, 1991.

Benedict Anderson, *Imagined Communities: Reflections on the Origin and Spread of Nationalism*, Revised Edition, Verso, London/NewYork, 1991.

Brendan Bradshaw and Peter Roberts (eds.), *British Consciousness and Identity: The Making of Britain, 1533-1707*, Cambridge University Press, 1998.

Ernest Gellner, *Nations and Nationalism*, Oxford, Basil Blackwell, 1983.

Frank Dikötter, *The Discouse of Race in Modern China*, Stanford University Press, 1992.

Henrieta Harrison, *Inventing the Nation*: *China*, London, Arnold, Copublished in New York, Oxford University Press, 2001.

Henrieta Harrison, *The Making of the Republican Citizen*: *Political Ceremonies and Symbols in China*, *1911–1929*, Oxford University Press, 2000.

Ho, ping–ti, In Defense of Sinicization: A Rebuttal of Evelyn Rawski's "Reenvision the Qing", *Journal of Asian Studies*, Vol. 57, No. 1, February 1998.

James Patrick Leibold, *Constructing the Zhong Hua Min Zu* : *The Frontier and National Questions in Early 20th Century China*, Doctoral Dissertation, University of Southern California, 2002.

John Fitzgerald, *Awakening China*: *Politics*, *Culture and Class in the Nationalist Revolution*, Stanford University Press, 1996.

John Livingston Nevius, *China and the Chinese*, New York, Harper and Brothers, 1869.

Keith Robbins, *Great Britain*: *Identities*, *Insitutions and the Idea of Britishness*, London and New York, Longman, 1998.

Ku Hung–Ming, *Papers from a Viceroy's Yamen*, Shanghai Mercury Ltd., 1901.

Lucian W. Pye, "China: Erratic State, Frustrated Societ", *Foreign Affairs*, Fall, 1990.

Mark C. Elliott, *Emperor Qianlong*: *Son of Heaven*, *Man of the World*, Longman, 2009.

Prasenjit Duara, "De–Constructing the Chinese Nation", *The Australian Journal of Chinese Affairs*, No. 30, July 1993.

Raymond Williams, *Keywords*: *A Vocabulary of Culture and Society*, London, Fontana, 1983.

Rebecca E. Karl, *Staging the World* : *Chinese Nationalism at the Turn of the Twentieth Century*, Duke University Press, 2002.

Reinhart Koselleck, *The Practice of Conceptual History*: *Timing History*, *Spacing Concepts*, trans. by Todd Samuel Presner and Others, Stanford University Press, 2002.

T'ang, Leang–Li, *China in Revolt*: *How a Civilization Became a Nation*, London, Noel Douglas, 1927.

Xiaoyuan Liu, *Frontier Passages*: *Ethnopolitics and the Rise of Chinese Communism*, *1921–1945*, Stanford University Press, 2004.

Zhao Gang, “Reinventing China: Imperial Ideology and the Rise of Modern Chinese National Identity in the Early Twentieth Century ”, *Modern China*, 32. 1, 2006.

吉澤誠一郎：『愛國主義の創成　ナシヨナリズムから近代中国をみる』，岩波書店，2003 年。

神田信夫：「満洲（Manju）国号考」，『清朝史論考』，山川出版社，2005 年。

矢野仁一：「満蒙藏は支那本来の領土に非る論」，『外交時報』35 巻 1 號，1922 年。

外務省編纂：『日本外交文书』明治期，第 4 卷，事項九「清国トノ修好条規通商章程締結ニ関スル件」，日本国際連合協會，1957 年。

中见立夫：『「滿蒙問題」の歴史的構図』，東京大学出版会，2013 年。

后记

书稿总算写完了。正如“绪论”所述，从 2001 年为参加纪念辛亥革命 90 周年国际学术讨论会，首次撰写有关“中华民族”观念的论文算起，已经过去整整十六年。其间，断断续续，一直在从事相关研究，并发表一些论文，但始终未能出书。非敢言“十年磨一剑”，实在是所研所论关乎甚大，颇感其难，除追求全面搜集资料、系统解决问题之外，复有戒慎之虑，遂不得不一再拖延以至于今。另外，我向来兴趣杂芜，喜欢多题并究，没能合理地安排好时间，这也是拙著迟至今日方才得以正式出版的原因。

交稿之时，正值去年年关，出版社要完成预定计划，频频催促，自个儿既须持守信用，又想辞旧迎新，只好毅然舍弃一个原定议题，彻底交账。交稿之后，又利用校对的机会，陆续有所增删。

校稿之日，反复重读《文史通义》，章学诚所谓“史学所以经世，固非空言著述”的名论，竟久萦于心，难以释怀。然悬鹄“经世”，对于吾辈书生，恐已成过高目标。能选择一些重要的历史问题，认真考述其过程，全面揭示其真相，并努力做些诚实的思考，或不妨自我开释可也。

如此放松之后，我最先想做的事情，就是真诚感谢那些学术上的同行。他们对于我研究这一课题，曾予不同形式的推动和帮助。其中，前辈学者有戴逸、张岂之、金冲及、章开沅、李文海、龚书铎、王汝丰、杨天石、张海鹏、耿云志、刘志琴、程歗、沃斯特（Donald Worster）、郑师渠、熊月之等先生；学长、学友和同事之中，则有邓正来、葛兆光、汪晖、罗志田、桑兵、马敏、黄克武、雷颐、许纪霖、萧延中、张鸣、王奇生、韩东育、刘小萌、刘凤云、村田雄二郎、章清、绪形康、李长莉、马勇、徐秀丽、方维规、沈卫荣、乌云毕力格、刘苏里、郑大华、杨天宏、王先明、江沛、左玉河、沈国威、马克锋、仲伟民、俞祖华、徐永志、景跃进、王续添、程农、孙燕京、李帆、张昭军、小野寺史郎、张越、谈火生、杨雨青、朱浒、曹新宇、侯深、吕文浩、章永乐、曹雯、李少兵、李乔、钟焓、邹小站、张永江、于逢春、杨思机、许小青、瞿骏、徐跃、李卫民、罗布、宝音朝克图、贺卫光、刘焕性、吴密、毕苑、黄晓军、丁超等学者。特别是张岂之先生，他老人家对于我的这一研究，长期勉励、不断指教，最令我敬佩感动。程歗先生和邓正来兄对于我早期从事这一课题的研究，亦曾起到过宝贵的激励、鞭策作用，令我难忘。遗憾的是，他们二位如今均已不在人世，我再也没有机会请他们给予批评指正了。

在本书的写作过程中，杨念群、夏明方、孙江、赵刚和郭双林等几位仁兄鼓励尤多，敦促甚力。念群兄很早就将其列入他主编的“新史学 & 多元对话系列”，且广告已打出多年，每次见面都不忘催促一番，而每次见我被行政事务缠身，又总要“同情”地给以安慰：“我等你，只要写下去并给丛书就行。”亦蒙孙江兄不弃，曾将该研究纳入其所主持的重大项目“现代中国公共记忆与民族认同研究”（批准号：13&ZD191）之中，予以推进。明方、赵刚和双林等兄，则时常“表扬”我的有关成果，促我“加紧努力”，早日完成。对于他们的情谊，如今我总算可以有所交代了。不过，书稿原拟题目为“民族自觉的思想史”，并未打算仅限于“中华民族”观念这一题域，而只是想以它作为考察中心而已，但现在所写内容既多，只好单独成书。其他原来计划列入的论文，仅留下《情感、思想与运动：近代中国民族主义研究检视》一篇作为附录，以供读者了解我的研究思路和相关思考。

我还有一些人类学和民族学界的朋友，如马戎、苍铭、麻国庆、色音等，他们都曾和我切磋过相关问题，亦当鸣谢。特别是马戎先生，他为人谦逊，思想活跃，通过其所创设的独特平台，我曾获得有关民族学界研究的大量前沿资讯，受到的启发良多。郝时远先生亦曾赐其论著予我，给予指教，至今铭感。至于本书中可能存在的欠妥观点乃至于认知错误，当然与他们和前述其他学者无关，而应由我自己负责。

此外，赵晓阳、王峰、陈鹏、李章鹏、李爱军、李珊、黄娟、张安琪、杜佩红、李都、朱星星、王倩、孔勇等学生，或帮助查找整理资料，或帮助核对处理参引文献。在出版过程中，还得到侯明、谭徐锋、顾瑜、马旭等友人和编辑的热情帮助和辛勤付出，特别是谭徐锋、顾瑜和马旭，曾帮助校出拙著中不少错漏之处。对于他们，我也要一并表示诚挚的谢意。本书能在香港三联书店和北京师范大学出版社，几乎同时推出繁体字版和简体字版，我感到十分的荣幸。

最后，我还要感谢妻子刘辉一如既往的支持，她在这一课题漫长的研究过程中，曾不断给予我鼓励，并经常与我进行讨论。

黄兴涛

2017 年初夏

新版后记

《重塑中华：近代中国“中华民族”观念研究》一书自 2017 年在香港和内地同时出版至今，已经 6 年过去了。市场早告售罄，因此不断有出版社希望重版。去年，老同学耿相新和郑强胜二兄来京商谈，希望将此书纳入中原出版传媒集团组织出版的“中华文脉”丛书，予以再版。我欣然同意，并打算借此机会，对它进行一番增订。无奈一年过去，却没有足够的时间来完成这一工作，只能认真校改一些错漏的文字，个别地方略微增补一点论述而已，并未完全实现预定的设想。

这几年，神州大地响起“铸牢中华民族共同体意识”的时代强音，笔者这部较为系统、潜心多年探索现代中华民族观念形成、发展和早期认同历史的著作，得到许多读者的厚爱，这使我深感研究基础性重大历史问题的意义与价值。拙著出版后，曾见到不少同道的书评，结识了一些新的朋友。我十分感谢从不同学科、不同视角对拙著进行评论的学者们，这些评说成为促我继续前行的动力。还有一些学术前辈在读过此书后，也曾给予鼓励和指导。

如张岂之先生就来函建议此书有机会修订时，最好增补一些有关“中华民族精神”的思想认知与讨论，这令我尤为感佩。遗憾的是，由于目前全书结构的限制，此次修订亦没能完成他老人家布置的任务，只好留待来日再作努力了。

本书的写作，立意以视野宏阔的概念史为方法，融合传统精英思想史与“新文化史”的优长，秉持政治学和民族学的双重关切，全面立体呈现清代民国时期现代中华民族观念从酝酿到形成、传播与社会化的历史进程，并致力于揭示和阐释其丰富内涵。我希望在此书中，能将史实考证、文本分析、思想脉络勾勒、社会影响与认同论述等多向努力尽量结合起来，以见证思想观念和政治、社会文化互动的那些历史面相，展现某种立体感、整体感和联动性，但在那些更为关注思想观念演进本身的读者看来，或不免感到些许冗漫。我乐于探索新的研究和论述方式，也甚愿此种努力方向，能够得到更多读者的体察和理解。

近十余年来，关于“中国”这一议题，海内外出版了一系列著作，不过多限于古代时段，而较少在近代全球视野特别是东西互动的历史背景下，对古代“中国”向现代“中国”延续或转换的主体认同问题作整体性的专题研讨。本书抓住“中国”作为国家名称从传统到现代的延续与转型，透视传统“中国人”到现代“中华民族”认同的赓续与转换，以揭示现代中华民族意识和观念绵长而深厚的历史根源，并由此凸显其现代特质，这若能从一个特殊视角，有助于今日国人全方位观察和思考相关问题，则幸甚。

最后，我还要对为拙著再版和编校工作付出心血的相新、强胜二兄表示诚挚的谢意。

黄兴涛

2023 年 6 月于北京